ESTUDOS
EM
DIREITO INTERNACIONAL PÚBLICO

NUNO MARQUES ANTUNES

Licenciado em Ciências Militares Navais
Licenciado em Direito – M.A. – Ph.D.

ESTUDOS
EM
DIREITO INTERNACIONAL PÚBLICO

ALMEDINA

TÍTULO:	ESTUDOS EM DIREITO INTERNACIONAL PÚBLICO
AUTOR:	NUNO MARQUES ANTUNES
EDITOR:	LIVRARIA ALMEDINA – COIMBRA www.almedina.net
LIVRARIAS:	LIVRARIA ALMEDINA ARCO DE ALMEDINA, 15 TELEF.239 851900 FAX. 239 851901 3004-509 COIMBRA – PORTUGAL livraria@almedina.net
	LIVRARIA ALMEDINA ARRÁBIDA SHOPPING, LOJA 158 PRACETA HENRIQUE MOREIRA AFURADA 4400-475 V. N. GAIA – PORTUGAL arrabida@almedina.net
	LIVRARIA ALMEDINA – PORTO R. DE CEUTA, 79 TELEF. 22 2059773 FAX. 22 2039497 4050-191 PORTO – PORTUGAL porto@almedina.net
	EDIÇÕES GLOBO, LDA. RUA S. FILIPE NERY, 37-A (AO RATO) TELEF. 21 3857619 FAX: 21 3844661 1250-225 LISBOA – PORTUGAL globo@almedina.net
	LIVRARIA ALMEDINA ATRIUM SALDANHA LOJAS 71 A 74 PRAÇA DUQUE DE SALDANHA, 1 TELEF. 21 3712690 atrium@almedina.net
	LIVRARIA ALMEDINA – BRAGA CAMPUS DE GUALTAR UNIVERSIDADE DO MINHO 4700-320 BRAGA TELEF. 253 678 822 braga@almedina.net
EXECUÇÃO GRÁFICA:	G.C. – GRÁFICA DE COIMBRA, LDA. PALHEIRA – ASSAFARGE 3001-453 COIMBRA Email: producao@graficadecoimbra.pt
	JUNHO, 2004
DEPÓSITO LEGAL:	213727/04

Toda a reprodução desta obra, por fotocópia ou outro qualquer processo, sem prévia autorização escrita do Editor, é ilícita e passível de procedimento judicial contra o infractor.

PREFÁCIO

Os ensaios em Direito Internacional Público, do Doutor Nuno Marques Antunes, que ora são publicados em colectânea, versam principalmente sobre Direito do Mar ou sobre matérias respeitantes a técnicas extra-jurídicas necessárias à formulação ou aplicação de soluções próprias daquele. Neste último campo é particularmente significativo o estudo "The Importance of the Tidal Datum in the Definition of the Maritime Limits". Só excedem o âmbito do Direito do Mar o ensaio sobre "Estoppel, Acquiescence and Recognition in Territorial and Boundary Disputes" e o estudo "The *Eritrea-Yemen* Arbitration: First Stage".

*

*   *

O Direito do Mar sempre teve uma importância fundamental para Portugal, que por mar ligou os mundos e hoje possui os mais vastos espaços marítimos da União Europeia... Todavia, a partir do final do século XVI, Portugal foi mais sujeito passivo, que sofreu a evolução daquele direito, do que participante na sua construção. A doutrina do *mare liberum* de Grócio representou a formulação teórica que legitimou os interesses que então se opunham aos de Portugal e da Espanha. Ao tempo, Portugal ainda reagiu pela pena de Frei Serafim de Freitas. Mas, na história dos últimos cem anos, de juristas portugueses associados ao desenvolvimento do Direito do Mar um único nome aparece: o de um professor de Direito Comercial e de Direito Processual Civil da Faculdade de Direito da Universidade de Lisboa e Ministro dos Negócios Estrangeiros na Primeira República, afastado da cátedra, em 1941, pelo Governo de Salazar, por crítica dirigida à celebração da Concordata, José Maria Vilhena Barbosa de Magalhães. Foi um dos relatores da Comissão Preparatória da Conferência Codificadora da Haia de 1930 (sobre mar territorial e zona contígua), tendo premonitoriamente proposto a utilização da noção de plataforma continental, embora apenas para

6   *Prefácio*

determinar a jurisdição sobre as águas. Por isso vem referido na história da formação do instituto da plataforma continental[1].

Um outro nome adquiriu também há muito reconhecimento universal no domínio do estudo dos oceanos: o do Prof. Mário Ruivo. Mas não é jurista.

O Direito do Mar ficou, entre nós, praticamente confinado ao âmbito da Marinha, que nele tinha, aliás, uma fortíssima tradição (lembre-se o Almirante Almeida d'Eça). Oficiais distintíssimos o serviram, designadamente os Comandantes Limpo Serra e Serra Brandão (ambos com formação jurídica) e o Comandante Joaquim Gromicho Boavida (hidrógrafo e cartógrafo). A Marinha merece homenagem pelo que fez em prol do Direito do Mar e pela intervenção que assegurou na participação portuguesa na I Conferência do Direito do Mar, que conduziu às Convenções de Genebra de 1958.

O Direito do Mar começou a ganhar autonomia como sub-ramo do Direito Internacional Público no início dos anos 30, após a Conferência da Haia, com a obra de Gidel, *Le Droit International Public de la Mer*[2]. Entre nós, porém, encontrou-se, até os anos 50, praticamente ausente do ensino e da investigação nas Faculdades de Direito.

---

(1) *Vide*, p. ex., O'Connell, *The Law of the Sea*, I, Clarendon Press, Oxford, 1982, pp. 21 e 469-470; J. F. Pulvenis, "Le plateau continental, définition et régime", *in* R. J. Dupuy e D. Vignes, *Traité du Nouveau Droit de la Mer*, Economica-Bruylant/Paris-Bruxelas, 1985, p. 283. A ideia teria sido já apresentada, porventura sem o rigor da formulação do Prof. Barbosa de Magalhães, pelo Almirante Almeida d'Eça na Convenção Internacional das Pescas, de 1921 (O'Connell, ob. cit., p. 469, e Pulvenis, lug. cit.). O mais interessante é que Portugal foi o primeiro país do mundo a falar, na sua legislação, da plataforma continental (a expressão usada era "planalto continental") – e O'Connell refere-o (*ob. cit.*, p. 469, nota 10). Trata-se do Decreto com força de lei (Ministério da Marinha e Colónias) de 9 de Novembro de 1910, publicado no *Diário do Governo* de 10 de Novembro desse ano – proveniente, pois, do Governo Provisório da República. O Decreto refere-se, no preâmbulo, à natureza nociva da *"pesca com redes de arrastar pelo fundo, a reboque de navios a vapor, **dentro da linha batimétrica das 100 braças, limite dos planaltos continentais**, ..."*. O art. 1° permite a matrícula nas capitanias dos portos portugueses de vapores empregando redes a reboque como navios de pesca. Mas o art. 2° determina que *"a pesca por este sistema só poderá ser exercida **fora da linha batrimética das cem braças**, e nunca a menos de três milhas da costa"*. Os 200 metros de profundidade de que veio a falar a Convenção de Genebra sobre a Plataforma Continental correspondem sensivelmente às 100 braças (a ligeiramente mais). Ora, ao proibir a pesca de arrasto até o limite do "planalto continental", Portugal implicitamente reclamava jurisdição sobre as águas que lhe eram superjacentes, mesmo para lá das três milhas. Isto revela que, ao contrário do que afirma O'Connell (*ob. cit.*, p. 469), Almeida d'Eça e Barbosa de Magalhães não seguiam as teses de Storni (1916), mas uma posição portuguesa anterior. Resta saber de quem foi a ideia do regime adoptado pelo Decreto de 9 de Novembro de 1910. Trata-se de ponto que mereceria investigação histórica. O Ministro da Marinha e Colónias era o Comandante Amaro Azevedo Gomes. A proximidade entre a publicação do Decreto e a Revolução republicana sugere que se tratasse de tese formada anteriormente no seio do Partido Republicano Português ou com acolhimento por ele.

(2) Publicada entre 1932 e 1934. Há uma reimpressão anastática de 1981, da Topos Verlag e da Duchemin, Vaduz/Paris.

Estudos em Direito Internacional Público 7

A primeira referência de que me recordo encontra-se na 1ª edição do *Direito Internacional Público*, publicada em 1957, do Prof. Joaquim da Silva Cunha[3], de quem fui aluno. Mas tratava-se de capítulo de uma obra geral. Valha a verdade que a matéria era exposta com algum desenvolvimento e que a prova escrita dos exames do meu curso, no ano distante de 1958, continha uma hipótese de Direito do Mar... Porém, a própria estrutura curricular das Faculdades de Direito anterior à Revolução, sem qualquer flexibilidade até o fim da licenciatura, dificultava o ensino autónomo da disciplina.

Será nos anos 80 e pela mão do Prof. Armando Marques Guedes que o Direito do Mar ganhará estatuto universitário, mas limitado às escolas em que aquele meu antigo professor ensinou ou ensina: a Faculdade de Direito da Universidade de Lisboa e a Faculdade de Direito da Universidade Católica (Lisboa). Ao Prof. Armando Marques Guedes se deve a única obra sistemática portuguesa sobre a matéria[4].

*
*   *

A minha (frouxa) ligação à matéria proveio de acaso, associado à actividade profissional de advogado. Há mais de vinte anos fui chamado a participar, sob a direcção da depois minha querida amiga Prof.ª Monique Chemillier-Gendreau, na equipa que patrocinou a Guiné-Bissau na arbitragem com a Guiné (Conakry) e, a seguir, também na arbitragem com o Senegal. Em ambas as arbitragens as partes relativas ao Direito do Mar ficaram a cargo da Prof.ª Monique Chemillier-Gendreau, tendo-me sido atribuídas outras (nem, ao tempo, se a minha colaboração fosse pedida naquele domínio, teria podido aceitar). Mas uma invencível curiosidade e, pelo menos, o desejo de poder colaborar em reuniões internas levaram-me a iniciar o estudo de algumas partes da matéria.

---

(3) O Prof. Silva Cunha fora o relator do Parecer da Câmara Corporativa sobre o projecto de proposta de lei relativo à plataforma continental, que deu origem à Lei nº 2080, de 21 de Março de 1956, anterior à Convenção de Genebra (Parecer 20/VI, *Pareceres da Câmara Corporativa*, 1955, I, pp. 415 ss.).

(4) *Direito do Mar*, 2ª ed., Coimbra Editora, 1998. Anote-se que Armando Marques Guedes, que se doutorou com uma tese em Direito Administrativo (*A Concessão*, 1954), que ensinou Direito Administrativo (cadeira em que foi meu professor) e Direito Constitucional e que veio a ser Presidente do Tribunal Constitucional (de 1983 a 1989), começara pelo Direito Internacional Público. A sua tese de licenciatura versava sobre a *Responsabilidade Internacional* (*BMJ*, 1950, nºs. 17, 18 e 19). Aliás, já seu pai (também Armando Marques Guedes) ensinara Direito Internacional Público e Regime da Sociedade das Nações (assim se chamava a cadeira) no Instituto Superior de Ciências Económicas e Financeiras, tendo deixado publicadas as suas lições (*Direito Internacional Público*, Lisboa, t. I, 1935, e t. II, 1936). Julgo que a ligação do Prof. Marques Guedes ao Direito do Mar veio do estudo que empreendeu como relator do Parecer da Câmara Corporativa sobre o projecto de proposta de lei relativo ao mar territorial e à zona contígua, que deu origem à Lei nº 2130, de 22 de Agosto de 1966 (Parecer 3/IX, *Pareceres da Câmara Corporativa*, 1966, pp. 215 ss.).

8 *Prefácio*

A acção instaurada no Tribunal Internacional de Justiça por Portugal contra a Austrália, referente à celebração por esta, com a Indonésia, do chamado Tratado do *Timor Gap*, não incidia directamente sobre Direito do Mar, mas havia aspectos deste que tinham de ser considerados. Entre outros temas, deles me encarreguei, com a colaboração da hoje Prof.ª Maria Luísa Duarte (então jovem assistente da Faculdade de Direito da Universidade de Lisboa) e, no plano cartográfico, do Comandante Joaquim Gromicho Boavida. Isso obrigou-me a reflectir, então mais aprofundadamente, sobre algumas questões daquele ramo do Direito, associadas aos títulos dos Estados e à delimitação marítima. Seguiu-se um outro trabalho, no qual recorri de novo, para a parte cartográfica, à colaboração do Comandante Gromicho Boavida.

Entretanto, surpreendia-me que não aparecessem, em Portugal, novas pessoas especializadas no Direito do Mar. Alguns artigos publicados em revistas portuguesas mostravam que o ensino do Prof. Marques Guedes gerara relatórios de mestrado – mas as pessoas seguiam depois outro caminho. A Prof.ª Maria Eduarda Gonçalves tinha feito doutoramento em Nice na matéria – e deu-me alguma ajuda quando do caso Guiné/Guiné-Bissau. Mas depois passou a dedicar--se principalmente ao Direito Económico e ao Direito da Informação.

Um dia, conversando com o Prof. Armando Marques Guedes, perguntei-lhe se não havia ninguém, dentre os que consigo estudaram, a trabalhar especificamente no Direito do Mar. Deu-me o nome de um seu antigo aluno, de que tomei nota: Nuno Marques Antunes. Acrescentou: tem uma boa preparação jurídica; além disso, é oficial de Marinha e sabe geometria, hidrografia e cartografia.

Algum tempo depois, foi-me solicitado que desse apoio à UNTAET na negociação de um acordo entre Timor Leste e a Austrália relativo ao Mar de Timor. Não tinha condições de tempo para o fazer sozinho. Lembrei-me do nome que o Prof. Marques Guedes me havia indicado. Mais uma vez por acaso da vida, tinha nessa altura contacto profissional frequente com um velho amigo, o Almirante António Cavaleiro de Ferreira. Porque o Prof. Marques Guedes me havia dito que a pessoa que mencionara era oficial de Marinha, perguntei ao Almirante Cavaleiro de Ferreira sobre ela. Deu-me as melhores referências. Disse-me que estava colocado no Instituto Hidrográfico e a preparar doutoramento em Inglaterra. Entrei em contacto com o Doutor Nuno Marques Antunes e assim o conheci.

Prestou uma colaboração preciosa na preparação das negociações entre a UNTAET e a Austrália, sobretudo para a fundamentação de um afastamento das linhas laterais relativamente às que constavam do tratado entre a Austrália e a Indonésia – embora, nesse ponto, Timor Leste não tenha provisoriamente

Estudos em Direito Internacional Público

9

conseguido obter sucesso, quanto à definição de uma área de exploração comum. E continua a dar apoio ao jovem Estado, agora na negociação das fronteiras marítimas.

Respeita ao Mar de Timor e a Timor Leste um dos ensaios da presente colectânea, intitulado "Spatial Allocation of Continental Shelf Rights in the Timor Sea".

*

*   *

O Doutor Nuno Marques Antunes doutorou-se em 2002, na Universidade de Durham (Reino Unido), na qual se encontra um dos principais centros de investigação sobre fronteiras, terrestres e marítimas, com uma dissertação, publicada pela Martinus Nijhoff, intitulada *Towards the Conceptualisation of Maritime Delimitation: Legal and Technical Aspects of a Political Process* (2003). Trata-se, seguramente, da mais completa obra de que hoje se dispõe sobre delimitação marítima, na qual a prática, seja negocial, seja jurisprudencial, é exaustivamente analisada e submetida a enquadramento teórico. A este respeito, não posso deixar de salientar dois pontos. Um traduz-se em, no livro, se conceber a situação anterior à delimitação como um concurso de direitos, que a delimitação resolve. Fui quem sugeriu o enquadramento, num texto ainda não publicado, mas que o Doutor Marques Antunes conhece e cita. Aliás, e conforme o Doutor Marques Antunes refere, já tinha sido feita utilização de um tal enquadramento na Memória portuguesa respeitante ao caso de Timor Leste. Um segundo aspecto, onde o Doutor Marques Antunes é inteiramente original, consiste em tratar a delimitação marítima (também) como a resolução de uma *colisão de princípios*, através de um *processo de ponderação*. Para quem acompanhe o Direito Constitucional e conheça, designadamente, os trabalhos de Alexy, a ideia será familiar – e assim me soou quando, pela primeira vez, o Doutor Marques Antunes dela me falou. O que já não é familiar é a sua introdução no Direito Internacional Público e, menos ainda, no campo da delimitação marítima. Isto não significa adesão da minha parte à tese da colisão de princípios quanto à delimitação marítima – nem, tão-pouco, contestação. Preciso de melhor reflexão.

*

*   *

Os ensaios inseridos na Colectânea que a Almedina, em boa hora, dá a lume merecem ser lidos por si próprios. Em vários deles, mas especialmente naqueles sobre *Tidal Datum* e sobre "Legal-Technical Interface of Article 76 of the LOSC", este elaborado em colaboração com o Comandante Fernando Pimentel,

10 *Prefácio*

se revela o que é uma das características mais marcantes do autor: a pluridisciplinaridade da sua formação e dos seus conhecimentos. Fiz alusão a outra obra do Doutor Marques Antunes apenas a fim de mostrar que, para os interessados, a leitura não deve ficar limitada aos presentes textos.

O ensaio sobre "Estoppel, Acquiescence and Recognition in Territorial and Boundary Disputes" analisa temas fundamentais que, na linguagem do nosso direito e de direitos internos próximos, se diriam de declaração tácita ou acto tácito e de boa fé.

No ensaio "The Pending Maritime Delimitation in the *Cameroon* v. *Nigeria* Case: A Piece in the Jigsaw Puzzle of the Gulf of Guinea" é abordado, entre outros, um problema crítico do processo (jurisdicional) relativo à delimitação marítima. Trata-se da situação criada por processos bilaterais quando se encontrem envolvidos títulos de mais do que dois Estados. Em jurisdições internas, a solução residiria no litisconsórcio necessário – que, em direito internacional, aparece referido através da chamada regra do *Ouro Monetário*. Mas uma utilização ampla do litisconsórcio necessário, no domínio da jurisdição internacional, seria letal, e sê-lo-ia sobretudo quanto à delimitação marítima: a jurisdição internacional baseia-se no consentimento dos Estados e bastaria que um não o tivesse dado para que os demais não pudessem obter, entre si, delimitação. Resta saber como não afectar os interesses dos Estados terceiros – questão que se relaciona com o entendimento que se tenha da regra da limitação subjectiva do caso julgado e do seu alcance. A questão pôs-se desde o caso Tunísia-Líbia e tornou-se ostensiva com o caso Líbia-Malta, por virtude das pretensões italianas. Mas julgo que em parte alguma do mundo a situação é tão complexa como no Golfo da Guiné, onde se sobrepõem títulos da Nigéria, dos Camarões, da Guiné Equatorial (também com a ilha de Bioko), de S. Tomé e Príncipe e, em rigor, ainda do Gabão. No caso Líbia-Malta, o Tribunal Internacional de Justiça preferiu restringir a área a delimitar e o mesmo fez o Tribunal Arbitral no caso Eritrea-Iemen. No seu estudo, o Doutor Marques Antunes considera, em primeiro lugar, a hipótese, baseada na decisão Tunísia/Líbia, de uma *"open-ended line"*. Foi aquela que veio agora a ser adoptada pelo Tribunal Internacional de Justiça[5] e que envolve, de algum modo, que a decisão de mérito se torne parcialmente condicional. De qualquer maneira, delimitações bilaterais em situações plurilaterais pressupõem que aquelas delimitações sejam oponíveis por terceiros Estados ou a terceiros Estados

---

(5) *Fronteira Marítima e Terrestre entre os Camarões e a Nigéria (Camarões c. Nigéria; Guiné Equatorial interveniente)*, Mérito, 2002 pars. 238 e 307; (http://ww.icj-cij.org/icjwww/idocket/icnjudgment/icn_judgment_20021010.PDF).

Estudos em Direito Internacional Público

enquanto delimitações entre aqueles dois Estados – sem prejuízo de títulos e de pretensões concorrentes dos terceiros Estados.

Ainda algumas notas a respeito do primeiro e dos dois últimos ensaios da Colectânea. O estudo sobre o *mare nostrum* sublinha a alteração radical da concepção dos fundos marinhos subjacentes ao Alto Mar introduzida pela Convenção de Montego Bay. A Convenção é uma das últimas grandes manifestações dos povos do mundo, ocorrida em momento ainda de relativo equilíbrio de poderes. Para além de ter estabilizado o reconhecimento dos direitos dos Estados costeiros em certos limites, procurou abrir caminho para a concepção do leito e do subsolo do Alto Mar (a Área), colocados sob a jurisdição internacional, através da Autoridade Internacional dos Fundos Marinhos, como património comum da Humanidade – de toda ela e das gerações actuais e futuras. Aquelas liberdades que só algum ou alguns têm meios para exercer tornam-se frequentemente formas de apropriação ilegítima ou de opressão. Por isso, os limites jurídicos representam meio de defesa dos mais fracos. Não foi por ignorância dos seus interesses que os Estados Unidos da América não ratificaram a Convenção de 1982. Em processo que depois repetiram a outros propósitos, ainda obtiveram a aprovação de um Acordo relativo à aplicação da Parte XI (que representa uma verdadeira modificação desta), através da ilusão que criaram noutros Estados de que assim ratificariam a Convenção. Mas nem desse modo o fizeram.

Os dois últimos ensaios versam, um em termos predominantemente descritivos, outro em termos técnicos, sobre um ponto da maior importância para Portugal. O art. 76º da Convenção das Nações Unidas sobre o Direito do Mar permite aos Estados costeiros que, em certas condições, reclamem direitos sobre a plataforma continental para além das 200 milhas náuticas. É possível que Portugal possa alargar significativamente a sua plataforma. Mas torna-se necessário que até Maio de 2009 seja entregue uma proposta à Comissão dos Limites da Plataforma Continental, a qual exige uma fundamentação técnica pesadíssima. Oxalá não haja distracção no apoio aos trabalhos da Comissão Interministerial que se encontra encarregada de elaborar a proposta. E oxalá não haja também distracção na defesa da estrita jurisdição nacional sobre a plataforma continental, salvos os aspectos ligados ao ambiente e sem prejuízo, evidentemente, da liberdade de estabelecimento. Que não se repita a desatenção inicial acontecida com as pescas. Não se encontrou até hoje petróleo ou gás na plataforma portuguesa. Mas sabe-se lá que outros recursos, ainda desconhecidos, haverá na nossa imensa plataforma continental (se não, mesmo, também petróleo ou gás). Esses recursos fazem parte do domínio público do Estado português. Se não se tomarem todas as precauções, quando forem descobertos poderá ser tarde…

*

* *

O Doutor Nuno Marques Antunes foi aluno do Prof. Armando Marques Guedes e é hoje, depois dele, e para mim sem discussão, o grande especialista português de Direito do Mar. Bem haja a Marinha portuguesa pela oportunidade que lhe concedeu de desenvolver os seus estudos. Só espero que o nosso país, e em especial as nossas universidades, o saibam aproveitar e que possa fazer escola, multiplicando a investigação e difundindo o conhecimento do Direito do Mar.

Já agora: espero também que os nossos governos saibam prezar e preservar a notável instituição pública que tive oportunidade de conhecer e onde o Doutor Nuno Marques Antunes presta serviço como oficial de Marinha – o Instituto Hidrográfico.

Lisboa, Fevereiro de 2004

Miguel Galvão Teles

NOTA INTRODUTÓRIA DO AUTOR

A colectânea de estudos que agora vai ao prelo é baseada num conjunto de ensaios em Direito Internacional Público (DIP) publicados entre os anos de 1998 e 2003. No essencial, os artigos foram mantidos na forma original. A sua leitura deve ser, pois, contextualizada à data da publicação original. Pequenas alterações foram introduzidas, nomeadamente, para dar ao conjunto de textos a coerência necessária, por exemplo, ao nível de referências bibliográficas, ou para clarificar determinados aspectos.

O facto de a maioria destes textos serem redigidos em língua inglesa pode causar alguma perplexidade, atendendo a que esta se trata de uma publicação que se destina primariamente ao universo português. Mas a publicação de textos em língua estrangeira parece-nos ser um caminho, quiçá inescapável, para os autores portugueses, em relação a temas de direito em geral, mas muito em particular no universo de temas relativos a ramos de direito com incidência internacional. Só assim, parece-nos, poderá a contribuição de autores portugueses difundir-se para além das fronteiras da lusofonia. Pareceu-nos, assim, existirem fundadas razões para não traduzir os textos originais em língua inglesa para português.

No que concerne ao âmbito material, os artigos incluídos nesta colectânea têm como fio unificador o facto de terem, de uma forma ou de outra, relevância para o oceano enquanto objecto jurídico. Foi esta a área do DIP a que, no período referido, o autor dedicou a maior parte da sua atenção. Os assuntos abordados incluem, por exemplo, a Convenção das Nações Unidas sobre o Direito do Mar, o regime dos conflitos armados no mar, aspectos técnico-científicos relativos à implementação de normas jurídicas, a delimitação de fronteiras marítimas e a delineação de limites marítimos, a exploração de recursos marinhos, o regime dos direitos históricos sobre áreas marítimas, e a análise de casos sobre disputas relativas a soberania territorial e a fronteiras marítimas. São igualmente tratadas questões técnico-jurídicas mais típicas, designadamente, o *estoppel* (preclusão), o reconhecimento e a acquiescência, a interpretação de tratados, a intervenção de estados terceiros em processos a correr em tribunais internacionais, e ainda o desenvolvimento do DIP.

A razão primeira subjacente à reunião destes textos em livro foi o facto de se considerar que, em conjunto, eles reflectem uma concepção do DIP (ou mais propriamente aspectos de uma concepção), cuja evolução e construção se faz por reflexões e abordagens (por vezes algo) dispersas. A esta ideia acresce uma outra ideia: a de disponibilizar em Portugal, em particular para o universo académico português, um conjunto de textos de DIP que, na sua maioria, foi divulgado essencialmente no estrangeiro. Quanto aos textos em língua portuguesa, eles foram publicados em revistas cuja 'audiência-alvo' não é composta por juristas, pelo que também eles podem estar em certa medida 'escondidos' do universo dos juristas portugueses.

Cada um dos textos representa, por si, um exercício académico. Mas é-o, ou pelo menos tentámos que fosse, um exercício académico assente na realidade das relações internacionais, reflectida pela prática dos Estados e pelas formas que estes encontram de ultrapassar situações de conflito de interesses. Sem surpresa, estes estudos de DIP reflectem com alguma frequência o conteúdo de *case law* internacional – particularmente enquanto 'meio auxiliar para a determinação das regras de direito', e expressão do princípio da resolução pacífica de conflitos. E reflectem, igualmente, uma perspectiva das relações internacionais que pode ser denominada como 'realista temperada', que o autor sufraga.

Este conjunto de textos debruça-se fundamentalmente sobre o 'direito dos Estados'; das relações entre Estados. A intervenção de outros actores, também eles – cada vez mais, deve reconhecer-se – sujeitos de DIP, não está, portanto, minimamente coberta; embora haja aspectos que são pontualmente abordados, como seja a protecção dos direitos e *modus vivendi* de povos indígenas ou de comunidades diferenciadas perante o Estado. Por várias razões, incluindo esta, a presente contribuição não tem quaisquer pretensões de ilustrar todas as áreas do DIP. Resta-nos esperar que, apesar das limitações, este modesto conjunto de estudos possa de certa forma contribuir para o estudo do DIP em Portugal.

Lisboa, Fevereiro de 2004

Nuno Sérgio Marques Antunes

O NOVO REGIME
JUS-INTERNACIONAL DO MAR:

A consagração *ex vi pacti* de um *mare nostrum*

Anais do Clube Militar Naval
Volume CXXVIII
Abril-Junho 1998
pp. 287-309

Reproduzido com a amável autorização do Clube Militar Naval

O NOVO REGIME
JUS-INTERNACIONAL DO MAR:

A consagração *ex vi pacti* de um *mare nostrum*

"Os Estados Partes nesta Convenção, Animados do desejo de solucionar, num espírito de compreensão e cooperação mútuas, todas as questões relativas ao direito do mar (...), *Conscientes* de que os problemas do espaço oceânico estão estreitamente inter-relacionados e devem ser considerados como um todo, (...) *Tendo presente* que a consecução destes objectivos contribuirá para o estabelecimento de uma ordem económica internacional justa e equitativa que tenha em conta os interesses e as necessidades da humanidade em geral (...), *Acordaram* (...)"[1].

INTRODUÇÃO

A entrada em vigor da Convenção das Nações Unidas sobre o Direito do Mar (CNUDM) apresenta-se, inquestionavelmente, como um marco histórico no âmbito do Direito Internacional do Mar[2]. Ao contrário do que sucedera com as

---

(1) Extracto da tradução portuguesa do Preâmbulo da Convenção das Nações Unidas sobre o Direito do Mar (CNUDM; também referida ao longo deste texto por «Convenção» ou «Convenção de Montego Bay»). Refira-se que à luz do preceituado no art.º 320º da Convenção, a tradução portuguesa não é texto autêntico, pelo que deverá ter-se presente que esta versão não faz fé em termos jus-internacionais. Os textos autênticos da Convenção são os textos árabe, chinês, espanhol, francês, inglês e russo. Sobre a questão da escolha do idioma(s) em que é(são) elaborado(s) o(s) texto(s) autêntico(s) de um tratado, e os inerentes problemas de tradução e interpretação, cf. André Gonçalves Pereira e Fausto de Quadros, *Manual de Direito Internacional Público* (1993), pp. 192-195.

(2) A CNUDM consta do Acto Final da III Conferência das Nações Unidas sobre o Direito do Mar (1973-1982), assinado em 10 de Dezembro de 1982 em Montego Bay, na Jamaica. Entrou em vigor em 16 de Novembro de 1994, 12 meses depois do depósito junto do Secretário Geral das Nações Unidas do sexagésimo instrumento de ratificação ou adesão (art.os 306º, 307º e 308º n.º1). O sexagésimo instrumento de ratificação, ou de adesão, foi depositado pela Guyana em 16 de Novembro de1993. Até 1 de Abril de 1998, ratificaram ou acederam à Convenção 125 Estados. Portugal, procedeu à entrega do instrumento de ratificação em 3 de Novembro de 1997, juntando-se assim a outros 11 Estados da Comunidade Europeia que já haviam ratificado ou acedido à CNUDM, designadamente: a Áustria (ratificação em 14 de Julho de 1995), a Alemanha (adesão em 14 de Outubro de 1994), a Espanha (ratificação em 15 de Janeiro de 1997), a Finlândia (ratificação em 21 de Junho de 1996), a França (ratificação em 11 de Abril de 1996), a Grécia (ratificação em 21 de Julho de 1995), a Holanda (ratificação em 28 de Junho de 1996), a Irlanda (ratificação em 21 de Junho de 1996), a Itália (ratificação em 13 de Janeiro de 1995), a Suécia (ratificação em 25 de Junho de 1996) e o Reino Unido (acessão em 25 de Julho de 1997).

18   *O Novo Regime Jus-Internacional do Mar*

Convenções de Genebra de 1958, a Convenção de 1982 não se limita a uma mera compilação de normas de direito consuetudinário. Trata-se de uma verdadeira sistematização do Direito Internacional do Mar que procura responder, de forma coerente e global, aos problemas dos oceanos. Em alguns pontos, procura mesmo antecipar-se a alguns desses problemas. Não admira pois que este Tratado seja visto como *"a monumental undertaking and accomplishment compared with the earlier efforts at universal law of the sea agreements"*[3]. Inquestionavelmente, a prática dos Estados no âmbito do Direito Internacional do Mar extravasou a simples expressão de normas sedimentadas e transformou-se no "veículo para a produção acelerada de novas normas"[4].

O objectivo destas breves linhas é apresentar, de forma enquadrada, uma perspectiva, necessariamente sucinta, do Direito Internacional do Mar consagrado na CNUDM. Descrever o regime jurídico de cada um dos seus institutos está fora dos nossos propósitos. Pretendemos apenas realçar, ao nível da macro-conceptualização, aquilo que, no nosso entender, emerge do texto convencional com um travo mais original.

PASSADO RECENTE

Não subsistem dúvidas de que a CNUDM *"is the product of a total international social process extending back, philosophically and historically, to the sixteenth century and far beyond"*[5]. No entanto, esta análise focará apenas alguns aspectos do passado mais recente que influenciaram a gestação da III Conferência das Nações Unidas sobre o Direito do Mar, e a Convenção dela resultante.

Nos primeiros anos da segunda metade do nosso século os Estados começavam a tomar consciência de dois factores correlacionados cujos reflexos se estendem, de forma ampla, sobre quase todos os aspectos da vida internacional: a explosão demográfica e o consequente agravamento da escassez dos bens económicos. Na perspectiva de então, os bens susceptíveis de valoração económica apareciam mais escassos que nunca quando comparados com as necessidades a satisfazer. Por outro lado, parecia notório que a evolução tecnológica do nosso século iria permitir, mais tarde ou mais cedo, a exploração das riquezas minerais do subsolo marinho, à qual só teriam acesso os Estados tecnologicamente mais desenvolvidos. Uma «corrida ao ouro» dos grandes

---

(3) W. T. Burke, "Importance of the 1982 UN Convention on the Law of the Sea and its Future Development", (1996) 27 O.D.I.L. 1.

(4) Daniel P. O'Connell, *The International Law of the Sea* (1989), p. 31.

(5) Philip Allott, *"Mare Nostrum*: A New International Law of the Sea", in (1992) 86(4) A.J.I.L. 764.

Estudos em Direito Internacional Público

fundos oceânicos, limitada a alguns Estados, passava a ser encarada como mais do que um mito. Como resultado, o desequilíbrio económico entre os Estados com desenvolvimentos tecnológicos desiguais parecia inexoravelmente destinado a agravar-se.

A partir da década de cinquenta, as reivindicações dos Estados costeiros, relativas à extensão da jurisdição sobre os espaços marinhos, não paravam de aumentar. Esta situação apresentava-se aos olhos dos mais avisados como um perigo cujas consequências exactas eram desconhecidas[6]. O uso algo desenfreado dos mares, nessa época, fazia emergir um pressentimento de destruição do meio marinho e do exaurir dos seus recursos. Entre os elementos que caracterizavam, então, o uso do mar podem apontar-se[7]:

- A rivalidade militar das superpotências e a corrida aos arsenais nucleares, onde o mar surgia como esconderijo do potencial nuclear através dos submarinos nucleares balísticos;
- O desenvolvimento das técnicas e meios de detecção e captura de peixe, e dos sistemas de armazenamento a navegar que, permitindo a construção dos chamados «navios-fábrica», ameaçava a sobrevivência das reservas piscícolas dos oceanos;
- A construção, em reacção à crise do Canal do Suez de 1956, de super-petroleiros com deslocamentos da ordem das centenas de milhar de toneladas, que aumentavam o espectro dos riscos ecológicos, em alguns casos infelizmente concretizados;
- A exploração petrolífera nas plataformas continentais e a certeza da existência de riquezas minerais no leito e no subsolo dos oceanos, em particular dos nódulos de manganês, que faziam admitir que a "fúria exploradora" se estenderia a todos os espaços oceânicos.

---

(6) Recorde-se aqui que a Convenção de Genebra de 1958 sobre a Plataforma Continental, estabelecia que os limites exteriores deste espaço marítimo poderiam estender-se "até à batimétrica dos 200 metros ou, para lá deste limite, até onde a profundidade das águas superjacentes permitissem a exploração dos recursos naturais" (art.º 1º). Esta formulação fazia admitir, em face dos desenvolvimentos tecnológicos entretanto ocorridos, que todos os espaços oceânicos seriam susceptíveis de apropriação pelos Estados, nomeadamente pelos que dispusessem de maior capacidade tecnológica para concretizar a exploração a grandes profundidades.

(7) Estes elementos são referidos por Clyde Sanger, *Ordering the Oceans – The Making of the Law of the Sea* (1986), p. 2. A resposta aos problemas colocados por esta situação parece ter sido o objectivo daqueles que negociaram a CNUDM. Entre os grandes traços base da Convenção encontram-se, designadamente:(1) a utilização dos oceanos, tanto quanto possível, no sentido do "fortalecimento do paz, da segurança (...) e das relações de amizade entre todas as nações" (Preambulo da CNUDM); (2) a protecção e preservação do ambiente marinho (Parte XII da CNUDM); (3) a consagração dos grandes fundos oceânicos como "património comum da humanidade" (Parte XI da CNUDM; a "Área"); (4) o estabelecimento da ZEE, que impõe aos Estados costeiros a obrigação de gestão de recursos piscícolas nas suas águas (*e.g.*, ver art.os 61º a 65º da CNUDM).

Perante este panorama, o presidente dos Estados Unidos da América, Lyndon Johnson, afirmava em 1966[8]:

> Under no circumstances, we believe, must we ever allow the prospects of rich harvest and mineral wealth to create a new form of colonial competition among the maritime nations. We must be careful to avoid a race to grab and to hold the lands under the high seas. We must ensure that the deep sea and the ocean bottoms are, and remain, the legacy of all human beings.

Na mesma linha de pensamento, o embaixador de Malta nas Nações Unidas, Arvid Pardo[9], propõe em Agosto de 1967 que a Assembleia Geral das Nações Unidas se debruce sobre a questão

> of the reservation exclusively for peaceful purposes of the sea-bed and the ocean floor, and the subsoil thereof, underlying the high seas beyond the limits of present national jurisdictions, and the use of their resources in the interests of mankind.

Discursando perante a Assembleia Geral das Nações Unidas (AG/ONU), ele lança pela primeira vez o desafio de conceptualizar "os grandes fundos marinhos para além das jurisdições nacionais" como *«common heritage of mankind»* (património comum da humanidade)[10]. Mais do que a mera consagração de uma denominação, ele vem neste discurso apresentar um quadro caracterizador dos oceanos, de onde se destacam o descontrolo da exploração do mar, e os efeitos potenciais ao nível da apropriação dos oceanos, da gestão dos sistemas oceânicos, do impacto económico sobre os países menos desenvolvidos e da destruição ambiental. Face a este panorama, as suas propostas visavam defender "um efectivo regime internacional sobre os fundos marinhos para além de uma jurisdição nacional claramente definida" e emergiam, segundo ele, como "a única alternativa que capaz de garantir que os imensos recursos do subsolo e leito dos oceanos seriam explorados sem prejudicar ninguém e em benefício de todos"[11].

---

(8) Citação incluída em Arnd Bernaerts, *Bernaerts' Guide to the 1982 United Nations Convention on the Law of the Sea* (1988), p. 6. Uma tradução da mesma citação pode ser encontrada em Armando Marques Guedes, *Direito do Mar* (1989), p. 43.

(9) Ver *ORGA* (22nd Session), Annexes, agenda item 92, document A/6695, de 18 de Agosto de 1967. Cf. também Elizabeth M. Borgese, "Introduction", in Arvid Pardo (ed.) *The Common Heritage: Selected Pages on Oceans and World Order 1867-1974*, Ocasional Papers 3 (1975), p.1, e Annick de Marffy, "The Pardo Declaration and the Six Years of the Sea-Bed Committee", René-Jean Dupuy e Daniel Vignes (eds.) *A Handbook on the New Law of the Sea*, Vol. 1 (1991), p.141.

(10) Sobre o conceito de *common heritage*, *ibid.*, pp. 158-162, e Roderick C. Ogley, *Internationalizing the Seabed* (1984), pp. 31-42. Em relação à tradução portuguesa, não se vislumbra claramente o motivo pelo qual a expressão referida não foi simplesmente traduzida para "herança comum" em vez de "património comum".

(11) Sobre as questões de natureza geológica, tecnológica, económica e ambiental que surgem como impulsionadoras da internacionalização dos grandes fundos marinhos, cf. *ibid.*, pp. 4-30.

Estudos em Direito Internacional Público 21

Estava lançada aquela que seria a primeira pedra do que viria a ser um novo edifício jurídico sobre apropriação, exploração, gestão e protecção do mar. Em 18 de Dezembro de 1967, a AG/ONU aprova a constituição de uma Comissão *Ad Hoc*[12] mandatada para efectuar, a nível mundial, o levantamento da situação relativa à utilização e aproveitamento do leito do mar e fundos oceânicos. Os resultados dos trabalhos desta Comissão seriam a base das negociações conduzidas no âmbito da III Conferência das Nações Unidas sobre o Direito do Mar[13]. A Comissão procurou apresentar um panorama, tanto quanto possível exaustivo e completo, sobre, designadamente:

- Todas as actividades existentes no espaço marinho, e todos os acordos sobre essas actividades celebrados entre os governos;
- Os aspectos científicos, técnicos, económicos e jurídico-legais caracterizadores dessas actividades;
- As formas práticas de incrementar a cooperação dos Estados ao nível da gestão, aproveitamento, conservação e partilha dos recursos do leito e subsolo marinhos.

Estes são em resumo alguns dos aspectos que se viriam a refractar sobre a CNUDM. O Preâmbulo da Convenção referencia alguns dos objectivos e

---

(12) O estabelecimento desta Comissão *Ad Hoc* consta da Resolução 2340 (XXII) da Assembleia Geral (AG/ONU), de18 de Dezembro de 1967, onde no parágrafo 3.(b) se solicitava ao Secretário-Geral que transmitisse à Comissão *Ad Hoc* os registos dos trabalhos da Primeira Comissão sobre este assunto. A tarefa foi entregue a dois grupos de trabalho: o *Technical and Economic Working Group* e o *Legal Working Group*. O relatório da Comissão *Ad Hoc – ORGA* (23rd Session), Annexes, agenda item 26, document A/7230 - levou ao estabelecimento, pela Resolução 2467 A (XXIII) da AG/ONU, de 21 de Dezembro de 1968, da "Comissão sobre os Usos Pacíficos do Leito do Mar e do Fundo Oceânico para além dos Limites das Jurisdição Nacionais". Pela Resolução 2750 C (XXV) da AG/ONU de 17 de Dezembro de 1970, a Comissão foi alargada (parágrafo 5) e encarregue de preparar um esboço de articulado (*draft treaty articles*) e uma lista explicativa de pontos e matérias para a Conferência sobre o Direito do Mar (parágrafo 6), cuja convocação ficou decidida também nesta resolução (parágrafo 2).

(13) A III Conferência das Nações Unidas sobre o Direito do Mar, que passará a ser referida sucintamente por "III Conferência", foi convocada para o ano de 1973 através da Resolução 2750 C (XXV) da AG/ONU de 17 de Dezembro de 1970, e decorreu ao longo de 11 sessões que se realizaram entre 3 de Dezembro de 1973 e 10 de Dezembro de 1982, quando foi assinado o Acto Final da Conferência e a Convenção das Nações Unidas sobre o Direito do Mar. As referências que feitas em língua inglesa à "UNCLOS III" são relativas á "III United Nations *Conference* on the Law of the Sea". Neste contexto, o acrónimo UNCLOS não deve ser confundido com United Nations *Convention* on the Law of the Sea. A utilização do acrónimo UNCLOS, seguido da numeração romana I, II ou III, indica as Conferências das Nações Unidas sobre o Direito do Mar; respectivamente, de 1958, de 1960 e de 1973-1982. A sua utilização isolada (ou seguida da indicação 1982) – UNCLOS (UNCLOS 1982) – indica a Convenção das Nações Unidas sobre o Direito do Mar de 1982. Falar em III Convenção das Nações Unidas sobre o Direito do Mar não faz muito sentido; quanto mais não seja porque só em 1958 forma celebradas em Genebra 4 Convenções sobre diferentes aspectos do regime jurídico do mar. Sobre a evolução da III Conferência, cf. Bernard H. Oxman, "The Third United Nations Conference on the Law of the Sea", René-Jean Dupuy e Daniel Vignes (eds.) supra n.9, p. 163. A obra em cinco volumes – Myron Nordquist (ed.), *United Nations Convention on the Law of the Sea 1982: A Commentary* (com datas diferentes para cada um dos volumes) – apresenta um comentário contendo a informação relevante, ao nível de *trabalhos preparatórios*, para a interpretação da Convenção.

22   *O Novo Regime Jus-Internacional do Mar*

factores mais determinantes e relevantes na orientação da III Conferência. Ele reflecte, de forma liminar mas significativa, o acervo contextual de vontades, objectivos, desejos, crenças e interesses que estiveram subjacentes à conclusão da CNUDM[14]. Espelho dos factores históricos, económicos e político-ideológicos que a ela conduziram, e que não são de forma alguma desprovidos de sentido e razão, o Preâmbulo apresenta, sucintamente, o contexto interpretativo à luz do qual as disposições convencionais têm que ser perspectivadas[15].

UMA MACRO-PERSPECTIVA DA CNUDM

A vigência da CNUDM chegou a ser vista por muitos como uma mera miragem. Em 1992, dez anos volvidos sobre a aprovação do seu texto em Montego Bay, os Estados política e economicamente mais influentes, liderados pelos Estados Unidos, continuavam a negar-lhe o seu *voto de confiança*. No entanto, os Estados menos desenvolvidos, maioritariamente da África, da Ásia e da América Latina e Caraíbas, conseguiram, em 1993, reunir entre si o número de ratificações necessárias para garantir a entrada em vigor da Convenção[16]. De Dezembro de 1982 e Novembro de 1993 apenas 60 Estados ratificaram a (ou aderiram à) Convenção; no entanto, entre Novembro de 1993 e Abril de 1998, vincularam-se à Convenção 65(!) Estados. O *poder do número* dos pequenos Estados havia imposto ao Mundo a realidade da vigência da CNUDM e forçara "a mudança qualitativa da opinião mundial"[17]. Actualmente, apenas a posição de não-vinculação mantida pelos Estados Unidos, extraordinariamente relevante no

---

(14) Sobre os resultados da Convenção, em termos de potencial futuro de gestão dos oceanos, cf. Giulio Pontecorvo (ed.), *The new Order of the Oceans – The Advent of a Managed Environment* (1986).

(15) Cf. Resolução 2749 (XXV) da AG/ONU, de 17 de Dezembro de 1967, onde consta a «Declaração de Princípios Reguladores do Leito do Mar e dos Fundos Oceânicos, e do seu Subsolo, para além dos Limites das Jurisdições Nacionais» e a Resolução 3067 (XXVIII) da AG/ONU, de 16 de Novembro de 1973, onde consta a decisão sobre o mandato da III Conferência das Nações Unidas sobre o Direito do Mar: a adopção de uma Convenção que abrangesse e versasse todas as questões relevantes para o Direito do Mar; na sua prossecução deveria ser tida em conta a lista de assuntos contida no parágrafo 2 da Resolução 2750 C (XXV) e a lista de pontos e questões relativas ao Direito do Mar aprovadas pela Comissão. A perspectiva do inter-relacionamento de todos os problemas relativos ao mar e a necessidade de eles serem considerados e perspectivados globalmente, foi precisamente o objectivo que transmite a esta Convenção uma natureza absolutamente inovadora.

(16) A Islândia e Malta foram os únicos Estados do grupo "Europa Ocidental e Outros" que contribuíram, com a sua ratificação, para a entrada em vigor da CNUDM.

(17) Sobre o conceito de poder, e em particular do significado do *poder do número* enquanto tipo de "poder dos pequenos Estados em tempo de paz", cf. Adriano Moreira, *Teoria das Relações Internacionais* (1996), pp. 195-228 e 370-377, respectivamente (p. 375 em especial).

Estudos em Direito Internacional Público

panorama das relações internacionais, parece condicionar a vigência global da CNUDM[18].

Para apreender as razões subjacentes a todo o processo que retardou a entrada em vigor da Convenção, e que ainda hoje levam os Estados Unidos a recusar a sua vinculação, há que descrever o conteúdo estrutural deste instrumento jurídico-internacional e realçar algumas das soluções que, relativamente a alguns dos institutos, foram nele consagradas. Há que começar por proceder, por isso, à identificação das *grandes áreas* do regime jurídico do mar consagradas pela Convenção. Estas podem, a nosso ver, ser enumeradas e resumidas sucintamente da forma que se segue:

– Mar Territorial (MT) e Zona Contígua (ZC) – Parte II: fixa os limites espaciais do MT (12 milhas náuticas), da ZC (24 milhas náuticas) e, indirectamente, das Águas Interiores (AI), e estabelece o regime jurídico destes espaços marítimos, regulando o direito de passagem inofensiva pelo MT e pelas AI criadas através da adopção de linhas de base recta[19];

– Águas Arquipelágicas (AA) – Parte IV: após definir o conceito de *estado arquipelágico*[20], apresenta as normas permissivas do traçado das linhas de base arquipelágicas, através das quais se delimitam as AA, e estabelece o regime jurídico deste espaço marítimo, dando ênfase ao "direito de passagem inofensiva e ao "direito de passagem pelas rotas marítimas arquipelágicas"[21];

---

(18) Entre os 65 Estados que ratificaram (ou acederam) à CNUDM após a sua entrada em vigor, contam-se: os 12 Estados das Comunidades Europeias já anteriormente referidos (ver nota 2 *supra*), a Austrália (14 de Julho de 1995), o Japão (20 de Junho de 1996), a Nova Zelândia (19 de Julho de 1996) e a Federação Russa (12 de Março de 1997).

(19) Sempre que for feita referência a um valor de distância como limite de um espaço marítimo, e nada for indicado em contrário, entende-se que esse valor é medido a contar das "linhas de base a partir das quais se mede a largura do mar territorial". Apesar de o texto português mencionar "milhas marítimas", entendemos ser mais correcta a referências a "milhas náuticas". Dois motivos justificam esta posição: (1) porque nos parece ser esta a tradução correcta das expressões inglesa *nautical mile* que, enquanto texto autêntico, faz fé em termos jurídicos (ver nota 1 *supra*); (2) porque quando a Convenção menciona *nautical miles*, está a fazer referência à *international nautical mile*, cujo valor padrão de 1852 metros foi fixado e aprovado durante a Conferência Hidrográfica Internacional de 1929. A referência a "milha marítima" poderia levar a confusões com o valor correspondente ao "comprimento de 1' de arco de meridiano", o qual não tem um valor fixo.

(20) Apesar de a tradução portuguesa referir "estado arquipélago", entendemos que a expressão "estado arquipelágico" é a mais correcta, por duas ordens de razões: (1) porque nos parece ser esta a tradução correcta das expressões inglesa *archipelagic state* que, enquanto texto autêntico, faz fé em termos jurídicos (ver nota 1 *supra*); (2) conforme muito bem refere Marques Guedes, supra n.8, p. 78, a expressão adoptada no texto português "não é particularmente feliz, pois representa a forçada e desnecessária adjectivação de um substantivo quando a língua portuguesa dispõe do qualificativo "arquipelágico".

(21) O regime estabelecido nos art.os 52º e 53º, respectivamente sob as epígrafes "direito de passagem inofensiva" e "direito de passagem pelas rotas marítimas arquipelágicas", pode suscitas, na nossa modesta perspectiva, algumas dificuldades de interpretação sistemática no âmbito da Convenção. No entanto, porque este não é o objectivo deste escrito, limitamo-nos a deixar a chamada de atenção para este facto. O adequado tratamento jurídico desta questão não pode ser feito, a nosso ver, neste âmbito.

- Estreitos utilizados para a navegação internacional - Parte III: regula a passagem em trânsito pelos estreitos utilizados para a navegação internacional, garantindo a liberdade de navegação por esses estreitos, mesmo quando se situem em áreas que, devido à extensão dos seus limites, estejam incluídas no MT de qualquer Estado[22];
- Zona Económica Exclusiva (ZEE) – Parte V: fixa o limite exterior da ZEE (200 milhas náuticas), e estabelece o regime jurídico deste espaço marítimo, fazendo ressaltar as disposições relativas ao aproveitamento e conservação dos recursos piscatórios;
- Plataforma Continental (PC) – Parte VI: fixa o limite exterior da PC (200 milhas náuticas ou, onde apropriado, para lá deste limite e até um máximo de 350 milhas ou 100 milhas náuticas a contar da batimétrica dos 2500 metros), e estabelece o regime jurídico que regula este espaço marítimo e a utilização dos recursos nele integrados; a existência de uma PC para além das 200 milhas tem que ser sujeita a aprovação por parte da Comissão de Limites da Plataforma Continental (Anexo II);
- O regime das ilhas – Parte VIII: define o conceito de ilha e efectua a distinção entre ilhas e rochedos (os quais não podem gerar ZEE ou PC para os Estados de cujo território fazem parte);
- Alto Mar (AM) – Parte VII: estabelece, de forma residual, o espaço oceânico incluído no conceito de AM, define as liberdades de que gozam todos os Estados, e estabelece o regime jurídico deste espaço e regula a conservação e gestão dos recursos vivos nas áreas exteriores à ZEE[23];
- Mares fechados ou semifechados – Parte IX: define os conceitos de mar "fechado" ou "semifechado", incentivando os Estados ribeirinhos desses mares a cooperar, individualmente ou através de organizações internacionais nas mesmas áreas que se encontram reguladas pela Convenção (aproveitamento, gestão e conservação de recursos, protecção do ambiente marinho, e investigação científica);
- Estados sem litoral – Parte X: define o conceito de "estado sem litoral" e estabelece os direitos de acesso ao mar que lhe correspondem;

---

(22) Cf. art.º 45º, n.º 2, da CNUDM, que afasta a possibilidade de "suspensão da passagem inofensiva por tais estreitos", derrogando assim o regime geral do direito de passagem inofensiva que admite essa possibilidade (cf. também os art.os 25º, n.º 3; e 52º, n.º 2).

(23) Apesar da gestão dos recursos piscícolas ser uma das "fraquezas" que se podem apontar à Convenção, especialmente em termos de gestão dos recursos piscícolas transfronteiriços, este problema foi de alguma forma minorado pela celebração em 1995, também no âmbito das Nações Unidas, de um novo acordo sobre "management of stradling stocks and highly migratory species". A incorporação e implementação das "políticas de gestão" estabelecidas neste acordo estão agora a cargo das relevantes organizações internacionais de âmbito regional (e.g. a NAFO).

Estudos em Direito Internacional Público 25

- Área – Parte XI: estabelece um regime de internacionalização dos grandes fundos oceânicos que se encontram para além da jurisdição dos Estados costeiros, através da definição dos necessários conceitos, regime esse que abrange a utilização e exploração dos recursos naturais "para fins pacíficos" e "em benefício da humanidade em geral"[24];
- Protecção do meio marinho – Parte XII: cria um "regime quadro" para a protecção e preservação do meio marinho através do controlo poluição marinha[25];
- Investigação científica marinha – Parte XIII: cria um regime jurídico que visa a regulação das actividades de investigação científica através do estabelecimento de princípios gerais, essencialmente baseados na cooperação entre os Estados;
- Transferência de tecnologia marinha – Parte XIV: cria um regime que visa regular, através de uma cooperação internacional alargada, o desenvolvimento e a transferência de tecnologia marinha[26];
- Solução de pacífica de controvérsias - Parte XV: como forma de tentar ultrapassar em termos mais expeditos as divergências ou conflitos que possam surgir entre os Estados partes da Convenção, é criado o Tribunal Internacional para o Direito do Mar (com sede em Hamburgo) e estabelecido um regime jurídico específico para a solução dessas controvérsias[27].

Juridicamente todavia, a natureza das normas que compõem cada uma destas áreas não é a mesma; e mesmo dentro de cada uma das áreas, normas

---

(24) A Área é definida, na Convenção, como "o leito do mar, os fundos marinhos, e o seu subsolo além dos limites da jurisdição nacional (art.º 1º, n.º 1, para. 1). O regime jurídico da exploração da Área já foi entretanto alterado por um acordo adoptado no âmbito da AG/ONU em Julho de 1994. Trata-se de um regime extraordinariamente complexo que procura compatibilizar os interesses divergentes dos Estados e que engloba a criação de instituições internacionais destinadas a "controlar as actividades na Área". Como referiremos adiante, foi particularmente o regime da Área que levou à tomada de posição dos Estados Unidos em relação à Convenção.

(25) Ao falarmos em "regime quadro" pretendemos transmitir a ideia de que o regime aqui estabelecido necessita, forçosamente, de ser complementado, por um lado, com a celebração de específicos acordos internacionais em matéria de poluição marinha e, por outro lado, com a legislação interna que concretize o regime concebido em termos de efectivação prática do controlo da poluição e da detecção e punição das infracções nesta matéria. Em termos de acordos internacionais, o regime da CNUDM começa a ser referenciado nesta perspectiva, como o comprova o Preâmbulo da Convenção de Paris de 1992, para a Protecção do Ambiente Marinho do Atlântico Nordeste, que vem substituir, entre as partes contratantes, as Convenções de Oslo de 1972 e de Paris de 1974.

(26) Este regime é também visto com alguma suspeição por parte dos Estados com maior grau de desenvolvimento e é visto como uma das partes da Convenção que, se não for específica e cuidadosamente regulamentada por instrumentos mais concretos, corre o risco de vir a ser *letra morta*.

(27) Cf. muito em particular os art.ᵒˢ 279 a 299 da Convenção e os Anexos V a VIII à Convenção. O Estatuto do Tribunal Internacional para o Direito do Mar (*International Tribunal for the Law of the Sea*) encontra-se no Anexo VI à Convenção.

26 *O Novo Regime Jus-Internacional do Mar*

haverá com diferente natureza jurídica. Fundamental é destrinçar as normas que têm uma natureza estritamente convencional daquelas outras que, para lá de deterem uma natureza convencional, são também expressão do direito consuetudinário consagrado pela prática dos Estados. As segundas impõem-se a todos os Estados, independentemente da sua vinculação à CNUDM (por via de ratificação ou adesão). Nestas podem incluir-se, designadamente[28]:

- A quase totalidade das normas integradas nos regimes jurídicos dos diferentes espaços marítimos sob jurisdição dos Estados: o MT e a ZC (art.^{os} 2° a 45°), as AA (art.^{os} 46° a 54°), a ZEE (art.^{os} 55° a 75°), a PC (art.^{os} 55° a 85°);
- O regime do AM (art.^{os} 86° a 120°);
- O regime das ilhas (art.° 121°);
- Os normas relativas aos mares fechados e semifechados (art.^{os} 122° e 123°);
- O direito de acesso ao mar dos Estados sem litoral (art.^{os} 124 a 132°);
- Uma parte do regime da Área: as definições (art.^{os} 1°, n.° 1, paras. 1 e 3), a definição do "regime jurídico das águas e do espaço aéreo sobrejacentes" (art.° 135°), alguns dos princípios gerais que enformam o regime jurídico da Área (art.^{os} 136° a 149°);
- A protecção e preservação do meio marinho (art.^{os} 192° a 237°);
- Grande parte do regime da investigação científica marinha (art.^{os} 238° a 256°).

O PROCESSO DE INTERNACIONALIZAÇÃO NA CNUDM

A *Declaração Pardo* foi, pode afirmar-se em termos algo simplistas, a apologia da *internacionalização* do espaço constituído pelo leito e subsolo dos oceanos para além das jurisdições dos Estados. A regime da Área surge na Convenção como a concretização dessa tão almejada *internacionalização*. A natureza peculiar deste regime jurídico, muito em especial alguns dos princípios que regem o aproveitamento dos recursos existentes nesse espaço marítimo, esteve (e continua a estar) na base da recusa dos Estados Unidos em se vincular à Convenção[29]. Pensamos, por isso, ser de referir aqui, com maior detalhe, alguns dos aspectos que o caracterizam.

---

(28) Neste aspecto, a catalogação apresentada por Jonathan I. Charney, "The United States and the Revision of the 1982 Convention on the Law of the Sea", (1992) 23 O.D.I.L. 279, em Apêndice, parece-nos não despertar controvérsias de maior, pelo que a adoptamos aqui com alterações de pormenor.

(29) Um outro aspecto que tem merecido a oposição dos Estados Unidos é o regime relativo à revisão futura da Convenção, o qual é particularmente restritivo e impõe limites de revisão aos Estados, designadamente tendo em vista a protecção do regime da Área. Cf. art.^{os} 312° a 316° da Convenção; em particular, ver o art.° 316°, n.° 5, que impõe a *todos os Estados Partes*, as revisões do regime da Área ratificadas por três quartos dos

Estudos em Direito Internacional Público 27

No entanto, o processo de *internacionalização* parece-nos ter ido um pouco mais longe. Ele abrangeu, a nosso ver, ainda que não de forma tão intensa, outras partes da CNUDM. A compreensão deste processo depende, por isso, de um enquadramento conceptual adequado, em que o termo *internacionalização* representa um papel a todos os títulos relevante. Cumpre por isso o conceito de internacionalização e os seus reflexos sobre as disposições convencionais.

Em termos de Direito Internacional, o conceito de *internacionalização* pode ser entendido como[30]:

– O estabelecimento de um regime jurídico por via de um instrumento de Direito Internacional (Tratado, Resolução de um órgão das Nações Unidas, etc.);

– Tendo por objecto uma certa entidade territorial específica (Estado, cidade, rio, canal, lago, ilhas, continente, espaço marítimo, etc.);

– Que, *prima facie*, se pretende venha a ter um carácter permanente e seja oponível *erga omnes*, *i.e.*, seja invocável contra qualquer membro (Estado) da comunidade internacional;

– Consagrando o exercício de poderes soberanos ou quasi-soberanos, ou o exercício de direitos soberanos ou jurisdicionais, por um grupo de Estados, por uma instituição internacional, ou por uma combinação de ambos;

– E que surja como resposta a necessidades específicas resultantes de um interesse comum de um conjunto alargado de Estados, interesse esse que se apresenta como fundamento da atribuição daquele regime jurídico em benefício desses Estados, em representação dos quais aqueles poderes ou direitos são exercidos.

Os diferentes regimes de internacionalização podem ser classificados, em função de do tipo de poderes ou direitos cujo exercício é regulado e dos objectivos que presidem à consagração desse regime. Assim, pode distinguir-se entre internacionalização territorial, funcional e jurisdicional. A primeira, refere-se ao exercício de poderes governativos e/ou administrativos sobre uma entidade territorial definida; a segunda, tem em vista a protecção ou a manutenção de uma função que só pode ser desempenhada pela entidade

---

Estados Partes, independentemente da sua aceitação por um Estado em particular, derrogando assim o princípio geral do consentimento dos Estados em vincular-se às modificações dos Tratados. Esta derrogação, uma vez que é aceite pelos Estados no momento da sua vinculação inicial, é perfeitamente válida à luz do Direito Internacional. (cf. Convenção de Viena sobre o Direito dos Tratados de 1969, art.os 39° a 41°, com remissão para os art.os 6° a 25°). Cf. também o art.° 155°, n.° 2, que estabelece limites de revisão aos Estados no que concerne aos princípios regentes das actividades na Área.

(30) Cf. Rüdiger Wolfrum, "Internationalization", in Rudolf Bernhardt (ed.) *Encyclopedia of Public International Law* (1995), p.1395. No entanto, a perspectiva aqui apresentada possui algumas diferenças em relação às posições deste autor, seguindo as notas obtidas nas lições de Kaiyan Kaikobad, da Universidade de Durham (aulas teóricas de *International Law of Title do Territory and Boundaries*).

28 O Novo Regime Jus-Internacional do Mar

territorial em causa; e a terceira, é relativa a um regime permissivo do exercício de poderes ou direitos de natureza soberana ou jurisdicional não envolvendo questões de soberania *stricto sensu*. Em nosso entender, a internacionalização da Área integra-se neste último grupo. Mais ainda, talvez se integre neste grupo também aquilo que entendemos ser a quasi-internacionalização da protecção do meio marinho na Convenção[31].

Há que inquirir, então, que princípios presidiram à internacionalização da Área na Convenção. Fundamentalmente, este espaço marítimo e os seus recursos passam a ser considerados como "património comum da humanidade". Desta forma, nenhum Estado pode apropriar-se "de qualquer parte da Área ou dos seus recursos", nem "reivindicar ou exercer soberania ou direitos de soberania" sobre eles. Mais ainda, as actividades da Área devem prosseguir exclusivamente fins pacíficos e o "benefício da humanidade em geral", particularmente dos Estados e povos em vias de desenvolvimento socio-político[32].

Em termos de exploração económica, a Convenção estabelece que as políticas gerais devem "fomentar o desenvolvimento harmonioso da economia mundial e o crescimento equilibrado do comércio internacional", tendo em especial atenção aos interesses dos países em vias de desenvolvimento e a transferência da tecnologia de exploração para esses Estados[33]. As influências da década de setenta são, aqui, nitidamente visíveis. Na concepção convencional, a direcção, condução e controlo desta exploração, subordinada aos princípios referidos, é colocada a cargo de uma instituição internacional especialmente criada para esse efeito: a *Autoridade Internacional dos Fundos Marinhos* (*Autoridade*), da qual fazem parte todos os Estados Partes e cujo principal órgão é a *Empresa*. Todavia, a consagração destes princípios, pouco consentâneos com os princípios regentes das economias de mercado dos Estados industrializados,

---

(31) Para Wolfrum, a classificação da internacionalização é feita em apenas dois grupos: territorial e funcional. Desta forma, a internacionalização da Área aparece como uma internacionalização de tipo territorial (*ibid.*). No entanto, este autor utiliza como base do critério de classificação a soberania dos Estados, e a sua *abolition* (no caso da internacionalização territorial) ou *mere limitation* (no caso da internacionalização funcional). Mas tendo em conta que os fundos oceânicos para lá das jurisdições nacionais nunca estiveram, de forma alguma, sujeitos à soberania de qualquer Estado, parece-nos que esta classificação está de alguma forma condicionada logo à partida. Na classificação por nós proposta, incluem-se os seguintes exemplos de internacionalização: no primeiro grupo, as situações a que estiveram sujeitas as cidades de Danzig (1919-1939) e Tanger (1924-1956); no segundo grupo, as do Canal de Kiel (*Nord Ostsee Kanal*), do Canal do Suez e do Canal do Panamá; e no terceiro grupo, a Área e, talvez, a Antártica (embora neste aspecto exista uma divergência entre as posições dos Estados que continua a reivindicar a sua soberania sobre certas áreas do continente gelado e a dos Estados que, não tendo qualquer reivindicação sobre aquela área do globo, defendem a sua internacionalização).

(32) Cf. art.os 136º, 137º, 140º, 141º da CNUDM. Os princípios que regem o regime jurídico da Área encontram-se estabelecidos nos art.os 136º a 149º da CNUDM.

(33) Art.º 150º da CNUDM. O regime de aproveitamento dos recursos da Área está delineado nos art.os 150º a 155º da CNUDM.

Estudos em Direito Internacional Público

levou a um afastamento generalizado destes Estados em relação à Convenção, liderados pelos Estados Unidos da América.

Como forma de tentar ultrapassar este impasse, foi aprovado consensualmente no seio da AG/ONU, em 28 de Julho de 1994, um "Acordo Relativo à Implementação da Parte XI" (Acordo) da CNUDM. Embora os primeiros passos concretos no sentido da concretização deste Acordo tivessem começado a ser dados em 1990, é a perspectiva da entrada em vigor da CNUDM que vem de certa forma acelerar a sua conclusão[34].

Basicamente, pode dizer-se que este acordo veio por fim a todas as expectativas idealistas, de pendor não-economicista, na exploração da Área e dos seus recursos. Foi também a única forma de conseguir fazer aderir à Convenção os Estados mais desenvolvidos, ainda que sem o conseguir em relação aos Estados Unidos. Em primeiro lugar, ficou estabelecido no Acordo que, em caso de conflito com as disposições da Parte XI da CNUDM, as disposições daquele prevaleceriam. Do Anexo, que forma parte integral do Acordo, ressalta um conjunto de princípios que, sem dúvida, vem consagrar uma exploração mercantilista da Área, designadamente os princípios de:

– Funcionamento de todos os órgãos e instituições subsidiárias segundo princípios de economicistas de custo-eficácia;
– Subordinação da exploração dos metais dos fundos oceânicos a uma análise do mercado mundial, das suas tendências e perspectivas, a princípios comerciais de mercado, à não-discriminação dos minerais provenientes de outras explorações;
– Utilização de *joint ventures*, segundo *sound commercial principles*, por parte da Empresa, na condução das actividades de exploração mineira dos fundos oceânicos;
– Utilização da regra do consenso, e não a maioria, como regra geral das decisões dos órgãos da Autoridade;
– Transferência de tecnologia de acordo com os termos e condições comerciais de mercado aberto ou através de acordos de *joint venture*.

Os Estados Unidos garantiram desta forma a possibilidade de, no caso de virem a aceder à Convenção, poderem controlar os benefícios a distribuir na Área, as políticas de produção e as formas de exploração dos fundos oceânicos.

---

(34) *New York Agreement of 28 July 1994 Relating to the Implementation of Part XI of the United Nations Convention on the Law of the Sea of 10 December 1982.* Para uma descrição histórica do processo que conduziu à concretização deste Acordo, cf. David H. Anderson, "Efforts to Ensure Universal Participation in the United Nations Convention on the Law of the Sea", (1993) 42(3) I.C.L.Q. 654, e "Further Efforts to Ensure Universal Participation in the United Nations Convention on the Law of the Sea", (1994) 43(4) I.C.L.Q. 886, e Renate Platzöder, "Substantive Changes in a Multilateral Treaty Before its Entry to Force: The Case of the 1982 United Nations Convention on the Law of the Sea, (1993) 4(3) E.J.I.L 390.

30   *O Novo Regime Jus-Internacional do Mar*

Em certos aspectos, o princípio do "património comum da humanidade" fica inquestionavelmente diluído. E embora este seja visto, por muitos autores, como um princípio de direito consuetudinário, os Estados Unidos têm mantido, em relação a ele e ao regime da Área, uma atitude de oposição permanente.

Cumpre notar, a par desta internacionalização dos fundos oceânicos para além da jurisdições nacionais, um outro tipo de (quasi-)internacionalização que parece, quanto a nós, ter tido lugar. A Convenção permite aos Estados "tomar, individual ou conjuntamente, (...) todas as medidas (...) que sejam necessárias para prevenir, reduzir e controlar a poluição do meio marinho", num contexto de cooperação mundial e regional[35]. Esta protecção do meio marinho prevista na CNUDM, vai a ponto de admitir a realização de investigações e a instauração de procedimento judicial, contra um navio que se encontre voluntariamente num porto, em resultado de descargas efectuadas por esse navio, *fora das águas sob soberania ou jurisdição do Estado portuário*, quando essa descarga seja feita em "violação das regras e normas internacionais aplicáveis estabelecidas por intermédio de organização internacional ou de uma conferência diplomática geral"[36]. A actuação do Estado é, neste caso, derivada, não da sua soberania ou jurisdição, mas do mandato que lhe é conferido pela Convenção enquanto instrumento de direito internacional, para que actue em defesa de um bem comum a todos os Estados.

Menos notoriamente, e sem ser levada tão longe, esta tendência no sentido da internacionalização é também visível no que respeita à investigação científica marinha. Segundo a CNUDM, ela deve ser conduzida "exclusivamente com fins pacíficos", e os seus resultados devem ser difundidos e publicados, num espírito de cooperação internacional, para benefício da comunidade científica mundial e, em particular, dos Estados em vias de desenvolvimento[37].

Não tem que nos surpreender, portanto, que sejam teorizadas e propostas novas macro-conceptualizações do regime jurídico dos oceanos. À *praxis* consensual que esteve na origem deste modelo, subjaz um conjunto de princípios axiomáticos que são revelados através das soluções consagradas. A sua natureza ordenadora, transmite a este regime uma coerência sistémica que não deve ser negligenciada. Nesta inovadora perspectiva, a compreensão do novo regime jus-internacional do mar passa pela sua subsunção e referenciação aos seguintes princípios interdependentes[38]:

---

(35) Cf. Parte XII da Convenção (art.ᵒˢ 192º a 237º).

(36) Cf. art.º 218º, n.º 1, da CNUDM.

(37) Cf. Parte XIII da CNUDM (art.ᵒˢ 238º a 265º).

(38) Estes princípios referidos são propostos por Allott, supra n.5, pp. 766-783. O seu desenvolvimento, tal como o autor o apresenta, não é compatível com os objectivos deste escrito. Limitamo-nos, por isso, a

Estudos em Direito Internacional Público

– *Integração natural*; o respeito pela integração natural da terra, do mar e do ar, bem como pela integração natural de todos os fenómenos sociais;
– *Participação*; a consciencialização de que o relacionamento sistémico da humanidade com o mar não é uma mera relação de propriedade, mas mais um relacionamento social de participação;
– *Interesse público*; as relações jurídico-legais estabelecidas no âmbito do Direito Internacional do Mar são utilizadas como forma de redefinição e actualização do interesse público internacional e para prossecução de objectivos internacionais socio-económicos;
– *Responsabilização social e legal*: à gestão do relacionamento da humanidade com o mar, a qual deve ser levada a cabo ao nível governamental, deve subjazer uma responsabilização aos níveis social e legal.

Em nosso entender, o que transparece da Convenção é a tentativa de promover um processo de internacionalização de algumas das questões relacionadas com o mar, que se traduz na busca de uma gestão global dos oceanos ao nível da *comunidade internacional de Estados*.

O FUTURO DA CNUDM

O futuro da CNUDM foi considerado, em certo momento, inexistente e a sua vigência uma miragem. Erro crasso de avaliação daqueles para quem a força da diplomacia e do diálogo entre Estados não passa de um mero exercício de retórica. A comunidade internacional de Estados foi capaz de ultrapassar os escolhos de interesses antagónicos e chegar a porto seguro. A entrada em vigor da CNUDM e a sua aceitação, até ao momento, por dois terços dos Estados das Nações Unidas, representa uma clara vitória do Direito Internacional. Uma vitória tanto mais relevante quanto se constata que o fracasso da Convenção chegou a ser para alguns, em certo momento, mais do que uma possibilidade no horizonte, um facto iniludível.

Com a vigência da CNUDM, o direito costumeiro[39], que em termos de Direito Internacional do Mar foi ao longo dos tempos extraordinariamente

---

enumerá-los e a referi-los, tentando tanto quanto possível reproduzir fielmente a ideia original do autor, e remetendo a curiosidade dos mais interessados no tema para o texto indicado na bibliografia.

(39) O costume é perspectivado, no Direito Internacional, como uma "prática geral aceite como de direito" (art.º 38º, n.º 1, al. c), do Estatuto do Tribunal Internacional de Justiça (TIJ). De acordo com a jurisprudência do TIJ, a prática em causa deve incluir os Estados cujos interesses sejam particularmente afectados, deve ser uma prática extensiva e virtualmente uniforme, embora não seja requerida uma prática absoluta e rigorosamente em conformidade com a regra costumeira, mas tão só uma conduta dos Estados que seja, em geral, consistente com essa regra (cf. *Casos da Plataforma Continental do Mar do Norte*, I.C.J. Rep. 1969 4, 43-44, paras.73-74; *Caso das Actividades Militares e Paramilitares contra a Nicarágua*, I.C.J. Rep. 1986 14, 98, para.186). Sobre a

32 *O Novo Regime Jus-Internacional do Mar*

relevante, perdeu grande parte da sua importância. E estamos convictos que se operou uma alteração profunda, que é claramente perceptível quando se comparam as Convenções sobre o Direito do Mar celebradas no âmbito das Nações Unidas. As Convenções de Genebra de 1958 representam uma mera codificação, *i.e.*, o seu conteúdo reflecte as normas de direito costumeiro preexistentes, reunidas e passadas a forma convencional. Ao contrário, a Convenção de Montego Bay, para além de procurar reunir as normas de direito costumeiro aceites pacificamente pelos Estados, vem criar *ex novo* determinados regimes jurídicos que, a vigorarem, vêm alterar em certos aspectos o ordenamento jurídico internacional de base consuetudinária. Não está em causa que a vinculação dos Estados às disposições da CNUDM só pode ter lugar por via da ratificação (adesão) do texto convencional. No entanto, a vinculação da maioria dos Estados ao texto convencional pode dar lugar a uma prática generalizada que passe a ser aceite como sendo de direito. A ocorrer, este facto seria, então, gerador de normas de natureza consuetudinária que se imporiam mesmo aos Estados que formalmente não se tivessem ainda vinculado à Convenção. O processo de criação de normas de Direito Internacional do Mar sofreria, desta forma, uma inversão crítica.

Em termos de relações internacionais, este facto adquire uma importância crucial. Tradicionalmente, a *praxis* de Estados com maior peso no sistema internacional assumiu sempre um papel determinante na formação do costume. Não passa despercebido o facto de a formação de normas costumeiras ter sido suportada, em certos casos, por demonstrações de poder militar, político e económico por parte desses Estados[40]. Este *status quo ante* foi sendo lentamente alterado por uma crescente importância do direito convencional multilateral de tipo universal e quasi-universal. Para além disso, o emergir de normas consuetudinárias resulta, hoje em dia, "da adesão de muitos Estados de diferente civilização, cultura e nível de desenvolvimento"[41]. Neste contexto de ideias, algo parece ter mudado radicalmente no plano jus-internacional, onde a vinculação heterónima parece surgir no horizonte ideológico. A legitimação desta (eventual) heterovinculação passa a depender, tão só, da sua aceitação global pela comunidade internacional de Estados como um todo. A posição isolacionista dos

---

problemática do costume internacional, cf. Gonçalves Pereira e Fausto de Quadros, supra n.1, pp.155-168; Malcom N. Shaw, *International Law* (1997), pp. 56-73; Peter Malanczuk, *Akehurt's Modern Introduction to International Law* (1997), pp.39-48.

(40) Esta é uma das grandes críticas que, normalmente, se dirigem ao Direito Internacional, em especial quando se pretende afastar a sua qualificação como ordenamento de natureza jurídica. A actuação unilateral dos Estados no plano do Direito Internacional, em defesa dos seus interesses particulares, tem sido, ao longo dos tempos, e mesmo durante o século XX, uma constante.

(41) Gonçalves Pereira e Fausto de Quadros, supra n.1, p.155.

Estudos em Direito Internacional Público

Estados Unidos em relação à CNUDM pode pois, a curto-médio prazo, não ter qualquer efeito jurídico prático, se as normas convencionais adquirirem, por via da prática da maioria dos Estados, uma natureza costumeira. A manutenção de uma posição de *persistent objector* por parte deste Estado traduz, precisamente, a tentativa de ilidir esta forma de vinculação[42].

> The core idea of the Convention is a fundamental shift to multilateralism from unilateralism in the development of the law of the sea.[43]

Importa salientar que os reflexos da entrada em vigor da Convenção estão longe de se limitar ao Direito Internacional do Mar. Os primeiros sinais de que o seu impacto poderá transcender os limites deste ramo do Direito e estender-se a todo o Direito Internacional começam a surgir. A perspectiva da ratificação (quasi-)universal da CNUDM parece indiciar a possibilidade de alterações paradigmáticas na *carta batimétrica geral* deste ordenamento jurídico, nomeadamente em termos de um claro reforço do papel da *rule of law* nas relações internacionais. A ratificação universal da CNUDM promoveria, numa certa visão, a sedimentação definitiva da natureza jurídica do Direito Internacional, fundamentalmente através de cinco vias[44]:

- *Princípios e instituições comuns*: pela primeira vez, os Estados estariam formalmente vinculados a um instrumento de Direito Internacional que regula aspectos relativos a uma área que representa dois terços do planeta, proporcionando princípios e meios institucionais comuns para colocar em prática e desenvolver tais regras;
- *Multilateralismo*: as Nações Unidas veriam recompensados os seus esforços no sentido da codificação e desenvolvimento do Direito Internacional por meios pacíficos e através de negociação multilateral, conjugando a participação de todos os Estados e ponderando todas os interesses e perspectivas relevantes; este facto representaria a vitória do

---

(42) Ao nível do Direito Internacional, em termos dos requisitos de formação do costume, uma das questões que continua a não reunir o consenso dos autores é a da posição do *persistent objector*. Em termos algo simplistas, a questão que se coloca é a de saber em que posição se encontra um Estado que mantenha uma permanente posição de objecção em relação ao direito aceite pela esmagadora maioria dos Estados. Pode ele manter-se *ad eternum* desvinculado dessas normas? Estamos aqui perante a velha querela entre as concepções voluntaristas e não-voluntaristas da formação do costume. A doutrina maioritária parece ir no sentido de aceitar esta possibilidade, mesmo que recusando o consentimento dos Estados como requisito de formação do costume, o que parece apresentar algum contra-senso. No entanto, a opinião de que a posição do *persistent objector* não deve ser admitida, começa a ganhar eco na doutrina. Sobre este assunto cf. Malanczuk, supra n.39, p. 48; James L. Brierly, *The Law of Nations: An Introduction to the International Law of Peace* (1963), pp. 51-53; Jonathan I. Charney, "The Persistent Objector Rule and the Development of Customary International Law", (1985) 56 B.Y.I.L. 1.

(43) Bernard H. Oxman, "The Rule of Law and the United Nations Convention on the Law of the Sea", (1996) 7(3) E.J.I.L. 353, 356.

(44) *Ibid.*, às pp.359-370.

interesse comum delineado sobre os interesses particulares e, cimentando a confiança dos Estados, abriria o caminho para soluções análogas noutras áreas;

– *Globalização ambiental*: os Estados seriam reunidos em torno de uma protecção ambiental do mar assegurada de forma enquadrada, global e exaustiva, numa linha de preservação do meio marinho para gerações vindouras através da regulação jurídica dos aspectos relevantes das relações internacionais;

– *Liberdade de navegação*: os objectivos de manutenção da paz e segurança internacionais, de promoção do desenvolvimento económico e da protecção ambiental, bem como de quaisquer outros de natureza colectiva a cargo das Nações Unidas, seriam mais facilmente prosseguidos e atingidos;

– *Resolução pacífica de conflitos*: os Estados ficariam vinculados à resolução de conflitos referentes ao regime jurídico do mar, por via pacífica, através de meios judiciais e arbitrais; o afastamento da auto-tutela de interesses do panorama das soluções à disposição dos Estados reforçaria, substancialmente, a natureza jurídica do ordenamento internacional.

Pensamos que o futuro da Convenção de Montego Bay depende, em grande medida, da aceitação global pela comunidade internacional de Estados das soluções jurídicas consagradas na Convenção, a qual, em nosso entender, só será realizável através da sua ratificação à escala universal ou quasi-universal. Não vamos no entanto ao ponto de afirmar, de forma peremptória, que dessa ratificação universal decorrerá inelutavelmente uma heterovinculação para todos os Estados. Mas não afastamos tal hipótese.

A Convenção parece-nos ser de um idealismo e espírito comunitário notáveis; esta característica é, simultaneamente, a sua fraqueza e a sua força. Por nós, há que prestar vassalagem àqueles que, a anos de distância do uso do termo *globalização*, foram capazes de negociar e concretizar um regime jurídico para o mar que se aproxima bastante deste conceito. Não queremos de forma alguma desrespeitar aqueles que defendem (ou defenderam) a realização de uma nova Conferência das Nações Unidas com o intuito de encontrar um estatuto jurídico para o mar que não suscite as dificuldades e controvérsias da CNUDM. Não vemos, no entanto, nada que possa ser tão substancialmente melhorado e que justifique tão dispendiosa e complexa decisão. Compete no entanto à comunidade internacional decidir sobre o destino futuro deste legado.

CONCLUSÕES

Durante séculos, o mar uniu os povos. Enquanto meio de comunicação, por ele fluíram pessoas, comércio e ideias. Na alvorada do século XXI, o mar parece mais uma vez querer representar o seu papel unificador. Pela primeira vez, parece estar ao alcance da humanidade iniciar uma verdadeira gestão global e transfronteiriça de uma parte substancial da superfície planetária. A CNUDM, embora não sendo um documento perfeito, é um enquadramento válido para atingir tal desiderato. Por nós, estamos em crer que será difícil fazer muito melhor. Talvez seja por isso bem mais racional e proveitoso "limar as suas arestas".

Houve quem em tempos afirmasse que *"the history of the law of the sea has been dominated by a central and persistent theme: the competition between the exercise of governmental authority over the sea and the idea of the freedom of the seas"*[45]. Olhando para o futuro que a CNUDM permite perspectivar, talvez seja mais correcto e mais racional pensar que *"the sea is neither 'mare liberum'* (Grotius) *nor 'mare clausum'* (Selden) *but mare nostrum (our sea)"*[46].

Num país de marinheiros, como é uso apelidar-se o nosso, parece-nos ser de bom aviso não descurar este processo. Com um espaço de jurisdição cuja área é cerca de dezoito vezes a sua área territorial, Portugal não deve virar de forma alguma as costas ao mar. Para quem veja numa viragem para terra o nosso futuro, a História pode servir de exemplo bem ilustrativo.

Concretizada a ratificação da Convenção, muito está ainda por fazer. A Convenção, para lá de atribuir direitos, impõe obrigações aos Estados que reivindiquem espaços marítimos, designadamente a de uma efectiva conservação, gestão, preservação e protecção do meio marinho nas áreas reivindicadas, numa perspectiva de cooperação global. Há pois que, quer ao nível legislativo, quer ao nível de meios técnico-operacionais, criar as infraestruturas que permitam cumprir com tal obrigação. A realização de um levantamento exaustivo destas necessidades (legislativas e técnico-operacionais) afigura-se-nos indispensável. Uma lei-quadro para o mar, enquadrada pelas disposições convencionais, suficientemente flexível para poder incorporar as leis de desenvolvimento, e que reflicta os resultados daquele levantamento, parece-nos ser um bom ponto de partida para a criação de um edifício jurídico coerente e actualizado, que propicie uma válida participação de Portugal numa gestão racional do mar.

---

(45) O'Connell, supra n. 4, p.1.

(46) Allot, supra n.5, p. 773.

BIBLIOGRAFIA

AA.VV., *The new Order of the Oceans - The Advent of a Managed Environment*, Edited by Giulio Pontecorvo, New York, Columbia University Press, 1986

Allott, Philip, *"Mare Nostrum*: A New International Law of the Sea", in American Journal of International Law, Volume 86, October 1992, No. 4, pp. 764-787

Anderson, David H., "Efforts to Ensure Universal Participation in the United Nations Convention on the Law of the Sea", in *International and Comparative Law Quarterly*, Volume 42, Part 3, July 1993, pp. 654-664

Anderson, David H., "Further Efforts to Ensure Universal Participation in the United Nations Convention on the Law of the Sea", in *International and Comparative Law Quarterly*, Volume 43, Part 4, October 1994, pp. 886-893

Bernaerts, Arnd, *Bernaerts' Guide to the 1982 United Nations Convention on the Law of the Sea*, Coulsdon-Surrey, Fairplay Publications, 1988

Brierly, James L., *The Law of Nations: An Introduction to the International Law of Peace*, 6th Edition, Oxford, Clarendon Press, 1963

Burke, W. T., "Importance of the 1982 UN Convention on the Law of the Sea and its Future Development", in *Ocean Development and International Law*, Volume 27, 1996, pp. 1-4

Charney, Jonathan I., "The United States and the Revision of the 1982 Convention on the Law of the Sea", in *Ocean Development and International Law*, Volume 23, 1992, pp. 279-303

Charney, Jonathan I., "The persistent Objector Rule and the Development of Customary International Law", in *British Year Book of International Law 1985*, Volume 56, pp. 1-23

Guedes, Armando Marques, *Direito do Mar*, Lisboa, Instituto de Defesa Nacional, 1989

Estudos em Direito Internacional Público

Malanczuk, Peter, *Akehurt's Modern Introduction to International Law* (7th Edition), London and New York, Routledge, 1997

Marffy, Annick de, "The Pardo Declaration and the Six Years of the Sea-Bed Committee", in AA.VV., *A Handbook on the New Law of the Sea*, Volume 1, Edited by René-Jean Dupuy e Daniel Vignes, Dordrecht - Boston - Lancaster, Martinus Nijhoff Publishers, 1991, pp. 141-162

Moreira, Adriano, *Teoria das Relações Internacionais*, Coimbra, Livraria Almedina, 1996

O'Connell, Daniel P., *The International Law of the Sea*, Oxford, Clarendon Press, 1982 (Reimpressão de 1989)

Ogley, Roderick C., *Internationalizing the Seabed*, Aldershot, Gower, 1984

Oxman, Bernard H, "The Rule of Law and the United Nations Convention on the Law of the Sea", in *European Journal of International Law*, Volume 7, N.º 3, 1996, pp. 353-371

Oxman, Bernard H., "The Third United Nations Conference on the Law of the Sea", in AA.VV., *A Handbook on the New Law of the Sea*, Volume 1, Edited by René-Jean Dupuy e Daniel Vignes, Dordrecht - Boston - Lancaster, Martinus Nijhoff Publishers, 1991, pp. 163-244

Pardo, Arvid, *The Common Heritage: Selected Pages on Oceans and World Order 1867-1974*, Introduction of Elizabeth M. Borgese, International Ocean Institute, Ocasional Papers 3, Malta, Malta University Press, 1975

Pereira, André Gonçalves e Fausto de **Quadros**, *Manual de Direito Internacional Público*, 3ª Edição, Coimbra, Livraria Almedina, 1993

Platzöder, Renate, "Substantive Changes in a Multilateral Treaty Before its Entry to Force: The Case of the 1982 United Nations Convention on the Law of the Sea, in *European Journal of International Law*, Volume 4, N.º 3, 1993, pp. 390-402

Sanger, Clyde, *Ordering the Oceans – The Making of the Law of the Sea*, London, Zed Books, 1986

Shaw, Malcom N., *International Law*, 4th Edition, Cambridge, Cambridge University Press, 1997

Wolfrum, Rüdiger, "Internationalization", in Rudolf Bernhardt (ed.) *Encyclopedia of Public International Law*, Amsterdam – Lausanne – New York – Oxford – Shannon – Tokyo, North-Holland, 1995, pp. 1395-1398

ASPECTOS JURÍDICOS DA GUERRA NO MAR E DAS OPERAÇÕES NAVAIS:

Brevíssimas Notas sobre o Manual de São Remo

Anais do Clube Militar Naval
Volume CXXVIII
Outubro-Dezembro 1998
pp. 787-805

Reproduzido com a amável autorização do Clube Militar Naval

ASPECTOS JURÍDICOS DA GUERRA NO MAR E DAS OPERAÇÕES NAVAIS:

Brevíssimas Notas sobre o Manual de São Remo [1]

> "Decisions were impacted by legal considerations at every level. [During the Gulf War] the law of war proved invaluable in the decision-making process."
> Colin Powell

INTRODUÇÃO

No século IV D.C., Santo Agostinho (*De civitate Dei*) dedicou-se a estabelecer a distinção entre *bellum justum* e *bellum injustum*. Segundo ele, a guerra motivada por uma *recta intentio* deve considerar-se justificada, porque é por vezes o único caminho possível para restabelecer a justiça e a legalidade ou permitir a defesa legítima. A condenação da guerra só teria lugar quando decorresse de uma *diabolica fraus*.

No século XVII, Grócio (*De jure belli ac pacis*) estabelece a tradicional distinção existente no direito internacional entre o direito da paz (*jus pacis)* e direito da guerra (*jus belli*, onde se incluía todo o normativo relativo à guerra, quer no capítulo da sua prevenção, quer no capítulo da sua regulação). Esta divisão foi contudo ultrapassada pela distinção entre *jus ad bellum*[2], que estabelece as condições de exercício do direito de recurso à força armada (vigente em tempo de paz), e *jus in bello*, que define os meios e princípios por que se rege a condução das hostilidades (vigente em tempo de guerra)[3]. Refira-se a este propó-

---

(1) A presente versão apresenta algumas pequenas alterações substantivas relativamente à versão original publicada em 1998 nos Anais do Clube Militar Naval.

(2) O *jus ad bellum* pode ser descrito como o ramo de direito que define as razões que legitimam o recurso à força armada, o qual nos termos da Carta das Nações Unidas é hoje admitido apenas a título excepcional como em legítima defesa e no âmbito de decisões ao abrigo do Capítulo VII. Embora mais discutivelmente, podem ainda ser consideradas outras situações como, por exemplo, auto-determinação e 'intervenções humanitárias'.

(3) O *jus in bello* é um ramo de direito extraordinariamente complexo onde se englobam, por exemplo, os métodos e meios de conduzir a guerra, a distinção entre combatentes e civis, o tratamento de combatentes (feridos e prisioneiros), a protecção de certas categorias de pessoas e objectos de índole cultural, as relações entre os Estados beligerantes entre si e entre estes e Estados terceiros (Estados neutrais), a protecção dos cidadãos e da propriedade de Estados neutrais, os efeitos sobre relações diplomáticas e consulares, ou os efeitos dos tratados. Mas pode afirmar-se de forma muito clara que este ramo do Direito tem uma relação muito estreita e especial com o direito humanitário, cujas raízes remontam ao século XIX, mais concretamente ao ano de 1859 e à batalha de Solférino, e a um nome: Jean-Henry Dunant. Foi a partir desta batalha que Dunant escreveu *Un souvenir de Solférino*, onde avança com duas sugestões: primeira, organizar, por toda a Europa,

42   *Aspectos Jurídicos da Guerra no Mar e das Operações Navais*

sito que um princípio fundamental consagrado pela Carta das Nações Unidas é, exactamente, a proibição do recurso à força armada como forma de resolução de diferendos entre Estados (*jus contra bellum*)[4]. Notoriamente, a questão do uso da força armada tem merecido ao longo dos séculos uma permanente atenção por parte daqueles que se dedicam ao Direito Internacional.

A afirmação do General Colin Powell acima citada demonstra à saciedade que o processo de tomada de decisão em operações militares não só não pode, como não deve abstrair-se do 'direito da guerra'. O conceito jurídico de 'guerra', no entanto, não abrange presentemente todas as situações em que se dá o recurso à força armada. Por este motivo, há quem avance com a expressão 'direito dos conflitos armados'. Mas uma outra denominação parece apresentar-se hoje como a que melhor reflecte o conteúdo substantivo deste ramo do direito: 'direito humanitário'[5]. Por um lado, é uma denominação que vem sublinhar o elemento teleológico das normas jurídicas em questão – a protecção do indivíduo e da humanidade. Por outro lado, afasta o termo 'guerra', cujo conteúdo e utilização vem de uma época histórica em que o direito a fazer a guerra (*jus ad bellum*)

---

associações de assistência humanitária às quais seria entregue a missão de cuidar dos feridos de guerra, sem distinção de nacionalidades; segunda, consagrar num instrumento internacional convencional, um princípio que viesse a servir de base ao trabalho das referidas associações humanitárias. Estava lançada a 'primeira pedra' do edifício actual da Cruz Vermelha, a qual viria a ser criada alguns anos mais tarde, através da Convenção de Genebra de 1864. O direito humanitário vai-se consolidando, na Declaração de S. Petersburgo de 1868, na Declaração de Bruxelas de 1874, em algumas das Convenções de Haia de 1899 e 1907 sobre o direito da guerra, nas diversas Convenções de Genebra dos anos 20 e, finalmente, nas 4 Convenções de Genebra de 1949, a que vêm a acrescer os dois Protocolos Adicionais de 1977. Não ficando por aí, a evolução conduziu, por um lado, à situação de, mais do que vigorarem a título convencional, algumas das normas destas Convenções serem hoje consideradas como 'princípios gerais de direito humanitário', por via disso aplicáveis em todas as situações abrangidas pelo seu âmbito material e, por outro lado, ter conduzido à consagração de um tipo muito particular de crimes: os crimes contra a humanidade, os quais são imprescritíveis e inamnistiáveis. A importância destes crimes, cujo conceito é utilizado pela primeira vez nos Tribunais de Nuremberga e Tóquio, no final da 2ª Guerra Mundial e retomado a propósito da guerra na ex-Jugoslávia, decorre do facto de eles representarem a consagração de um ente jurídico susceptível de ser ofendido pela prática de determinados actos: a Humanidade.

(4) Ver art.º 2º, n.º 4 da CNU, e a Resolução 2625 da Assembleia Geral das Nações Unidas, de 24 de Outubro de 1970. Contudo, mesmo no esquema da CNU, o uso da força armada é aceite em duas situações fundamentais: o exercício de legítima defesa (art.º 51º); e no âmbito de uma decisão do Conselho de Segurança no exercício das competências previstas no capítulo VII (art.os 39º e 42º da CNU em particular). Por último, há que manter presente que a Carta é um documento a que está subjacente um conceito de guerra deveras ortodoxo, e onde os conflitos armados que caracterizam o uso da força armada neste final do século XX não foram antevistos.

(5) Enquanto o chamado 'Direito de Haia' conloca o enfoque na condução das hostilidades, o 'Direito de Genebra' – reflectindo a 2.ª Guerra Mundial – perspectivou a protecção das vítimas da guerra e dos bens 'não-militares'. Nos tempos mais recentes, designadamente a partir da adopção dos dois Protocolos Adicionais às Convenções de Genebra, de 1977, tem-se assistida a uma integração destas duas perspectivas, e uma cada vez maior protecção contra os efeitos colaterais do uso da força armada, quer ao nível da protecção dos indivíduos, quer ao nível da protecção da propriedade.

Estudos em Direito Internacional Público 43

integrava a esfera jurídica dos estados enquanto forma legítima de conduzir as relações internacionais[6].

O 'direito humanitário' (ou 'direito dos conflitos armados') apresenta-se não só como um limite material que não pode ser descurado, mas também como o repositório dos princípios que podem permitir justificar determinadas decisões no teatro de operações. O objectivo destas breves notas é apenas referir alguns aspectos jurídicos do uso da força armada no mar. Para isso tomaremos como referência o *Manual de São Remo sobre o Direito Internacional Aplicável aos Conflitos Armados no Mar.* Neste texto não temos a presunção de vir a efectuar um tratamento exaustivo e absolutamente inquestionável desta matéria. Esperamos, contudo, poder captar a atenção, entre outros, daqueles que podem vir a estar envolvidos no processo de tomada de decisão no âmbito de operações navais, ao mesmo tempo que passamos a descrever aquela que se afigura como uma publicação essencial para a orgnização naval.

CONCEITOS E ASPECTOS FUNDAMENTAIS

Em termos jurídicos, o termo *guerra* expressa a existência de um conflito armado entre sujeitos de Direito Internacional. Nesta situação, as relações entre as partes involvidas no conflito passam em princípio a ser regidas pelo denominado 'direito internacional da guerra', hoje em dia como se referiu mais conhecido como 'direito dos conflitos armados', ou melhor ainda, 'direito humanitário'. Neste âmbito, a concepção clausewitziana de que a guerra é um acto de força que teoricamente não pode ser sujeito a limites foi há muito rejeitada. Através de dois postulados, Jean Pictet veio circunscrever a amplitude da 'guerra'. Esta nunca pode ser vista como um fim, mas tão só como um *meio que tem por objectivo a cedência de um estado à vontade de outro*, e onde a proporcionalidade impera; e deve ser conduzida numa óptica de *neutralização do potencial bélico do inimigo*, sendo que a neutralização do 'potencial humano' está sujeita a uma precedência da captura sobre o ferimento, e deste sobre a morte.

A ideia estruturante do 'direito humanitário' é a de que este se aplica sempre que, *de facto*, se constate a existência do uso da força armada. É irrelevante para este efeito determinar da legalidade ou ilegalidade desse uso. Este princípio pode ser denominado 'princípio da omni-aplicação'[7]. Os combatentes (indivíduos) *qua tale* não podem em princípio ser vistos como responsáveis por uma violação do *jus ad bellum* e, independentemente das causas que apoiam ou dos

---

(6) Apesar de existirem elementos de conexão entre o *jus ad bellum* e o *jus in bello*, do ponto de vista comceptual é absolutamente crítico que se distinga entre os dois, sob pena de se poder vir a retirar às normas de protecção da humanidade e do indivíduo qualquer efeito prático.

(7) Os aspectos concretos que rodeiam a realidade actual em termos de uso da força armada levantam no entanto questões problemáticas, pois tem-se assistido à justificação do desrespeito de normas de direito humanitário por recurso a aspectos relativos ao *jus ad bellum*.

44   *Aspectos Jurídicos da Guerra no Mar e das Operações Navais*

interesses que defendem, são sempre merecedores de igual protecção. Esta perspectiva de defesa do indivíduo encontra as suas raízes filosóficas mais profundas em Jean Jacques Rosseau, e no seu *Le Contrat Social*:

> A guerra é a relação, não entre homem e homem, mas entre Estado e Estado, e os indivíduos são inimigos só por acidente, não como homens, nem mesmo como cidadãos, mas como soldados [...]. [L]ogo que baixem [as armas] e se rendam eles tornam-se de novo homens, cuja vida ninguém tem o direito de tirar.

Em suma, pode dizer-se que as regras do direito humanitário vêm, prioritariamente, limitar a liberdade de acção dos beligerantes na condução das acções de uso da força armada.

A existência de *conflitos armados* que não são reconhecidos como atingindo o estatuto de guerra é, no entanto, uma realidade que não pode ser descurada. Como decorrência dela, alguns dos princípios básicos do 'direito humanitário' têm sido, no período posterior da 2.ª Guerra Mundial, aplicados a estes conflitos, i.e. mesmo quando os conflitos não se revestem de um carácter internacional[8]. Observe-se que, com esta adaptação mais alargada, os problemas de implementação inerentes ao 'direito humanitário' são agravados. Normalmente, a implementação por forças armadas, com o rigor jurídico requerido, do princípio da proporcionalidade ou do princípio da protecção das populações civis, por exemplo, causa enormes embaraços. Pretender que estes princípios sejam também aplicados na guerra de guerrilha ou em conflitos de carácter interno apresenta-se quase como uma quimera. Mais difícil será ainda se entre as forças beligerantes existir um vincado desequilíbrio de capacidade tecnológica.

Por fim, importa realçar como extraordinariamente relevante, em termos militares actuais, o facto de o regime jurídico da 'guerra' ser em grande parte aplicável, *mutatis mutandis*, aos teatros onde, por via de decisões do Conselho de Segurança das Nações Unidas, são levadas a cabo operações em que se verifica o recurso à força armada: *e.g.* operações militares como a Guerra do Golfo, ou operações de *peace-enforcing* como na ex-Jugoslávia.

A jurisdicização da guerra tem, ao longo dos tempos resultado de uma interacção entre o Direito Interno e o Direito Internacional. Um considerável número de princípios jurídicos foi transposto dos manuais e regime jurídico militares a nível interno para o plano internacional. Actualmente, constata-se que grande parte deles se encontram plasmados em tratados internacionais, os quais ascendem no total a cerca de uma centena e versam sobre os mais diversos aspectos caracterizadores do uso da força armada. Alguns princípios ordenam conceptualmente o 'direito humanitário', conferem-lhe uma unidade e coerência intrínsecas, e buscam prioritariamente um sempre paradoxal equilíbrio entre a

---

(8) Na sequência das quatro Convenções de Genebra de 1949, vieram a celebrar-se os dois Protocolos Adicionais de 1977. Um dos Protocolos de 1977 vem estabelecer a equivalência dos conflitos internos aos conflitos internacionais para efeitos de aplicação do 'direito humanitário'.

destruição inerente à prossecução de objectivos pela via do conflito armado e os *requisitos básicos de humanidade.* Neles se incluem, *inter alia*[9], os princípios:

a) da "proibição do sofrimento desnecessário" (relacionado designadamente com o uso de determinadas armas e meios);
b) da "distinção entre combatentes e civis";
c) da necessidade e proporcionalidade;
d) do "tratamento humano";
e) da "protecção de populações civis";
f) da "protecção das vítimas de conflitos armados";
g) da "protecção dos feridos";
h) da "ilegalidade dos ataques indiscriminados"
i) do respeito pela neutralidade.

A estes princípios de pendor essencialmente prático no que ao uso da força armada se refere, acresce um outro princípio: a denominada 'cláusula Martens'. Esta 'cláusula' visa abranger os casos que, por uma razão ou outra, não tenham sido considerados no plano das regras específicas. Inicialmente formulada para ter em conta os movimentos de resistência à ocupação, ela estabelece um vínculo orientado tanto ao 'direito natural' como ao direito positivo que estatui que as omissões de proibição não podem ser interpretadas como autorização. Como se proclama no § 2, do art.º 1.º, do Protocolo Adicional I de 1977:

> Em casos não previstos [...], civis e combatentes permanecem sob a protecção e autoridade dos princípios de direito internacional derivados de costume vigente, de princípios de humanidade e dos ditâmes da consciência pública.

A 'guerra' (ou o uso da força armada) naval apresenta, todavia, uma singularidade (resultante das condições específicas existentes no mar) que justificou desde sempre um tratamento relativamente autónomo[10]. Desde logo, a guerra no mar apresenta um grau de perigosidade maior para o ser humano do que a guerra em terra, uma vez que aquele não consegue sobreviver no mar, por longos períodos, sem ser a bordo de navios ou com meios de salvamento adequados às condições meteo-oceanográficas. Por outro lado, enquanto a guerra convencional em terra se encontra normalmente limitada a uma linha de confrontação, a guerra no mar pode ser conduzida em qualquer parte oceânica do globo[11]. Por último, há

---

(9) Não existe uma enumeração exaustiva dos princípios do 'direito humanitário'. Os princípios que a seguir se enumeram são alguns dos que são mais consistente e assiduamente referidos nos tratados internacionais e na doutrina.

(10) Cf. Yoram Dinstein, "Sea Warfare", in Rudolf Bernhardt (ed.) *Encyclopedia of Public International Law*, Instalment 4 (1982), pp. 201-212.

(11) A actuação da Marinha do *III Reich* durante a II Guerra Mundial, quer através de meios de superfície quer através de submarinos, ilustra bem este ponto. Os almirantes Dönitz and Raeder foram considerados culpados pelo Tribunal de Nuremberga de conduzirem guerra submarina sem limites (*unrestricted sink-on-sight*) contra navios neutrais em qualquer parte do globo, e a única razão por que não foram punidos por este crime foi o facto de tanto os Estados Unidos como a Inglaterra terem actuado em muitos aspectos de forma semelhante.

46 Aspectos Jurídicos da Guerra no Mar e das Operações Navais

que ter em consideração que ao contrário do que ocorre com a guerra em terra, que raramente tem um impacto directo sobre Estados neutrais, a guerra no mar interfere quase que inexoravelmente com esses Estados, nomeadamente pela forma como (com frequência) vitima os seus cidadãos, destrói a sua propriedade, e afecta a sua navegação e o seu comércio. Fácil é então compreender a existência diversos tratados internacionais e textos de direito internacional específicos sobre guerra no mar que, ainda assim, não cobrem a totalidade dos seus aspectos[12]:

- Declaração de Paris de 16 de Abril de 1856, sobre o direito marítimo (presas em guerra naval);
- III Convenção de Haia de 29 de Julho de 1899, para a adaptação à guerra no mar dos princípios da Convenção de Genebra de 22 de Agosto de 1864[13];
- Convenção de Haia de 21 de Dezembro de 1904, sobre a isenção dos navios-hospitais do pagamento, em tempo de guerra, de todas as taxas e impostos;
- VI Convenção de Haia de 18 de Outubro de 1907, sobre os estatuto dos navios mercantes inimigos aquando do romper das hostilidades;
- VII Convenção de Haia de 18 de Outubro de 1907, sobre a conversão de navios mercantes em navios de guerra;
- VIII Convenção de Haia de 18 de Outubro de 1907, sobre o lançamento/utilização de minas de contacto submarinas;
- IX Convenção de Haia de 18 de Outubro de 1907, sobre os bombardeamentos por forças navais em tempo de guerra;
- X Convenção de Haia de 18 de Outubro de 1907, para a adaptação à guerra no mar dos princípios da Convenção de Genebra;
- XI Convenção de Haia de 18 de Outubro de 1907, sobre restrições relativas ao direito de captura em guerra naval;
- XII Convenção de Haia de 18 de Outubro de 1907, sobre a criação de um tribunal de presas;
- XIII Convenção de Haia de 18 de Outubro de 1907, sobre os direitos e obrigações das potências neutrais em tempo de guerra;
- Conferência Naval de Londres, Protocolo Final e Declaração relativa ao direito da guerra naval de 26 de Fevereiro de 1909;
- Manual de Direito de Guerra Naval relativo às relações entre beligerantes, adoptado pelo Instituto de Direito Internacional em Oxford, 9 de Agosto de 1913;

---

(12) Importa não esquecer que estes documentos devem ser perspectivados dentro do mais amplo contexto global das convenções internacionais sobre 'direito humanitário' em geral, não devendo como regra ser analisados fora desse contexto.

(13) A Convenção de Genebra de 22 de Agosto de 1864 visa o melhoramento das condições dos feridos em exércitos no campo de batalha.

Estudos em Direito Internacional Público

- Tratado de Washington de 6 de Fevereiro de 1922, sobre o uso de submarinos e gases nocivos;
- Tratado de Londres de 22 de Abril de 1930, para a limitação e redução de armamentos navais (Parte IV, art.º 22 relativo à guerra submarina);
- II Convenção de Genebra de 12 de Agosto de 1949, para o melhoramento das condições dos feridos, doentes e membros da guarnição de navios afundados, de forças armadas no mar[14];
- *Manual de São Remo sobre o Direito Internacional Aplicável aos Conflitos Armados no Mar*, adoptado em Junho de 1994, e preparado entre 1987 e 1994 sob os auspícios do Instituto Internacional de Direito Humanitário.

A ELABORAÇÃO DO *MANUAL DE SÃO REMO*

Como se pode constatar da lista que antecede, o último tratado internacional sobre o regime jurídico da guerra no mar trata, exclusivamente, de aspectos de direito humanitário, e data de 1949. Entretanto, os meios (plataformas e armamento) e os métodos de guerra naval sofreram, inquestionavelmente, uma alteração radical. E como é fácil perceber, os reflexos destas mudanças profundas não são sentidos apenas ao nível do direito humanitário. Para além disso, os (poucos) aspectos sobre guerra no mar que foram actualizados na II Convenção de Genebra de 1949 pelo Protocolo Adicional I de 1977, não abrangem o direito relativo à condução da guerra no mar[15]. A isto há-de acrescentar-se que a regulação normativa nesta matéria não pode ser dispensada, atendendo a que a condução de operações navais de forma indiscriminada é, em termos jus-internacionais, considerada ilegal.

Isto leva-nos a entender como vantajoso procurar caracterizar o actual *status quo* do direito relativo ao uso da força militar no mar. Há que começar por afirmar que ele é, na sua quase totalidade, de natureza consuetudinária. O direito convencional encontra-se bastante experso, e a maioria dos textos que versam sobre a condução de guerra no mar são anteriores à II Guerra Mundial, havendo a destacar neste âmbito as Convenções de Haia de 1907[16], a Declaração de Lon-

---

(14) A esta convenção especificamente relacionada com os teatros de guerra naval, acrescem as III e IV Convenções de Genebra relativas, respectivamente, ao tratamento de prisioneiros de guerra e à protecção de civis em tempo de guerra.

(15) O Protocolo Adicional (I) às Convenções de Genebra de 1949, de 8 de Junho de 1977, não é relativo especificamente à guerra no mar. Todavia, a Parte IV do Protocolo I, que se refere à protecção de civis em tempo de conflito armado, engloba aspectos relativos aos efeitos de operações navais que afectem civis em terra.

(16) As Convenções de Haia de 1907 são a última verdadeira tentativa que foi efectuada no sentido de proceder, de forma coerente e abrangente, à codificação do regime jurídico da guerra naval. A sua importância não deve ser de forma alguma menosprezada, dado que parte do seu conteúdo se encontra ainda hoje em vigor a título de direito consuetudinário. Algumas das disposições da VIII Convenção de Haia, relativa ao lançamento e utilização de minas submarinas, já foram expressamente reconhecidas, pelo Tribunal Internacional de Justiça,

48 *Aspectos Jurídicos da Guerra no Mar e das Operações Navais*

dres de 1909 e o Manual de Oxford de 1913. A desadequação de grande parte destes textos, motivada pelas enormes alterações entretanto verificadas ao nível tecnológico e, inerentemente, no que respeita à concepção da guerra e operações navais, é claramente visível. As consequências do actual conceito de operações navais ao nível económico (nomeadamente por via da imposição de bloqueios), da gestão da navegação marítima e aérea (em relação ao estabe-lecimento de zonas de guerra, zonas de exclusão ou áreas de operações), da interferência com o exercício de direitos sobre áreas marítimas sob jurisdição nacional (plataforma continental e zona económica exclusiva), e do impacto ambiental, não é de forma alguma tratado nas convenções internacionais do princípio do século. Acresce que o actual conceito de *joint operations* justifica que os padrões utilizados na definição do regime jurídico da guerra naval não sejam substancialmente diferentes daqueles pelos quais se regem a guerra aérea e terrestre.

Um outro ponto requer maturação. O Direito Intenacional sofreu, na segunda metade do século XX, importantes desenvolvimentos que se reflectem sobre a guerra no mar. Para além da instituição das Nações Unidas como forum de manutenção da paz e segurança internacionais, não podem ser olvidadas, como já se referiu, as relações do 'direito humanitário' no plano emergente dos direitos humanos, do direito do mar, do direito aéreo, e do direito do ambiente.

Paralelamente e por último, em termos de direito humanitário, a Resolução VII da 25ª Conferência Internacional da Cruz Vermelha veio referir, com base em constatação análoga, que *"some areas of international humanitarian law relating to sea warfare are in need of reaffirmation and clarification on the basis of existing fundamental principles of international humanitarian law"*, apelando em seguida aos governos *"to co-ordinate their efforts in appropriate fora in order to review the necessity and the possibility of updating the relevant texts of humanitarian law relating to sea warfare"*[17].

Em síntese, se houvesse que articular numa só ideia o *status quo* do *jus in bello* naval à entrada do século XXI, sem dúvida que optaríamos pela palavra "incerteza". Mas não deve daqui inferir-se a inexistência de um *corpus* de normas que regulem a guerra no mar. O Direito em geral, e o Direito Internacional em particular, possui uma intrínseca autonomia evolutiva que lhe confere uma natureza adaptativa a novas circunstâncias. A moldura jurídica existe. Não é no entanto fácil identificar pormenorizadamente o seu conteúdo.

---

como direito aplicável em tempo de conflito (*Caso Relativo às Actividades Militares e Paramilitares na e contra a Nicarágua*, julgamento de 27 de Junho de 1986, I.C.J. Rep. 1986 112, para. 215; *Caso do Canal de Corfu*, julgamento de 9 de Abril de 1949, I.C.J. Rep., p. 22).

(17) A guerra em terra foi em largos aspectos objecto de tratados internacionais relativamente recentes, como são exemplo a Convenção sobre a Proibição de Desenvolvimento, Produção e Armazenamento de Armas Bactereológicas (Biological) e Tóxicas, e sua Destruição (abertura para assinatura a 10 de Abril de 1972 em Londres, Washington e Moscovo), e a Convenção sobre a Proibição de Uso de Certas Armas Convencionais que podem ser consideradas como excessivamente danosas ou como tendo efeitos indiscriminados, e os seus três Protocolos (adoptada em Genebra de 10 de Outubro de 1980).

Estudos em Direito Internacional Público

Na Marinha americana, por exemplo, a publicação *United States Commander's Handbook on the Law of Naval Operations* procura exactamente ultrapassar esta dificuldade[18]. Analogamente, o *Manual de São Remo sobre o Direito Internacional Aplicável aos Conflitos Armados no Mar* é um documento que visa aglutinar, num único texto, as normas jurídicas relativas à guerra e operações navais actualmente vigentes. Este manual, resultante do trabalho conjunto de juristas especializados em Direito Internacional e peritos navais, provenientes de 24 Estados, foi elaborado entre 1988 e 1994, sendo adoptado pelo Instituto Internacional de Direito Humanitário em Junho de 1994[19]. Sem embargo, não deve perder-se de vista a perspectiva de que o *Manual de São Remo* não constitui um tratado internacional e que, consequentemente, o seu conteúdo não é vinculativo para os Estados. Mais ainda, uma das conclusões dos peritos participantes foi exactamente de que seria prematuro, tendo em consideração o nível de incerteza do Direito nesta área, *"to embark on diplomatic negotiations to draft a treaty on the subject"*[20].

Assim, um primeiro objectivo foi, primordialmente, o de conseguir encontrar áreas de acordo quanto ao *status quo* do Direito Internacional nesta matéria, desmistificando assim a 'impossibilidade da sua codificação'. Um segundo objectivo encontra-se expresso na Resolução III da 26ª Conferência Internacional da Cruz Vermelha: encorajar os Estados que não possuem um manual ou instruções permanentes para as suas forças navais, sobre o direito internacional aplicável aos conflitos armados no mar, a proceder à sua elaboração tomando como referência as disposições do *Manual de São Remo*.

A ESTRUTURA E CONTEÚDO DO *MANUAL DE SÃO REMO*

Nestas brevíssimas notas, passaremos a efectuar agora um breve escorço pela estrutura do *Manual de São Remo*, a qual é constituída por seis "Partes" que englobam um total de 183 "parágrafos". Pretende-se que esta abordagem apresente os aspectos do manual ao nível da sua conceptualização, permitindo simultaneamente a percepção das grandes áreas em que se pode dividir o direito dos conflitos armados no mar.

---

(18) Publicação NWP 9 (Rev. A)/FMFM 1-10 (US Department of the Navy, Washington D.C., October 1989), a qual tem um suplemento anotado. Outros Estados como a França, a Rússia, a Alemanha, a Austrália ou o Reino Unido possuem (ou têm em preparação) manuais semelhantes, ainda que por vezes sejam manuais do 'direito humanitário' em geral, com partes relativas ao direito da guerra no mar. A propósito destes manuais, cf. James Busuttil, *Naval Weapons Systems and the Contemporary Law of War* (1998), em particular pp. 44-54, 137-159, 197-199. Cf. também *The Naval Institute Guide to World Naval Weapons Systems 1991/92* (1991).

(19) Para uma descrição da preparação do Manual desde o seu início, das motivações e objectivos subjacentes à sua elaboração, do plano de trabalhos seguido, das contribuições pessoais e institucionais nele incluídas, das fontes utilizadas e das inovações por ele introduzidas, ver Doswald-Beck, Louise (ed.) *San Remo Manual on International Law Applicable to Armed Conflicts at Sea* (1995), pp. 61-69.

(20) Doswald-Beck, Louise, "San Remo Manual on International Law Applicable to Armed Conflict at Sea", in *International Review of the Red Cross*.

50 *Aspectos Jurídicos da Guerra no Mar e das Operações Navais*

Uma chamada de atenção deve a esta altura ser feita. Aquando da feitura deste manual, foi elaborado ao mesmo tempo um comentário sobre cada uma das disposições nele insertas. O conjunto desses comentários, que passou a ser referido como *"Explanation"*, constitui um elemento fundamental na leitura, estudo e compreensão do manual que não deve ser descurado. Em primeiro lugar, porque possibilita o conhecimento das fontes de onde emergem as regras inclusas no manual. Em segundo lugar, porque daí se torna possível distinguir as regras que são declarativas do direito consuetudinário daquelas outras que se apresentam como *lege ferenda*, *i.e.*, como sugestões sobre aquilo que foi entendido pelos peritos participantes como devendo ser o desenvolvimento progressivo do Direito nesta matéria. Por fim, porque inclui os debates sobre as regras que suscitaram maior controvérsia, justificando alguma das opções tomadas pelos participantes.

(a) *General Provisions*

A primeira das partes do manual, intitulada "Disposições Gerais", encontra-se subdividida em seis secções que, genericamente, tratam do âmbito de aplicação do direito dos conflitos armados, dos aspectos inovatórios derivados do aparecimento da Organização das Nações Unidas (nomeadamente ao nível do direito de legítima defesa e da intervenção do Conselho de Segurança no âmbito do Capítulo VII da Carta), das áreas marítimas onde a guerra e as operações navais podem ser conduzidas, e das definições e terminologia adoptadas.

O manual estabelece, no seu parágrafo 1, a vinculação das partes num conflito armado no mar, desde o momento em que se dá a utilização da força, aos princípios e regras de direito internacional humanitário.

Absolutamente fundamentais são os parágrafos 3 a 6, onde se desenvolve o direito de legítima defesa e o seu relacionamento com os princípios da neces-sidade e proporcionalidade. Igualmente importante é a afirmação, nos parágrafos 7 a 9, do papel do Conselho de Segurança nesta matéria, em que se conclui: *"where the Security Council has taken a decision to use force, or to authorise the use of force by a particular State or States, the rules set out in this document and any other rules of international humanitarian law applicable to armed conflicts at sea shall apply to all parties to any such conflict which may ensue"*[21].

---

(21) Parágrafo 9. Este norma vem no seguimento de Resoluções adoptadas pelo Instituto de Direito Internacional, em Zagreb (a 3 de Setembro de 1971) e em Wiesbaden (a 13 de Agosto de 1975), sobre a aplicação, em situações em que se dê o uso da força armada a coberto de decisões das Nações Unidas, de normas de direito humanitário ou de outra natureza relativas a conflitos armados. Em boa verdade, o conteúdo dos parágrafos 4 a 9 do Manual de São Remo levantam dificuldades que não devem ser escamoteadas, em vir-tude da conexão que parecem estabelecer entre as normas de *jus in bello* e as normas de *jus ad bellum*. Não é este o lugar para tratar uma tal questão; mas não deve deixar de assinalar-se que o esbater da distinção entre estes dois ramos de direito pode revelar-se negativo, em termos práticos, para o elemento teleológico do direito humanitário: a protecção do indivíduo e da humanidade.

Estudos em Direito Internacional Público 51

Em relação às áreas marítimas onde *"hostile actions by naval forces may be conducted"*, o manual precreve que as acções militares podem ter lugar em quaisquer das áreas marítimas sob soberania ou jurisdição dos Estados beligerantes, no alto mar, e em certas condições na zona económica exclusiva e plataforma continental de Estados neutrais[22]. Em relação a estas últimas, encontra-se determinado que, aquando da condução de operações navais, os Estados beligerantes tenham em devida conta os direitos e deveres dos Estados neutrais[23].

Finalmente, em termos de definições e terminologia adoptadas, são fixados conceitos e termos como, por exemplo, ataque, baixas ou danos colaterais, neutral, meios (marítimos e aéreos) hospitalares, navio e aéreos de guerra, auxiliares e civis.

(b) *Regions of Operations*
Nesta parte, são reunidas e tratadas em pormenor as regras que se referem à actuação de Estados beligerantes e de Estados neutrais nos diferentes espaços marítimos que se encontram consagrados no direito do mar, em particular na Convenção das Nações Unidas sobre o Direito do Mar de 1982 (CNUDM)[24], designadamente:
- as águas interiores, o mar territorial e as águas arquipelágicas (*Section I*);
- os estreitos internacionais e as linhas de passagem arquipelágica (*Section II*);
- a zona económica exclusiva e a plataforma continental (*Section III*);
- o alto mar e os fundos marinhos para além das jurisdições nacionais (*Section IV*).

Nesta secção é abordada com particular ênfase a proibição, em águas neutrais[25], de condução de acções hostis (*hostile actions*) por forças beligerantes[26]. A questão do direito de navegação em determinadas águas durante o tempo de conflito, bem como a sua relação com aspectos relativos ao conceito de neutralidade e ao estatuto dos Estados neutrais, do seu território e das suas

---

(22) Parágrafo 10.

(23) Parágrafo 12.

(24) Ver o texto do autor intitulado "O Novo Regime Jus-Internacional do Mar: A consagração *ex vi pacti* de um *mare nostrum*", (1998) 128 *Anais do Clube Militar Naval* 287-309; cf. supra at p.7.

(25) O parágrafo 14 define que o conceito de "águas neutrais" abrange as águas interiores, o mar territorial e, onde aplicável, as águas arquipelágicas. Não deve ser esquecido, a este propósito, que conforme determinado na CNUDM, a soberania dos Estados costeiros estende-se, no caso das águas interiores, das águas arquipelágicas e do mar territorial, ao espaço aéreo sobrejacente (art.º 2º, nos 1 e 2, e art.º 49º, n.º 2 da CNUDM). Para além disso, importa igualmente ter presente que as águas arquipelágicas só podem ser reivindicadas por Estados arquipelágicos, *i.e.*, Estados totalmente constituídos "por um ou vários arquipélagos, podendo incluir outras ilhas" (art.º 46º, al. a) da CNUDM).

(26) As acções hostis são identificadas, exemplificativamente, no parágrafo 16 do Manual e incluem: ataque a ou captura de pessoas e bens situados em águas neutrais, utilização das águas neutrais como base de operações, lançamento de minas, visita, busca, diversão e captura.

52 Aspectos Jurídicos da Guerra no Mar e das Operações Navais

plataformas (aéreas e marítimas), é igualmente tratado nesta parte. Esta parte trata também do exercício do direito de passagem inofensiva por estreitos internacionais e por águas arquipelágicas, e da susceptibilidade de suspensão desse direito. Notoriamente, é afirmado que o direito de passagem inofensiva *"ascribed to certain straits by international law may not be suspended in time of armed conflict"*[27]. O exercício dos direitos inerentes à exploração da plataforma continental, da zona económica exclusiva e dos grandes fundos oceânicos para além das jurisdições nacionais são, por último, aqui tidos em consideração.

(c) *Basic Rules and Target Discrimination*

A parte terceira aborda questões relativas ao direito humanitário e ao direito da neutralidade, englobando aquelas que são talvez as mais analisadas e debatidas áreas do 'direito humanitário'. Tomando como ponto de partida os princípios aplicáveis à guerra em terra, o manual procede à transposição daqueles que foram julgados como sendo também aplicáveis à guerra naval. O parágrafo 38 apresenta o vértice da construção dogmática desta parte: *"In any armed conflict the right of the parties to the conflict to choose methods or means of warfare is not unlimited"*[28].

Na Secção I, que trata das «*basic rules*», procede-se à afirmação dos restantes princípios do 'direito humanitário' naval, os quais se apresentam como corolários derivados do referido parágrafo 38, abrangendo designadamente: a distinção entre combatentes e civis (e *protected persons*), a definição de objectivo militar, a proibição de ataques indiscriminados, a proibição do uso de armamento causador de sofrimento desnecessário, a obrigatoriedade de aceitação de rendição, a proibição de destruição ambiental desnecessária, e a sujeição de todos os tipos de plataformas (navios, submarinos e aéreos) ao 'direito humanitário' naval[29]. As restantes secções abordam, respectivamente, as precauções a ter em conta em ataques, as situações de isenção de ataque de determinados navios e aéreos inimigos, a situação de "outros" navios e aéreos inimigos, a situação de navios mercantes neutrais e aéreos civis neutrais, e as precauções a ter em conta em relação aos aéreos civis (neutrais ou inimigos).

Em termos militares navais, um aspecto é merecedor de referência especial. Os objectivos militares são definidos, no parágrafo 40, como *"those objects which by their nature, location, purpose and use make an effective contribution to military action and whose total or partial destruction (…) offers a definite military advantage"*. A leitura do comentário a este artigo é do maior interesse uma vez que relata as dificuldades sentidas, durante os trabalhos

---

(27) A relação com a proibição análoga contida no art.º 45º, n.º 2 da CNUDM é claramente perceptível.

(28) Ver sobre este princípio a Resolução 2444 da Assembleia Geral das Nações Unidas, de 19 de Dezembro de 1968.

(29) Nesta óptica, e tendo em conta os eventos da II Guerra Mundial, ganha particular relevância a situação dos submarinos, que passam a estar explicitamente sujeitos às mesmas restrições que os navios de superfície.

Estudos em Direito Internacional Público   53

preparatórios, na opção entre a utilização de uma definição geral e abstracta de objectivos militares e a utilização de uma enumeração (taxativa ou exemplificativa) desses objectivos. Em causa estavam duas perspectivas opostas: por um lado, a necessidade que os comandos no mar têm de instruções simples, claras e objectivas em relação à tomada de decisão relativa ao *engagement* de alvos; e por outro lado, a necessidade de restringir ao máximo o conceito de objectivo militar em função das circunstâncias e da percepção dos comandos em cada situação concreta. A este propósito foi referido o papel relevante que, em termos de intermediação, devem ter as regras de empenhamento. A solução encontrada no manual passou por partir de uma definição geral e abstracta do conceito de objectivo militar, suportada por uma enumeração exemplificativa dos navios e aéreos isentos de ataque[30].

(d) *Methods and Means of Warfare at Sea*

A quarta parte do *Manual de São Remo* contém regras relativas a uma área que não tem merecido, no Direito Internacional, um tratamento tão extenso e aprofundado como a anterior e que abrange:

– em termos de armamento à disposição dos beligerantes, à utilização de mísseis e outros projécteis, de torpedos e de minas[31];
– em termos de métodos de guerra, à imposição de bloqueios, ao estabelecimento de zonas marítimas (de guerra, de exclusão naval e aérea, ou de operações) e à decepção, artifícios de guerra (*ruses of war*) e perfídia.

Atendendo ao disposto no art.º 42º da Carta das Nações Unidas[32], e à prática recente da ONU em matéria de acções coercitivas, a regulação dos bloqueios navais (parágrafos 93 a 104) assume particular relevância. Neste contexto merecem destaque os princípios da efectividade dos bloqueios e da não

---

(30) Ver parágrafos 47 e 53 respectivamente. As isenções de ataque não são todavia absolutas. O manual aponta também as situações em que navios e aéreos *prima facie* isentos de ataque são considerados como tendo perdido direito a essa isenção. Mas em qualquer caso, os ataques a estas plataformas são limitados em vários aspectos, *maxime* quando os danos e vítimas colaterais sejam desproporcionados face aos ganhos militares perspectivados ou obtidos.

(31) A conjugação do princípio da discriminação de alvos com a capacidade OTHT (*over-the-horizon targeting*) dos mísseis suscitou aqui algumas dificuldades. A utilização de minas e os problemas do seu relacionamento com o princípio acabado de referir levou a que o tratamento do uso de minas em guerra naval se estendesse pelos parágrafos 80 a 92, tratando muitos dos problemas já debatidos a nível de Direito Internacional. O tratamento da utilização dos armamentos navais, ao nível do Direito Internacional, é desenvolvido por James Busuttil. Este autor divide a sua análise em três grandes partes intituladas *Naval Mines*, *Submarines*, e *Anti-Ship Missiles*, de onde releva a descrição da prática dos Estados nas diversas guerras do século XX (*e.g.* as duas Grandes Guerras, a Guerra Civil Espanhola, a Guerra da Coreia, as Guerras Israelo-Árabes, a Guerra do Vietnam, a Guerra das Falkland, as duas Guerras do Golfo, e a ex-Jugoslávia).

(32) Este artigo refere-se à *enforcement action* que, por decisão do Conselho de Segurança das Nações Unidas, pode ser levada a cabo contra determinados Estados ou territórios e que inclui, nomeadamente e entre outras acções, os bloqueios.

54   *Aspectos Jurídicos da Guerra no Mar e das Operações Navais*

discriminação[33]. No âmbito do estabelecimento de zonas marítimas de carácter militar, e depois dos exemplos da guerra das Falkland e da guerra Irão/Iraque, deve ser chamada a atenção para aspectos como o princípio da unicidade do direito aplicável dentro e fora dessas zonas, o âmbito material e geográfico das zonas, os direitos dos navios e aéreos neutrais, e a presunção de natureza hostil da navegação marítima e aérea nessas áreas. Em qualquer caso, o manual deixa bem claro que as partes em conflito detém um *"right to control neutral vessels and aircraft in the immediate vicinity of naval operations"*[34].

(e) Measures Short of Attack: Interception, Visit, Search, Diversion and Capture

Esta parte quinta do manual tem por objecto, primordialmente mas não exclusivamente, aspectos de natureza económica inerentes à guerra no mar (designadamente no que concerne à propriedade sobre bens capturados[35]). Encontram-se nela englobadas todas as medidas que, não constituindo "ataque" *qua tale*, podem ser adoptadas por Estados beligerantes contra navios e aéreos, inimigos ou neutrais. Nesta óptica, não podemos deixar de realçar a estreita inter-conexão das normas aqui incluídas com o conceito de objectivo militar. Todas as plataformas susceptíveis de ataque por se tratarem de objectivos militares são, por maioria de razão, passíveis destas medidas menos restritivas.

As sete secções incorporadas nesta parte tratam, sucessivamente: da determinação da natureza (inimiga ou não) de navios e aéreos; da visita e inspecção de navios mercantes; da intercepção, visita e inspecção de aéreos civis; da captura de navios e bens inimigos; da captura de navios e bens neutrais; e da captura de aéreos civis e bens pertencentes a Estados neutrais. A título meramente exemplificativo refira-se um dos mais importantes aspectos relativos à determinação da natureza de navios mercantes[36]. Se um navio mercante tiver hasteada uma bandeira inimiga, isso é tido como prova conclusiva de que se trata de um inimigo, enquanto que se se tiver hasteada uma bandeira de Estado neutral, isso não passa de um mero indício da sua nacionalidade. Neste último caso, os comandantes de navios de guerra podem ainda assim exercer o direito de visita e inspecção, ou mesmo de diversão, para efeitos de confirmação dessa nacionalidade. Em caso de confirmação da suspeita de natureza inimiga, assiste ao comandante do navio de guerra o direito de captura desse navio.

---

(33) Cf. parágrafos 95 e 100.

(34) Cf. parágrafo 108.

(35) Estes aspectos são maioritariamente aqueles que, em termos tradicionais, se incorporavam no denominado "direito de presa".

(36) Os princípios que a seguir se passam a expôr são igualmente aplicáveis, *mutatis mutandis*, ao direito de intercepção, diversão, visita e inspecção de aéreos.

Estudos em Direito Internacional Público

(f) *Protected Persons, Medical Transports and Medical Aircraft*

A matéria que constitui o sexta e última parte deste manual é exclusivamente referida ao direito humanitário e, na sua maioria, encontra-se desenvolvida com maior detalhe na II Convenção de Genebra de 1949, com as alterações introduzidas pelo I Protocolo Adicional de 1977. Neste sentido, manual estatui explicitamente que *"except as provided for in paragraph 171, the provisions of this Part are not to be construed as in any way departing from the provisions"* daqueles instrumentos convencionais. As alterações que foram consideradas ficam a dever-se a evoluções entretanto ocorridas ao nível do desempenho das funções de carácter humanitário[37].

CONCLUSÕES

Terminado que está este brevíssimo excurso por alguns dos aspectos jurídicos do uso da força armada no mar, é chegada a altura de recensear algumas das conclusões a que aportámos e ideias que perfilhamos. Em primeiro lugar, estamos convencidos que os aspectos de natureza jurídica não podem, de forma alguma, ser descurados no processo de tomada de decisão ao nível das operações navais. Mais ainda, é nossa convicção que a sua importância relativa, em lugar de ter diminuído, tem aumentado, por via das cada vez mais intricadas conexões entre os aspectos militares e meta-militares que interactuam ao nível da guerra naval (entre os últimos *e.g.* ambiente, direitos humanos, direito do mar). E, neste âmbito, importa destacar a implementação de regras de empenhamento, as quais devem reflectir sempre que necessário as regras proibitivas e permissivas do 'direito humanitário' aplicado ao mar, para além das instruções de carácter operacional. A margem de livre apreciação dos comandantes no mar é, indubitavelmente, uma questão que deve ser clara e incisivamente definida.

Em segundo lugar, cremos que a contribuição ao nível das relações internacionais que, em termos futuros, pode ser perspectivada para as Nações Unidas, abrange um papel de cada vez maior intervenção coercitiva ao nível dos conflitos armados[38]. A este propósito, é-nos dado o ensejo de afirmar que, neste

---

(37) O parágrafo 171 estabelece: *"In order to fulfil most effectively their humanitarian mission, hospital ships should be permitted to use cryptographic equipment. The equipment shall not be used in any circumstances to transmit intelligence data nor in any other way to acquire any military advantage."* Constata-se que este preceito diverge do art.º 34º, n.º 2, da II Convenção de Genebra de 1949 (que prescreve que *"hospital ships may not possess or use a secret code for their wireless or other means of communication"*), na medida em que admite a utilização de equipamento criptográfico por navios-hospital para fins de cumprimento mais efectivo da sua missão humanitária. O que fica proibido é a utilização desse equipamento para obtenção de vantagens militares (*e.g.* transmissão de informação de valor operacional). Esta divergência decorre da experiência da Guerra das Falkland, onde as forças navais britânicas chegaram à conclusão de que se tivessem que passar para navios-hospital ordens de movimento em claro, isso poderia permitir ao inimigo obter as posições de forças operacionais.

(38) Em 1997, a reforma preconizada pelo Secretário-Geral Kofi Annan reconhecia que, apesar das enormes limitações, as Nações Unidas são ainda o único forum onde o controlo da paz e segurança à escala global é possível. Neste sentido, ele vem ainda defender a constituição de uma brigada militar de reacção rápida para

56 *Aspectos Jurídicos da Guerra no Mar e das Operações Navais*

contexto, tanto o Estado contra quem as acções são conduzidas, como aquele(s) que actua(m) ao abrigo de decisões do Conselho de Segurança, estão sujeitos ao 'direito humanitário' em geral e, nos casos em que sejam levadas a cabo operações navais, ao 'direito humanitário' de raíz naval em particular. Este regime jurídico é também aplicável às operações de manutenção da paz em que sejam integradas forças navais e se torne necessário o recurso à força militar naval.

Finalmente, há que ponderar a inexistência na Marinha de Guerra Portuguesa de um manual que proceda ao tratamento sistemático dos aspectos jurídicos da guerra no mar. Sem pretendermos de forma alguma entrar por seara alheia, parece-nos que seria de bom aviso estudar este aspecto e equacionar a necessidade de organização de uma tal publicação. Por outro lado, em face da presente situação, talvez seja de considerar a utilização (meramente informal) do *Manual de São Remo*, por exemplo, pelos comandos que tenham de decidir sobre o uso da força armada em operações navais, ou nos cursos do Instituto Superior Naval de Guerra.

Não pensamos ter sido absolutamente inovadores, ou ter trazido a lume questões que não tenham sido já debatidas. Em síntese, pode dizer-se que apenas pretendemos, com esta modesta contribuição, chamar a atenção para alguns aspectos que começam, ao nível internacional, a merecer um mais recente, actualizado e aprofundado tratamento. Quisemos, fundamentalmente, proceder à apresentação de uma publicação, o *Manual de São Remo*, que pode nesta matéria vir a ser um precioso e auxiliar instrumento de trabalho.

---

destacamento imediato em caso de conflitos (ver *Renewing the United Nations: A Programme to Reform*; texto obtido a partir da página das Nações Unidas na Internet).

Estudos em Direito Internacional Público

BIBLIOGRAFIA

Busuttil, J.J., *Naval Weapons Systems and the Contemporary Law of War*, Oxford, Clarendon Press, 1998

David, E., *Principes de droit des conflits armés*, Bruxelles, Éd. Bruylant, 1994

Dinstein, Y., "Neutrality in Sea Warfare", in Rudolf Bernhardt (ed.) *Encyclopedia of Public International Law* (Instalment 4), Amsterdam – New York – Oxford, North-Holland, 1982, pp.19-28

Dinstein, Y., "Sea Warfare", in Rudolf Bernhardt (ed.) *Encyclopedia of Public International Law* (Instalment 4), Amsterdam – New York – Oxford, North-Holland, 1982, pp.201-212

Doswald-Beck, L. (ed.), *San Remo Manual on International Law Applicable to Armed Conflicts at Sea*, International Institute of Humanitarian Law, Cambridge, CUP, 1995

Doswald-Beck, L., "San Remo Manual on International Law Applicable to Armed Conflict at Sea", 309 *International Review of the Red Cross* pp.583-594

Draper, G.I.A.D., "Le développement du droit international humanitaire", in *Les dimensions internationales du droit humanitaire*, Pedone – UNESCO – Institut Henry Dunant, 1986, pp.89-113

Geck, W.K., "Warships", in Rudolf Bernhardt (ed.) *Encyclopedia of Public International Law* (Instalment 4), Amsterdam – New York – Oxford, North-Holland, 1982, pp.346-352

Green, L. C., *The Contemporary Law of Armed Conflict*, Manchester and New York, MUP, 1993

Guedes, A.M., "O Direito e a Guerra", in *A crise do Golfo e o Direito Internacional*, Porto, Universidade Católica, 1993

Heintschel v. Heinegg, W., "Visit, Search, Diversion and Capture in Naval Warfare: Part II, Developments since 1945", in (1992) 30 *Canadian Yearbook of International Law* 89-136

Hoog, G., "Naval Manoeuvres", in Rudolf Bernhardt (ed.) *Encyclopedia of Public International Law* (Instalment 4), Amsterdam – New York – Oxford, North-Holland, 1982, pp.2-3

Kalshoven, F., "War, Laws of", in Rudolf Bernhardt (ed.) *Encyclopedia of Public International Law* (Instalment 4), Amsterdam – New York – Oxford, North-Holland, 1982, pp.316-322

Malanczuk, P., *Akehurt's Modern Introduction to International Law* (7th Edition), London – New York, Routledge, 1997

McCoubrey, H., "Jurisprudential Aspects of the Modern Law of Armed Conflicts", in Michael A. Meyer (ed.) *Armed Conflict and the New Law: Aspects of the 1977 Geneva Protocols and the 1981 Weapons Convention*, London, British Institute of International and Comparative Law, 1989, pp.23-54

McCoubrey, H. and N.D. White, *International Law and Armed Conflict*, Aldershot – Brookfield USA – Hong Kong – Singapore – Sydney, Dartmouth, 1992

Meng, W., "War", in Rudolf Bernhardt (ed.) *Encyclopedia of Public International Law* (Instalment 4), Amsterdam – New York – Oxford, North-Holland, 1982, pp.282-290

Nguyen Q.D., P. Daillier et Alain Pellet, *Droit International Public*, Paris, L.G.D.J., 1987

Rojahn, O., "Naval Demonstration", in Rudolf Bernhardt (ed.) *Encyclopedia of Public International Law* (Instalment 4), Amsterdam – New York – Oxford, North-Holland, 1982, pp.1-2

Shaw, M.N., *International Law* (4th Edition), Cambridge, CUP, 1997

Weber, L., "Blockade, Pacific", in Rudolf Bernhardt (ed.) *Encyclopedia of Public International Law* (Instalment 3), Amsterdam – New York – Oxford, North-Holland, 1982, pp.51-53

Zemanek, K., "War Zones", in Rudolf Bernhardt (ed.) Encyclopedia of Public International Law (Instalment 4), Amsterdam – New York – Oxford, North-Holland, 1982, pp.337-338

PORQUE NÃO EXISTE DIREITO DE PASSAGEM INOFENSIVA PARA DENTRO DAS LINHAS DE FECHO NAS EMBOCADURAS DO TEJO E DO SADO

Anais do Clube Militar Naval
Volume CXXIX
Outubro-Dezembro 1999
pp. 695-702

Reproduzido com a amável autorização do Clube Militar Naval

PORQUE NÃO EXISTE DIREITO DE PASSAGEM INOFENSIVA PARA DENTRO DAS LINHAS DE FECHO NAS EMBOCADURAS DO TEJO E DO SADO

NOTA INTRODUTÓRIA

O Direito Internacional está muitas vezes mais próximo de ser um acervo labiríntico de normatividade do que um conjunto completamente sistematizado de regras de assimilação imediata e de acepção inquestionável. Pode ser que haja quem pense: "Oxalá assim não fosse!". Mas este facto mais não é mais do que um corolário da própria natureza horizontal deste ramo de Direito, onde a normatividade pode emergir dos actos dos próprios sujeitos de direito – os Estados, ao contrário do que sucede no plano interno dos Estados como consequência da centralização orgânica do poder legislativo. De facto, é por via do costume, e inerentemente por via da prática dos Estados, que em muitos e importantes casos se dá a actualização do ordenamento jus-internacional. A questão sobre a qual tentaremos aqui lançar alguma luz, de forma particularmente brevíssima e despretensiosa, está relacionada com a prática histórica do Estado português em relação as áreas marítimas para dentro das embocaduras dos rios Tejo e Sado.

TÍTULOS HISTÓRICOS EM DIREITO INTERNACIONAL DO MAR

Fácil parece ser constatar que, desde tempos imemoriais, os habitantes de áreas costeiras tiveram sempre a tendência de se estabelecer nas proximidades de reentrâncias da costa[1], as quais oferecem muitas vezes protecção contra as intempéries meteo-oceanográficas e, por isso, conferem um acesso fácil à pesca e transporte marítimos. Que o estilo de vida desses habitantes se tornasse estreitamente inter-relacionado com o domínio dessas áreas não é difícil de perceber. A verdade é que se os Estados manifestaram desde muito cedo tendência para se apropriarem e usufruirem de forma exclusiva de certos espaços marítimos (*e.g.* a doutrina do *mare clausum*), o facto de eles tentarem exercer o seu poder soberano sobre baías ao longo da costa, vistas como águas *inter fauces*

---

(1) As denominações destas reentrâncias variam, e incluem nomes como baía, golfo, estuário, enseada.

62   *Linhas de Fecho nas Embocaduras do Tejo e do Sado*

terrae[2], parece ser particularmente compreensível, e levanta questões relativas a títulos históricos. Sobre o conceito de "baías susceptíveis de poderem ser consideradas como parte do território do Estado costeiro", o Tribunal Permanente de Arbitragem afirmou, em 1910, na decisão de um diferendo que ficou conhecido como *North Atlantic Fisheries*, entre os Estados Unidos da América e a Grã-Bretanha, que[3]:

> *The interpretation [of this concept] must take into account all the individual circumstances which for any one of the different bays are to be appreciated, the relation of its width to the length of penetration inland, the possibility and the necessity of its being defended by the State in whose territory it is indented; the special value which it has for the industry of the inhabitants of its shore; the distance which it is secluded from the highways of nations on the open sea and other circumstances not possible to enumerate in general.*

Importa realçar que a problemática dos títulos históricos (*historic titles*) está longe de ser matéria de fácil consenso em sede de Direito Internacional do Mar. Acredite-se que não é por acaso que ela não se encontra tratada na Convenção das Nações Unidas sobre o Direito do Mar de 1982 (referida adiante por "CNUDM" ou "Convenção"). As únicas referências a títulos históricos sobre áreas marítimas pareces ser aquelas que são feitas a "baías históricas" no Artigo 10°, n.° 6, e a "baías ou títulos históricos" no Artigo 298°, n.° 1, al. a), para. i). Não é despiciendo que a primeira destas referências signifique que existem baías às quais, pelo seu carácter histórico, não é aplicável o preceituado no Artigo 10°. Ainda assim, o que sejam "baías históricas" a Convenção não esclarece. No segundo caso, a referência é feita para excepcionar das matérias sujeitas aos "procedimentos compulsórios conducentes a decisões obrigatórias" as disputas sobre "baías ou títulos históricos". Concomitantemente, pode dizer-se que os trabalhos preparatórios da Convenção parecem reforçar esta ideia. O documento de trabalho inicial, intitulado "*Main Trends*", fazia referência, ainda que de forma algo superficial, a questões conexas com títulos históricos[4]. Estas referências deixaram de constar no "*Revised Single Negotiating Text*", de 1976[5]. A questão de baías e títulos históricos parece ser, por isso, uma das matérias a que a CNUDM indirectamente se refere quando afirma, no seu preâmbulo, que

---

(2) Uma tradução literal possível desta expressão latina poderia ser "entre as maníbulas da terra".

(3) Decisão de 7 de Setembro de 1910, in *American Journal of International Law*, Volume 4, 1910, p. 948 (ver pp.982-983, sublinhado nosso). Importa notar que, por precaução, o Tribunal nunca utilizou o termo "baía histórica", e apenas fez referência aos critérios que justificavam o tratamento de baías em geral como parte do território do Estado costeiro.

(4) Ver os Artigos 2, 3, and 17, *Official Records of the Third United Nations Conference on the Law of the Sea*, 1973-1982, New York, United Nations, Volume III, pp.109-110. Ver a proposta apresentada pelas Filipinas, *ibid.*, p.202.

(5) *Ibid.*, Volume V, pp.154-156.

Estudos em Direito Internacional Público 63

"as matérias não reguladas pela [...] Convenção continuarão a ser regidas pelas normas e princípios do direito internacional geral".

Com o princípio do *mare liberum*, que veio a impôr-se gradualmente ao longo dos tempos desde o séc. XVI, a subtracção de áreas marítimas da *res communis omnium* em que se tornaram os oceanos tornou-se uma conduta *prima facie* ilícita à luz do Direito Internacional do Mar. Embora esta seja a perspectiva mais comum, ela não é de forma nenhuma consensual. Isto tem a ver, quanto mais não seja, com o facto de se poder conceber a ideia de certos títulos históricos se terem consolidado antes de o princípio do *mare liberum* se ter estabelecido em definitivo no Direito Internacional. Ainda assim, em termos algo simplistas podem enumerar-se algumas ideias mestras sobre as quais repousa a teoria dos títulos históricos sobre áreas marítimas. Na nossa óptica, há três factores fundamentais na determinação da existência de um título histórico:

a) Um Estado costeiro tem que ter exercido, de facto, poderes soberanos sobre a área marítima a que se refere o título histórico;

b) Tais poderes devem ter sido exercidos de forma contínua, e notória para os outros Estados;

c) Não pode ter havido da parte da grande maioria dos outros Estados oposição em relação às reivindicações apresentados pelo Estado costeiro.

Os títulos históricos emergem, assim, de um processo gradual que se desenvolve ao longo dos tempos, onde um Estado costeiro manifesta sob formas diversas (actos e omissões) a sua reivindicação de soberania, a qual se traduz numa *possessio longi temporis*. O poder estatal tem que ter sido exercido *à titre de souverain*, e de forma efectiva, contínua, e notória. Porque o princípio da liberdade dos mares afirma a titularidade do mar alto em comunidade por todos os Estados, qualquer reivindicação sobre um parte do mar alto apresenta-se em princípio como ilícita. No entanto, essa ilicitude inicial pode ser sanada por via da aquiescência (ou nalguns casos reconhecimento explícito) por parte de uma expressiva maioria (*"overwhelming majority"*) dos Estados que constituem a comunidade internacional. A situação ideal seria aquela em que se desse a aquiescência, ou melhor ainda o reconhecimento explícito, por todos os Estados.

Sobre o conceito de "águas históricas" pronunciou-se, em 1951, o Tribunal Internacional de Justiça, que as definiu como sendo *"waters which are treated as internal waters but which would not have that character were it not for the existence of an historic title"*[6]. O traçado de linhas de base recta por parte da Noruega foi então considerado como lícito, porque o Tribunal considerou que a *"general toleration of foreign States with regard to the Norwegian practice [was]*

---

(6) Julgamento de 18 de Dezembro de 1951, *Fisheries* case, United Kingdom v. Norway, *Reports of Judgements, Advisory Opinions and Orders*, 1951, p. 116 (ver p.130).

64   *Linhas de Fecho nas Embocaduras do Tejo e do Sado*

an unchallenged fact"[7]. Foi este julgamento que veio a dar arigem à inclusão de uma norma permissiva do traçado de linhas de base recta no Artigo 4° da Convenção de Genebra sobre o Mar Territorial e a Zona Contígua de 1958, o conteúdo do qual foi depois transposto, com algumas alterações, para o Artigo 7° da CNUDM.

No caso mais típico, e porque emerge como uma consequência do exercício de poderes soberanos, o conceito de águas históricas refere-se a águas interiores. Mas não tem que ser necessariamente assim. Se o tipo de soberania efectivamente exercida, e que não foi objectada pela grande maioria dos Estados, for do tipo de *soberania mitigada* análoga à que se exerce sobre o mar territorial ou as águas arquipelágicas, então é possível conceber-se, teoricamente, a existência de títulos históricos referidos a outros espaços marítimos. Tudo depende do tipo de poderes soberanos ou de jurisdição que sejam exercidos pelo Estado costeiro[8].

LINHAS DE BASE RECTA

Em 1985, o governo português publicou legislação onde se estabelecem as "linhas de fecho e de base recta" que suplementam a linha de base normal (*i.e.* a linha de baixa-mar), nas costas do continente e dos arquipélagos dos Açores e da Madeira[9]. Estas linhas de fecho e de base recta têm suscitado alguma controvérsia, quanto mais não seja por terem dado origem à apresentação de protestos de outros Estados junto do governo português.

O caso dos Estados Unidos da América, Estado que tem uma política muito activa em termos de reacção diplomática contra as denominadas reivindicações excessivas (*"excessive claims"*) em matéria de Direito do Mar, é um exemplo paradigmático. Em Agosto de 1986, o governo norte-americano comunicou ao governo português que, tendo em conta o regime da CNUDM, as linhas de base estabelecidas na legislação portuguesa são objectáveis porque, alegadamente, *"do not enclose juridical bays or lie in localities which meet the legal requirement that the coastline is deeply indented and cut into [...] nor do they connect a fringe of islands along the coast in its immediate vicinity"*[10]. A

---

(7) *Ibid.*, p. 138

(8) Sobre a questão dos títulos históricos sobre espaços marítimos, ver por exemplo: Yehuda Blum, *Historic Titles in International Law*, The Hague, Martinus Nijhoff, 1965, pp.241-334; «Juridical Regime of Historic Waters, Including Historic Bays», Study prepared by the Secretariat of the United Nations, *Yearbook of the International Law Commission*, 1962, Volume II, pp.1-26.

(9) Decreto-Lei n.° 495/85 de 29 de Novembro, rectificado pela Declaração publicada no Diário da República, I Série, n.° 49, de 28 de Fevereiro de 1986.

(10) J. Ashley Roach and Robert W. Smith, *United States Response to Excessive Maritime Claims*, 2nd Edition, The Hague – Boston – London, Martinus Nijhoff Publishers, 1996, pp.92-93.

Estudos em Direito Internacional Público 65

referência ao elemento literal dos Artigos 7º e 10º da CNUDM é absolutamente clara, e há que reconhecer que, em alguns pontos, o referido protesto tem fundamento.

Mas existem duas áreas, pelo menos, onde a argumentação do governo norte-americano não parece colher: as embocaduras dos rios Tejo e Sado. Passamos a tentar explicar o porquê desta nossa opinião. Um primeiro argumento baseia-se na interpretação, e integração, de certos conceitos indeterminados a que recorre o Artigo 7º da CNUDM. Esta disposição limita o traçado de linhas de base recta a zonas onde "a costa apresente *recortes profundos* e *reentrâncias*". O que sejam "recortes profundos" e reentrâncias" só pode ser definido em função das circunstâncias de cada caso concreto. E a interpretação dada pelo governo norte-americano, ao regime jus-internacional nesta matéria é de tal forma restritiva que algumas das linhas de base recta norueguesas, consideradas lícitas pelo Tribunal Internacional de Justiça em 1951, não parece que satisfizessem os critérios interpretativos a que recorre este Estado. No caso concreto das embocaduras do Tejo e do Sado, e atendendo a que a direcção geral da costa oeste portuguesa é predominantemente norte-sul, talvez possa argumentar-se com sucesso que uma inflexão de aproximadamente 90º na direcção geral da costa cria um "recorte profundo" ou uma "reentrância". Acresce que a prática dos Estados em matéria de linhas de base recta parece demonstrar que a integração destes conceitos tem sido feita muitas vezes através duma interpretação extensiva do seu conteúdo[11].

Um segundo argumento, é o de que as águas que se situam para dentro das linhas de fecho definidas por Portugal se encontram indubitavelmente *secluded from the highways of nations on the open sea*". E este é um critério cuja relevância na determinação da existência de uma "baía territorial" já foi assertada pelo Tribunal Permanente de Arbitragem em 1910. Aparentemente, não pode questionar-se a ideia de que estas águas só são utilizadas por navios que demandam os portos e ancoradouros existentes nessa área geográfica, o que as exclui da *ratio juris* subjacente ao direito de passagem inofensiva. Para além disso, "*the special value which it has for the industry of the inhabitants of its shore*", *i.e.* a importância de que essas águas se revestem em termos da tradicional actividade piscatória para os habitantes da área, é inegável. E mais uma vez, este é um critério que o Tribunal Permanente de Arbitragem considerou dever ser ponderado na determinação da existência de uma baía histórica[12].

---

(11) Para uma perspectiva da forma como o normativo sobre linhas de base recta e de fecho tem sido levada à prática pelos Estados, ver Tullio Scovazzi *et al.* (eds.), *Atlas of the Straight Baselines*, 2nd Edition, Milano, Giuffrè Editore, 1989.

(12) Sobre a decisão de 1910, sobre as *North Atlantic Fisheries*, ver a nota n.º 3 supra.

66 *Linhas de Fecho nas Embocaduras do Tejo e do Sado*

Importa sublinhar, a este propósito, que não será certamente por mero acaso que a pesca com redes de arrasto só é permitida a mais de 6 milhas náuticas de distância à linha de costa, excepto no caso das embocaduras do Tejo e do Sado, onde a referida distância se deve medir a partir do "alinhamento dos cabos Raso, Espichel e de Sines"[13].

Todavia, pode encontrar-se ainda um terceiro argumento que, na nossa óptica, e a ser provado, se assume por si só como decisivo: as águas situadas para dentro das linhas de fecho estabelecidas nas embocaduras do Tejo e do Sado são águas históricas interiores. A reivindicação portuguesa relativa à existência de águas históricas nestas duas áreas datam pelo menos de 1930, da Conferência de Haia para codificação do Direito Internacional. Então, Portugal declarou considerar fazerem parte do seu território continental europeu as baías formadas pelas embocaduras do Tejo e do Sado, compreendidas respectivamente entre o Cabo da Roca e o Cabo Espichel, e entre o Cabo Espichel e o Cabo de Sines. Isto significa que essa reivindicação é claramente anterior ao regime internacional sobre linhas de base recta, o qual só surge em 1951 e aparece depois codificado na Convenção de Genebra de 1958[14]. E a notoriedade da reivindicação portuguesa pode ser aferida pelo facto de ela ser explicitamente mencionada numa das grandes obras de Direito Internacional do Mar publicada em 1934, a de Gilbert Gidel[15], e referida noutros levantamentos mais recentes sobre esta matéria[16]. Acresce que a prática do Estado português parece indiciar que, efectivamente, desde há muito tempo, as referidas áreas marítimas são tratadas como fazendo parte do território nacional.

---

(13) Decreto-Regulamentar n.º43/87, de 17 de Julho de 1987, art° 7°.

(14) Uma ideia a reter é a de que a decisão de 1951, do Tribunal Internacional de Justiça, em relação às linhas de base norueguesas, não era coincidente com a prática da maioria dos Estados até essa altura. Há mesmo quem argumente que esta decisão foi verdadeiramente criadora de direito e não meramente, declarativa do que era o direito vigente. Entre os autores que consideram que a decisão de 1951 é verdadeiramente criadora de direito, ver por exemplo: Ian Brownlie, *The Rule of Law in International Affairs*, The Hague – London – Boston, Martinus Nijhoff Publishers, 1998, pp. 28-29; Malcom N. Shaw, *International Law*, 4th Edition, Cambridge, Grotius Publication, 1997, p. 86.

(15) Gilbert Gidel, *Le Droit International Public de la Mer*, Tome III - La Mer Territoriale et la Zone Contigue, Paris, Sirey, 1934, p. 662.

(16) Lewis M. Alexander, *Alternative Interpretations of Geographic Articles in the 1982 LOS Convention*, Kingston - Rhode Island, Center for Ocean Management Studies, 1990, p.74; Milan Thamsborg, *On the Precise Determination of Maritime Boundaries* (Preliminary Draft), Annexe à la Lettre-circulaire du Bureau Hidrographique International n.° 37/1984, não publicado, p.20.

O DIREITO DE PASSAGEM INOFENSIVA NAS EMBOCADURAS DO TEJO E DO SADO: CONCLUSÃO

Importa agora identificar quais os reflexos que derivam, em termos de direito de passagem inofensiva, do que acima ficou exposto. O Artigo 17° da CNUDM refere que "os navios de qualquer Estado [...] gozarão do direito de passagem inofensiva pelo mar territorial". Em princípio, poder-se-ia concluir que para dentro das linhas de base, *i.e.* nas águas interiores, esse direito não poderia ser exercido, uma vez que o direito se refere ao mar territorial. Mas a este propósito, o Artigo 8°, n.° 2, da Convenção estatui que "quando o traçado de uma linha de base recta, de conformidade com o método estabelecido no Artigo 7°, encerrar, como águas interiores, águas que anteriormente não eram consideradas como tais, aplicar-se-á a essas águas o direito de passagem inofensiva". O direito de passagem inofensiva parece, por isso, poder também ser exercido nas águas interiores situadas para dentro de linhas de base recta traçadas ao abrigo do Artigo 7° da CNUDM. E através de um argumento *a contrario* é razoável concluir-se que, em todos os restantes casos de águas interiores (*e.g.* para o interior de linhas de fecho nas fozes de rios, em baías jurídicas, ou em águas históricas interiores), não pode exercer-se o direito de passagem inofensiva.

A nosso ver, todos os indícios apontam no sentido de as linhas de fecho traçadas por Portugal nas embocaduras dos rios Tejo e Sado serem, de uma forma ou de outra, lícitas à luz do Direito Internacional. Mas é nossa opinião convicta que essa licitude decorre do facto de as águas compreendidas entre a costa e as linhas de fecho nessa área serem águas históricas interiores de Portugal. Ou seja, essas águas são parte integrante do território nacional. De facto, o Decreto-Lei n.° 47.771, de 22 de Agosto de 1966, revogado pelo Decreto-Lei n.° 495/85, apenas estabelecia linhas de fecho no território continental entre o Cabo Raso e o Cabo Espichel, e entre este e o Cabo de Sines. As mesmas linhas de fecho são mantidas no caso da legislação sobre pesca para efeitos de determinação dos limites da pesca com redes de arrasto, a qual, não deve esquecer-se, *foi publicada já posteriormente à legislação sobre linhas de base recta*. Tão perfeita consonância com as reivindicações relativas a águas históricas não pode ser mera obra do acaso. E não é por essas linhas de fecho terem sido agrupadas em conjunto com outras linhas de base recta, quiçá fundamentadas de forma menos segura, que o fundamento jurídico mais sólido que está subjacente às primeiras desaparece. Sublinhe-se ainda que, tanto quanto se sabe, são muito poucos os Estados que têm apresentado protestos contra o traçado destas linhas de fecho, o que se apresenta aparentemente como indício de uma aquiescência internacional generalizada em relação ao seu traçado.

Uma vez que consideramos que as linhas de fecho traçadas nas embocaduras dos rios Tejo e Sado são limites de águas históricas interiores, é forçoso que concluamos que o direito de passagem inofensiva não pode ser exercido nestas águas. Mas não podemos deixar de sublinhar aqui que, feliz ou infelizmente, em Direito não são muitas as situações em que as conclusões se apresentam como indubitáveis e/ou inquestionáveis. E no Direito Internacional, estas situações parecem ser ainda menos numerosas. A conclusão a que aportámos mais não é, portanto, do que uma opinião; uma opinião que perfilhamos tem em conta a fundamentação jurídica que apresentámos de forma sucinta, mas ainda assim uma mera opinião.

THE IMPORTANCE OF THE TIDAL DATUM IN THE DEFINITION OF MARITIME LIMITS AND BOUNDARIES

Maritime Briefing
International Boundaries Research Unit
(Universidade de Durham, Reino Unido)
Volume 2 – Number 7
2000

Reproduzido com a amável autorização da *International Boundaries Research Unit*

THE IMPORTANCE OF THE TIDAL DATUM IN THE DEFINITION OF MARITIME LIMITS AND BOUNDARIES

INTRODUCTION

The periodical rise and fall of oceanic waters in coastal areas – the tides – is a phenomenon that has been observed for centuries. However, their practical effects concerned only seamen and those whose life was somehow directly related to the sea. The relevance of the tidal phenomenon in the international law of the sea only emerged recently. This has been simultaneous with other developments occurring in the twentieth century, namely the appropriation of vast oceanic areas by states and the need to define the spatial limits of their jurisdiction at sea.

The existence of tides and their effects were taken into account in the 1982 United Nations Convention on the Law of the Sea (hereinafter LOSC), as well as in the 1958 Convention on the Territorial Sea and the Contiguous Zone (hereinafter TS Convention). References are made therein to concepts such as *low-water line*, *low-tide elevations* and *high tide*. These concepts play an important part in establishing the limits of state jurisdiction over maritime zones. The accurate definition of these lines and features, nonetheless, is dependent upon the tidal datum adopted in a particular area. To discuss how significant the tidal datum may be in the unilateral definition of maritime limits, as well as in maritime boundary delimitation, is the purpose of this article.

To begin with, some elementary notions related to tides will be provided. The concept of tidal datum will then be introduced, and its relationship with nautical charts examined. The provisions of the LOSC will be analysed. Special emphasis will be placed on the importance of tidal data to the interpretion of these provisions. Finally, examples of state practice and jurisprudence in this matter will be examined in order to determine whether there is a *more suitable*, or legally binding, tidal datum.

TIDES: ELEMENTARY NOTIONS

The Tidal Phenomenon

Tides are complex phenomena that can be perceived as horizontal and vertical movements of oceanic waters in littoral areas. The horizontal movements are known as *currents* or *tidal streams*. Although they are absolutely crucial to comprehend the tidal phenomenon in detail, for the purposes of this study they may be deemed non-existent. This analysis will concentrate upon the vertical change of the level of oceanic waters, which has been referred to simply as *tide*.

The International Hydrographic Organisation (hereinafter IHO) defines *tide* as a *"periodic rise and fall of the surface of the oceans* ... due principally to the gravitational attraction of the Sun and the Moon on a rotating Earth"[1]. The accurate description of all facets of this phenomenon requires deep mathematical investigations, and the knowledge of, *inter alia*, the motions of the sun and moon, the interaction with the physical characteristics of water basins, and the effects of meteorologic factors. Such an approach is however not needed to carry out the proposed analysis. This paragraph will only allude to some elementary notions that are required to comprehend the role of tidal data in the definition of the maritime jurisdiction of states.

Tides are *periodical oscillations* of the water surface, i.e. vertical movements of water that take place at regular intervals. This oscillation is due mainly to the *attractive forces of the sun and the moon*. These forces *vary periodically* as a result of the apparent motions of the sun and the moon around the earth. The way in which these attractive forces interrelate with the *earth's rotation movement* determines the generation of tides. It must be borne in mind that tides will differ around the globe, not only as a consequence of different generating forces at each place, but also due to specific local and regional factors.

A simple drawing may perhaps help to explain the elementary notions of tide generation. It must nonetheless be emphasised that this representation is too simplistic to be perceived as a complete description of reality. If one assumes that the earth has no land masses, and that the water mass will react instantaneously to generating forces while maintaining its gravitational properties, two key ideas may be illustrated by Figure 1[2]. First, it is clear that the influence of the moon is in principle larger that that of the sun. This happens because the forces generated by these two celestial bodies vary not only with their mass but also in the inverse proportion of the square of the distance to the earth; and the moon is much closer to the earth

---

(1) IHO, *A Manual on Technical Aspects on the Law of the Sea* (1993), p.27, emphasis added. Cf. also IHO, *Hydrographic Dictionary* (1994), p.247.

(2) This figure shows the earth seen from a point directly above one of the poles, that is, from a vertical position in relation to the poles, on earth's axis of rotation.

Estudos em Direito Internacional Público 73

than the sun. The magnitude of the forces generated by the sun is usually less than half those of the moon. However, there are areas where the solar influence is dominant in the tidal pattern. Secondly, it is possible to conclude that the changes in the water mass depend on the relative position of the sun and the moon. The maximum variation occurs when the forces resulting from the sun and the moon 'pull' in the same direction[3].

Things become much more complex when account is taken of the apparent motions of the sun and the moon caused both by the earth's orbital movement around the sun, and its rotation about its axis. The rotation of the earth will give rise to an apparent motion of the sun and the moon around the earth. As a result, tide generating forces at a certain point change slowly, but continuously, throughout the day. When considering latitude, it is easy to see that the forces generated by the sun and the moon will be different along a certain meridian. Therefore, at each moment in time the generating forces differ from place to place.

To understand the effects of the orbital movement of the earth, it is useful to imagine a celestial sphere with infinite radius with its centre on the earth, and imagine also that the motions of the sun and the moon are depicted thereon. Here, other factors that are relevant to tide generation come to light. In this imaginary sphere, the sun 'moves around' the earth along a plane that is known as *ecliptic*, and which is inclined about 23.5° in relation to the plane of the equator. To complete a revolution around the earth, the sun takes one mean solar year. During that period, whereas small departures of its position in relation to the ecliptic (celestial latitude) are negligible, the distance from the earth varies giving rise to annual variations of the sun's tide generating forces.

A complete revolution of the moon about the earth takes a little more than 27 mean solar days. While revolving around the earth, the moon oscillates in latitute to the north and the south of the ecliptic in a period that being more than 27 mean solar days is slightly less than the revolution period. This gives rise to a phenomenon called *regression of the lunar nodes*, which has a period of 18.6 years approximately. These temporal and spatial variations in the positions of these bodies in relation to the earth, especially of the moon, bear on the tidal phenomenon because they result in different tide generating forces.

Other elements have also to be considered. The actual rotation of the earth, which gives rise to different forces that must accounted for when studying water movements on the earth, is one element. Another is the interaction of the tide generating forces with distinctive physical characteristics of water basins, in parti-

---

(3) Although the example given is one of *new moon* (the sun and the moon on same side of the earth – conjunction), the same occurs in situations of *full moon* (the sun and the moon on opposite sides of the earth, but still in the same plane – opposition).

cular in shallow waters and channels. In some cases, this element is of an utmost importance in the tidal phenomenon. Meteorology, in the form of wind and barometric pressure, may also interfere with the actual tide at a certain place. However, the influence of this element cannot be predicted with an acceptable degree of accuracy.

In short, the actual oscillation of the water surface may be described by a complex result of several contributions with different periods (known as 'harmonic constituents'). Tides are normally classified, taking into account their patterns, as diurnal, semidiurnal and mixed. Within the different harmonic constituents it is possible to devise *diurnal* (one day period) and *semidiurnal* (half a day period) oscillations caused by both the sun and the moon. The existence of *quarter-diurnal*, *sixth-diurnal* and *eighth-diurnal* oscillations is not uncommon in shallow waters. Other oscillations with periods of more than one day, which are called *long period oscillations*, include some periods that range from approximately 14 days (half a revolution of the moon in the ecliptic) up to approximately 19 years (the period of regression of the lunar nodes).

Terminology

The highest level reached by the water surface in one complete oscillation is known as *high water*. Similarly, the *low water* refers to the lowest level reached by the water surface in one oscillation. In most littoral areas of the Atlantic Ocean, the semidiurnal regime is prevalent. There are two low waters and two high waters in each day (tidal day). However, this is not a rule applicable throughout the world. In other places, such as the Gulf of Mexico and the Gulf of Tonkin, the regime is mostly diurnal. In the majority of cases there is only one low water and one high water per day.

The *height of tide* is the vertical distance from a specified datum (in most cases the chart datum) to the level of the water surface at any time. The height of tide is usually a positive value. Negative values may nonetheless occur when the adopted datum is not low enough to take account of extreme low waters. It is also possible to refer the tide to the *mean sea level*, that is, in relation to the average height of the surface of the sea. The elevation of the tide obtained thereby will be either negative (as in the case of low-waters) or positive (as in the case of high-waters).

The *range of tide*, that is, the difference in height (elevation) between consecutive high and low (or low and high) waters at one place, is variable. The terms *spring tides* and *neap tides* refer to the cases when the value of the range of tide is maximum and minimum respectively, which happens at periods of approximately 14 days. While spring tides occur near every new and full moon, neap tides occur near any of the two situations of quadrature.

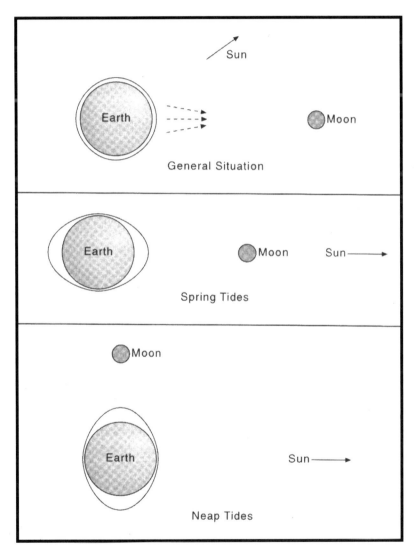

Figure 1 – Tide Generation

TIDAL DATA AND NAUTICAL CHARTS

The Notion of Tidal Datum

In a strict sense, *tidal datum* can be understood as the reference plane (or surface) to which the height of the predicted tide is referred. Two further concepts derived from this may be advanced:

(a) the *sounding datum*, defined as "the plane to which soundings are reduced in the course of a hydrographic survey"[4];

(b) the *chart datum* (CD), defined as the "plane of reference to which all charted depths and drying heights are related"[5].

Due to technical considerations, the CD may or may not be the same as the sounding datum. In general terms, it may be said that the datum selected is more or less an *arbitrary level*[6]. Nonetheless, three considerations need to be taken into account when selecting a datum. First, it "should be low enough for the navigator to be confident that, under normal weather conditions, there is always at least as much depth as is shown on the chart". Second, it "should not be so low that it gives an unduly pessimistic idea of the least depth of water likely to be found". Finally, it "should be in harmony with the data of neighbouring surveys"[7].

Sounding and chart data are low-water data, that is, they refer to the level of the water surface at low tide. Nonetheless, there are also data based on high-water levels. But they are not used as reference level for depths in hydrographic surveys and nautical charts. These two different data may be included in a broader category – *vertical datum*, which comprises any plane or surface used as a reference to measure vertical distances (such as depths, drying features, heights on shore, etc.). Any *tidal datum* is thus a vertical datum.

Tidal levels (either high-water or low-water data) have several definitions, depending on the information used to compute them, that is, they vary in accordance with the parameters that were considered in their 'calculation'. The existence of different definitions means that, when referring to high-water or low-water, attention must be drawn to the tidal reference being utilised. One may refer, for example, to mean levels – Mean Low/High Water (MLW, MHW), to mean levels considered jointly with the range of tide – Mean Low/High Water Springs/Neaps (MLWS, MHWS, MLWN, MHWN), to astronomical levels – Lowest/Highest

---

(4) Admiralty Tidal Handbook No. 2, *Datums for Hydrographic Surveys* (1975), p.1; D.P. O'Connell , *The International Law of the Sea* (1989), p.174.

(5) IHO, *Chart Specifications of the IHO and Regulations of the IHO for International (INT) Charts*, Specification 405 (Chart Datum), at p.1-400.5.

(6) J.A.B. Fernandes, *Manual de Hidrografia* (1967), p.564; Admiralty, supra n.4, at p.1.

(7) Admiralty, supra n.4, at p.1. Further technical considerations (regarding the use of data in hydrography), which are outside the scope of this essay, are discussed in this publication.

Estudos em Direito Internacional Público

Astronomical Tide (LAT, HAT), or to more empirical levels – Lowest/Highest Low/High Water (LLW, HHW). Brief definitions of the most commonly used tidal levels are presented in Appendix 1.

Tidal Data Adopted by the IHO

Amongst others, one of the objectives of the International Hydrographic Organisation (IHO) is "to bring about ... the greatest possible uniformity in nautical charts"[8]. Hence, it plays a major role in defining the technical rules and specifications that guide the production of nautical charts. Insofar as the LOSC makes explicit reference to nautical charts when alluding to tidal levels, it becomes important to indicate the concepts and definitions that are adopted by the IHO.

The correlation between the tidal datum and the vertical datum used in nautical charts (the CD) is established by the Technical Resolution (TR) A2.5 of the IHO, which refers to *Datums and Bench Marks*[9]. It states, in paragraph 3, "that the datum of tide predictions shall be the same as the chart datum (datum for sounding reduction)". This relationship is confirmed by Chart Specification 405.5 – *Tide tables and chart datum*, which asserts that "whatever CD is used, it is essential that it is the same as the datum adopted for the predictions given in the authoritative Tide Tables"[10]. Until 1997, the same paragraph 3 presented a definition of CD establishing that it should be "a plane so low that the tide will not frequently fall bellow it". Any of these definitions seems to indicate that there is some freedom of choice in the adoption of CD.

In 1996, the International Hydrographic Bureau (IHB)[11] proposed an amendment to TR A2.5 for the "introduction of a precise definition of an international low water datum (Chart Datum)"[12], which was approved at the beginning of 1997 by member states[13]. The CD adopted presently by the IHO, for all the places "where tides have an appreciable effect on the water level", is the Lowest Astronomical Tide (LAT)[14]. However, there is a proviso stating that in places "where the tidal range is not appreciable, i.e. less than about 0.3 metre, CD may be the mean sea

---

(8) IHO, Convention on the International Hydrographic Organisation, Art. II (b).

(9) IHO, *Resolutions of the International Hydrographic Organisation*.

(10) IHO, supra n.5, at p.1-400.6.

(11) The IHB is the main organ of the IHO, and it is responsible "for the fulfilment of the objects" of the organisation; cf. IHO, supra n.8, Art. VIII.

(12) IHB, Circular Letter 30/1996 of 15 May 1996.

(13) IHB, Circular Letter 25/1997 of 13 June 1997.

(14) IHO, supra n.9, TR A2.5 paragraph 3 (a). The IHO recommends that tidal observations be "related both to a low-water datum (usually LAT) and also to a geocentric reference system, preferably the World Geodetic System 84 (WGS84) ellipsoid; cf IHO, *IHO Standards for Hydrographic Surveys* (1998), p.11, para.4.2.. This publication is known as "S-44".

level"[15]. It may be further noted that the 1997 amendment to TR A2.5 contained also a reference to the high water datum. At the same time, the Highest Astronomical Tide (HAT) was proposed for adoption as the common high-water datum. This level was intended to become the reference "for vertical clearances where tides have an appreciable effect on the water level"[16]. These concepts demonstrate, quite clearly, that the main concern of the IHO recommendations as regards nautical charts is to ensure safety of marine navigation.

Different Tidal Data in State Practice

Referring to the reasons that explain the differences between chart data, Kapoor and Kerr indicate "administrative and national legislative constraints" and "the fact that the tidal phenomenon varies in different localities of the world, with the result that no single formula will satisfy all tidal regimes"[17]. Disregarding the internal legislative and administrative issues, which may in many cases be overcome through agreement, a number of other reasons can be put forward to explain the existence of different CD – low-water (LW) datum.

To begin with, it must be emphasised that, being an organisation that is only of a consultative and purely technical nature, the IHO cannot impose any resolutions on its member states. Therefore, the implementation of the IHO rules is left to the discretion of each State. The adoption of LAT by the IHO, as the recommended common low-water datum, has no legal binding force under international law. Secondly, when defining a CD, geographical considerations of the area concerned (such as the tidal regime) have to be carefully weighed, justifying in many cases the use of different data. Norway, for instance, although supporting the adoption of LAT as CD, expressly remarked the necessity of exceptions for "certain areas where particular tidal conditions prevail"[18]. These exceptional circumstances are covered by the wording of TR A2.5, paragraph 3 (a), which states that the "chart datum may be adapted" in accordance with specific needs. Lastly, the tidal information available does not always have the required degree of accuracy, thus raising difficulties with the calculation of LAT. In these cases, the CD is normally selected very low, in order to ensure that the water will not fall below that level and that, consequently, the depths shown on charts are close to the minimum depth that the mariner will actually find.

With regard to the high-water (HW) datum, similar considerations justify the existence of a different tidal datum. The contrast exists insofar as the low-water

---

(15) IHO, supra n.5, Chart Specification 405.2, at p.1-400.5.

(16) Cf. IHO, supra n.9, TR A2.5 paragraph 3 (a).

(17) D.C. Kapoor and A.J. Kerr, *A Guide to Maritime Boundary Delimitation* (1986), p.17.

(18) Cf. IHB, supra n.13, at p.3.

Estudos em Direito Internacional Público

79

datum is related to charted depths whilst the high-water datum concerns, for instance, vertical clearances to bridges and heights ashore. Identically, exceptions are also made for certain specific cases, provided that the differences between data are shown on nautical documents.

In 1995, the IHO presented a summary of the member states' tidal data, as a part of the study to establish a "Global Vertical Reference System", pointing out some of these differences and indicating that, as CD[19]:

(a) Germany used MLWS for the North Sea, Normal-Null (NN) for the Western Baltic and close to NN for the Eastern Baltic;

(b) Australia, the United Kingdom and New Zealand used LAT (the former still had some older charts in Indian Spring Low Water, by then being converted to LAT);

(c) France used mainly Lowest Low Water (LLW) or below;

(d) Japan used "nearly Lowest Low Water (close to Indian Spring Low Water)";

(e) the Netherlands used Mean Lower Low Water Springs (MLLWS);

(f) Belgium used Mean Lowest Low Water Spring (MLtLWS);

(g) Norway used MSL, "minus the sum of certain harmonic constituents"; and

(h) the United States of America used mainly MLLW.

Differences in vertical data must be duly acknowledged by states, so that users of their charts may be aware of what to expect[20]. On average, they may be deemed to amount to fractions of a metre. The approximate differences (in metres) between the LAT and the national CD levels adopted by the member states of the North Sea Hydrographic Commission are shown in Figure 2 below. These levels are referred to 1997. Following the IHO recommendation to use the LAT as CD, many states have been converting their cartography by introducing LAT as CD.

The INT 1 Chart (*Symbols and Abbreviations used on Charts*), published by national hydrographic offices, may be seen as a guide to interpret national and INT charts. Thus, it also includes reference to "tidal levels and charted data" adopted for national charts. Appendix 2 shows four examples of symbol IH 20 embodied in certain INT 1 Charts, describing the CD and the HW data used in British, Portuguese, German and French national charts respectively.

---

(19) IHB, Circular Letter 26/1995 of 16 June 1995, which includes in Annex A the chart data from 22 countries.

(20) The IHO requires that "differences between LAT and national chart data may be specified on nautical documents"; cf. IHO, supra n.9, TR A2.5 paragraph 3 (a).

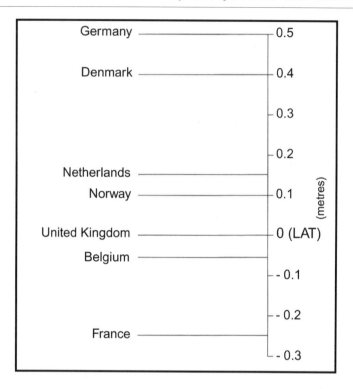

Figure 2 – Differences between LAT and National CD Levels

Taking all of this into consideration, one very important point has to be made. It is clear that, as far as the use of tidal data is concerned, no settled, extensive and virtually uniform state practice has until now emerged. So much so, in fact, that states may adopt more than one datum along their coasts, i.e. the tidal datum used in one part of the coast does not necessarily have to be used in another stretch of the coast. Such decisions depend solely on technical assessments. In principle, the choice between different vertical data (to be used in nautical charts) is based on considerations regarding the safety of navigation[21]. For this reason, the use of nautical charts for purposes other than navigation, e.g. in the definition of maritime limits or in maritime boundary delimitation, must always take this fact into account. Furthermore, because there is no general practice upon which to hinge an *opinio juris* in this respect, it does not seem possible to identify any customary rule.

---

(21) As stated by O'Connell, "the principal concern of the mariner being the depth of water under the keel"; cf. supra n.4, at p.174.

Estudos em Direito Internacional Público 81

However, it must be kept in mind that this situation may change in the future, as a result of the recent adoption of LAT and HAT (as CD and HW datum) by the IHO.

THE IMPACT ON MARITIME LIMITS

Introductory Remarks

To investigate the relevance of vertical data under the LOSC, and how they may become important in the definition of maritime limits is the next step of this analysis. To begin with, it must be remembered that the references to these technical issues can be traced back to the 1930 Hague Conference on the Codification of International Law. The document *Basis of Discussion No. 6* incorporated a proposal for the determination of the baseline from where to measure the breadth of the territorial sea. In the preceding observations, attention was drawn to the different meanings that the expression *low-water* could have[22]. Moreover, it was apparently by then that the differentiation between islands and low-tide elevations, based on a definition related to the HW level, started to emerge. As provided in the *Basis of Discussion No. 14*, an island "should be *permanently above the level of high tide*"[23]. During this Conference, however, no agreement was reached on this matter.

In the LOSC, although no explicit reference is made to the term vertical datum, several implicit references can be identified. They include not only references to the *low-water line* (or *low-water mark*) and to *high tide*, but also to various other concepts the interpretation and application of which depends upon the type of vertical datum adopted by the state (e.g. *normal baseline, low-tide elevations, drying reefs* and *island*)[24]. These concepts have indisputably an important role to play in determining the limits of maritime zones. The case of insular features may be used as a striking example. The same feature may be identified as a low-tide elevation or an island, depending upon the HW datum being used as reference. If located outside the 12-mile territorial sea limit, that difference is crucial in terms of capability to generate maritime space. Nevertheless, despite the importance of the above mentioned references, the LOSC does not establish which tidal datum is to be used as referential for the notions of low-water and high-water.

Whether this amounts to an implict recognition of the different meanings that may be given to the notions of LW and HW in state practice is the question to answer. As mentioned before, from a technical perspective, there is a rationale for the existence of different vertical data. For neither is the CD adopted in view of the

---

(22) Cf. *Basis of Discussion Drawn Up by the Preparatory Committee for the Codification Conference of 1930 in The Hague*, (1930) 24 (Supp.) AJIL 25, 30.

(23) Ibid., at p.35, emphasis added.

(24) LOSC, Arts 5, 6, 7(2)(4), 9, 10(3)(4)(5), 13(1), 47(1)(4)(7) and 121 (1).

82   *Tidal Datum in the Definition of Maritime Limits and Boundaries*

definition of normal baseline, nor is the HW datum chosen considering the definition of island. One final remark has to be made. The question of choice of tidal datum is of importance only in places where the range of tide is appreciable. In coasts where no tide exists, or where the range of tide is for all purposes negligible, there are no LW and HW levels to consider. In these situations, the Mean Sea Level (MSL) is usually adopted as the sole vertical reference.

Normal Baseline

The LOSC defines the normal baseline as "the low-water line along the coast as marked on large scale charts officially recognised by the coastal State". This provision does not differ from the equivalent provision in the TS Convention[25]. The *travaux préparatoires* of the latter may thus be resorted to in order to clarify the meaning of the LOSC provision. The commentary of the International Law Commission (ILC) to the relevant draft article reiterates the idea, put forward during the 1930 Conference, that there are different meanings for the expression "low-water line", concluding that "there is no uniform standard by which states in practice determine this line"[26]. In the absence of any indications to the contrary, these views must be assumed as remaining valid[27].

In practical terms, the adoption of a more extreme CD (a lower LW datum)[28] has the effect of 'pushing' the normal baseline seawards. Nonetheless, this question does not have the same importance in all areas. It is much more sensitive in locations where, simultaneouly, the range of tide is significant and the incline of the coast is very gentle. For example, if a vertical difference of 1 metre existed between two chart data (different LW levels), in a coast with a slope of 0.3° the displacement of the LW line would be approximately 190 metres seawards. Nonetheless, these values are somewhat extreme and uncommon in reality. More likely to occur is a situation where those values are respectively 0.5 metres and 3°. Here, the displacement of the LW line would be less than 10 metres.

In the LOSC, the low-water line appears as the reference line for measuring the breadth of all maritime zones[29], namely the territorial sea, the contiguous zone, the exclusive economic zone and the continental shelf[30]. Consequently, the adoption

---

(25) Cf. LOSC, Art. 5, and TS Convention, Art. 3.

(26) (1956) I.L.C. Yearbook (II) 267.

(27) Myron H. Nordquist (ed.), *United Nations Convention on the Law of the Sea 1982 – A Commentary*, Volume II (1993), p.89.

(28) A tidal datum is considered more extreme than another where it establishes either a lower LW level or a higher HW level.

(29) LOSC, Arts 3 and 4, 33(2), 57 and 76 (1).

(30) Where the continental shelf extends beyond the 200 nautical miles, this line has lesser relevance. However, it is still utilised as the reference for computing one of the cut-off limits – the 350-mile limit; cf.

Estudos em Direito Internacional Público   83

of more extreme CD allows states to extend their jurisdiction further offshore. However, insofar as nautical charts have a very specific purpose – navigation, it is not likely that states resort unreasonably to this approach with the only purpose of extending their maritime spaces. More importantly, even if a more extreme CD is chosen, the limits of maritime zones will only be pushed seawards if the displacement of the LW line occurs in the areas surrounding the 'controlling basepoints'[31]. If not, the influence of the new LW line on the limits of the maritime zones will probably be 'shadowed' by the limit-lines drawn from those basepoints.

On the other hand, it should be noted that the LW datum is also fundamental for the interpretion of the LOSC provisions related to reefs. Article 6 refers to "islands having fringing reefs" and to "the seaward low-water line" of reefs, whilst Article 47 (1) uses the expression "drying reefs". The interpretation of these provisions, which in the latter case is also related to Article 47 (7), will always have to refer to the CD adopted for the charts officially recognised by states.

As established by the LOSC, the normal baseline is the low-water line (the CD) depicted on large scale charts recognised by states[32]. This requirement has to do with the accuracy with which such a line has to be defined. In fact, the difference between low-water lines based on different chart data would not be noticed in medium or small scale charts. Even in some large scale charts (e.g. 1:50,000), a distance of 100 metres is bearly noticeable (2 millimitres). However, some states do not actually have their coasts completely covered by large scale charts, or do not have accurate information on their charts. How the normal baseline is to be defined in these situations is a question that requires caution. To consider that when the requirements of the LOSC are not met states would not be able to claim jurisdiction over maritime areas seems an unreasonable interpretation. It is so, if for nothing else, because it does not reflect the *ratio legis*. In these cases, the use of medium scale charts, or large scale topographic maps, in the definition of normal baselines, has perhaps to be accepted. But if disputes arise concerning the precise location of maritime limits and the enforcement of state jurisdiction, the limits based on such baselines might not be in some cases opposable to other states.

One final thought should always be borne in mind. Whatever the adopted tidal datum, and independent of how extreme it is, situations will most probably

---

LOSC, Art. 76(5). Because in the Geneva Convention the outer limit of the continental shelf was referred to the 200-metre isobath, this line was also considered as the zero isobath for calculating the extent of the continental shelf; cf. O'Connell, supra n.4, at p.174.

(31) 'Controlling basepoints' may be defined as the points on the baseline which determine the location of the outer limit of a certain maritime zone. It has to be emphasised that the number of 'controlling basepoints' is not the same for all maritime zones. The number decreases as the width of the maritime zone increases.

(32) Some States do not produce and publish their own nautical charts. In this case, they should officially state which nautical charts are accepted as describing their coastline.

exist when very exceptional circumstances give rise to more extreme tidal levels. It would therefore be very difficult to define a scientifically-based tidal datum that would account for all possible circumstances. All in all, the conclusion seems to be that, as far as international law is concerned, states can opt for any chart (LW) datum, in accordance with their discretionary judgment, and considering their own particular geographical characteristics and interests. As observed before,

> [i]t is evident then that an international low-water plane has not been established and that there is doubt respecting the possibility of establishing it. It follows that the low-water line for purposes of delimitation of the territorial sea remains, at least for the present and foreseeable future, that adopted by each State.[33]

Islands

As mentioned above, during the 1930 Hague Conference the definition of island advanced by the Preparatory Committee stated that an island should be permanently above the level of high tide[34]. The use of the adverb "permanently" seemed to require the adoption of a very extreme HW datum, and was kept in the draft articles of the ILC. However, following a proposal made during the debates in the Commission, this adverb was qualified by the expression "in normal circumstances". The use of this expression was proposed in order to take into account "exceptional cases"[35]. For this reason, Article 10 of the 1956 draft articles defined an island as "an area of land, surrounded by water, which in normal circumstances is permanently above high-water mark"[36].

The inclusion of the term "normal circumstances" raised several difficulties. In fact, the simultaneous use of the adverb "permanently" and the expression "normal circumstances" was criticised by the United States during the 1958 Geneva Conference on the grounds that they were conflicting[37]. Arguing, moreover, that there was "no established state practice regarding the effect of subnormal or abnormal or seasonal tidal action on the status of islands", the United States then proposed the omission of both terms in the definition. This was eventually approved by the Conference. As a result, the definition of island incorporated in Article 10(1) of the TS Convention only requires that the land feature "is above water at high tide". The very same expression was transposed to Article 121(1) of LOSC. Undoubtedly, this look into the intention of the parties seems to indicate not only a

---

(33) O'Connell, supra n.4, at pp.177, 185.

(34) Cf. supra, at p.73.

(35) Lauterpacht, (1954) I.L.C. Yearbook (I) 92.

(36) Cf. (1956) I.L.C. Yearbook 270. The commentary to this draft provision asserted that the term "island" was "understood to be any area of land surrounded by water which, except in abnormal circumstances, is perma-nently above high-water mark".

(37) Document A/Conf.13/C.1/L.112, Official Records (III), p.242.

Estudos em Direito Internacional Público

85

somewhat flexible approach in this matter, but also that this was meant to reflect state practice. The HW datum to which the concept of island is referred seems to be, therefore, any reasonable datum adopted by a coastal state.

Insofar as this datum is absolutely fundamental for the distinction between an island and a low-tide elevation, such a flexible approach is very likely to lead to difficulties in certain cases. This is even more so because, contrasting with the normal baseline definition, Article 121(1) does not make any reference to nautical charts officially recognised by states. Therefore, the HW datum relevant for the purposes of establishing the status of island does not necessarily have to be the datum used in nautical charts[38]. For this reason, it is important to find out which HW datum has been used in actual terms by states. The conclusion appears to be that, although the HAT was proposed by the IHO for adoption in nautical charts, several states have been using other datat as HW datum in the definition of islands, such as the MHWS[39] or the MHW[40]. Furthermore, even in nautical charts, as can be seen by the examples shown in Appendix 2, not all states use HAT as the HW datum.

The full impact that the adoption of different HW data may have in terms of maritime jurisdiction will become evident later in this analysis[41]. For now, this author will only say that its importance is due to the fact that the adoption of a lower HW datum enables states to extend their claims over sea areas. An example may perhaps clarify this assertion. One may consider a case in which the difference between the HAT and the MHW at a certain place is 1 metre. In this case, every insular feature that is covered with less than 1 metre of water when the HAT occurs, will be considered an island if the MHW is adopted as HW datum, or will qualify only as a low-tide elevation if the HAT is adopted (Figure 3).

---

(38) It must be noted that, in nautical charts, the *green area* along the coast represents the area that is covered at high tides and uncovered at low tides. However, the HW datum is not used in every chart. In charts with scales smaller than 1:15,000, the inner limit of the *green area* is normally defined by the MSL line, because the difference between the two is not noticeable. Moreover, even in charts with scales of 1:15,000 or larger, the adoption of a HW datum only occurs when the required surveys were carried out in those areas. For this reason also, the MSL line will often be used.

(39) It seems to be the case of the United Kingdom, New Zealand, Ireland, Micronesia, Cook Islands and Fiji; cf. C.R. Symmons, *Some Problems Relating to the Definition of 'Insular Formations' in International Law: Islands and Low-Tide Elevations* (1995), p.22; H. Dipla 1984, *Le Regime des Îles dans le Droit International de la Mer* (1984), p.33.

(40) It seems to be the case of the United States and Kuwait; cf. Symmons, supra n.39, at p.23; Dipla 1984, supra n.39, at p.33. The MHW is confirmed as the HW datum in some decisions of the United States' municipal courts; cf. United States v California, 382 U.S. 448 (1966), Borax Consol. Ltd. v Los Angeles, 296 U.S. 10 (1935) and, more recently, United States v Alaska (1997).

(41) Cf. infra, at p.85.

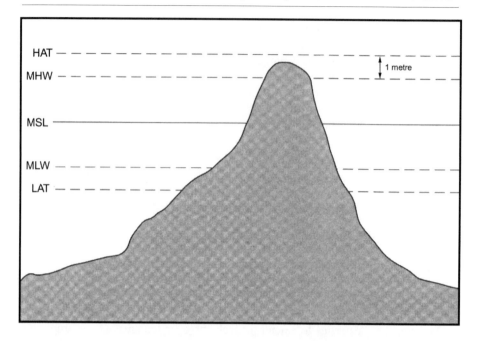

Figure 3 – Insular Features and the Tidal Datum

With regard to claims over maritime zones, the attribution of island status is not immaterial. Even if located outside the 12-mile territorial sea limit, an island is always entitled to its own territorial sea and contiguous zone, and in some cases to 200 miles of EEZ and continental shelf[42]. On the contrary, a low-tide elevation can only generate maritime spaces if located within the territorial sea.

Low-Tide Elevations

The concept of low-tide elevation is defined by reference not only to the LW datum, but also – in negative terms – to the HW datum. As said, the substantive distiction between islands and low-tide elevations can be traced back to the 1930 Hague Conference[43]. Article 13(1) of the LOSC defines this feature as "a naturally formed area of land which is surrounded by and above water at low tide but submerged at high tide". This provision is a verbatim transcription of the equivalent provision in the Geneva Convention[44].

---

(42) This is what results from the concatenation of Arts 13(2) and 121(2)(3) of the LOSC.
(43) Cf. Point VI – Definition of an Island, (1930) 24 (Supp.) AJIL p.35.
(44) TS Convention, Art. 11(1).

Estudos em Direito Internacional Público

No allusion is made therein to large scale charts officially recognised by the coastal state. Again, it is important to establish whether the chart datum may be different from the LW datum utilised in the definition of low-tide elevations. The answer seems to be in the negative. This is so because the LW line around these features "may be used as the baseline for measuring the breadth of the territorial sea". This can but be seen as an implicit allusion to Article 5 of the LOSC, which defines the normal baseline by reference to officially recognised charts. Due to the systematic element of interpretation, therefore, one has to assume that this LW datum should be the same as that indicated in Article 5.

With regard to the HW datum, this author takes the view that it has to be seen from the same perspective as that of Article 121, which establishes the legal notion of island. In short, the choice of datum falls within the discretion of states, and the adopted datum does not necessarily have to be the same as the one used in nautical charts.

The practical effects of the choice of LW datum are analogous to those described for the normal baseline. The adoption of a lower CD may lead to the appearance of *new* low-tide elevations on charts, which would not be represented if a more lenient datum had been chosen. Actually, the LW line of these drying features can be considered as a segment of the normal baseline (for purposes of determining the outer limit of all maritime zones), provided that they are located within the 12-mile limit of the territorial sea[45].

The choice of a more extreme LW datum, jointly with the emergence of *new* low-tide elevations, may have an important effect in terms of maritime claims. When the limits of the territorial sea are extended seawards, a 'leapfrogging' (or 'chain reaction') effect may give rise to a substantial increase of the maritime jurisdiction of states. This is illustrated in Figure 4. Using as reference the tidal level MLW, a fictitious state Alpha defined the LW line (normal baseline) along its coast as depicted by a thick black line. The 12-mile limit of the territorial sea, based on that normal baseline, is represented as a dashed line. If state Alpha decides, following the IHO recommendation, to change the CD of its nautical charts to LAT, a new LW line has to be computed. The thin black line represents what could potentially be the new LW line in those places where it departs from the former LW line. The new outer limit of the territorial sea would be as shown by the dotted line. As a consequence of the extension of the territorial sea limit, however, a low-tide elevation (LTE) lies now within territorial waters. The LW line of this insular feature can therefore be used "as the baseline for measuring the breadth of the territorial sea"[46]. Due to a 'chain reaction' effect, caused by the

---

(45) LOSC, Arts 4, 5, 13, 33 (2), 57 and 76 (1).

(46) LOSC, Art. 13(1).

change of the LW datum used on nautical charts, the territorial sea of state Alpha is almost doubled.

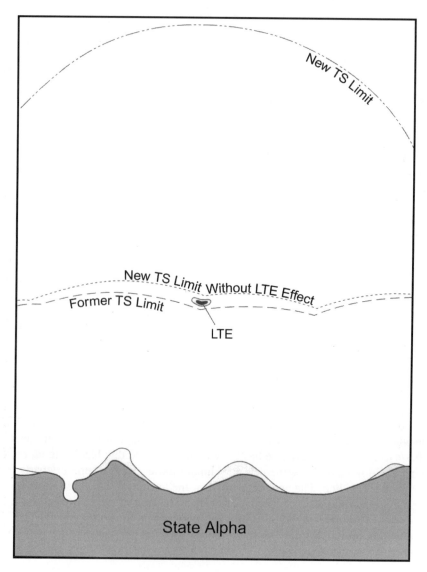

Figure 4 – Territorial Sea Limits

Estudos em Direito Internacional Público

The Continental Shelf Beyond 200 Nautical Miles

The jurisdiction of states over the continental shelf may extend beyond 200 nautical miles measured from the relevant baselines in cases where the outer limit of the continental margin, as established in the LOSC, lies beyond that distance[47]. However, the information upon which that extension is based must be submitted to the Commission on the Limits of the Continental Shelf (CLCS), which will then make recommendations to the claiming states. The final limits of the continental shelf established by the submitting state have to take account of these recommenddations[48].

To provide some guidance to coastal states in respect of the understanding that will be adopted in the evaluation of the submissions for extension of the continental shelf, the CLCS prepared some *Scientific and Technical Guidelines* (hereinafter Guidelines). A provisional version of these guidelines was made available by September 1998[49]; and the final version was published in May 1999[50]. Certain aspects concerning the "geodetic definition of baselines" are deat with in this document. The Commission acknowledged expressly, first, that many definitions of LW line are used in state practice "to display the profile of the coastline on official charts"; and second, that these different definitions are due to specific regional tidal regimes. The conclusion of the Commission is that "there is a uniform and extended state practice which justifies the acceptance of multiple interpretations of the low water line", and that all of them will be regarded "as equally valid in a submission"[51].

Noteworthy is the difference between the provisional and the final versions of the Guidelines on this matter. In the provisional document, the Commission affirmed that the multiple interpretations of the LW datum would be "regarded as equally valid in a submission, *with the condition that none may fall below the level of the lowest astronomical tide* (LAT)"[52]. This seems to mean that, at first glance, the Commission felt that it could establish a limit to the choice of datum used for defining the LW line. Undoubtedly, the Commission is entitled to cooperate with other international organisations of a technical nature, such as the IHO. This, however, seems to fall way short of meaning that the Commission is legally empowered to turn an IHO recommendation as regards the use of the LAT as the LW datum into a binding restriction. Because many

---

(47) LOSC, Art. 76.

(48) LOSC, Art. 76(8); cf. also Annex II, Arts 3, 4 and 8.

(49) United Nations, Document CLCS/L.6, 4 September 1998.

(50) United Nations, Document CLCS/11, 13 May 1999.

(51) *Ibid.*, para.3.3.5..

(52) Cf. United Nations, supra n.49, p.24, para.3.3., emphasis added.

90 *Tidal Datum in the Definition of Maritime Limits and Boundaries*

states have been using empirical LW data that may actually fall below LAT, as for instance the LLW and some *ad hoc* data, such restriction could be imposed upon states only if founded on international law. But there seems to be several arguments that support the opposite view.

First, the textual element of Article 5 of the LOSC, and the *travaux préparatoires*, indicate that states have ample freedom to decide what vertical datum to use in their nautical charts. This idea is clearly implied in the commentary of the ILC to the 1956 draft Article 4 when stating that such freedom was "hardly likely to induce governments to shift the low-water lines on their charts unreasonably"[53]. Indeed, inasmuch as the main concern of nautical charts is the safety of navigation (which includes providing ships with data that allows them to enter harbours safely), one should not expect unreasonable changes in the datum of official charts by virtue solely of expansionist intentions.

Secondly, the CLCS seems to be empowered only to proceed to *technical homologation* of the claims put forward by states. Even if a state changed the CD of its official cartography to obtain advantages in terms of the locations of baselines, it is doubtful that the Commission could juridically scrutinise such an act. The references that are made in Article 76 of the LOSC to "the baselines from which the breadth of the territorial sea is measured" have to be seen in the light of the legal interpretation of the relevant provisions. Apparently, nothing in Article 5 confines the scope of decision of states in this respect. The adoption of LAT as a legally binding level for purposes of the submissions presented to the Commission would have amounted, consequently, to the imposition of a more stringent requirement than that determined by the LOSC as regards the definition of the normal baseline.

Finally, the requirement of using LAT as LW datum may lead to difficulties of a legal and practical nature. Assuming that a state has been using a LW datum lower than LAT in its nautical charts, this would mean that the normal baseline defined in its officially recognised charts (to which Article 5 makes reference) would be unusable for purposes of claiming an extension of the continental shelf. This would also mean that, to submit its claim, the state would be forced to re-define the relevant points of its normal baseline. On the other hand, to define the normal baseline by reference to LAT, accurate tidal information from preferably 19 years would have to be gathered. It is well known that many states around the world do not possess such information. Other states do not have the information regarding certain segments or precise locations of the coast[54]. And obtaining this type of information could in some cases take a long

---

(53) (1956) I.L.C. Yearbook (II) 267. See example given supra, at p.74, which shows that in most situations the displacement of the LW due to an alteration of the CD is of only a few metres.

Estudos em Direito Internacional Público

time. Insofar as states only have 10 years to present their submission for extension of the continental shelf to the CLCS [55], this would have created further difficulties to states.

Taking into account all these arguments, one can but support the view followed by the Commission in the final Guidelines, when accepting as equally valid all multiple interpretations of the low-water line. Importantly, this preparatory work of the Guidelines reinforces the idea that when it comes to the LW line states have almost an absolute freedom of choice.

MARITIME BOUNDARY DELIMITATION

The Impact of the Tidal Datum

The goal of this study is also to shed some light on the importance of the tidal datum in maritime boundary delimitation. As mentioned above, the choice of LW datum may be relevant in the definition of the normal baseline. Consequently, in cases where a maritime boundary is to be defined on the basis of an equidistance (median) line, that choice may also impact on the boundary line. This is because the equidistance line is usually measured from the nearest points on the baselines of the two states.

Where the normal baseline is 'pushed' seawards through the use of a lower CD, the course of the equidistant boundary line will be consequently altered. The state using a lower CD will then have its maritime jurisdiction expanded. Let us consider an equidistance boundary line, the course of which is 'controlled' on either side by two imaginary isolated points situated 20 miles apart. Having recourse to the example presented above, let us also assume that one of the states adopts a new CD that is 0.5 metres below the previous one, and that the bottom gradient near its LW line is 3°. The LW line of the 'controlling basepoint' would be displaced 10 metres seawards, and would result in a displacement of the equidistance line of 5 metres in the direction of the other state. This may be deemed a minimal effect.

When a 'chain reaction' effect occurs, however, the impact on the boundary line may be much greater. The appearance of *new* low-tide elevations at a distance of less than 12 miles from the coast of one of the states may alter considerably the course of the equidistance line. The situation may be even more dramatic if it involves the appearance of insular features that may be attributed the status of island. Although the effect is in many cases confined to the vicinity of the area where new

---

(54) Even to states with advanced technology, as the United States of America, this issue may pose certain difficulties. During the US v.Alaska case, although concerning the computation of MHW, the non-existence of long-term data determined the need to carry out some estimations on the basis of an adjustment of data from the other tide stations. See the analysis on the error band, Report of the Special Master, pp.266-269.

(55) LOSC, Annex II, Art. 4.

features appear, there may be cases where a newly emerged 'controlling basepoint' determines the course of most or the whole of the boundary. The equidistance line may then be dramatically shifted towards the other state's coastline. In Figure 5, points "A" and "B" are approximately 55 miles apart and were initially the 'controlling basepoints' of the boundary to the east. Due to the adoption of a new CD, a LTE emerged in point "B1" at a distance of approximately 11.5 miles from the coast of state Bravo. The course of the equidistance boundary, which is now 'controlled' by "B1" from point "W" seawards, is represented by the dashed line.

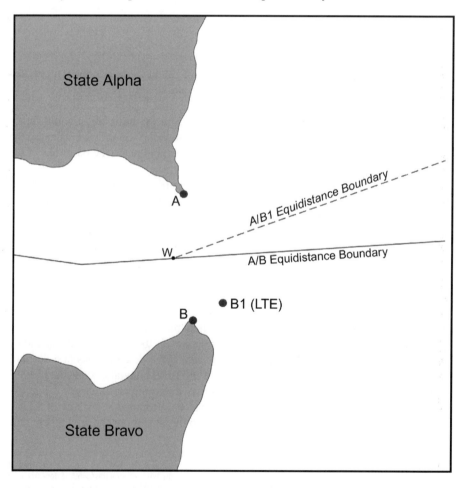

Figure 5 – The Potential Impact of the Tidal Datum on an Equidistant Boundary

Estudos em Direito Internacional Público

The adoption of a lower HW datum, relevant for purposes of the attribution of island status to land features, has a qualitatively similar effect so far as the computation of equidistance lines is concerned. If a new island appears in the proximity of the boundary line, it will lead to a shift of the equidistance line away from the coast of the state in which title over the island is vested. However, some differences have to be acknowledged. Most importantly, in contrast to what happens with low-tide elevations, islands located outside the territorial sea also have to be accounted for. Moreover, disregarding the effect of an island over the equidistance line is perhaps more difficult than disregarding the effect of low-tide elevations, if only because islands are always entitled to a belt of territorial sea[56].

It must also be pointed out that particular attention must be drawn to territorial sea delimitations[57]. First, the equidistance line is, in these cases, explicitly favoured as the starting line for the delimitation[58]. Second, the use of low-tide elevations as relevant basepoints for continental shelf and EEZ delimitation is not easily accepted by all states[59]. Third, if it is assumed that the feature in question is so small that its qualification as an island depends on the HW datum that is chosen, it is almost certain that it will fall within the notion of "rock" established by Article 121(3) of the LOSC. Accordingly, it will not be entitled to an EEZ and continental shelf[60].

Finally, it is probably worthwhile underlining that the historical data concerning each insular feature and its representation on nautical charts have to be taken into account in the delimitation. A feature that does not show a consistent status through time, either as a low-tide elevation or as an island, will very likely tend to be given less weight in the delimitation.

Agreements between States

Without question, the debate on tidal data in maritime delimitation becomes irrelevant if the states involved in the delimitation use the same LW and HW

---

(56) A different problem is to decide how to weigh the effect of such a small island in the delimitation.

(57) In terms of delimitation of the contiguous zone, since the LOSC does not have a specific provision, it all comes down to the interpretation of the conventional regime. Without discussing the issue in depth, we may say that the application of Article 15 by analogy is perhaps the best solution.

(58) LOSC, Art. 15. The question as to whether equidistance should also be used as the starting point of EEZ and continental shelf delimitations is part of an on-going debate. Its discussion is clearly outside the scope of this article. Without once again entering into details, this author's view is that international law requires equidistance to be used as the first approach to any delimitation.

(59) During the negotiations of the Belgian-French delimitation agreement concerning the continental shelf, "Belgium took the view ... that low-tide elevations should not be taken into account"; D.H. Anderson, "Report No. 9-16", in Jonathan I. Charney and Lewis M. Alexander (eds.), *International Maritime Boundaries*, Vol. II (1993), p.1891, at p.1893.

(60) Therefore, it will not influence the delimitation of these maritime zones.

94 *Tidal Datum in the Definition of Maritime Limits and Boundaries*

references in their charts and national legislation, or if they agree to accept each other's data. Problems are likely to arise when different tidal data are adopted and states do not agree thereto. In this context, different viewpoints will emerge respecting the possible depiction of baselines, low-tide elevations and islands. Notably, the computed equidistance line will necessarily not be the same. Two cases of state practice may illustrate the way in which these issues may be dealt with.

In the Anglo-Belgian Agreement concerning the delimitation of the continental shelf[61], three low-tide elevations were considered as basepoints for purposes of determining the boundary line: *Trapegeer*, off the Belgian coast, and *Long Sand Head* and *Shipwash Sand*, off the coast of the United Kingdom[62]. In the end, *Shipwash Sands* was not taken into account because a hydrographic survey of 1990 showed that it could no longer be considered as a low-tide elevation[63]. However, surveys carried out between 1995 and 1997 show that feature again as a low-tide elevation[64]. If another CD, different than LAT (lower or higher), had been used, this feature could either not have been considered at all (in the case of a higher CD), or not have been diregarded as it was (in the case of a lower CD). The approach adopted in the delimitation was a pragmatic one, "designed to achieve an equitable solution". After having agreed on which basepoints to use, an area of ovelapping claims based defined by equidistance lines based upon different basepoints was "accurately calculated". This area was then divided giving *Long Sand Head* approximately one third effect[65].

Three insular features had to be accounted for in the French-Belgian Agreements concerning the delimitation of the territorial sea and the continental shelf[66]: *Trapegeer*, off the Belgian coast, and *Banc Small* and *Banc Breedt*, off the French coast. Whereas according to Belgian charts (which used MLWS as CD) *Banc Breedt* was not a low-tide elevation, in the French charts (which used LAT as CD), it could be qualified as such. However, as shown in Drawings 3 to 7 of Appendix 3, it is currently possible to realise that not only this feature, but also *Trapegeer*, have a variable status[67]. At the time, as a compromise in order to achieve an equitable

---

(61) D.H. Anderson, "Report No. 9-17", in Charney and Alexander (eds.), supra n.59, p. 1901.

(62) Appendix 3, Drawing 1 – from Admiralty Chart n° 1406.

(63) Anderson, supra n.61, at p.1906.

(64) Appendix 3, Drawing 2 – from the 1997 edition of Admiralty Chart n° 2052. *Shipwash Sand* appears as a 0.1 metre low-tide elevation; cf. C. Carleton, *The Geographical Element in Land and Maritime Boundary Delimitations* (1999 – unpublished), para. 6.54.

(65) *Ibid.*, at paras. 6-54, 6-55. Cf. also Anderson, supra n.61, at p.1905.

(66) Anderson, supra n.59, at pp.1891-1900.

(67) Appendix 3, Figures 3 to 7 – respectively from: the 1989 edition of Admiralty Chart n° 1350 (showing *Banc Breedt* as a low-tide elevation emerging 0.1 metre above CD); the 1994 edition of Admiralty Chart n° 2449 (showing *Trapegeer* as a low-tide elevation, without indication of its height above CD due to the scale of the chart; the 1997 edition of Admiralty Chart n° 1872 (shownig the highest points of *Banc Breedt* and *Trapegeer* as

Estudos em Direito Internacional Público

solution, both states agreed to a continental shelf boundary line giving a one fifth effect to *Banc Breedt* (considering 0.1m of height) and a four fifths effect to *Trapegeer* (considering 0.4m of height)[68]. In terms of the territorial sea boundary, the final line results from the division into two equal parts of the area claimed by the two states based on dividing lines that considered different chart data[69].The agreed boundary lines and the lines giving no-effect and full-effect to *Banc Breedt* are shown in Drawing 5 of Appendix 3[70].

In general terms, if insoluble divergences concerning the CD used arise, the three following possibilities may be considered to overcome the situation. One possible solution is that states accept the different assessments based on different data, and agree to the relative weight that is to be given to each basepoint or feature when computing the equidistance line. This solution has no extra costs, but the states should expect a long time to be spent on the negotiations to agree on how the line will weigh the different features.

A second idea is to completely disregard the assessments made by either state, and to try to reach a pragmatic solution, independently of geographical considerations and acceptable to both states. As the former, this way has no extra costs but the time needed to sort out a creative and compromising solution may also be significant.

Another possibility is that the states involved in the delimitation agree to a common tidal datum[71], and effect the delimitation on the basis of a common geographical scenario. The adopted CD may be either one of the two that are used by the states, or another one different from both these data. The main advantage is that the geo-legal evaluation of the boundary undertaken be each one of the states will be based on a common datum. This facilitates and clears the discussion. New land and hydrographic surveys may be needed, however, which implies further and (almost always) significant costs.

---

being 0.2 and 0.3 metres below CD respectively); the 1992 edition of Netherlands Chart n° 1348 (shownig the highest points of *Banc Breedt* as being 0.1 metres above CD and *Trapegeer* as being at CD level); the 1997 edition of Belgium Chart n° 102 (shownig the highest points of *Banc Breedt* and *Trapegeer* as being 0.2 and 0.3 metres below CD respectively). The charts from which these figures were derived present different hydrographic information as a result of the different surveys used for their compilation.

(68) Anderson, supra n.59, at p.1893; cf. also Art. 2 of the Agreement, at p.1900.

(69) Cf. Article 2 of the Agreement, *ibid.*, at p.1898.

(70) The lines based on *Banc Breedt* and *Trapegeer* are only a very rough drawing. None of these features are represented on the chart from which this figure was derived, and their position was taken from charts of a smaller scale.

(71) P. Beazley, "Technical Considerations in Maritime Boundary Delimitations", in Charney and Alexander (eds.) supra n.59, Vol. I (1993), p.243, at p.247; Kapoor and Kerr, supra n.17, at p.18; D.W. Bowett, *The Legal Regime of Islands in International Law* (1979), p.184.

Jurisprudence

Tidal datum issues have not been examined substantively by international courts. As far as is known, in the sole case in which an international court was faced with questions related to the HW datum and the definition of island, the issue was side-stepped. During the *Anglo-French* Arbitration, the status of *Eddystone Rock* (one of the basepoints used by the United Kingdom to compute the equidistance line in the Channel) was challenged by France. According to the datum used in British charts and legislation – the MHWS – Eddystone Rock was an island. The United Kingdom contended that the MHWS was "the criterion for determining whether a geographical feature [had] the status of an island or low-tide elevation", and for establishing "the relevant high water line". Allegedly, the MHWS appeared in the "practice of many other states"[72]. On the contrary, making use of a more extreme tidal reference – the HHW – France argued that *Eddystone Rock* should be regarded as a low-tide elevation, because it did not "remain uncovered continuously throughout the year"[73].

Perhaps somewhat hastily, the Arbitral Court brushed aside the problem of the legal status of *Eddystone Rock*, as well as the legal examination of the validity of certain HW data. Having concluded that the French authorities had previously acquiesced to treat it "as relevant to the delimitation of the median line in the Channel" as regards the fisheries limits[74], the Court was of the view that France was debarred from rejecting its use by the United Kingdom. The decision to accept *Eddystone Rock* as basepoint was thus made on the basis of an estoppel[75]. Nonetheless, since both parties had presented legal arguments regarding the HW datum to be used, the Court could have addressed this issue before presenting its conclusions. As it was, the question as to which HW data are valid under international law remained unanswered.

The uncertainties concerning this issue have also been reflected in decisions of municipal courts. In the recent *United States of America* v *Alaska* case (hereinafter *US* v *Alaska*), the question of HW datum was again raised[76]. Insofar as the parameters established by international law as regards baselines have been applied in the United States for purposes of determining the state's ownership rights under

---

(72) *Case Concerning the Delimitation of the Continental Shelf between the United Kingdom of Great Britain and Northern Ireland, and the French Republic*, award of 30 June 1977, 18 R.I.A.A. 3, at paras. 126-127.

(73) *Ibid.*, at para.125.

(74) *Ibid.*, at paras.143-144.

(75) N.S.M. Antunes, *Estoppel, Acquiescence and Recognition in Territorial and Boundary Dispute Settlement* (2000); cf. infra, at pp.138-139.

(76) For an in-depth analysis of the problem concerning the HW datum in this case, cf. C.R. Symmons, *When Is an 'Island' Not an 'Island' in International Law? The Riddle of Dinkum Sands in the Case US v. Alaska* (1999).

Estudos em Direito Internacional Público

the *Submerged Lands Act*, this decision may shed some light on this subject[77]. The problem here was that *Dinkum Sands*, an insular feature located beyond the 3-mile limit measured from the nearest islands or mainland, would only entitle Alaska to rights over submerged lands if it would meet the requirements established in Article 10(1) of the TS Convention.

One important point that had to be settled concerned the interpretation of the expression "above water at high tide". Resorting to the *travaux préparatoires*, the United States argued that the adverb "permanently" was still implicit in this provision. As noted by Symmons, insofar as the deletion of this term was proposed by this state during the 1958 Conference, the situation was to say the least ironic[78]. However, in the opinion of the Special Master it was doubtful "that the pre-Convention materials lead to such a clear-cut result". In his view, the deletion of the expressions "permanently" and "in normal circumstances" had to be read together. This led him to the conclusion that the *above water at high tide* requirement would be met if a land feature would be "generally", "normally", "usually" above high tide which, in the case of the United States, meant above MHW[79].

In its judgement, the Supreme Court found "no error in the Master's conclusion". Symmons considers that the "automatic assumption" by the Supreme Court "that the mean high tide test is an acceptable international rule" is "entirely unjustified". In his view, the term "permanently" is still implict in the *above water at high tide* requirement, with a proviso for exceptional cases. Allegedly, it means that a more stringent datum – the LAT – should be adopted, if only for the fact that very few states use MHW in their internal legislation[80]. Apparently, only hurricanes, tidal waves (*tsunami*), and situations where atmospheric and/or weather and high tidal factors converge may be seen as exceptional situations[81].

Intertwined in this debate are legal and technical issues. On the one hand, there is the question of determining whether the term "above" means "permanently above except in exceptional cases", or "generally above". In principle, this question would have to be answered in accordance with the rules of interpreatation of treaties. One ought to ask first, however, if the two interpretations are as antithetical as it was proposed. Insofar as for a land feature to be "generally above" high tide, it

---

(77) *Ibid.*, at pp.1-2; D.J. Bederman, "*United States* v *Alaska*: Supreme Court Judgment Applying the Definition of Island and Other International Law Baseline Rules to Resolve Competing State and Federal Claims", (1998) 92(1) A.J.I.L. 82, at pp.82, 86. Although these references concern the TS Convention, they may be used in relation to the LOSC provisions which, in this matter, have exactly the same content.

(78) Cf. Symmons, supra n.76, at p.21. Cf. also supra p.76.

(79) *Report of the Special Master* in the *United States* v *Alaska* case (1996), pp.300-302.

(80) Symmons, supra n.76, p.17-19. This author was expert for the United States in the *United States* v *Alaska* case.

(81) Cf. supra n.79, at p.297, fn.56.

has to be above high tide most of the time, one may argue that both convey the same meaning. It should be said, therefore, that the debate concerning the interpretation of the term "above" is somewhat spurious.

Furthermore, even if the term "permanently" is deemed to be the correct interpretation, the problems still remain unresolved. This is because the other issue in this respect – the interpretation of the term "high tide" – is essentially a technical question. Clearly, the use of different tidal data alters significantly the definition of island. A land feature may be, for example, *permanently above mean high water*, or *permanently above the mean high water springs*, or *permanently above the highest astronomical tide*. These are (in many cases) very different standards. And it is doubtful, to say the least, that any of them acquired a binding nature under international law. In conventional law, there seems to be no evidence to support that. As far as customary law is concerned, the non-existence of a settled, extensive and virtually uniform state practice hinders the emergence of a rule.

The Supreme Court was of the view that "the problem of abnormal and seasonal activity that the 1954 amendement addressed is fully solved by the United States' practice of constructing 'high tide' to mean 'mean high water'[82]. It stated, moreover, that "averaging high waters over a 19 year period accounts for periodic variations attributable to astronomic forces", and that "non-periodic, meteorological variations can be assumed to balance out over this length of time". With all respect for other views, one must say that this approach is perfectly acceptable under international law. For as regards the meaning of "high tide", no rule contradicting this reasoning seems to have emerged from state practice or to have been agreed upon conventionally.

Having recourse to the systematic element of interpretation, which requires that the Convention be interpreted as a logical and coherent legal instrument, the conclusion that *above water at high tide* does not mean 'above water at all times' seems inescapable. This is apparently so because Articles 7(4) and 47(4) of the LOSC resort to the expression "permanently above sea level" to qualify the lighthouses and similar installations that make possible drawing straight or archipelagic baselines to and from low-tide elevations. In respect of this expression, the United Nations has affirmed already that it implies that "any such features should be clearly visible *at all states of the tides*"[83]. If the same meaning had been intended to the criterion of Article 121(1), then the Convention would have resorted to the same expression. This reinforces the suggestion that the expression "above water at high

---

(82) This is a reference to the proposal put forward by Lauterpacht; cf. supra n 35.

(83) United Nations, *Baselines: An Examination of the Relevant Provisions of the United Nations Convention on the Law of the Sea* (1989), p.24, para.52, emphasis added.

Estudos em Direito Internacional Público

tide" can only be interpreted by reference to the HW datum, the choice of which lies in the margin of discretion conferred upon states.

CONCLUSIONS

The present article seems to indicate that there are only a few international legal rules governing the use of the tidal datum. States have, therefore, a large discretionary power when adopting any tidal datum. In principle, the main criteria applicable to the selection of tidal data will be the precise geographical setting, and the interests and needs of states. In the absence of mandatory rules of law, the sovereignty of states prevails in this issue. Thus, any constraints on the exercise of sovereign state powers in this matter should only be accepted when clearly proven.

In what is arguably also a customary rule, the LOSC establishes that the LW datum to be adopted in the definition of the normal baseline is the CD used in nautical charts officially recognised by states. What datum to use in nautical charts is an issue that seems to fall within the sphere of discretionary powers of the state. Technically, international law does not impose any limits on states. The resolutions of the IHO are no more than recommendations that envisage primarily the safety of navigation and the standardisation of information. With respect to submissions for extension of the continental shelf beyond 200 nautical miles, one believes that the Commission was quite correct in omitting the reference made in the provisional Guidelines to LAT as the limiting standard for establishing the normal baseline.

In the case of the HW datum, international law makes no reference to nautical charts. Apparently, this means that the HW datum adopted by states in their nautical charts does not necessarily have to be the same as the one adopted in the definition of island. As to the requirement *above water at high tide*, one believes that it should be interpreted as meaning that in order to be an island a land feature has to be most of the time above the water level corresponding to the HW datum adopted by the state concerned. This HW datum may be, in our view, any level that is scientifically accepted as conveying the meaning *high tide*.

One key idea will hopefully emerge from this study: in certain cases, the tidal datum may have a very practical importance in the definition of maritime limits and boundaries. Primarily, vertical references are relevant in terms of entitlement to maritime areas. Their role in boundary delimitation may also be crucial in the cases in which the course of the line is to be based on equidistance. This issue, obviously, will have greater significance in locations where a large tidal range and a gentle incline of the bottom exist, as well as in the presence of shallow waters, shoals and sandbanks. In the case of boundaries negotiated between the states concerned, the problems related to the tidal datum will be no more than another issue to address. In adjudication, however, if called upon deciding these issues courts will have to determine which, if any, are the binding standards in international law; or whether there was any explicit or implicit agreement between the states involved as to the use of a certain datum or basepoint. The agreement signed between the United States and Canada leading to the *Gulf of Maine* case established, for instance, that "not withstanding the fact that the Parties utilize different vertical datums in the Gulf of Maine, the two datums shall be deemed to be common"[84].

As a final note, two issues may be briefly mentioned. One concerns the exactitude with which the normal baseline of states is defined; and the second regards the question of the rise of the mean sea level. It is important to note that the question of the tidal datum is only one aspect of the definition of the normal baseline of states. Two other aspects may be at least as important as this, namely the exactitude of the low-water line positioning survey (involving, *inter alia*, the problem of chart datum transfer techniques), and the positioning precision allowed by the scale of the chart in which the low-water line is depicted. On the other hand, it has to be noted that the impact of the rise of the mean sea level on normal baselines and, consequently, on the limits of maritime claims of states, has already been studied[85]. Although the question of tidal data interrelates with this issue, it brings no change to the conclusions already arrived at. Basically, the proposed solutions seek to find a way of avoiding the retreat of states from previous claims founded on the LW datum (normal baseline). As regards maritime delimitation, this option seems to have been confirmed by the *here-and-now approach* adopted in the *United States* v *Alaska* case in relation to the HW datum debate[86]. Common to both these ideas is the fact that, at a certain moment in time, they 'anchor' the limits of maritime zones to geographical coordinates. The future will show whether this perspective will be supported in international law.

---

(84) *Case Concerning the Delimitation of the Maritime Boundary in the Gulf of Maine Area*, judgment of 12 October 1984, I.C.J. Rep. 1984 246, at p.254.

(85) A. Khadem, "Protecting Maritime Zones from the Effects of Sea Level Rise", (1998) 6(3) *IBRU Boundary and Security Bulletin* 76; J.R.V. Prescott and E. Bird, "The Influence of Rising Sea Levels on Baselines from which National Claims are Measured and an Assessment of the Possibility of Applying Article 7 (2) of the 1982 Convention on the Law of the Sea to Offset Any Retreat of the Baseline", in Carl Grundy-Warr (ed.) *International Boundaries and Boundary Conflict Resolution* (1990), p. 279.

(86) Symmons, supra n.76, at p.25-26.

Estudos em Direito Internacional Público

APPENDIX 1

TIDAL LEVELS

The following definitions are gathered mainly from and based on the Hydrographic Dictionary and the Admiralty Tide Tables, as well as on the writings of S.D. Hicks, C.R. Perkins and R.B. Parry, and D.P. O'Connell[87]. These tidal levels may be considered as the levels most commonly used as tidal data.

LLW – Lowest Low Water (**HHW** – Highest High Water): It is an arbitrary level usually defined by reference to the lowest (highest) tide observed at a certain place (independently of the factors that determined its occurrence). This datum has an empirical character, and its precise value may be somewhat lower (higher) than the observed tide.

LAT – Lowest Astronomical Tide (**HAT** – Highest Astronomical Tide): The lowest (highest) level of water that can be predicted to be found under any combination of astronomical factors, considering average meteorological conditions. Lower (higher) tides should be expected to occur from time to time (especially under extreme meteorological conditions), but it may also be the case that these levels are not reached every year.

MLLWS – Mean Lower Low Water Springs (**MHHWS** – Mean Higher High Water Springs): The average height of the lower low (higher high) waters during spring tides. These values vary every year, cyclically in approximately a 18.6-year period, and must therefore be adjusted to an average value for the whole cycle.

MLWS – Mean Low Water Springs (**MHWS** – Mean High Water Springs): A one year average of the heights of two succesive low (high) waters during spring tides. These values vary for every year, cyclically in approximately a 18.6-year period, and must therefore be adjusted to an average value for the whole cycle.

MHLW – Mean Higher Low Water (**MHHW** – Mean Higher High Water): The average height of the higher low (high) water of the two daily low (high) waters over a 18.6-year period.

MLW – Mean Low Water (**MHW** – Mean High Water): The average height of all low (high) waters over a 18.6-year period.

---

(87) Cf. References, infra at p.104.

MLLW – Mean Lower Low Water (**MLHW** – Mean Lower High Water): The average height of the lower low (high) water of the two daily low (high) waters over a 18.6-year period.

MLWN – Mean Low Water Neaps (**MHWN** – Mean High Water Neaps): A one year average of the heights of the two successive low (high) waters during the neap tides. These values vary every year, cyclically in about 18.6 years, and must therefore be adjusted to an average value for the whole cycle.

MSL – Mean Sea Level: The average height of the surface of the sea, at a certain place, for all stages of the tide, taking into account the (usually hourly) readings over a period of about 18.6 years. It may be seen as the average level of the water surface that would exist in the absence of tides (or in places where the tidal range is negligible).

APPENDIX 2

CHART DATUM IN NAUTICAL CHARTS
(The symbol IH 20 in INT 1 Charts – Information referred to 1997)

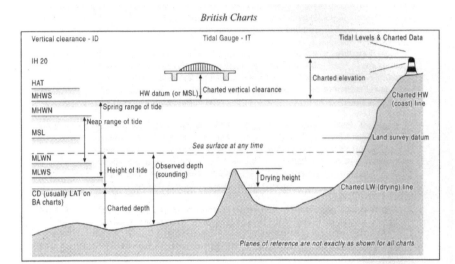

British Charts

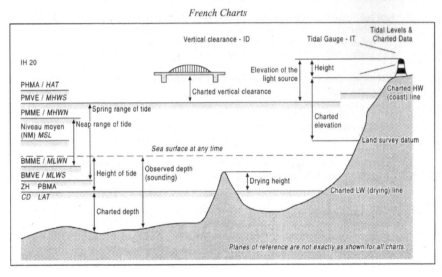

French Charts

104   *Tidal Datum in the Definition of Maritime Limits and Boundaries*

German Charts

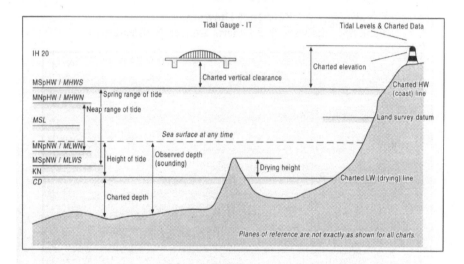

Portuguese Charts

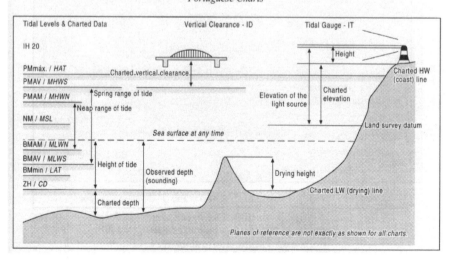

APPENDIX 3
REFERENCE DRAWINGS

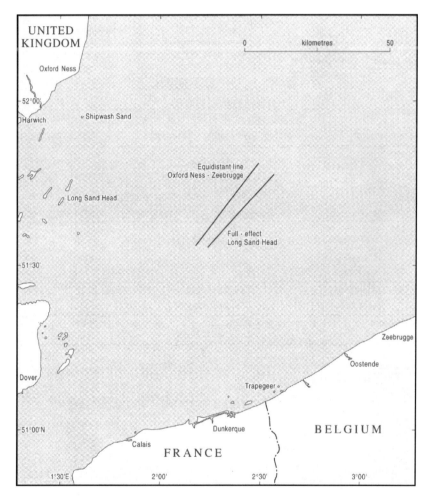

Drawing 1 – Based on Admiralty Chart No.1406
CD: approx. LAT – HW datum: MHWS

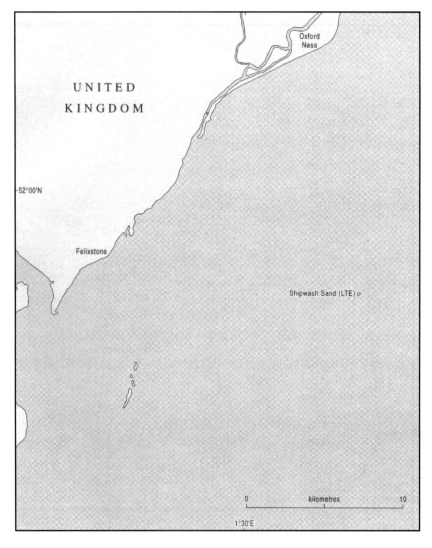

*Drawing 2 – Based on Admiralty Chart No.2052
CD: approx. LAT – HW datum: MHWS*

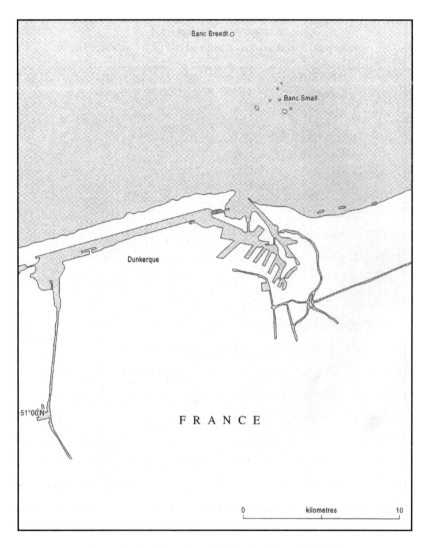

Drawing 3 – Based on Admiralty Chart No.1350
CD: approx. LAT – HW datum: MHWS

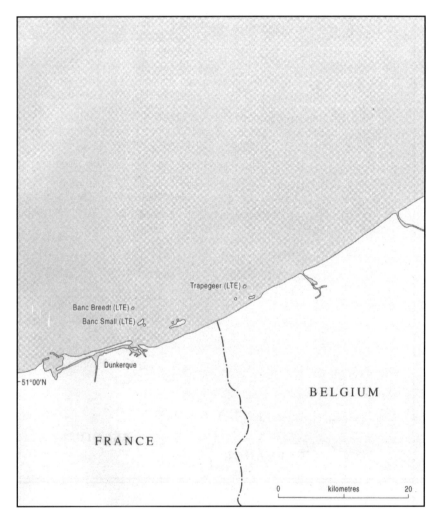

Drawing 4 – Based on Admiralty Chart No.2449
CD: approx. LAT – HW datum: MHWS

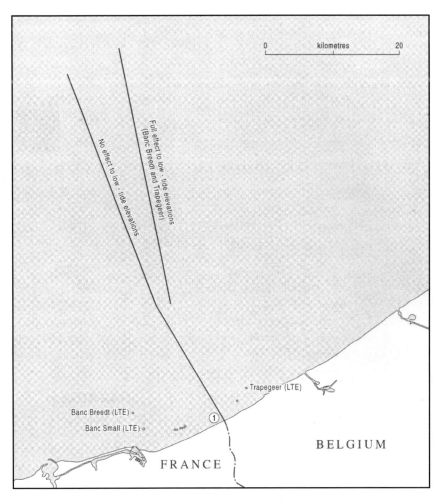

Drawing 5 – Based on Admiralty Chart No.1872
CD: approx. LAT – HW datum: MSL

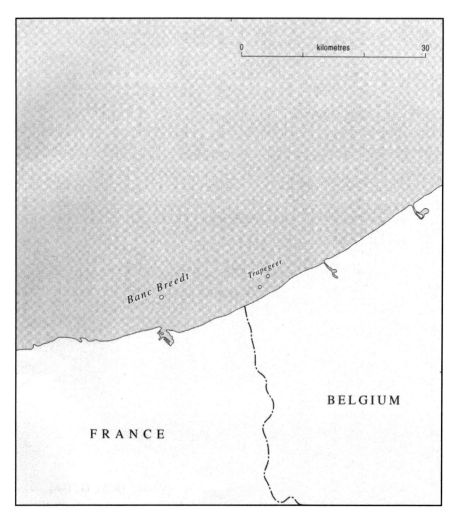

Drawing 6 – Based on Netherlands Chart No.1348
CD: approx. LAT (UK), LLW (France), MLtLWS (Belgium)
HW datum: MHWS (UK), MSL (France and Belgium)

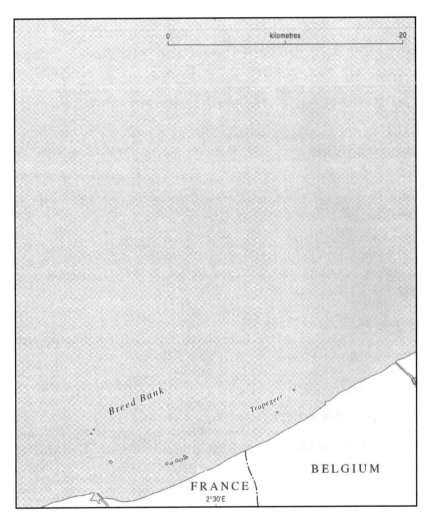

Drawing 7 – Based on Belgium Chart No.102
CD: MLtLWS – HW datum: MSL

REFERENCES

Anderson, D.H., "Report No. 9-16", in Jonathan I. Charney and Lewis M. Alexander (eds.) *International Maritime Boundaries*, Vol. II, Dordrecht – Boston – London, Martinus Nijhoff Publishers, 1993, p.1891-1900

Anderson, D.H., "Report No. 9-17", in Jonathan I. Charney and Lewis M. Alexander (eds.) *International Maritime Boundaries*, Vol. II, Dordrecht – Boston – London, Martinus Nijhoff Publishers, 1993, p.1901-1912

Antunes, N.S.M., *Estoppel, Acquiescence and Recognition in Territorial and Boundary Dispute Settlement*, IBRU Boundary and Security Briefing, Vol. 2, No. 8, Durham, 2000

Beazley, P., *Technical Aspects of Maritime Boundary Delimitations*, IBRU Maritime Briefing, Vol. 1, No. 2, Durham, 1994

Beazley, P., "Technical Considerations in Maritime Boundary Delimitations", in Jonathan I. Charney and Lewis M. Alexander (eds.) *International Maritime Boundaries*, Vol. I, Dordrecht – Boston – London, Martinus Nijhoff Publishers, 1993, pp.243-262

Bederman, D.J., "United States v. Alaska: Supreme Court Judgment Applying the Definition of Island and Other International Law Baseline Rules to Resolve Competing State and Federal Claims", (1998) 92(1) A.J.I.L. 82-87

Bowett, D.W., *The Legal Regime of Islands in International Law*, New York, Oceana, 1979

Carleton, C., *The Geographical Element in Land and Maritime Boundary Delimitations*, Notes for the Masters Course in International Boundaries, Durham, 1999

Charney, J.I. and L.M. Alexander (eds.) *International Maritime Boundaries*, 2 Vols, Dordrecht – Boston – London, Martinus Nijhoff Publishers, 1993

Churchill, R.R. and A.V. **Lowe**, *The Law of the Sea*, Manchester, MUP, 1988

Dipla, H., *Le Regime des Îles dans le Droit International de la Mer*, Paris, Presses Universitaires de France, 1984

Estudos em Direito Internacional Público

Fernandes, J.A.B, *Manual de Hidrografia*, Lisboa, Instituto Hidrográfico, 1967

Hicks, S.D. "Tidal Datums and Their Uses – A Summary", in *Tides, Tidal Streams and Currents*, Essex, The Hydrographic Society, 1993

Kapoor, D.C. and A.J. **Kerr**, *A Guide to Maritime Boundary Delimitation*, Toronto – Calgary – Vancouver, Carswell, 1986

Khadem, A., "Protecting Maritime Zones from the Effects of Sea Level Rise", in *IBRU Boundary and Security Bulletin*, Vol. 6, No.3, 1998, pp.76-78

Nordquist, M.H. (ed.), *United Nations Convention of the Law of the Sea 1982: A Commentary*, Vol. II, Dordrecht – Boston – London, Martinus Nijhoff Publishers, 1993

O'Connell, D.P., *The International Law of the Sea*, Oxford, Clarendon Press, 1989

Perkins, C.R. and R.B. **Parry**, *Mapping the UK*, London – Melbourne – Munich – New Providence (NJ), Bowker Saur, 1996

Prescott, J.R.V. and E. **Bird**, "The Influence of Rising Sea Levels on Baselines from which National Claims are Measured and an Assessment of the Possibility of Applying Article 7 (2) of the 1982 Convention on the Law of the Sea to Offset Any Retreat of the Baseline", in Carl Grundy-Warr (ed.) *International Boundaries and Boundary Conflict Resolution*, 1989 IBRU Conference Proceedings, 1990, pp. 279-300

Smith, J.R., *Basic Geodesy: An Introduction to the History and Concepts of Modern Geodesy without Mathematics*, CA, Landmark Entreprises, 1988

Symmons, C.R., *When Is an 'Island* Not an *'Island'* in International Law? The Riddle of Dinkum Sands in the Case US v. Alaska*, IBRU Maritime Briefing, Vol. 2, No. 6, Durham, 1999

Symmons, C.R., *"Some Problems Relating to the Definition of "Insular Formations" in International Law: Islands and Low-Tide Elevations*, IBRU Maritime Briefing, Vol. 1, No. 5, Durham, 1995

Symmons, C.R., *The Maritime Zones of Islands in International Law*, The Hague – Boston – London, Martinus Nijhoff Publishers, 1979

NAUTICAL AND HYDROGRAPHICAL PUBLICATIONS

Admiralty
Admiralty Tidal Handbook No. 2 – *Datums for Hydrographic Surveys* (1975)

Admiralty Tide Tables – Volume 1 (1997) e Volume 4 (1998)

IHO (IHB)
Basic Documents of the International Hydrographic Organisation, publication M-1

Chart Specifications of the IHO and Regulations of the IHO for International (INT) Charts, Pub. MP-004

IHO, *A Manual on Technical Aspects of the United Nations Convention on the Law of the Sea - 1982*, Monaco, International Hydrographic Bureau, 1993

IHO, *Hydrographic Dictionary*, Monaco, International Hydrographic Bureau, 1994

IHO Standards for Hydrographic Surveys (Special Publication No. 44), 4th Edition, Monaco, International Hydrographic Bureau, 1998

Resolutions of the International Hydrographic Organisation, publication M-3

OTHER DOCUMENTS

"Basis of Discussion Drawn Up by the Preparatory Committee for the Codification Conference of 1930 in The Hague", (1930) 24 (Supp.) A.J.I.L. 25-47

Case Concerning the Delimitation of the Continental Shelf between the United Kingdom of Great Britain and Northern Ireland and the French Republic, arbitral award of 30 June 1977, 18 RIAA 3-129

Case Concerning the Delimitation of the Maritime Boundary in the Gulf of Maine Area, judgment of 12 October 1984, I.C.J. Rep. 1984 246-390

Provisional Scientific and Technical Guidelines of the Commission on the Limits of the Continental Shelf, United Nations, Document CLCS/L.6, 4 September 1998

Scientific and Technical Guidelines of the Commission on the Limits of the Continental Shelf, United Nations, Document CLCS/11, 13 May 1999

Estudos em Direito Internacional Público

United States of America v *State of Alaska*, United States Supreme Court, judgment of 19 June 1977, 117 S.Ct.1888 (1997)

United States of America v *State of Alaska*, Report of the Special Master, No. 84, March 1996

ESTOPPEL, ACQUIESCENCE AND RECOGNITION IN TERRITORIAL AND BOUNDARY DISPUTE SETTLEMENT

Boundary and Territory Briefing
International Boundaries Research Unit
(Universidade de Durham, Reino Unido)
Volume 2 – Number 8
2000

Reproduzido com a amável autorização da *International Boundaries Research Unit*

ESTOPPEL, ACQUIESCENCE AND RECOGNITION IN TERRITORIAL AND BOUNDARY DISPUTE SETTLEMENT

INTRODUCTION

A defined territory is one of the constitutive elements of a state, that is, it is one of the essential criteria of statehood[1]. Naturally, states place a great weight on territorial issues; most importantly, because territory constitutes the spatial reference for the exercise of sovereign powers, and conveys the notion of *consistance*[2]. Territorial and boundary disputes are consequently a major concern to states. Taking into consideration that international law "*is based on the concept of state*", it becomes easy to conclude that territory has acquired, as a concept, a fundamental status in international law[3].

Furthermore, a stable international territorial order has undeniably become one of the cardinal aims of international law. Jennings is of the view that the "*problem of the legal ordering of territorial stability and territorial changes lies at the heart of the legal ordering of international society*"[4]. The existence of a comprehensive set of norms and principles favouring the continuity of boundaries and territorial regimes is thus an understandable reality.

In contemporary international law, territorial changes can only take place, *prima facie*, if carried out in accordance with the principle of consent. As the International Court of Justice (hereinafter Court) remarked, "*to define a territory is to define its frontiers*"; and "*[t]he fixing of a frontier depends on the will of the sovereign states directly concerned*"[5]. However, neither are territories and

---

(1) Cf. G. Jellinek, *Teoria Generale del Estado* (1973), 295-325 ; P. Malanczuk, *Akehurt's Modern Introduction to International Law* (1997), 75; Nguyen Q.D. *et al.*, *Droit International Public* (1987), 372-381.

(2) Nguyen *et al.*, supra n.1, at p.379.

(3) M. N. Shaw, *International Law* (1997), p.137, emphasis added.

(4) R.Y.Jennings, *The Acquisition of Territory in International Law* (1963), p.87, emphasis added.

(5) *Case Concerning the Territorial Dispute*, judgment of 3 February 1994, I.C.J. Rep. 1994 6, 23, 26, paras.45, 52, emphasis added. Prescott defines a boundary as a line and frontier as a zone; cf. J.R.V. Prescott, *Political Frontiers and Boundaries* (1987), p.13. The Court used the term frontier as meaning boundary, that is, not as referring to a zone, but as referring to a line. Cf. also M. Bothe, "Boundaries", in R. Bernhardt (ed.) *Encyclopedia of Public International Law*, Vol. 1(1992), p.443, à p.443.

120 *Estoppel, Acquiescence and Recognition*

boundaries always defined by consent[6], nor are the manifestations of consent by states always absolutely clear and unequivocal.

Acquiescence, recognition and estoppel[7] are juridical concepts to which international tribunals[8] have resorted in order to reach decisions in situations *"[w]here the evidence based on treaties and custom is found inadequate or the application of ... uti possidetis is seen to be inconclusive"*[9].

Furthermore, in ordering territorial stability and territorial changes, the fundamental rule of *quieta non movere* must always be kept in sight. This concept, which states that *de facto* situations that have remained stable for a long time should not be disturbed, is a key principle in this matter[10].

In territorial and boundary dispute adjudication, international tribunals have to deal, somewhat frequently, with arguments based on acquiescence, recognition and estoppel. It has been considered that they will constitute *"relevant considerations, and factors to be taken into consideration by any international tribunal faced with a dispute over territorial sovereignty"*[11]. Importantly, consolidation of territorial titles has to be seen as a "gradual process" of transformation

---

(6) One example of this are the cases in which the principle of *uti possidetis* becomes applicable in the definition of boundaries between states. Another situation where the principle of consent does not prevail is in cases where the boundary is imposed externally (e.g. the demarcation of the boundary between Iraq and Kuwait, effected by the United Nations Iraq-Kuwait Boundary Demarcation Commission in conformity with the 1963 Minutes, may have *de facto* imposed a boundary on Iraq).

(7) It should be mentioned that the concept of *estoppel* is typical of common law systems. In other legal systems (e.g. in continental Europe), the term *preclusion* is usually used with a similar meaning.

(8) The expression "international tribunals" will be used throughout this text as including any judicial or arbitral decision-making body able to decide disputes between states impartially, regardless of its precise designation. Therefore, the words tribunal and court will be used as having usually the same meaning. However, if the word court is used with a capital letter (Court), it refers either to the International Court of Justice (ICJ) or to the Permanent Court of International Justice (PCIJ), depending on the context.

(9) S.P. Sharma, *Territorial Acquisition, Disputes and International Law* (1997), pp.201-202, emphasis added . The expression *"uti possidetis juris"* has been used in legal terminology to refer to a general principle according to which *"pre-independence boundaries of former administrative divisions all subject to the same sovereign remain in being"*; cf. I. Brownlie, *Principles of Public International Law* (1998), p.133. Difficulties with the principle of *uti possidetis* may appear because, as Bérnardez highlights, it has to be seen in light of *"the rules of international law governing, for example, succession, self-determination, acquisition of title to territory, frontiers and other territorial régimes, treaty law, inter-temporal law"*; cf. S.T. Bérnardez, "The 'Uti Possidetis Juris Principle' in Historical Perspective", in K. Ginther *et al.* (eds.) *Völkerrecht zwischen normativem Anspruch und politischer Realität – Festschrift für Karl Zemanek zum 65. Geburstag* (1994), p.436. Moreover, the application of this principle may give rise to difficulties in situations where there is no line, there is a dispute in relation to the *de facto* location of the line or where the location of the line is not supported by *effectivités*; cf. Shaw, supra n.3, at p.153.

(10) *Maritime Boundary Dispute between Norway and Sweden*, arbitral award of the Permanent Court of Arbitration of 23 October 1909, (1910) 4 A.J.I.L. 226, 233.

(11) Jennings, supra n.4, at p.40, emphasis added.

Estudos em Direito Internacional Público 121

of an (initially) relative title into an (aspired) absolute title[12]. This perspective may also be applied, by analogy, to the consolidation of boundaries.

These concepts are particularly relevant throughout this consolidating process. The purpose of this article is to describe how they have been dealt with by international courts in both territorial and boundary dispute settlement. The analysis of the relevant case law attempts to highlight the different ways in which the above-mentioned concepts have been used. It endeavours, moreover, to scrutinise the contents and the application of those concepts, and to look at some of the problems that may result.

PRELIMINARY ASPECTS

Before turning to case law, reference will first be made to a few preliminary aspects in order to establish the foundations for this study. Acquiescence, recognition and estoppel will be analysed in greater detail below. A brief notion of these concepts is nonetheless put forward here, in order to provide a starting point for the analysis. The structure of territorial and boundary disputes will also be looked at *en passant*. Finally, the distinction between territorial and boundary disputes will briefly be addressed.

In relation to the concepts of acquiescence, recognition and estoppel, two points have now to be made. First, it should be noted that these concepts overlap, and *"form an interrelated subject-matter [within which] it is far from easy to establish the points of distinction"*[13]. Secondly, they are all founded, to a certain extent, on the broad notion of consent, and stem from the principles of good faith and equity: *"Both recognition and acquiescence ... are manifestations of a legal operative consent on the part of a state"*[14].

Acquiescence

In lay terms, acquiescence means simply 'tacit agreement'. Juridically, however, its meaning is much stricter. The "absence of opposition *per se* [does] not necessarily or always imply" consent[15]. Silence or lack of protest is only relevant in circumstances that would call for a response expressing disagreement or objection in relation to the conduct of another state. The interpretation of the

---

(12) G. Schwarzenberger, "Title to Territory: Response to a Challenge", (1957) 51 A.J.I.L. 308, 311.

(13) Brownlie, supra n.9, at p.158, emphasis added.

(14) Jennings, supra n.4, at p.36, emphasis added. To Shaw, these concepts *"rest ... upon the notion of consent"*; cf. supra n.9, at p.350, emphasis added.

(15) G. Fitzmaurice, "The Law and Procedure of the International Court of Justice, 1951-54: General Principles and Sources of Law", (1953) 30 B.Y.I.L. 1, 33.

silence of states is normally made in relative terms by contrasting states' conducts which are directly related. In effect, jurisprudence does not seem to comprise very enlightening precedents; for the judge or arbitrator will decide in terms of opposability of the conduct of states.[16]

The diplomatic protest is the typical way by which a state may react when circumstances so require in order to asserting its rights. As such, it may be defined as a unilateral act by which a state, whose rights are being challenged by the conduct of another state, reserves its juridical position in relation to those rights, thus preventing the formation of adverse rights[17]. This reaction becomes crucial, therefore, in situations where the state inaction can be interpreted as an *"explicit or implicit consent"* to another state's conduct[18]. Acquiescence may therefore be characterised as *"a type of qualified inaction"*[19].

Recognition

Unlike acquiescence, recognition represents consent expressed by affirmative action. The distinction between acquiescence and implicit recognition, however, may not be easy to make. Nonetheless, it may be said that while the former is derived from silence, the latter has always some active conduct at its base.

"[E]ven though it may not always be easy in practical situations to distinguish the one from the other especially where an implied or tacit recognition is in point", it may be said that *"[w]hereas recognition ... is the adoption of a positive acknowledgement on the part of a state, acquiescence may arise from a mere omission to protest against a situation where a right to protest existed and its exercise was called for"*[20].

Recognition may thus be defined as an act by which a state asserts the existence of certain juridical acts or facts. The recognising state is seen as admitting that the recognised acts or facts may be opposed to itself. An express act of non-recognition, in contrast, usually intends to exclude this effect[21].

---

(16) Cf. Nguyen *et al.*, supra n.1, at p.330.

(17) *Ibid.*, p.331.

(18) Sharma, supra n.9, at p.202, emphasis added. However, "[t]he presumption of consent which may be derived from acquiescence may...be rebutted by a clear indication of a contrary intention"; cf. I.C. MacGibbon, "The Scope of Acquiescence in International Law", (1954) 31 B.Y.I.L 143, 183.

(19) J.P. Müller and T. Cottier, "Estoppel", in Bernhardt (ed.) supra n.5, p.14, at p.14, emphasis added.

(20) Jennings, supra n.4, at p.36, emphasis added. As stated by Shaw, "[r]ecognition itself need not be express ... but may be implied in certain circumstances"; cf. supra n.3, at p.310.

(21) A point has to be made in relation to the "doctrine of non-recognition". Undoubtedly this doctrine is particularly relevant in terms of territorial changes. It may be described as an attitude maintained by states in regard to a situation which is characterised, first, by its unlawfulness (for it constitutes a breach of an international obligation), and secondly, by the territorial implications resulting therefrom. The purpose of this text

Estudos em Direito Internacional Público 123

Recognition has a very wide application in international law, and covers a great number of situations. It is probably the most important and the most frequently used of the unilateral acts, and is always related to the conduct of another state, thus appearing as a response to it. It can take the form of, for instance, governmental declarations, a vote (with statement or not) in an international organisation (such as the United Nations or the European Union), effective acts on the ground (withdrawal from a certain territory) or statements implied in treaties, joint communiqués or official archive material[22].

The somewhat specific and confined role of recognition in territorial and boundary disputes between existing states is the issue that this article intends to address[23]. The object of recognition acts are, in this framework, the conduct of states which, within the limits of international law, have some degree of relevance to territorial or boundary disputes.

Estoppel

Estoppel is a juridical concept according to which a party is prevented from arguing and rebutting a previously made (explicit or tacit) statement of fact or representation on one same issue. As will be shown later, the circumstances in which that party is hindered from subsequently altering its position and denying the truth of a prior statement are, nonetheless, very restricted. An important distinction has to be made. Acquiescence and recognition, as expressions of consent, are the *"method[s] by which a situation becomes opposable to a state"*. Estoppel, on the other hand, is not in itself a manifestation of consent. It is a *sanctio juris* that operates provided that certain prerequisites are met[24]. In practical terms, however, the distinction is barely feasible, because

> the same facts concerning the respondent state's conduct may be regarded as showing the attitude it did adopt, or as estopping it from denying that it had adopted that attitude, even if it had not.[25]

---

is, however, to assess the existence of a role for recognition in territorial and boundary disputes, other than in the context of the doctrine of non-recognition. For this reason, this doctrine will not be addressed here.

(22) Nguyen *et al.*, supra n.1, at p.331.

(23) The recognition of states, concerning the emergence of a new state, is a question which is outside the scope of this work; cf. Jennings, supra n.4, at pp.37-38. Similarly, the question of recognition of governments, which is not a territorial issue, will also not be addressed.

(24) I.C. MacGibbon, "Estoppel in International Law", (1958) 7 I.C.L.Q. 468, 475, emphasis added.

(25) H. Thirlway, "The Law and Procedure of the International Court of Justice 1960-1989: Part One", (1989) 60 B.Y.I.L. 1, 30.

The Complex Structure of Territorial and Boundary Disputes

International territorial disputes are sometimes classified in legal and political disputes, on the basis of the nature of the arguments that are put forward[26]. Whilst the former are founded on claims of title to territory, supported by the relevant factual evidence, the latter rely upon a diversity of non-legal arguments, such as history, ethnography, geography, cultural links, geopolitics, strategy, or economic motives[27]. However, *"disputes based solely on legal arguments ... are comparatively rare"*. The *"largest number of territorial disputes lacks any significant legal component"*. In most situations, non-legal arguments are of a greater prominence[28]. Importantly, it should be borne in mind that these disputes usually have their roots in *realpolitik*.

Territorial and boundary disputes have thus a complex structure, which always has to be taken into account. The different nature of arguments seems irrelevant as to the way in which territorial and boundary disputes are adjudicated. International tribunals resort usually to both legal and non-legal types of arguments while rendering their decisions[29]. Acquiescence, recognition and estoppel are legal criteria that amongst other legal and non-legal criteria are taken into consideration by international tribunals[30]. It is noteworthy that some of the non-legal considerations may, through the operation of these concepts, acquire a decisive juridical relevance.

The Distinction between Territorial and Boundary Disputes

Although territory is one of the constituent elements of a state, the absence of a delimited boundary, or the existence of a poorly-delimited boundary, does not prevent the existence of a state[31]. As stated by the Court, international law has no rule establishing that the boundaries of a state "must be fully delimited and defined"[32]. This premise constitutes the basis for the distinction between territorial and boundary disputes. Clearly, "a principal title may be defined even before the territorial boundaries are precisely established"[33]. The distinction

---

(26) Prescott, supra n.5, at p.103; Sharma, supra n.9, at p.30.

(27) A.L.W. Munkman, "Adjudication and Adjustment – International Judicial Decision and the Settlement of Territorial and Boundary Disputes", (1972-3) 46 B.Y.I.L 1, 21-25; Prescott, supra n.5, at pp.107-115.

(28) Prescott, supra n.5, at p.107, emphasis added.

(29) Sharma, supra n.9, at p.30; Munkman, supra n.27, at pp.26-91.

(30) *Ibid.*, at pp.91-116.

(31) Nguyen *et al.*, supra n.1, at pp.379-380; Malanczuk, aupra n.1, at p.76.

(32) *North Sea Continental Shelf Cases*, judgment of 20 February 1969, I.C.J. Rep. 1969 4, 33, para.46, citing the *Monastery of Saint Naoum*, Advisory Opinion of the PCIJ.

(33) Jennings, supra n.4, at p.14, referring to the *Mosul Boundary* case, decided by the PCIJ.

Estudos em Direito Internacional Público   125

seems to be reflected in the different course followed by the Libyan and the Chadian claims before the Court. While Libya considered the "dispute [as] regarding [the] attribution of territory", Chad viewed it as "a dispute over the location of a boundary"[34].

Looking at the implications at the international law level, Sharma notes that whereas territorial dispute settlement is based upon the application of the "traditional rules regarding the modes of acquisition of title", boundary disputes "involve those rules which are relevant to specifying functions performed in the fixation and maintenance of boundaries"[35]. In a geographically-orientated approach, Prescott, distinguishing between territorial and positional boundary disputes, considers that both types "can only be solved in favour of the claimant state by altering the position of the boundary"[36].

There seems to be, therefore, a clear conceptual difference between the two types of disputes. But the question that has to be asked is whether this distinction leads to any practical consequences. Referring to acquiescence, recognition and estoppel in the context of acquisition of territory, Malanczuk notes, very sharply, that *these juridical techniques "are not, strictly speaking, modes of acquisition" of territory*[37]. In fact, none of them is an "actual process whereby territorial sovereignty is attained and [title to territory] thereby acquired"[38]. As juridical concepts, they are neither modes of acquisition of territory, nor boundary defining techniques. They operate, indistinctly, in both territorial and boundary disputes, as well as in any other kind of legal disputes, in exactly the same way and with the same limitations.

In practical terms, the distinction between territorial and boundary disputes, although existing conceptually, is irrelevant insofar as the application of acquiescence, recognition and estoppel is concerned.

---

(34) Cf. supra n.5, ICJ Rep. 1994 14-15, para.19.

(35) Sharma, supra n.9, at pp.23-24. To this author, the former type of disputes would take place "when one state by drawing a boundary seeks to supersede or eliminate another in relation to a particular area of land", while the later would arise "where two (or more) governmental entities contend about the line to be drawn between their respective territorial domains". Reference is made, in terms of modes of acquisition of title to territory, to discovery, occupation, conquest, cession and prescription, and in relation to boundary fixation and maintenance, to aspects of determination, delimitation, demarcation and administration.

(36) Prescott, supra n.5, at p.98. To him, *territorial* disputes concern "some quality of the neighbouring borderland", while *positional* disputes involve a different interpretation of "terms used in defining the boundary at the stage of allocation, delimitation, or demarcation".

(37) Malanczuk, supra n.1, at p.154, emphasis added.

(38) S.T. Bérnardez, "Territory, Acquisition", in Rudolf Bernhardt (ed.) *Encyclopedia of Public International Law*, Instalment 9 (1986), p.496, at p.496.

SELECTED CASE LAW

The following analysis is not an exhaustive one. Nevertheless, the selected cases will hopefully provide a comprehensive illustration as to the way in which acquiescence, recognition and estoppel have been applied by international tribunals in territorial and boundary dispute adjudication. The cases are presented in a chronological order, and no conclusions should thus be drawn in terms of their relative importance. The examination of each case will comprise a very brief contextual note about the issues raised in the dispute, and the relevant conclusions of the tribunal concerning the application of acquiescence, recognition and estoppel. Finally it must be highlighted that, although these concepts have been made use of by federal states in order to resolve internal territorial and boundary issues, this analysis only covers the decisions of international tribunals.

The Grisbadarna Arbitration[39]

The Permanent Court of Arbitration (PCA) was requested to "determine the [maritime] boundary line" between Norway and Sweden, from a point agreed by both parties up to "the limit of the territorial waters", in the area of the Grisbadarna Banks. The tribunal was also asked to decide whether the boundary line had been "fixed by the boundary treaty of 1661" and, if it had not, to fix that boundary "taking into account the circumstances of fact and the principles of international law"[40].

In its reasoning, the tribunal drew attention to the acts performed by Sweden in the Grisbadarna area, which showed that "she not only thought she was exercising her right but even more that she was performing her duty". It emphasised, moreover, that those acts had been carried out "without meeting any protest ... of Norway". The Court concluded then that "Sweden had no doubt as to her rights over the Grisbadarna and that she did not hesitate to incur in the expenses incumbent on the owner and possessor". Resorting to the principle of *quieta non movere*, the court had "no doubt whatever that the assignment of the Grisbadarna banks to Sweden [was] in perfect accord with the most important circumstances of fact"[41].

Amongst the evidence weighed was the setting up and maintenance of a light-boat and of a large number of navigation beacons. Norway kept silent in relation to Sweden's conduct, thus taking the risk of giving rise to acquiescence. In the tribunal's view, Sweden's reliance upon the Norwegian inaction, which

---

(39) Cf. supra n.10, (1910) 4 A.J.I.L. 226.

(40) *Ibid.*, at p.227.

(41) *Ibid.*, pp.233-235.

Estudos em Direito Internacional Público 127

led to the installation of expensive infrastructures, gave rise to an estoppel which precluded Norway from claiming title over the Grisbadarna Banks[42].

The Eastern Greenland Case[43]

On 10 July 1931, Norway proclaimed the occupation of Eastern Greenland (the eastern coast of Greenland), by "taking possession" of the area "situated between Carlsberg Fjörd on the South and Bessel Fjörd on the North, and extend[ed] from latitude 71° 30' N to 75° 40' N", known as 'Eirik Raudes Land', and placing it "under Norwegian sovereignty"[44]. Two days after the Norwegian proclamation, Denmark instituted proceedings before the Permanent Court of International Justice, and asked the Court to adjudge that the "declaration of occupation and of any steps taken in [its] respect by the Norwegian Government constitute[d] a violation of the existing legal situation", being consequently "unlawful and invalid". In its counter-case, Norway advanced the view that, firstly, Denmark had no sovereignty over Eirik Raudes Land because, at the time of occupation, it was *terra nullius*, and secondly, Norway had acquired sovereignty over that territory.

In its judgment, the Court concluded that, in consequence of the various undertakings resulting from the separation of Norway and Denmark[45], and also by signing, and being a party to, treaties "in which Greenland [was] described as a Danish colony or as forming a part of Denmark or in which Denmark [was] allowed to exclude Greenland from [its] operation", Norway had "recognised Danish sovereignty over the whole Greenland" and had "debarred herself from contesting Danish sovereignty". In relation to the Ihlen Declaration, the Court found itself "unable to accept" that it implied a recognition of the Danish sovereignty over Greenland. Nonetheless, it declared that the Norwegian conduct

---

(42) Cf. D.W. Bowett, "Estoppel before International Tribunals and Its Relation to Acquiescence", (1957) 33 B.Y.I.L 176, 201. Arguing for a restrictive perspective of estoppel, Bowett admits that "a state may, in genuine ignorance of the fact that a portion of territory lies within the boundaries of another, indulge in considerable expenditure on that territory to its improvement". To him, "[i]n such circumstances that other state would be estopped by its inaction from asserting its ownership of the portion of territory affected". The estoppel generated in these circumstances could, then, still be included in restricted perspectives of estoppel, since it may be seen as an exceptional case where "the difference between between estoppel and acquiescence as an element of in the acquisition of title by prescription would be negligible". Cf. also MacGibbon, supra n.24, at p.507.

(43) *The Legal Status of Eastern Greenland*, judgment of 5 April 1933 (PCIJ Series A/B No.53), Manley O. Hudson (ed.) *A Collection of Judgments, Orders and Opinions of the Permanent Court of International Justice*, (1932-1935) 3 *World Court Reports* 148.

(44) *Ibid.*, at p.154. It has to be noted that the occupation of a territory by a state could only be carried out in the assumption that the land to be occupied had the status of *terra nullius*.

(45) The Convention of 1 September 1819 settled the disputes derived from the separation of Norway and Denmark.

128   *Estoppel, Acquiescence and Recognition*

amounted to an "unconditional and definitive promise" of not occupying Greenland, and not opposing an extension of the Danish sovereignty to the whole of Greenland. Upholding Denmark's position, the Court declared the Norwegian occupation "unlawful and invalid"[46]. "[B]oth the anxiety of Denmark to collect recognitions from third states of her pretensions over Greenland, and the importance which the Court was willing to attach them" as evidence of an existing title are noteworthy[47].

The Fisheries Case[48]

During a period of several decades, Norway had been using straight baselines off her northern coast (Figure 2). These straight baselines were the lines from which the breadth of Norway's exclusive fishing zone was being measured. To support this practice, Norway also promulgated three Decrees (in 1869, 1889 and 1935) which defined the straight baseline system in different parts of her northern coast. The 1812 Decree had not originally been promulgated for the purposes of the fisheries zone, but for the purposes of maritime neutrality. It was later adapted to fisheries purposes when circumstances so required[49].

Following a series of incidents involving British trawlers, the United Kingdom (UK) contested, before the Court, the use of those straight baselines along the Norwegian coast. Proceedings were instituted in September 1949 challenging the validity, under international law, "of the lines of delimitation of the Norwegian Fisheries zone laid down by the Royal Decree of July 12 th , 1935, as amended by a Decree of December 10 th , 1937"[50]. The UK argued, *inter alia*, that the Norwegian baselines were not in conformity with international law inasmuch as straight baselines could only be drawn across the natural entrance points of the mouth of bays[51]. Consequently, it considered that the burden of proof lay with Norway to demonstrate the validity of those baselines. Norway replied on several grounds, namely, legal aspects (presenting a different perspective of the relationship between the freedom of the seas and the appropriation of the sea by coastal states), geographical aspects (the exceptional character and shape of its coasts), historical aspects (title to the coastal waters), and social-economic factors. Finally, it ended by requesting the Court to "declare

---

(46) *Ibid.*, at pp.189-195.

(47) Jennings, supra n.4, at pp.38-39.

(48) *Fisheries Case*, judgment of 18 December 1951, I.C.J. Rep. 1951 116.

(49) *Ibid.*, at p.135.

(50) *Ibid.*, at p.118.

(51) *Ibid.*, at pp.120-123.

Estudos em Direito Internacional Público   129

that the delimitation of the fisheries zone [was] not contrary to international law"[52].

In order to reach a decision, the Court considered it necessary to determine if "the application of the Norwegian system [had] encountered any opposition from foreign countries". Its findings were that "[t]he *notoriety of the facts*, the *general toleration of the international community*, *Great Britain's position in the North Sea*, her own interest in the question, and *her prolonged abstention* would in any case warrant Norway's enforcement of her system against the United Kingdom. Accordingly, it then concluded that states "did not consider [the Norwegian practice] to be contrary to international law"[53].

The Court never used the term estoppel, but it was "almost like raising the acquiescence of Great Britain as an estoppel against her"[54]. Moreover, since the Norwegian claim was directly related with the appropriation of a *res communis* (the high seas), acquiescence by the "international community as a whole" appeared to be a *conditio sine qua non* for its acceptance[55]. Therefore, it may be said that third states' conduct did influence the generation of an estoppel against one single state, although this concept operates, theoretically, only *inter partes*[56].

The Arbitral Award Case[57]

On 23 December 1906, the King of Spain rendered an Arbitral Award concerning a disputed sector of the boundary between Honduras and Nicaragua, in conformity with what was established in the Gómez-Bonilla Treaty. This Treaty was signed in 7 October 1894, between Honduras and Nicaragua, and established a Mixed Commission with the task of settling in a friendly manner all pending doubts and differences, and to demarcate on the spot the dividing line which was to constitute the boundary between the two Republics.

---

(52) *Ibid.*, at p.124. It must be noted that the use of these straight baselines had not been accepted by the majority of the states at the Hague Conference of 1930; cf. C.H.M. Waldock, "The Anglo-Norwegian Fisheries Case", (1951) 28 B.Y.I.L. 114, 114.

(53) I.C.J. Rep. 1951 116, 139, emphasis added.

(54) Bowett, supra n.42, at p.199.

(55) This question was discussed by Judges Hsu Mo (Separate Opinion, I.C.J. Rep. 1951 154) and Read (Dissenting Opinion, *Ibid.*, at p.194). It should also be noted that the outcome of this judgment, declaring the acquiescence of the international community to this kind of straight baselines, was decisive to the creation of a new rule of customary law of the sea, which was later embodied in the Geneva Convention on the Territorial Sea and Contiguous Zone of 1958 (Article 4) and in the United Nations Convention on the Law of the Sea of 1982 (Article 7).

(56) Jennings, supra n.4, at p.40; Bowett, supra n.42, at p.200.

(57) *Case Concerning the Arbitral Award Made by the King of Spain on 23 December 1906*, judgment of 18 November 1960, I.C.J. Rep. 1960 192.

130   *Estoppel, Acquiescence and Recognition*

Any unsettled sectors of the boundary were to be referred to arbitration[58]. The Mixed Commission was "unable to agree on the boundary from [Portillo de Teotecacinte] to the Atlantic Coast and recorded its disagreement at its meeting of 4 July 1901"[59]. This part of the boundary was the object of the Arbitral Award of the King of Spain of 23 December 1906. However, in 1912 Nicaragua claimed the invalidity of the Award, thereby re-igniting the boundary dispute.

In 1958, Honduras seised the Court of this dispute, and asked the Court to declare that Nicaragua was "under the obligation to give effect to the Award"[60]. In its Counter-Memorial, Nicaragua requested the Court to declare that the arbitral decision did not "possess the character of a binding arbitral award", that it was incapable of execution due to its "contradictions and obscurities", and that, concerning their boundary dispute, the same legal situation as before the award remained.

First, the designation of the King of Spain as arbitrator was contested by Nicaragua but the Court concluded that the designation had been made "well within the currency of the Treaty" and "freely agreed to by Nicaragua", and that since Nicaragua had "fully participated in the arbitral proceedings before the King, it [was] no longer open to Nicaragua to rely on any of these contentions"[61].

Secondly, the grounds on which Nicaragua supported its argument of nullity of the Award were three: excess of jurisdiction (violation of the rules of the Gómez-Bonilla Treaty); essential error; and lack of reasoning to support the arbitrator's decision[62]. The Court found, in its judgment, that "Nicaragua [had], by express declaration and by conduct, recognised the Award as valid". Amongst the facts considered by the Court as supporting its reasoning were[63]:

(a) A telegram from the President of Nicaragua congratulating the President of Honduras on the outcome of the arbitral decision;

(b) A Note from the Foreign Minister of Nicaragua to the Spanish Chargé d'Affaires in Central America;

(c) The publication of the full text of the award in the Official Gazette of Nicaragua.

---

(58) Articles I and III of the English translation of the Treaty, I.C.J. Rep. 1960 199-202.

(59) *Ibid.*, at p.202.

(60) It is worth noting that whilst in this case there was a gap of 46 years between the emergence of the dispute and the institution of proceedings before the ICJ, in the Eastern Greenland case that same gap was of two days (between the Norwegian proclamation and the application of the case before the PCIJ by Denmark).

(61) I.C.J. Rep. 1960 209.

(62) *Ibid.*, at p.210.

(63) *Ibid.*, p.210-213.

Estudos em Direito Internacional Público   131

Accordingly, the Court considered that by failing "to raise any question with regard to the validity of the Award for several years"[64], Nicaragua was no longer in a position to challenge its validity. In the Court's view, "repeated acts of recognition" debarred Nicaragua "from relying subsequently on complaints of nullity"[65]. Once again, the Court refrained from using the term "estoppel". According to Judge *ad hoc* Holguín[66], this was due to the fact that, "since Honduras had not proved any effective reliance on the conduct of Nicaragua", the prerequisites of estoppel were not fulfilled.

The Temple Case[67]

A 1904 Treaty established, in very general terms, that the boundary line between Siam (to which Thailand succeeded) and France (French Indo-China, to which Cambodia succeeded) should run along the watershed line between "the basins of the Nam Sen and the Mekong ... and the Nam Moun"[68]. The boundary delimitation was to be effected, in accordance with the Treaty, by a Mixed Commission. A map showing the boundary line was produced and published by a French firm (allegedly) following the instructions of French officers acting on behalf of the Mixed Commission[69]. It was later realised that this map showed a boundary line that, in the vicinity of the Temple of Preah Vihear, departed from the watershed line, leaving the Temple (erroneously) to Cambodia. The Cambodian Memorial asked the Court to declare that the territorial sovereignty over the Temple was vested on Cambodia. In its Counter-Memorial, Thailand rejected that view and requested the Court to declare the Thai sovereignty over the Temple.

The Court's findings were that, in fact, the map had never been approved by the Mixed Commission, which had ceased meeting before the map was completed and published. Moreover, it considered that no evidence existed to

---

(64) The Court found that in the period between 23 December 1906 and 19 March 1912 (a little more than five years) Nicaragua never raised any protest against the validity of the Award.

(65) I.C.J. Rep. 1960 213-214.

(66) Dissenting opinion, *ibid.*, at pp.222, 236. Cf. I. Sinclair, "Estoppel and Acquiescence", in V. Lowe and M. Fitzmaurice (eds.) *Fifty Years of the International Court of Justice* (1996), p.104, at pp.109-110; Thirlway, supra n.25, at p.31.

(67) *Case Concerning the Temple of Preah Vihear*, judgment of 15 June 1962, I.C.J. Rep. 1962 6.

(68) Article I of the Treaty *(ibid.*, at p.16).

(69) The map was filed in the proceedings as Annex I to the Cambodian Memorial. It should be noted that during the delimitation process of this boundary two Commissions were set up. They are referred to in the Judgment as the first (1904) and the second (1907) Commissions. The latter was established under a Treaty signed on 23 March 1907.

132 *Estoppel, Acquiescence and Recognition*

show that "the map and the line were based on any decisions or instructions given by the Commission"[70]. Despite all this, the Court considered that[71]:

(a) The frontier had effectively been "surveyed and fixed";

(b) The "Siamese Government ... had officially requested that French topographers should map the frontier region";

(c) The maps had been "in due course communicated to the Siamese Government" and given wide publicity;

(d) "[I]t was certainly within the power of the Governments to adopt [any] departures" from the watershed line.

Furthermore, the Court found that Thailand had been given several opportunities to raise the question of the line shown on the map, either by protesting or by making any reservation. However, it had failed to do so for more than fifty years, until 1958. The following situations were identified by the Court as moments when Thailand could and should have reacted against the line in the map[72]:

(a) In 1934-35, following a survey carried out by Thailand in the Temple area, which had in Thailand's view demonstrated "a divergence between the map line and the watershed line", thereby "placing the Temple in Cambodia";

(b) "The negotiations for the 1925 and 1937 Treaties of Friendship, Commerce and Navigation between France ... and Siam";

(c) The situation in which Thailand, being in possession of the Temple area, agreed to "the Settlement Agreement of November 1946, [and] accepted a reversion to the status quo ante 1941", not only making no reference to the question of rectification of the map line during the works of the Conciliation Commission, but also filing "with the Commission a map showing Preah Vihear as lying in Cambodia";

(d) The visit of Prince Damrong (at the time Minister of Interior) to the Temple in 1930, during which he was "officially received" by French officials "with the French flag flying".

Most importantly, the Court considered that Thailand's failure to react to the latter event, "an occasion that called for a reaction in order to affirm or preserve title in the face of an obvious rival claim ... amounted to a tacit recognition"[73]. *Qui tacet consentire videtur si loqui debuisset ac potuisset* [74]. As a

---

(70) I.C.J. Rep. 1962 21.

(71) *Ibid.*, at pp.18, 20, 22, and 23.

(72) *Ibid.*, at pp.27, 28, 30.

(73) *Ibid.*, at p.31.

(74) *"He who keeps silent is held to consent if he should and could speak"*.

Estudos em Direito Internacional Público 133

result, the Court was of the view that Thailand had enjoyed the benefits of the 1904 Treaty and had by her conduct "accepted the frontier ... as it was drawn on the map, irrespective of its correspondence with the watershed line". Since "Cambodia [had] relied on Thailand's acceptance of the map", concluded the Court, Thailand was "precluded by her conduct from asserting that she [had] not accept[ed]" the map[75].

The separate and dissenting opinions are, in this case, as important as the judgment itself. Not only do they illustrate the difficulties and divergence involved in applying these concepts, but they have also been frequently used as reference by other tribunals[76].

Vice-president Alfaro confirmed in his Separate Opinion the existence of a principle of international law according to which "a state party to an international litigation is bound by its previous acts or attitude when they are in contradiction with its claims in the litigation". He pointed out that the principle has been referred to by terms such as estoppel, preclusion, forclusion or acquiescence. Nonetheless, he abstains himself "from adopting any ... particular designations", since none "of them fits exactly to the principle or doctrine as applied in international law". To him, this "principle that condemns contradiction between previous acts and subsequent claims is not to be regarded as a mere rule of evidence or procedure". On the contrary, it is "substantive in character" and "constitutes a presumption *juris et de jure*" (i.e. not rebuttable), the legal effects of which "*are so fundamental that they decide by themselves alone the matter in dispute*"[77].

The importance of the distinction between acquiescence and estoppel was particularly emphasised by Judge Fitzmaurice. He stated that, whilst acquiescence indicates an effective consent by a party, estoppel operates where a party "did not give the undertaking or accept the obligation in question (or there is room for doubt whether it did)". Furthermore, in his view the party invoking the rule [of estoppel] must have 'relied upon' the statements or conduct of the other party, either to its own detriment or to the other's advantage[78].

Judge Spender, acknowledging the affinity between preclusion, recognition and acquiescence, confirmed nonetheless that the "principle of preclusion is ... quite distinct from the concept of recognition (or acquiescence), though the latter may, as any conduct may, go to establish ... preclusion". The "relying conduct" of the state claiming estoppel, resulting in its detriment or in the advantage of the other party, was also highlighted by Spender as a prerequisite

---

(75) I.C.J. Rep. 1962 29, 32.

(76) For example, the *Palena* and the *Rann of Kutch* arbitrations.

(77) I.C.J. Rep. 1962 39-41, emphasis added.

(78) Separate Opinion, *ibid.*, at p.63.

134 *Estoppel, Acquiescence and Recognition*

for preclusion to operate. Advocating a very restrictive interpretation of the facts, he considered that the evidence presented did not "establish any clear and unequivocal representation on the part of France". But even if that had occurred, he concluded that "France did not rely upon any conduct of Thailand in relation" to the map, that neither France nor Cambodia had "suffered any prejudice", nor had Thailand enjoyed any benefit. Therefore, Thailand was "not precluded from alleging that the line on [the map was] not the frontier line"[79].

Judge Koo also considered that there was no "substantial ground for the application of the principle of preclusion", since there was no evidence that France had "ever relied on Thailand's silence to her detriment"[80].

The Palena Arbitration[81]

Argentina and Chile agreed, by a treaty of 30 August 1850, that the former Spanish territorial division would prevail in the definition of the territories of the two states. Another treaty, of 23 July 1881, established that the boundary between them should follow "the line of the highest peaks of the mountains, passing between the sources of streams flowing down to either side"[82]. The watershed line was assumed as being the line following the Andes ridge. As this proved not to be the case in the southern Andes, a dispute arose between the two states which, as provided for in the 1850 treaty, was submitted to arbitration.

The arbitral award was rendered by King Edward VII of Great Britain on 19 November 1902. In relation to one of the sectors (between boundary Posts 16 and 17), it determined that the boundary line should run from a fixed point on the River Palena along the River Encuentro until the Cerro Virgen (a peak), and from there to the northern shore of lake General Paz. The River Encuentro, however, had two courses both referred to by the same name. Due to this fact, the water course represented on the Award Map was not the one the arbitrator had in mind. This identification error was also maintained by the demarcation commission which, in 1903, drew the boundary line.

The resulting dispute, which involved an area of land known as 'California', was referred to arbitration and decided by an award rendered on 9

---

(79) Dissenting Opinion, *ibid.* p.131, 144-146.

(80) Dissenting Opinion, *ibid.*, p.97, para.47. In both dissenting opinions there is a divergent view of how the relevant evidence should be interpreted and assessed by the Court. The issue of the lack of protest by France against the administration acts performed by Thailand in the Temple area, which was not conveniently addressed by the Court, is also raised; cf. Munkman, supra n.27, at pp.98-99.

(81) *Argentina-Chile Frontier Case*, arbitral award of Her Majesty Queen Elizabeth II of 9 December 1966 (Report of the Court of Arbitration of 24 November 1966), (1969) 38 I.L.R. 10.

(82) *Ibid.*, at p.11.

Estudos em Direito Internacional Público 135

December 1966 by Queen Elizabeth II[83]. On the one hand, Chile contended, *inter alia*, that due to Argentina's "representations to Chile in her diplomatic Notes of 1913-15 regarding the course and source of the river whose mouth is opposite to Post 16", and also the diplomatic correspondence of 1952, this state was now debarred from denying the Chilean interpretation of the boundary line. On the other hand, Argentina argued that "by reason of a series of official Chilean maps issued between 1913 and 1952" Chile was not in a position to put forward its present claim[84].

The tribunal accepted the Chilean explanation that its "erroneous cartography" resulted from its "ignorance of the error in the Award Map", which led it to continue "to be influenced by that Map" over a period of 40 years. It nonetheless remarked that this view could not be reconciled with the other Chilean claims: that the 1902 Award had been fulfilled in accordance with the boundary line claimed by Chile; and that Chile had been effectively administering the disputed area. More importantly, in the tribunal's view, such cartographic evidence precluded Chile from claiming that it had relied upon the Argentinean diplomatic Note of 1913 (which favoured the Chilean position).

Concerning the 1952 diplomatic correspondence, the court considered that the "Parties were not sufficiently *ad idem* as to the extent of the 'River Encuentro' and the meaning of the even vaguer term 'California'". Chile's view as to where the boundary should run was thus not seen as having been agreed, neither implicitly, nor explicitly, by the diplomatic correspondence of 1913-15 and 1952. The final conclusion reached by the tribunal with regard to the claims of estoppel was that "no claim of estoppel [had been] made out by either Party against the other", and that therefore both parties were in a position to put forward any contention in relation to the line followed by the boundary[85].

The Rann of Kutch Arbitration[86]

India and Pakistan emerged as states from British India in 1947. With the division of the former colonial territory, the former vassal state of Kutch was

---

(83) By a Joint Declaration of 6 November 1964, both states agreed to submit the dispute to the United Kingdom, for arbitration, in conformity with the régime of the General Treaty of Arbitration of 28 May 1902. Chile claimed that, due to a *"topographical error relating to the position of the Encuentro"*, the course of the boundary in that sector was *"totally ruptured"*. Accordingly, the boundary line should be determined *"by reference to the real intentions"* of the 1902 Award. On the other hand, Argentina's main contention was that the cartographic error did not lead to the nullity of the Award; cf. *ibid.*, at pp.13-14, emphasis added.

(84) *Ibid.*, at pp.77, 79.

(85) *Ibid.*, at pp.78-79.

(86) *Case Concerning the Indo-Pakistan Western Boundary*, arbitral award of 19 February 1968, (1976) 50 I.L.R. 2.

incorporated into India, while the province of Sind became part of the Pakistani territory. In the area of the Rann[87], which has the Kutch to the north and the Sind to the south, the boundary between these two territorial entities had never been accurately defined. As the internal boundary turned into an international boundary, the existing dispute regarding the precise location of the boundary acquired an international character and was at least partially responsible for the outbreak in hostilities between the two states in 1965.

The dispute was then submitted to arbitration, following an Agreement signed on 30 June 1965. Pakistan, emphasising the 'marine nature' of the Rann, claimed that the boundary should run along the median line. In favour of its case, Pakistan made reference to the "cultivation, fishing and grazing by inhabitants of the Sind coast", and to the exercise of jurisdiction by Sind over the disputed area. Contending that the whole of the Rann had always been part of the Kutch territory, India claimed that the boundary line should follow the northern edge of the Rann. India supported her case, *inter alia*, with the following arguments: continuing and effective exercise of state authority by Kutch over the whole of the Rann; "[r]epeated assertions by Kutch of its sovereignty over the Rann" which, not being contested by the British authorities, led to the emergence of acquiescence; and several British official maps and documents depicting and referring to the Sind-Kutch boundary at the northern edge of the Rann[88].

The tribunal upheld in most part the Indian claim by two votes against one (India's nominee, Aleš Bebler). In relation to the "vertical line between the Western Terminus and the Western Trijunction", the court found that it had been demarcated on the ground together with the "horizontal blue dotted line", which had been "undisputedly laid down as a boundary between Sind and Kutch by the Resolution of the Government of Bombay of 24 February 1914".

Additionally, although Pakistan argued that the vertical line had been demarcated by the demarcation commission in *excès de pouvoir*, the tribunal considered that such demarcation should be accepted and "viewed as one indivisible undertaking". Moreover, in the tribunal's view Pakistan was precluded from denying that the boundary followed the vertical line, because its inclusion in the demarcation process had been agreed by the Commissioner in Sind, and had not been subsequently challenged or censured by any of the relevant

---

(87) The Rann is a *sui generis* area which constitutes a "homogeneous geographical depression", distinct from the surrounding country, that is uninhabited and not cultivated, except for some areas mainly used for grazing. It is similar to a lake during the wet season, and it is a desert and salted marshy area for the other half of the year. India tried to highlight the *land* character of the Rann, whilst Pakistan attempted to demonstrate its *marine* nature. Cf. (1976) 50 I.L.R. 2-3, 32; D. Conrad, "Rann of Kutch Arbitration (Indo-Pakistan Western Boundary)", in Bernhardt (ed.) supra n.38, Instalment 2 (1981), p.240, at p.240.

(88) Cf. (1976) 50 I.L.R. 2-4; Conrad, supra n.87, at p.241.

Estudos em Direito Internacional Público 137

authorities. It was thus "not open to the tribunal to disturb a boundary settled ... and accepted and acted upon ... for nearly a quarter of a century"[89].

It should be noted that an interesting distinction was made by Bebler, referring to the relations between the Kutch and Great Britain, in terms of interpretation of a silent conduct as between suzerain and vassal states:

> The silence of a ... suzerain ... before an adverse assertion by the vassal ... is a fully convincing proof of its acceptance or its acquiescence in the vassal's claim. The silence of the vassal ... before an adverse assertion of the suzerain and neighbour ... is, on the contrary, not a fully convincing proof of its acceptance of or acquiescence in the [suzerain's] will. [90]

Undoubtedly, it is very tempting to accept this view, which in *realpolitik* terms reflects the essence of relations between states. In strict legal terms, in an international legal order where one of the main foundations is the principle of equal sovereignty of states, this view is difficult to support.

The North Sea Continental Shelf Cases[91]

In 1966, Denmark and the Netherlands agreed to delimit their continental shelf boundary on the basis of the equidistance principle. This agreement assumed, nonetheless, that the Federal Republic of Germany (Germany) would also accept this principle, and that its continental shelf would not extend beyond the tri-point derived therefrom. Both Denmark and the Netherlands were parties to the Geneva Convention on the Continental Shelf of 1958 which, in its article 6, established that the continental shelf boundary line should, in the absence of agreement between the involved states and unless special circumstances would determine otherwise, follow the "median line, every point of which is equidistant from the nearest point of the baselines". Germany however, not being a party to this convention, did not accept the use of equidistance as the delimiting principle.In 1967, the Court was requested to decide which principles and rules of international law were applicable to the delimitation of the continental shelf in the North Sea. Denmark and the Netherlands contended that, although not obliged on the basis of conventional international law, Germany was bound to accept the equidistance principle. Allegedly, "by conduct, by public statements and proclamations" Germany had "recognised it as being generally applicable to

---

(89) Cf. (1976) 50 I.L.R. 474-475.

(90) Dissenting Opinion, ibid., at p.415. He nonetheless admits that "from the legal point of view there wasnothing to prevent the vassal from speaking".

(91) Cf. supra n.32, I.C.J. Rep. 1969 4.

138   *Estoppel, Acquiescence and Recognition*

the delimitation of the continental shelf areas", "in such a manner as to cause ... Denmark and the Netherlands to rely on the attitude thus taken up"[92].

The Court's view was that "only the existence of a situation of estoppel could suffice to lend substance to this contention". Consequently, Germany would only be precluded "from denying the applicability of the conventional régime" if it had "clearly and consistently evinced acceptance of that regime" and, "had [also] caused Denmark or the Netherlands, in reliance of such conduct, detrimentally to change position or suffer some prejudice"[93]. The Court defined here very strict requirements for estoppel to operate, and which seem to be applicable only to estoppel *stricto sensu*. In situations where the conduct of a State has given rise to acquiescence or recognition, these requirements will not be applicable. Concluding that there was "no evidence whatever in the present case"[94], the Court rejected the Danish and Ductch claims.

The Anglo-French Channel Arbitration[95]

The court of arbitration set up by the United Kingdom and France was empowered to define the course of the continental shelf boundary in the Channel, westwards of 000° 30' W longitude to as far as the 1,000-metre isobath. Taking into account that both states were parties to the Geneva Convention on the Continental Shelf of 1958, the tribunal defined most of the boundary on the basis of the equidistance line (albeit modified in the Atlantic region), as provided by article 6 of that Convention. The exception was the Channel Islands region. The exact location of these islands was considered an exceptional circumstance, leading the court to deal with the delimitation in a different way.

In applying the equidistance principle, the use of one feature as a basepoint deserved the court's particular attention: Eddystone Rock[96]. According to the vertical datum then used in British charts and legislation, Eddystone Rock was an island, and should be used as a basepoint in the determination of the equidistance line. Furthermore, the United Kingdom argued that France had, by

---

(92) *Ibid.*, at p.26, para.27.

(93) Confirming this very restrictive approach, the Court considered, in the *Tunisia/Libya* case, when addressing the possibility of the existence of a *de facto* recognised maritime boundary, that a *modus vivendi* line, "resting only on the silence and lack of protest" of one of the parties, fell "short of proving the existence of a recognised maritime boundary"; cf. *Case Concerning the Continental Shelf*, judgment of 24 February 1982, I.C.J. Rep. 1982 18, at p.70, para.95. Although this case is not dealt with in this study, it is worth mentioning briefly this part of the Court's reasoning.

(94) I.C.J. Rep. 1969 27, para.30.

(95) *Case Concerning the Delimitation of the Continental Shelf between the United Kingdom of Great Britain and Northern Ireland and the French Republic*, arbitral award of 30 June 1977, 18 R.I.A.A. 3.

(96) *Ibid.*, at pp.66-74, paras.121-144.

Estudos em Direito Internacional Público　　　　　　　　　　　　　139

previous conduct, "acquiesced in the use of the Eddystone Rock as a base-point for the measurement of United Kingdom territorial waters and fisheries zones"[97]. France however, using a more extreme vertical reference argued that that feature was no more than a low-tide elevation which should therefore not be used as a basepoint. In relation to the claim of acquiescence, she replied, *inter alia*, that she had "neither contested nor accepted *officiellement*" the use of Eddystone Rock as a basepoint[98].

The tribunal brushed aside the problem of the legal status of Eddystone Rock[99]. Defining the true status of this insular feature became irrelevant once the court considered that there had been a conduct amounting to acquiescence. After considering that the French authorities had previously acquiesced to treat this feature as a basepoint in the delimitation of the United Kingdom's fisheries limits, it concluded that they were not in a position to reject its use in the delimitation of the continental shelf[100]. This decision precluding France from refusing the use of Eddystone Rock as a basepoint has a similar effect to that of an estoppel. Notwithstanding this finding, no express reference was made in the court's reasoning to the prerequisites of 'reliance' and 'detriment', or to the term 'estoppel'. This seems to indicate that the tribunal, although deriving from acquiescence an effect analogous in practice to that of estoppel, acknowledged the conceptual difference between these two juridical concepts.

The Gulf of Maine Case[101]

In this case, a Chamber of the Court was requested to define a single maritime boundary between Canada and the USA in the area of the Gulf of Maine. The single maritime boundary had to comprise both continental shelf and fisheries jurisdiction. Both states were parties to the Geneva Convention on the Continental Shelf of 1958, which established the use of equidistance as a method of delimitation. However, the fact that the parties had agreed to, and requested, a single maritime boundary for the Gulf of Maine area, led the Chamber to the conclusion that there was no legal obligation to apply the provisions of the Geneva Convention[102].

---

(97) *Ibid.*, at p.69, para.128.

(98) *Ibid.*, at pp.71-72, paras.135-138; emphasis added.

(99) *Ibid.*, at p.72, para.139.

(100) *Ibid.*, at p.74, paras.143-144.

(101) *Case Concerning the Delimitation of the Maritime Boundary in the Gulf of Maine Area*, judgment of 12 October 1984, I.C.J. Rep. 1984 246.

(102) *Ibid.*, at p.303, para.125.

140 *Estoppel, Acquiescence and Recognition*

Eventually, Canada argued that the conduct of the USA "involved a substantive consent ... to the application of the equidistance method". Canada had been granting "long-term options (permits) for the exclusive exploitation of hydrocarbons", and although the fact was known to the USA authorities, neither had they protested against them nor did they inform Canada about the permits that had been issued by the USA in the disputed area[103]. Amongst the facts referred to by Canada was the so-called Hoffman letter, which, "acknowledge[d] receipt of the documents [showing the areas where the permits had been issued] and mentioned, *inter alia*, the exact position of the median line"[104]. This was thus, according to Canada's view, "evidence of genuine acquiescence in the idea of a median line ... and of a resultant estoppel against the United States"[105].

Acknowledging that the USA conduct "showed a certain imprudence in maintaining the silence after Canada had issued the first permits", the Chamber concluded, however, that, since there was no clear, sustained and consistent acceptance by the USA over a long period, "any attempt to attribute to such silence ... legal consequences taking the concrete form of an estoppel, seem[ed] to be going too far"[106].

The Chamber drew the distinction between acquiescence and estoppel *stricto sensu*, on the basis of the "element of detriment or prejudice caused by a State's change of attitude". Pointing out that although *both are "different aspects of the same institution", the former "is equivalent to tacit recognition manifestted by unilateral conduct", whilst the latter "is linked to the idea of preclusion"*[107].

A comparison with the *Fisheries* case led it to remark that "[n]either the long duration of the Norwegian practice (70 years), nor Norway's activities in manifestation of that practice" would allow an extrapolation to this case. Resorting to the *Arbitral Award* case, it once again underlined that the relevant conduct should be maintained "over a long period". Referring to the *North Sea Continental Shelf* cases and the *Grisbadarna* arbitration, the Chamber then stressed that both acquiescence and estoppel presuppose "*sufficiently clear,*

---

(103) The whole question of the principles of acquiescence and estoppel is discussed by the Chamber; cf. *ibid.*, at pp.303-312, paras.126-154. The facts and arguments put forward by Canada are also described in the judgment; cf. *ibid.*, at pp.304-307, paras.126-136.

(104) *Ibid.*, at pp.305-306, paras.131-134.

(105) *Ibid.*, at p.304, para. 128. "In the Canadian argument, the terms 'acquiescence' and 'estoppel' are used together and practically for the same purposes...Canada stated in the oral hearings that estoppel is 'the alter ego of acquiescence'"; cf. *ibid.*, at p.304, para.129.

(106) *Ibid.*, at p.308-310, paras.140, 145-146, 148.

(107) *Ibid.*, at p.305, 309, paras.130, 145-146, emphasis added.

Estudos em Direito Internacional Público   141

sustained and consistent" acceptance[108]. It concluded, finally, that because estoppel does not have to be based upon a conduct effectively conveying consent (it may only look like consent)[109], there are other requirements which are not applicable in the case of acquiescing conducts: reliance and detriment[110].

The Land, Island and Maritime Frontier Dispute Case[111]

An adjudication compromis signed by Honduras and El Salvador agreed that a Chamber of the Court would delimit the land boundary in disputed areas between the two states, and decide on the juridical status of islands and maritime spaces on the Gulf of Fonseca[112]. In this case, the role of the *uti possidetis* principle in general, and its relationship with the concepts of acquiescence and recognition in particular, were one of the crucial issues for the Chamber.

Considering that "[i]f the *uti possidetis juris* position can be qualified by adjudication and by treaty", the Chamber stated that "[t]here seems to be no reason in principle why [acquiescence or recognition] would not operate". "[S]ufficient evidence to show that the parties [had] clearly accepted a variation, or at least an interpretation, of the *uti possidetis juris* position", was seen as the condition that must be fulfilled[113]. Therefore, according to the Court, states may "vary the boundaries between them by agreement; and some forms of activity, or inactivity, might amount to acquiescence in a boundary other than" the one resulting from the application of the *uti possidetis juris*. Considering that the "situation was susceptible of modification by acquiescence in the lengthy intervening period", the Chamber concluded "that the conduct of Honduras from 1881 until 1972 [could] be regarded as amounting to such acquiescence in a [particular sector of the land] boundary"[114].

---

(108) *Ibid.*, at p.309-310, paras.144-146, 148. In the *Arbitral Award* case, the element "period of time" was much shorter than in the *Fisheries* case (a little more than five years compared to sixty years); cf, supra, at pp.120-123.

(109) Cf. Judge Fitzmaurice's Separate Opinion in the *Temple* case, supra at pp.125.

(110) Cf. *North Sea Continental Shelf* cases, supra at p.129-130.

(111) *Case Concerning the Land, Island and Maritime Frontier Dispute*, judgment of 11 September 1992, I.C.J. Rep. 1992 351.

(112) Article 2 of the Agreement established that the Chamber was requested: (1) "To delimit the boundary line in the zones or sections not described in Article 16 of the General Treaty of Peace of 30 October 1980"; (2) "To determine the legal situation of the islands and maritime spaces" (Ibid.: 357). Considering that "Nicaragua had shown that it had an interest of a legal nature", the Chamber permitted its intervention in the case; cf. *ibid.*, at pp.359-360, paras.12-15.

(113) *Ibid.*, at p.401, para.67.

(114) The Chamber also pointed out that it did "not consider that the effect of the application of the principle of the *uti possidetis juris* in Spanish America was to freeze for all time the provincial boundaries which, with the advent of independence, became the frontiers between the new states"; cf. *ibid.*, at p.408, para.80.

142 *Estoppel, Acquiescence and Recognition*

The significance of the conduct of the parties in relation to the disputed islands "during the period immediately after independence", as well as the "[c]laims then made, and the reaction – or lack of reaction – to them", were also analysed by the Chamber "as possibly constituting acquiescence"[115]. The widely publicised Salvadorian *effectivités* on Meanguera island, which supported the claim of this State, were carefully weighed by the Chamber[116], which concluded that:

> [t]hroughout the whole period covered by the documentation produced by El Salvador concerning Meanguera, there is no record of any protest made by Honduras to El Salvador, with [one single and recent] exception.[117]

Amongst the publicised facts that strengthened the Salvadorian claim to sovereignty over Meanguera island, were the Note of Protest and the Circular Letter of 12 October 1854, the publication in the Salvadorian official journal of reports on administrative acts on the island (in 1856), and of an announcement of an auction sale of vacant land of Meanguera (1879), which never raised any Honduran reaction[118]. The Chamber concluded that, since the "conduct of Honduras ... reveal[ed] an admission, recognition, acquiescence or other form of tacit consent [to] the situation"[119], title was vested in El Salvador. The fact that Honduras had "laid before [the Chamber] a bulky and impressive list of material relied on to show Honduran *effectivités* relating to the whole of the area in litigation", but failed to do the same in relation to Meanguera island, was also considered to reach the final decision. Again, no direct reference is made to estoppel, apparently maintaining the perspective that, when consent is somehow given, estoppel does not operate.

The Jan Mayen Case[120]

The delimitation of the maritime boundary or boundaries, in the area between the east coast of Greenland (Denmark) and Jan Mayen island (Norway), was the subject of the proceedings instituted by Denmark before the Court. Denmark claimed that Greenland was entitled to a full 200 mile fishery zone and continental shelf *vis-à-vis* Jan Mayen, whilst Norway argued that the fishery

---

(115) *Ibid.*, at p.559, 563, paras.333, 343.

(116) The Salvadorian *effectivités* on Meanguera island are described in detail; cf. *ibid.*, at pp.572-574, para.359

(117) *Ibid.*, at p.574, para.361.

(118) *Ibid.*, at pp.568-571, paras.352-357.

(119) *Ibid.*, at p.577, para.364.

(120) *Case Concerning the Maritime Delimitation in the Area between Greenland and Jan Mayen*, judgment of 14 June 1993, I.C.J. Rep. 1993 38.

Estudos em Direito Internacional Público 143

zone and continental shelf boundary was the median line between the relevant coasts. Both states were parties to the Geneva Convention on the Continental Shelf of 1958, and strictly speaking, the Court was not asked to adjudge on a single maritime boundary[121].

In support of its median line claim, Norway argued, *inter alia*, that "up to some ten years ago at least", the Danish Government had, "by its various public acts expressly recognised", and with its "general pattern of conduct" acquiesced to, the median line. "[T]ogether with knowledge and long-standing position of the Norwegian Government", Denmark should accordingly be prevented "from challenging the existence and validity of the median line boundary"[122]. The public acts and general conduct referred to by Norway included Danish legislative acts, diplomatic correspondence between the two countries, and the Danish position adopted during the Third United Nations Conference on the Law of the Sea, in terms of maritime boundary delimitation[123].

The Court deemed the Danish acts and general conduct as explainable by the "*concern not to aggravate the situation pending a definitive settlement of the boundary*", and the endeavour to "avoid difficulties with Norway". It concluded that it could not be "deduced from the conduct of the Parties" that a "median boundary line [was] already 'in place', either as the continental shelf boundary, or as that of the fishery zone"[124].

The Territorial Dispute Case[125]

The dispute between Libya and Chad must be seen against a background of great complexity involving the activities of several states in the area. Moreover, all sorts of arguments, both legal and non-legal, were put forward by the two states. Simplistically, it may be said that Libya and Chad had been unable to agree to the location of their common boundary. The dispute was then referred to the Court. Libya claimed that there was no boundary agreed by virtue of international treaty, and requested that the Court determine one. The Libyan case, based "on a coalescence of rights and titles", was that it possessed title over the whole of the territory north of the line put forward in its claim. On the

---

(121) As stated by the Court, "the situation is [here] quite different from that in the *Gulf of Maine* case", since the parties did not reach any agreement as to whether the Court should define a single delimiting line (Denmark) or two lines of delimitation concerning the continental shelf and the fisheries zone (Norway, to whom the lines, although conceptually distinct, would be in this case coincident); cf. *ibid.*, at pp.56-57, paras.41-43.

(122) *Ibid.*, at p.53, para.33.

(123) *Ibid.*, at pp.53-56, paras.34-39.

(124) The Court thus rejected the Norwegian claim; cf. *ibid.*, at pp.54-56, paras.35-40, emphasis added.

(125) Cf. supra n.5, I.C.J. Reports 1994 6.

144   *Estoppel, Acquiescence and Recognition*

contrary, Chad argued that a conventionally agreed boundary existed between the two states as a result of the Treaty of Friendship and Good Neighbourliness between the French Republic and the United Kingdom of Libya of 10 August 1955. Alternatively, this state argued that the French *effectivités* in the area would either turn the lines referred to in that treaty into definitive boundaries, or "irrespective of treaty provisions" support Chad's title over the area[126].

Libya accepted the 1955 Treaty valid. Libya contended, however, that in interpreting this treaty the Court should take into account that, at the time of its signature, Libya was "placed at a disadvantage in relation to the provisions concerning boundaries", due to its "lack of knowledge of the relevant facts"[127]. Article 3 of the 1955 Treaty states that "the parties recognise [*reconnaissent*] that the frontiers ... are those that result" from the international instruments listed in Annex I to the treaty. To the Court, the use of the term 'recognise' indicated that "a legal obligation [had been] undertaken", and that the parties had thereby renounced the right to contest the boundaries in the future[128]. The Court upheld the Chadian claim considering that the boundary between the two countries had been defined by the 1955 Treaty.

The term estoppel was not used by the Court to describe the Libyan legal position in the dispute. Nevertheless, Judge Ajibola, following an extensive review of estoppel concluded "that Libya was estopped from denying the 1955 Treaty boundary since it had acquiesced in and in fact recognised it"[129]. According to this extensive interpretation, acquiescence and recognition always result in an estoppel. As has been mentioned throughout this article, the concept of estoppel adopted by the courts, in particular by the Court in the *North Sea Continental Shelf* cases, seems to be a somewhat more restrictive one, differentiating acquiescence and recognition from estoppel.

Since the Court found proof that Libya had agreed to the boundaries by an international convention, which meant that consent had expressly been manifested, estoppel appears not to operate in this case. This assertion may have some importance since the 1955 Treaty had been agreed to have an initial

---

(126) *Ibid.*, at p.15, para.21.

(127) The Treaty was "recognised by both Parties as the logical starting-point for consideration of the issues before the Court"; cf. *ibid.*, at p.20, para.36. The Treaty addressed the boundary issue in its Article 3, which referred to the Annex I and was the relevant provision to decide whether a conventional boundary had been agreed by the Parties or not; cf. *ibid.*, at p.20, paras.37-38.

(128) *Ibid.*, at p.22, paras.42-43. The Court was of the view that "the terms of the Treaty signified that the parties thereby recognised complete frontiers" between them, and that "no relevant frontier was to be left undefined".

(129) Separate Opinion, *ibid.*, at pp.77-83, paras.96-114. He apparently refers to MacGibbon and Schwarzenberger, who adopt an "extensive concept of estoppel"; cf. Müller and Cottier, supra n.19, at p.117.

Estudos em Direito Internacional Público   145

duration of 20 years, followed by periodical renewals. Boundary provisions included in a treaty with a limited duration had thus to be converted into definitive boundaries. Furthermore, as highlighted by Judge Sette-Camara, this could not be discarded easily[130]. The general principle of stability and finality of boundaries seems, thus, to have played an extensive part in the decision of this case.

APPRAISAL

Treaties, customary law and the *uti possidetis* doctrine undoubtedly play a dominant role in territorial issues. Situations may exist, however, where considerations and evidence of another nature must be taken into account in order to reach a final decision in territorial and boundary disputes. In such circumstances, typically, the relative legal position of states is equivocal and the plethora of non-legal arguments impedes any straightforward perception of the dispute. The conduct of states may then acquire an utmost importance. Acquiescence, recognition and estoppel have been used by international tribunals to *interpret* that conduct, thereby deciding disputes between states.

Significant Evidence

Significant evidence is constituted essentially by facts (acts or omissions) that, on the one hand, convey some degree of juridical-territorial relevance and, on the other hand, may be imputed to a state. Unilateral acts of states especially have a very prominent status. They "may give rise to international legal obligations" and "may [therefore] be used as evidence of a particular view taken by the state in question"[131]. Amongst the evidence to which courts have been attributing relevance when analysing the conduct of states likely to lead to acquiescence, recognition or estoppel are:

(a) International conventions and non-binding agreements;
(b) Governmental and diplomatic correspondence;
(c) Internal legislative and regulating acts;
(d) Maps, journals or other publications with an official nature;
(e) Statistical records and archives;

---

(130) Dissenting Opinion, I.C.J. Rep. 1994 98.

(131) Shaw, supra n.3, at pp.95-96. As stated by the International Court of Justice, "States may take cognisance of unilateral declarations and place confidence in them, and are entitled to require that the obligation thus created is respected"; cf. *Nuclear Tests* cases, I.C.J. Rep. 1974 253, 457, at para.46. For this to happen, it must be shown that the act may be imputed to a state, that the organ or agent of the state was acting within the limits of its capacity, and that the act is sufficiently publicised as incorporating the will of the state; cf. Nguyen *et al.*, supra n.1, at p.330.

(f) Unilateral acts, particularly political acts or statements with external relevance[132];

(g) Most importantly, the reaction, and lack of reaction, in relation to any relevant facts.

The importance of this evidence is nonetheless variable on a case-to-case basis, considering all the circumstances *in concreto*. Furthermore, when directly derived from unsuccessful negotiations between states, evidence must be seen as not prejudicing any claim[133]. Usually, evidence amounts to a sovereign assertion (explicit or implicit) regarding the status of a certain (disputed) territory or boundary line, conveying therefore some *risk of loss of title* to the other disputant. These facts and acts are either the object of, or a manifestation leading to, acquiescence, recognition or estoppel which have territorial or boundary dispute repercussions.

Operative Criteria

Evidence does not have in itself any intrinsic juridical relevance. Its weight in a dispute depends on other factors which function as operative criteria that determine how and when certain evidence is relevant. To begin with, whenever territorial rights[134] are challenged by another state's conduct, the higher the risk of their loss, the greater the need to react against the challenging conduct in order to preserve those rights. Preserving territorial rights is therefore the teleological element that determines the need for a prompt response by the state whose rights are being challenged[135]. States must ensure that other states, disputant or not, do not interpret their conduct erroneously.

Some characteristics have been highlighted as describing the 'essential nature' of the claiming and of the reacting acts. Importantly, they must be carried out *à titre de souverain*. Furthermore, their juridical significance has to be assessed in relation to other states' conduct. Aspects such as overall consistency,

---

(132) "[T]he precise nature and limits of [obligations derived from unilateral acts] must be understood in accordance with the actual terms in which they have been publicly expressed" and not in terms of "the view expressed by another state which is in no way a party to the text"; cf. *Nuclear Tests* cases, I.C.J. Rep. 1974 253, 457, at paras.51, 48, respectively.

(133) As shown by the following statement of the ICJ: "[T]he Court cannot take into account declarations, admissions or proposals which the Parties made during direct negotiations between themselves, when such negotiations have not led to a complete agreement"; cf. *Nuclear Tests* cases, I.C.J. Rep. 1974 253, 457, at para.54, citing the *Factory at Chorzów* case (Merits), PCIJ, Series A, No. 17.

(134) Although the law of acquiescence is today applicable in other types of situations, it arose "mainly in the context of territorial disputes"; cf. Müller and Cottier, supra n.19, at p.15. Cf. also Jennings, supra n.4, at p.36.

(135) Cf. Sharma, supra n.9, at p.202; MacGibbon, supra n.18, at p.182; Müller and Cottier, supra n.19, at p.14.

Estudos em Direito Internacional Público

clearness and unambiguity of meaning, duration and continuity through time, notoriety and imputation to state organs have also been emphasised.

When and where territorial control becomes relevant, the existence of disputing claims, as well as the effectiveness and peacefulness of the acts, have to be weighed. Importantly, it must be noted that the meaning of effective control *varies from place to place*[136]. It may be any official activity revealing some degree of sovereignty, such as: the establishment of official institutions or public undertakings (schools, hospitals, roads, etc); the organisation of censuses; the exercise of civil and criminal jurisdiction on the basis of the territorial principle; the exercise of police, sea patrolling and military authority; the exercise of taxation and customs (regulating and executing) powers; the undertaking of geodetic, hydrographic and cartographic surveys; and the exercise of regulating powers related to private activities (e.g. commercial, industrial, mining, fishing, farming and grazing activities). The interpretation of a silent conduct, on the other hand, may give rise to difficulties. The above considerations will apply to omissions *mutatis mutandis* only when and where possible.

Re-defining the Concepts

Acquiescence and recognition

The concepts of acquiescence, recognition and estoppel have to be more precisely established at this stage, in view of their role in territorial and boundary dispute settlement. Acquiescence may be seen as a juridically *relevant silence* which implies some degree of consent. On the contrary, recognition presupposes an *affirmative conduct*[137]. The former has already been considered as being *equivalent to tacit recognition*[138]. Their practical relevance may be perceived in different ways. They may be used, for instance, to measure the admissibility of a claim, to uphold a certain interpretation of a legal instrument, to validate an originally illegal practice, to supersede the effect of a *juris tantum* presumption (the *uti possidetis juris*, for instance), to conclude for the existence of an intention of a state to relinquish a right or, to impede an acquiescing (recognising) state from contesting its previous conduct[139]. Although their effects are usually bilateral, third party acquiescence or recognition may sometimes play a key part.

---

(136) Cf. Schwarzenberger, supra n.12, at p.317.

(137) It has been proposed that "recognition can be employed as an independent root of title" to territory; cf. Schwarzenberger, supra n.12, at p.318.

(138) *Gulf of Maine* case, I.C.J. Rep. 1984 305, para.130.

(139) MacGibbon, supra n.18, at p.182.

The significance of acquiescence or recognition by third states has nonetheless to be carefully weighed[140].

To determine whether acquiescence or recognition was generated by the conduct of a state, one must look at several factors[141]. First, the *provenance* of the relevant conduct has to be considered. The acts must proceed from organs of the state, that is, they must *have a sovereign character*. Moreover, their legal weight depends upon the echelon (hierarchic level of the state) from which they originated. Finally, by analogy with article 46 of the Vienna Convention on the Law of Treaties of 1969, if it is "objectively evident" that the recognising or acquiescing acts were carried out in violation of "a rule ... of fundamental importance regarding the competence to perform such act, its invalidity may be argued"[142].

Secondly, the relevant conduct must have a public nature. In principle, it must be constituted by public and official acts of the state, as affirmed by the Court, for example, in the *Eastern Greenland* and the *Gulf of Maine* cases[143].

Thirdly, the elapsed time is also of extreme importance. In the *Fisheries* case, the Court found that although the Norwegian practice of *consistently and uninterruptedly* using straight baselines dated back to 1869, the United Kingdom had only protested formally in 1933[144]. In the *Temple* case, the Court considered that the Thai (Siamese) authorities were aware of the map since 1908 and never protested its contents (particularly the boundary line around the Temple) until as late as 1958[145]. In the *Land, Island and Maritime Frontier Dispute* case, the Court assessed the value of the Honduran silence "throughout the whole period covered by the documentation produced by El Salvador", which refers to the period 1854-1991[146].

An evaluation of the *Eastern Greenland* and *Arbitral Award* cases seems to indicate that the period of time required for recognition to operate is somewhat smaller than in the case of acquiescence (in the latter, the period considered by the Court, during which Nicaragua manifested its recognition, was less than six

---

(140) Cf. *Eastern Greenland* and *Fisheries* cases.

(141) Recognition and acquiescence are "forms of acknowledgement of a legal or factual position [and] may [therefore] be of a great probative or evidentiary value even when not themselves an element in the substantive law of title"; cf. Jennings, supra n.4, at p.38.

(142) Cf. e.g. *Eastern Greenland*, *Nuclear Tests*, and *Gulf of Maine* cases, respectively, 3 *World Court Reports* 192, I.C.J. Rep. 1974 253, 457, at para.49, I.C.J. Rep. 1984 306, paras.133-134.

(143) Cf. 3 *World Court Reports* 192; I.C.J. Rep. 1984 306, para.134. Cf. also *Nuclear Tests* cases, I.C.J. Rep. 1974 253, 457, at paras.49-51.

(144) I.C.J. Rep. 1951 138.

(145) I.C.J. Rep. 1962 27-32.

(146) I.C.J. Rep. 1992 570-574.

Estudos em Direito Internacional Público

149

years). The question of the length of time is also raised in the other cases, in terms of being or not being a sufficiently long period (in the *Gulf of Maine* case, for instance, a period considered as not sufficiently long was amongst the reasons to dismiss the Canadian claim)[147]. A *prolonged abstention from reaction* is seen as an essential condition for acquiescence to arise[148]. However, the lapse of time has to be seen in relation to the validity, in terms of international law, of the claim put forward by the challenging state. Whenever the claim is "believed to be contrary to international law" there should be in principle no need for protests until any attempt is made to "*apply or enforce*" that claim[149].

Fourthly, the notoriety of the claim and the knowledge of it by the *consenting state* have also to be weighed. The *official character* or the *clear notoriety* of the challenging conduct, by the state whose rights are being challenged, is considered as a *conditio sine qua non* for the emergence of acquiescence and recognition. Moreover, a *formal notification* is not required[150]. Although in different ways, the prerequisite of notoriety or knowledge of the facts from which acquiescence and recognition may be derived is clearly visible, for instance, in the *Grisbadarna* arbitration, and the *Eastern Greenland, Fisheries, Temple* and *Land, Island and Maritime Frontier Dispute* cases. Fitzmaurice criticises the Court's reasoning in the *Fisheries* case, particularly in relation to the knowledge of the Norwegian claims by the United Kingdom and the need for protesting them[151].

Finally, the contextual consistency of the conduct, and of the meaning conveyed thereby, are also of a decisive relevance. In the *Fisheries* case, the Court considered "that too much importance need not be attached to a ... few uncertainties or contradictions, real or apparent", as long as they can be "understood in the light of the variety of facts and conditions prevailing in [a] long period" of analysis[152]. The consistency of the relevant conduct as a prerequisite is mentioned for example in the *Fisheries, Temple, North Sea Continental Shelf, Gulf of Maine, and Land, Island and Maritime Frontier Dispute* cases. If the alleged acquiescing (recognising) acts are consistent over some period of time, their meaning is clearer than if they consisted of only one isolated act. Moreover,

---

(147) I.C.J. Rep. 1984 308.

(148) Müller and Cottier, supra n.19, at p.15.

(149) Fitzmaurice, supra n.15, at pp.34-35, emphasis added. Cf. also Sharma, supra n.9, at pp.202-203, citing Lauterpacht.

(150) Cf. e.g. Fitzmaurice, supra n.15, at p.34; Müller and Cottier, supra n.19, at p.15; MacGibbon, supra n.18, at pp.173-182.

(151) Fitzmaurice, supra n.15, at pp.32-42.

(152) I.C.J. Rep. 1951 138.

150   *Estoppel, Acquiescence and Recognition*

if they are consistent with practice on the ground, again their meaning is much clearer than in the opposite situation. Finally, if there is a consistent pattern of acts in both higher and lower echelons, and central and local organs, the claim of acquiescence (recognition) is more easily accepted.

Estoppel

Acquiescence and recognition must apparently be distinguished from estoppel. In the *Gulf of Maine* case, the Chamber acknowledged that "the same facts are relevant to both acquiescence and estoppel"[153]. The difficulty in effecting the distinction is due to the fact that, as mentioned supra citing Brownlie, these are overlapping concepts which *"form an interrelated subject-matter"*, thus being *"far from easy to establish the points of distinction"*[154].

The most common view amongst authors seems to be that acquiescence does not always *"become tantamount to an estoppel"*[155], and that "it is by no means clear that recognition always work an estoppel"[156]. Although this seems the most generally accepted view, some authors affirm that explicit or implicit recognition will deprive the recognising state of the right of arguing subsequently the invalidity and/or illegality of the recognised acts. That seems to be the conclusion drawn by Schwarzenberger when affirming that "recognition estops the state which has recognised the title from contesting its validity at any future time"[157].

In this author's opinion, it may be said that while acquiescence and recognition are expressions of consent, estoppel may be generated without the existence of any manifestation of consent[158]. Although both acquiescence and recognition may lead to consequences similar to those of estoppel, this is not always necessarily true. Whereas the (potentially) acquiescing (recognising) state may, by proof of the contrary, quash any claim affirming that it had already given its consent (presumption *juris tantum*), estoppel turns the interpretation of a conduct into a "presumption *juris et de jure*", which may not be rebutted. The latter may be regarded as an "anti-inconsistency rule" the legal effects of which

---

(153) I.C.J. Rep. 1984 305.

(154) Brownlie, supra n.9, at p.158, emphasis added.

(155) Bowett, supra n.42, at pp.200-201, emphasis added.

(156) Jennings, supra n.4, at p.44.

(157) Schwarzenberger, supra n.12, at p.316.

(158) "The real field of operation...of estoppel...is where it is possible that the party concerned did not give the undertaking or accept the obligation in question (or there is room for doubt whether it did), but where that party's subsequent conduct has been such, and has had such consequences, that it cannot be allowed to deny the existence of an undertaking, or that it is bound"; cf. Judge Fitzmaurice's, Separate Opinion, *Temple* case, I.C.J. Rep. 1962 63.

Estudos em Direito Internacional Público

151

"are so fundamental that [they] decide by themselves alone the matter in dispute". What is a mere interpretation of a fact becomes a "legal fact"[159]. As a result of these substantive differences, the requirements of reliance and detriment have always to be verified for estoppel to operate.

Various cumulative requirements are put forward by the jurisprudence as essential for estoppel to arise (regardless of any actual existence of consent)[160]. To begin with, there must have been a relevant conduct which may be imputed to a state, and that has been freely adopted by it. The requirements for that conduct to be relevant are, in terms of provenance and publicity, similar to those aforementioned to acquiescence and recognition. For one thing, "duress or fraud of any material kind will nullify the plea of estoppel". A parallel situation occurs if "the conduct of the party lacks a voluntary character by reason of that party's inability to act otherwise". Indeed, if a representation is made conditionally ... it cannot create a binding estoppel". The non-existence of an express or implied authority of the person making the statement or representation will also turn the statement or representation unreliable. In other words, the "representation must be voluntary, unconditional and authorised"[161].

Then, that relevant conduct has to unambiguously and consistently induce the idea of acceptance or assertion in relation to a situation of right or of fact. The element of consistency should be seen, again, in the same terms as in relation to acquiescence and recognition. Importantly, it depends upon the appraisal of the factual circumstances. For example, the *Temple* case judgment and the Dissenting Opinions formulated therein illustrate how different that appraisal can be. As mentioned above, the elements of time during which the conduct is maintained, consistency, and clearness and unambiguity of the conduct, are absolutely crucial.

Furthermore, the state invoking the estoppel must have dealt with that conduct as if it were an actual fact (upon which it relied). In this respect, it must be noted that an assessment in relation to any acceptance of a claim or assertion is to be made in the perspective of the invoking state, acting in good faith. It is this subjective view of the *status quo*, regardless of how true and accurate it really is, that has to be considered. One must never forget that estoppel may even

---

(159) Separate Opinion, Vice-President Alfaro, *Temple* case, I.C.J. Rep. 1962 41, 51.

(160) The judgment in the *North Sea Continental Shelf* cases is the key reference; cf. I.C.J. Rep. 1969 27, para.30. Cf. also the Separate Opinion of Judge Fitzmaurice and the Dissenting Opinions of Judges Koo and Spender, *Temple* case, I.C.J. Rep. 1962 63, 97, 131. Cf. Bowett, supra n.42, at pp.188-194, 202; Brownlie, supra n.9, at pp.645-647; Thirlway, supra n.25, at pp.36-44.

(161) Bowett, supra n.42, at pp.188-191.

prevent "*the asser-tion, [by the state against which it is raised], of what might in fact be true*"[162].

More importantly, the invoking state must have relied, in good faith, in that assumption of facts, and have been misled thereby. Moreover, if it is possible for the invoking state to perceive (by other facts which actually occurred or by conduct of the state against which estoppel is claimed) that the conduct did not convey any acceptance or assertion, then the principle of estoppel will not operate.

Finally, for estoppel to produce its effects, the change of the assumed fact has to cause some detriment to the relying state and/or some benefit to the other state[163]. There should be no possibility of invoking estoppel in situations where there is no prejudice to the relying state, and/or advantage to the state whose conduct was relied upon. The rationale for this requirement is that, since estoppel may be raised against what may actually be the truth, it has to be restricted to the cases where reinstating that truth would result in an actual damage to the invoking state or an unacceptable benefit to the other state. This prerequisite was remarked, amongst others, in the *Grisbadarna* arbitration, and the *Temple*, the *North Sea Continental Shelf* and the *Gulf of Maine* cases.

According to this perspective, not all acquiescing or recognising conducts will amount to estoppel. Whilst the former can be rebutted by proof to the contrary, the latter cannot be rebutted. Importantly, emphasis has consistently been put by jurisprudence on two points. First, the legal conduct of the invoking state must have been conditioned by its reliance on the *assumed fact*. Secondly, the subsequent alteration of the assumed fact must cause some *prejudice* to the relying state, and/or some benefit to the other state. In these terms, the concept of estoppel is clearly derived from the need for some measure of predictability in the pattern of state conduct, and its essential aim is to preclude a party from benefiting by his own inconsistency[164].

---

(162) J.P. Müller and T. Cottier, "Estoppel", in Rudolf Bernhardt (ed.) supra n.5, Vol. 2 (1995), p.116, at p.116, emphasis added. Cf. also Jennings, supra n.4, at p.42.

(163) As Müller and Cottier affirm, "[c]lear and unequivocal representation, prejudice and detriment are not simply addenda; they trigger the very justification for specific protection of settled expectations"; cf. supra n.162, at p.117.

(164) Cf. Jennings, supra n.4, at pp.41-42. Cf. also Bowett, supra n.42, at pp.176-180; Müller and Cottier, supra n.162, at p.116; MacGibbon, supra n.24, at p.469; Sinclair, supra n.66, at pp.104-105; Sharma, supra n.9, at p.210.

Estudos em Direito Internacional Público 153

The Dangers of an Intemperate Application

The operativity of acquiescence, recognition and estoppel is not exempt from difficulties, due to the peculiarities that characterise such concepts. Firstly, these notions overlap to some degree, and this may blur any analysis. Secondly, their application depends very much upon the interpretation of factual circumstances, which may be assessed somewhat subjectively. Thirdly, considerable emphasis is put on inaction and protest as part of state conduct, rather than on objective and clear conducts.

Munkman notes that "reliance on unilateral acts of recognition and acquiescence as precluding a party from contesting a claim can appear notably unjust"[165]. This author stresses that, for instance, the *Temple* and the *Arbitral Award* cases "are not above criticism". In relation to the *Temple* case, she remarks that a "relatively weak state" may not want "to antagonise a powerful neighbour". This perspective is also put forward by Bebler in his dissenting opinion in the *Rann of Kutch* arbitration. In relation to the *Arbitral Award* case, the criticism is aimed at the failure of protesting the award for a period that may be seen as "relatively short" (less than six years).

Interpreting in juridical terms *silent* or *tacit conducts* will always bear a considerable degree of subjectivity. As highlighted before, since estoppel is a presumption *juris et de jure*, it does not admit proof to the contrary. Thus, its consequences cannot be treated lightly. On the other hand, the practical effects of acquiescence and recognition are similar to that of estoppel. For this reason, the burden of proof must lie totally on the party invoking them. In this light, it seems clear that the existence of acquiescence, recognition and estoppel as a result of state conduct must always be carefully assessed. They must be seen as no more than one type of considerations that have to be addressed by courts in territorial and boundary disputes. Most importantly, estoppel should not be presumed as an immediate consequence of acquiescence and recognition.

Various reasons can be pointed out to support this view. First, in international law the interpretation, manifestations, character and scope of these juridical concepts are not absolutely precise and clear[166]. Secondly, within the complex context of territorial and boundary disputes, it may not be easy to reconcile the role of acquiescence, recognition and estoppel with other relevant aspects of international law such as the rules of acquisition of title to territory, the principle of self-determination, treaty law or the rules of state succession.

---

(165) Munkman, supra n.27, at p.96. This view was referred to by Judges Koo and Spender in their Dissenting Opinions in the *Temple* case; cf. I.C.J. Rep. 1962 96-97, 146.

(166) Brownlie, supra n.9, at pp.645-646. Cf. also Separate Opinion, Vice-president Alfaro, *Temple* case, I.C.J. Rep. 1962 39-51.

Finally, although the requirements of reliance and detriment seem not to exist in acquiescence and recognition, the practical preclusive effect of these notions is similar to that of estoppel. Thus, taken together these arguments seem to uphold the view that restrictive interpretations of the application of acquiescence, recognition and estoppel should be favoured. Indeed, the Court seems to be completely aware of the dangers of an intemperate application of these concepts. A restrictive application of estoppel, based on the above-mentioned elements, appears to have been a safe trend[167].

CONCLUSIONS

Acquiescence, recognition and estoppel are juridical concepts that stem from the principle that *allegan contraria non est audiendus*. Indisputably, they play an important part in territorial and boundary dispute settlement. The circumstances where they may have a key relevance are usually related to situations such as:

(a) areas where title to territory or the location of boundaries is disputed;

(b) existence of error in the delimitation of a boundary;

(c) misplacement of an agreed boundary;

(d) adverse possession of land or maritime areas, either against another state or against the international community as a whole;

(e) transfer of title over a certain territory;

(f) situations where title is claimed but not possessed;

(g) interpretation of treaties concerning transfer of territory or boundaries; and,

(h) interpretation and application of the *uti possidetis juris* principle.

On a general scale, international tribunals never brush these arguments aside *in limine*. Their consideration within the *overall picture* of the dispute has been a trend independent of the geographical location of the dispute. Furthermore, because these concepts may be of utmost relevance to the doctrine of stability and finality of boundaries and territorial regimes, they can never be disregarded lightly[168]. As a result, not only must their weight in the litigation strategy of states be carefully assessed, but their consideration in the decision-making process of tribunals should also be expected:

---

(167) In the *North Sea Continental Shelf* cases, the Court stated, referring to the Danish and Dutch claim of acceptance of the equidistance principle by Germany: "The dangers of the doctrine here advanced by Denmark and the Netherlands, if it had to be given general application in the international law field, hardly need stressing". It was in this case that the Court defined the comprehensive prerequisites conditioning a claim of estoppel. Cf. I.C.J. Rep. 1969 28, para.33.

(168) K.H. Kaikobad, "Some Observations on the Doctrine of Continuity and Finality of Boundaries", (1983) 54 B.Y.I.L. 119, at p.122.

Estudos em Direito Internacional Público

> Practitioners in international law, particularly those involved as counsel in long-standing territorial disputes, are aware that arguments founded on notions of estoppel, [recognition] and acquiescence figure prominently in the armour of weapons at their disposal.[169]

The stability and predictability promoted by the application of these juridical concepts must nonetheless be considered in contrast with the difficulties that may arise therefrom. As shown, there is wide room for subjective interpretation of the factual circumstances from which they are derived. Assessing the relevant evidence thus becomes crucial[170]. The restraint and caution of international tribunals (particularly the Court) in their use is, however, a token of the conscientious and refining elaboration that is underway[171].

---

(169) Sinclair, supra n.66, at p.104. "[R]ecognition and ... acquiescence are almost always prima facie relevant considerations, and factors to be taken into consideration by any international tribunal faced with the dispute over territorial sovereignty" or boundary location; cf. Jennings, supra n.4, at p.40.

(170) "Where there is no evidence, the claims of acquiescence and recognition will remain inconclusive and disproved. In other words, each situation ... has to be examined individually with due consideration of all the facts regarding it". Cf. Kaikobad, supra n.168, at p.126.

(171) One trend seems to deserve some thought. In all decisions concerning maritime boundary delimitation between states, the ICJ never accepted claims of *de facto* boundary lines based on acquiescence, recognition or estoppel. Cf. the *North Sea Continental Shelf* cases, I.C.J. Rep. 1969 26-28, paras.27-33; *Tunisia/Libya Continental Shelf* case, I.C.J. Rep. 1982 69-71, paras.92-95; *Gulf of Maine* case, I.C.J. Rep. 1984 303-312, paras.126-154; *Jan Mayen* case, I.C.J. Rep. 1993 53-56, paras.33-409. The only maritime boundary adjudication where these juridical concepts alone seem to have played a decisive role was the *Grisbadarna* arbitration.

REFERENCES

Bérnardez, S.T., "The 'Uti Possidetis Juris Principle' in Historical Perspective", in Konrad Ginther et al. (eds) *Völkerrecht zwischen normativem Anspruch und politischer Realität (Festschrift für Karl Zemanek zum 65. Geburstag)*, Berlin, Duncker & Humblot, 1994, pp.417-437

Bérnardez, S.T., "Territory, Acquisition", in Rudolf Bernhardt (ed.) *Encyclopedia of Public International Law*, Instalment 9, Amsterdam-New York-Oxford-Tokyo, North-Holland, 1986, pp.496-504

Bothe, M., "Boundaries", in Rudolf Bernhardt (ed.) *Encyclopedia of Public International Law*, Volume One, Amsterdam-Lausanne-New York-Oxford-Shannon-Tokyo, North-Holland, 1992, pp.443-449

Bowett, D.W., "Estoppel before International Tribunals and Its Relation to Acquiescence", (1957) 33 B.Y.I.L 176-319

Brownlie, I., *Principles of Public International Law*, 4th edition, Oxford, Claren-don Press, 1990

Conrad, D., "Rann of Kutch Arbitration (Indo-Pakistan Western Boundary)", in Rudolf Bernhardt (ed.) *Encyclopedia of Public International Law*, Instalment 2, Amsterdam-New York-Oxford, North-Holland, 1981, pp.240-242

Fitzmaurice, G., "The Law and Procedure of the International Court of Justice, 1951-54: General Principles and Sources of Law", (1953) 30 B.Y.I.L. 1-70

Garcia, E.P., "El Principio del 'Estoppel' y la Sentencia del Tribunal Internacional de Justicia en el Caso del Templo de Preah Vihear', (1963) 16 *Revista Española de Derecho Internacional* 153-166

Jellinek, G., *Teoria Generale del Estado (Allgemeine Staatslehre)*, traducción de la segunda edición alemana y prologo por Fernando de los Rios, Buenos Aires, Editorial Albatros, 1973

Jennings, R.Y., *The Acquisition of Territory in International Law*, Manchester, MUP, 1963

Estudos em Direito Internacional Público

Kaikobad, K.H., "Some Observations on the Doctrine of Continuity and Finality of Boundaries", (1983) 54 B.Y.I.L. 119-141

Malanczuk, P., *Akehurt's Modern Introduction to International Law*, 7th Revised Edition, London-New York, Routledge, 1997

MacGibbon, I.C., "Estoppel in International Law", (1958) 7 I.C.L.Q. 468-513

MacGibbon, I.C., "The Scope of Acquiescence in International Law", (1954) 31 B.Y.I.L 143-186

Müller, J.P. and Cottier, T., "Estoppel", in Rudolf Bernhardt (ed.) *Encyclopedia of Public International Law*, Volume Two, Amsterdam-Lausanne-New York-Oxford-Shannon/Tokyo: North-Holland, 1995, pp.116-119

Müller, J.P. and Cottier, T., "Acquiescence", in Rudolf Bernhardt (ed.) *Encyclopedia of Public International Law*, Volume One, Amsterdam-Lausanne-New York-Oxford-Shannon/Tokyo: North-Holland, 1992, pp.14-16

Munkman, A. L. W., "Adjudication and Adjustment – International Judicial Decision and the Settlement of Territorial and Boundary Disputes", (1972-3) 46 B.Y.I.L 1-116

Nguyen, Q.D., Daillier, P. and Pellet, A., *Droit International Public*, 3e Édition, Paris, L.G.D.J., 1987

Oellers-Frahm, K., "Argentina-Chile Frontier Case", in Rudolf Bernhardt (ed.) *Encyclo-pedia of Public International Law*, Volume One, Amsterdam-Lausanne-New York-Oxford-Shannon/Tokyo: North-Holland, 1992, pp.247-249

Prescott, J. R. V., *Political Frontiers and Boundaries*, London, Unwin Hyman, 1987

Schwarzenberger, G., "Title to Territory: Response to a Challenge", (1957) 51 A.J.I.L. 308-324

Sharma, S.P., *Territorial Acquisition, Disputes and International Law*, The Hague-Boston-London, Martinus Nijhoff Publishers, 1997

Sinclair, I., "Estoppel and Acquiescence", in Lowe and Fitsmaurice (eds.) *Fifty Years of the International Court of Justice*, Cambridge, CUP, 1996, pp.104-120

Shaw, M.N., *International Law*, 4th Edition, Cambridge, CUP, 1997

Shaw, M.N., "The Heritage of States: The Principle of *Uti Possidetis Juris* Today", (1996) 67 B.Y.I.L. 75-154

Thirlway, H., "The Law and Procedure of the International Court of Justice 1960-1989: Part One", 1989 (60) B.Y.I.L. 1-157

Vallée, C., "Quelques Observations sur l'Estoppel en Droit des Gens", (1973) 77 R.G.D.I.P. 949-999

Waldock, C.H.M., "The Anglo-Norwegian Fisheries Case", (1951) 28 B.Y.I.L. 114-171

Wetter, J.G., "The Rann of Kutch Arbitration", (1971) 65 A.J.I.L. 346-357.

JUDICIAL DECISIONS AND ARBITRAL AWARDS

Grisbadarna Arbitration
Maritime Boundary Dispute between Norway and Sweden, Permanent Court of Arbitration, Arbitral Award of 23 October 1909, (1910) 4 A.J.I.L. 226-236

Eastern Greenland case
The Legal Status of Eastern Greenland (Denmark v Norway), Judgment of 5 April 1933 (Series A/B No. 53), Manley O. Hudson (ed.) A Collection of Judgments, Orders and Opinions of the Permanent Court of International Justice, (1932-1935) 3 *World Court Reports* 148-231

Fisheries case
Fisheries Case (United Kingdom v Norway), Judgment of 18 December 1951, I.C.J. Rep. 1951 116-206

Estudos em Direito Internacional Público

Arbitral Award case
Case Concerning the Arbitral Award Made by the King of Spain on 23 December 1906 (Honduras v Nicaragua), Judgment of 18 November 1960, I.C.J. Rep. 1960 192-239

Temple case
Case Concerning the Temple of Preah Vihear (Cambodia v Thailand), Judgment of 15 June 1962, I.C.J. Rep. 1962 6-146

Palena arbitration
Argentina-Chile Frontier Case, Arbitral Award of Her Majesty Queen Elizabeth II of 9 December 1966 (Report of the Court of Arbitration of 24 November 1966), (1969) 38 I.L.R. 10-99

Rann of Kutch arbitration
Case Concerning the Indo-Pakistan Western Boundary (India v Pakistan), Arbitral Award of 19 February 1968, (1976) 50 I.L.R. 2-521

North Sea Continental Shelf cases
North Sea Continental Shelf Cases (Federal Republic of Germany v Denmark; Federal Republic of Germany v Netherlands), Judgment of 20 February 1969, I.C.J. Rep. 1969 4-258

Anglo-French Channel arbitration
Case Concerning the Delimitation of the Continental Shelf between the United Kingdom of Great Britain and Northern Ireland and the French Republic, Arbitral Award of 30 June 1977, 18 R.I.A.A. 3-129.

Gulf of Maine case
Case Concerning the Delimitation of the Maritime Boundary in the Gulf of Maine Area (Canada v United States of America), Judgment of 12 October 1984, I.C.J. Rep. 1984 246-390

Land, Island and Maritime Frontier Dispute case
Case Concerning the Land, Island and Maritime Frontier Dispute (El Salvador v Honduras; Nicaragua intervening), Judgment of 11 September 1992, I.C.J. Rep. 1992 351-761

Jan Mayen case
Case Concerning the Maritime Delimitation in the Area between Greenland and Jan Mayen (Denmark v Norway), Judgment of 14 June 1993, I.C.J. Rep. 1993 38-314

Territorial Dispute case
Case Concerning the Territorial Dispute (Libya v Chad), Judgment of 3 February 1994, I.C.J. Rep. 1994 6-103

THE PENDING MARITIME DELIMITATION IN THE *CAMEROON* v. *NIGERIA* CASE:

A Piece in the Jigsaw Puzzle of the Gulf of Guinea

International Journal of Marine and Coastal Law
Volume 15 – No. 2
May 2000
pp. 163-192

Agradecimentos são devidos a Alex Oude Elferink e António Prelhaz, pelos seus comentários e apoio na preparação deste artigo, bem como à Fundação Calouste Gulbenkian

Reproduzido com a amável autorização da Martinus Nijhoff Publishers

THE PENDING MARITIME DELIMITATION IN THE *CAMEROON* v. *NIGERIA* CASE:

A Piece in the Jigsaw Puzzle of the Gulf of Guinea

INTRODUCTION

On 29 March 1994, Cameroon seized the International Court of Justice (hereinafter the Court) of a dispute against Nigeria[1]. The Application that instituted the proceedings, although presenting the dispute as relating "essentially to the question of sovereignty over the Bakassi Peninsula", also asked the Court "to determine the course of the maritime boundary between the two States beyond the line fixed [by the Maroua Declaration of 1 June] 1975"[2]. More specifically, Cameroon requested the Court "to proceed to prolong the course of its maritime boundary with the Federal Republic of Nigeria up to the limit of the maritime zones which international law places under their respective jurisdictions". Eventually, the Court was also asked by Cameroon "to specify definitively the frontier between Cameroon and the Federal Republic of Nigeria from Lake Chad to the sea"[3].

In February 1996, Cameroon requested the Court to indicate provisional measures under Article 41 of the Statute. By an Order of 15 March 1996, the Court adjudged on this request. Essentially, it called upon the two states to ensure that a future judgment would not be prejudiced by any actions of their armed forces – which should return to the positions occupied prior to the

---

(1) *Case Concerning the Land and Maritime Boundary between Cameroon and Nigeria* (*Cameroon* v. *Nigeria*). Documents concerning this case are available in the website of the Court (http://www.icj-cij.org/icj www/idocket/icn/icnframe.htm), unless stated otherwise. The press communiqués issued by the Court to announce the developments of this case, which can be used as brief descriptions thereof, can also be obtained on the same website.

(2) For a comment on this agreement, cf. Andronico O. Adede, "Report No. 4-1", in Jonathan I. Charney and Lewis M. Alexander (eds.), *International Maritime Boundaries*, Vol. I (1993), p.841. On the maritime delimitation, cf. Oladipo O. Sholanke, «Delimiting the Territorial Sea between Nigeria and Cameroon: A Rational Approach», (1993) 42 ICLQ 398.

(3) Application of 29 March 1994, paras.1-3 and 20(f); Additional Application of 6 June 1994, para.17(f). The Court decided to treat these two applications as referring to one case, the latter being an amendment of the former (order of 16 June 1994, I.C.J. Rep. 1994 105).

164 *The Pending Maritime Delimitation in the Cameroon v. Nigeria Case*

outbreak of the hostilities, to respect the cease-fire, and to preserve all factual evidence related to the case[4].

In the meantime, Nigeria filed in December 1995 various preliminary objections to the Court's jurisdiction and to the admissibility of the proceedings. The seventh and eighth objections concerned the question of maritime delimitation. Nigeria considered that there was "no legal dispute concerning delimitation of the maritime boundary between the two Parties". Its contention was based, first, on the fact that the determination of the maritime boundary was not "possible prior to the determination of title in respect of the Bakassi Peninsula". Secondly, it argued that there had not been "sufficient action by the Parties, on a footing of equality, to effect a delimitation 'by agreement on the basis of international law'". For Nigeria, the need to negotiate before resorting to adjudication is a requirement prescribed by general international law, which is also set out in Articles 74 and 83 of the 1982 United Nations Convention on the Law of the Sea (hereinafter LOSC)[5]. In the eighth objection, Nigeria submitted that the "question of maritime delimitation necessarily involves the rights and interests of third States and [was therefore] inadmissible"[6].

All preliminary objections raised by Nigeria were unsuccessful[7]. The Court agreed that "it will be difficult if not impossible to determine the delimitation of the maritime boundary between the Parties as long as title over the Peninsula of Bakassi" is not established. But it considered that it was in its discretion to decide the order in which it deals with the issues raised in the case, and that Article 36(2) of its Statute (on the basis of which it had been seized) contained no "condition relating to prior negotiations"[8]. It therefore rejected this objection. As regards the position third states, the Court acknowledged that the rights and interests of Equatorial Guinea and São Tomé and Principe in particular would probably be involved in any delimitation of the maritime boundary between Cameroon and Nigeria. Observing that legally the position of third states was protected by the *Monetary Gold* principle, reaffirmed in the *East Timor* case, the Court considered that this issue could not be dealt with as a preliminary matter inasmuch as the merits of Cameroon's request would have to

---

(4) I.C.J. Rep. 1996 13, 24-25.

(5) Preliminary Objections of Nigeria, para.7.33.

(6) *Ibid.*, at para.8.17.

(7) *Case Concerning the Land and Maritime Boundary between Cameroon and Nigeria*, judgment of 11 June 1998 on the Preliminary Objections, I.C.J. Rep. 1998 275. For an analysis of the whole of the Judgment on the Preliminary Objections, cf. Barbara Kwiatkowska, "Cameroon v Nigeria Land and Maritime Boundary (Preliminary Objections) Judgment of 11 June 1998", (1998) 11 *Hague Yearbook of International Law* 15; J. G. Merrils, "Decisions of International Tribunals: The International Court of Justice", 1998 (48) ICLQ 651.

(8) Judgment, supra n.7, at paras.103-111.

Estudos em Direito Internacional Público 165

be addressed. It remarked, nonetheless, that it could not rule out the possibility of being prevented to render a decision in the absence of the third states involved, and that whether these states would choose to intervene in the proceedings was a matter for them to evaluate[9].

In a very perceptive and clear Dissenting Opinion, Judge Higgins raised an important issue regarding the jurisdiction of the Court[10]. She noted that the main question was not whether negotiation is a prerequisite for resorting to adjudication, but rather "whether a dispute exists at all over this matter", taking account of the requirements of Article 38 of the Statute concerning the notion of legal dispute. As emphasised in her Dissenting Opinion, "the very first time Nigeria saw [Cameroon's claim] line, or indeed any Cameroon continental shelf or EEZ claim line, was when it received the Cameroon Memorial". To her, there was no claim of one party "positively opposed by the other". And because "[i]t is not sufficient for this purpose to say that as the Bakassi Peninsula is disputed, it necessarily follows that the maritime boundary is in dispute", Judge Higgins concluded that as regards the maritime delimitation beyond the 1975 line the Court had no jurisdiction. One must say that this point is extremely well made, and could have led the Court to decline to exercise jurisdiction. If a state is not aware of another state's claim as to the location of the boundary, it is difficult to consider that there is a dispute to be settled.

On 28 October 1998, a few months after the Court rendered its judgment on jurisdiction and admissibility, Nigeria addressed the Court under Article 60 of the Statute seeking an interpretation of the judgment. Since never before had a state approached the Court to ask for an interpretation of a decision on preliminary objections, such request may be considered as somewhat unexpected. The request, which did not relate to any of the preliminary objections concerning the maritime boundary, was declared inadmissible, because the Court considered that it would entail an infringement of the principle of *res judicata*[11].

As it stands, the *Cameroon* v *Nigeria* case presents two distinct issues with regard to maritime boundaries. On the one hand, the Court has to decide if the line fixed by the Maroua Declaration of 1975 is binding upon the Parties, as claimed by Cameroon. Undoubtedly, this issue – which refers to a line extending

---

(9) *Ibid.*, at paras.112-117.

(10) I.C.J. Rep. 1998 275, 345.

(11) I.C.J., Judgment of 25 March 1999. This document was not available in the website of the Court at the time this article was finished. All references are based upon Press Communiqués 99/14 and 99/14bis issued by the Court, particularly upon the second, where a summary of the judgment is provided. For some short comments on this judgment, Kwiatkowska, supra n.7, at pp.38-41; Merrils, supra n.7, at pp.657-658.

up to approximately 17 nautical miles (hereinafter "M"[12]) from the coast – is closely linked with the issue of sovereignty over the Bakassi Peninsula. Here, a delimitation *stricto sensu* will only be needed if the Maroua line is considered as not binding upon the parties. On the other hand, the Court will have to delimit *de novo* the course of the boundary of the EEZ and the continental shelf further seawards.

This article attempts to shed some light on the issue of maritime delimitation between Cameroon and Nigeria. The following two sections, entitled "The geographical setting" and "The juridical setting" respectively, will examine the context within which the delimitation will be effected. Although the geographical and juridical setting are presented in respect of the whole of the Gulf of Guinea, the subsequent analysis addresses primarily the question of maritime delimitation as it is presented to the Court in the *Cameroon v Nigeria* case. Accordingly, the position of third states in the dispute, in particular Equatorial Guinea's intervention in the proceedings, is looked into. Before submitting some concluding remarks, a few thoughts on the legal determination of maritime boundaries in general, and on the boundary delimitation between Cameroon and Nigeria in particular, are offered for consideration.

THE GEOGRAPHICAL SETTING

When it comes to maritime delimitation, the Gulf of Guinea – which comprises an indentation on the African continental coastline between Cape Formoso and Cap Lopez known as Bight of Biafra (or Bight of Bonny) – is surely one of the most complex geographical settings on the globe. The territories of five states – Cameroon, Equatorial Guinea, Gabon, Nigeria, and São Tomé and Príncipe – abut on the waters of the gulf[13]. The convex shape of the continental coastline combined with the presence of several islands lying approximately on a line of azimuth 210 from the center of the gulf creates a true delimitation conundrum. So much so that within an area approximately defined in latitude by the parallels 5°N and 4°S and in longitude by the meridians 4°E and 10°E, the potential maritime entitlement of each state overlaps to a considerable extent with at least two of its neighbours[14]. The maritime

---

(12) The symbol "M" is used in the *Système International d'Unités* (International System of Units) to refer to the International Nautical Mile (1852 m). This is the unit of length adopted for purposes of the law of the sea (*Official Records, Report of the International Law Commission to the General Assembly – Eighth Session*, 1956, para.32, at p.4).

(13) See Map 1. The reader must be aware that both maps attached to this article have mere illustrative purposes.

(14) The term 'potential entitlement' may be used to refer to the area over which, according to international law, states would be allowed to claim for purposes of exercising maritime sovereignty or jurisdiction, if the

Estudos em Direito Internacional Público 167

jurisdiction of any of these states is, therefore, to some extent, cut-off by the presence of some of the other states. For purposes of maritime delimitation, this geographical setting in the Gulf of Guinea may be analysed by dividing the area mentioned above in three sub-areas.

In the northern sub-area, Nigeria and Cameroon appear in a situation of adjacency. Eastwards of Cape Formoso, the Nigerian coastline runs approximately on a west-east direction. The Bakassi Peninsula is situated in the area where the common land boundary of these two states reaches the sea. The precise location of the terminal point of that boundary (which will constitute the point of departure for any maritime delimitation), however, can only be determined when the question of sovereign title over the Bakassi Peninsula is settled. Further east, the Cameroon coastline swerves to a north-south direction and includes the convex stretch of the continental coastline. Directly to the south of the Bakassi Peninsula appears island of Bioko, which is a part of Equatorial Guinea's territory. This insular feature is about 2,017 sq. km. in area, and contains the Equatorial Guinea national capital, Malabo. The island is predominantly in a situation of oppositeness in relation to Nigeria and Cameroon. It is some 20 M from the closest point on the Cameroon coast and about 40 M from the Peninsula of Bakassi.

As to the central sub-area, where the African continental coastline runs on a north-south direction, one may observe the situation of adjacency between Cameroon and the Equatorial Guinea continental territory. The point where the land boundary between the two states reaches the coast is some 50 M to the south of the southernmost point of Bioko. Approximately 116 M southwest of Bioko, and 120 M west of the continental Equatorial Guinea, in a situation of oppositeness, is the island of Príncipe, the northern island of the São Tomé and Príncipe archipelago.

The southern sub-area is, again, a complicated setting. Equatorial Guinea and Gabon appear in a situation of adjacency. The terminus of their common land boundary is somewhere in the *Baie de Corisco* (Corisco Bay). Title over a few small insular features in this bay seems to be disputed by the two states. The delimitation of their maritime boundary is not likely to take place until this dispute is resolved. Slightly to the north of the Equator, the island of São Tomé is located some 128 M west-northwest of Cap Lopez (Gabon). The small island of Annobón (Pagalu), which is also part of Equatorial Guinea's territory, lies 100 M south-southwest of São Tomé, and less than 190 M from Cap Lopez. These two

---

presence of all other states would be disregarded. Only when two or more states demonstrate that they are potentially entitled to a certain oceanic area might maritime delimitation be required.

islands and the mainland of Gabon form the vertices of a triangle where the territories of the three states form pairs of situations of oppositeness.

The complexity of this geographical setting is patent in the number of maritime boundaries that have to be delimited in this area. Dividing lines may have to be established between nine different 'pairs of states'. The three parts of the territory of Equatorial Guinea – mainland, and the islands of Bioko and Annobón – situated on different locations of the Bight of Biafra, have a major part to play in these delimitations. The four potential equidistant tri-junction points, all of which involve Equatorial Guinea, illustrate perfectly the true jigsaw puzzle of maritime boundaries between the states that abut the waters of the Gulf of Guinea[15]. Tri-junction points (referred to as "TJ") exist between:

- Nigeria, the island of Bioko, and the island of Príncipe;
- Nigeria, Cameroon, and the island of Bioko;
- the continental Equatorial Guinea, Gabon and the island of São Tomé;
- Gabon, the island of São Tomé, and the island of Annobón.

The location of tri-junction points 1, 3 and 4 is illustrated on Map 1. At the scale of this map, these points coincide with three points of the boundary line agreed between Equatorial Guinea and São Tomé and Príncipe[16]. In exact technical terms, however, the points defined by the agreement between these two states seem to be positioned slightly beyond the potential equidistant tri-junction points[17]. With regard to tri-junction point 2, two possibilities are identified on Map 2: one assuming that the Bakassi Peninsula is part of the territory of Cameroon (TJ2C), and the other using it as part of the Nigerian territory (TJ2N).

THE JURIDICAL SETTING

All five states in the Gulf of Guinea are parties to the LOSC, which was ratified by Cameroon on 19 November 1985, by Equatorial Guinea on 21 July 1997, by Gabon on 11 March 1998, by Nigeria on 14 August 1986, and by São Tomé and Príncipe on 3 November 1987. In this light, the Convention is likely to become the juridical framework of reference for any delimitation in the area. As regards internal legislation, however, the situation of these five states differs somewhat.

---

(15) See Map 1. These are potential tri-junction points based on strict equidistance.

(16) Maritime Boundary Treaty signed on 26 June 1999, points 1 and 15 of para.b), and point 1 of para.a) of Art. 2, respectively; cf. Report No. 4-8, *International Maritime Boundaries*, supra n.2, at p.2654.

(17) Taking into account, *inter alia*, the scale of the charts used by the author to obtain the geographic coordinates for the computation of the tri-junction points, any definitive conclusions in this regard would probably risk being inaccurate. On the other hand, all points utilised were points along the normal baseline of the states.

Estudos em Direito Internacional Público 169

Despite being a party to the LOSC, formally Cameroon seems still to claim a territorial sea of 50 M in its internal legislation[18], and apparently it has not yet enacted legislation claiming an exclusive economic zone. This fact did not pass unnoticed in the arguments before the Court. During the oral hearings on the preliminary objections, Professor Crawford, counsel for Nigeria, made explicit reference thereto, in order to support the view that there could have been no negotiations in relation to a maritime zone that Cameroon did not even claim[19]. As he affirmed in a later session, insofar as "the 200-mile breadth is a maximum, not a mandatory breadth", specific legislation is required to implement the conventional regime[20]. Appearing on behalf of Cameroon, Professor Pellet argued that inasmuch as Article 45 of the Cameroonian Constitution "is monist in inspiration", "treaties are integrated into the domestic order by the mere fact of their ratification". In practical terms, he added, only a 12 M territorial sea could be claimed by Cameroon[21]. According to a table published by the United Nations Division for Ocean Affairs and Law of the Sea, Cameroon claims a 12 M territorial sea, a 24 M contiguous zone, a 200 M EEZ, and a continental shelf delineated on the basis of Article 76[22]. However, one must stress that no indication could be found as regards the acts by which these claims were advanced[23]. No doubt, Cameroon is a party to the LOSC, and its Constitution incorporates international conventions into municipal law through a monist provision. But this falls well short of meaning that the breadths of the maritime zones claimed by Cameroon coincide with the maximum breadth allowed by the LOSC, if only because claiming an EEZ entails the assumption of certain obligations included in the regime of Part V[24].

At the time of writing, the legislation enacted by the other states of the Gulf is in accordance with the standards prescribed in the LOSC as to the breadth

---

(18) From 1971 to 1974, Cameroon claimed 18 M of territorial sea, as stated in Decree 71/DF/416, of 26 August 1971, in United Nations, *The Law of the Sea –Baselines: National Legislation with Illustrative Maps* (1989), p.6. From 1974 onwards its claim extended to 50 M, as established by Act No.74/16, of 5 December 1974, *The Law of the Sea – National Legislation on the Territorial Sea, the Right of Innocent Passage and the Contiguous Zone* (1995), p.78.

(19) I.C.J., Public Sitting, 3 March 1998, Verbatim Record CR/98/02, paras.13-16. Inasmuch as Art. 77(3) of the LOSC was mentioned to emphasise that only the rights over the continental shelf exist without "any express proclamation", the reference to EEZ seems to comprise only jurisdiction over the column of water.

(20) I.C.J., Public Sitting, 9 March 1998, Verbatim Record CR/98/05, on the seventh preliminary objection.

(21) I.C.J., Public Sitting, 11 March 1998, Verbatim Record CR/98/06, on the seventh preliminary objection.

(22) 39 *UN Law of the Sea Bulletin* 41.

(23) In the Annual Notice to Mariners, No.12/00 (National Claims to Maritime Jurisdiction), the United Kingdom Hydrographic Office lists Cameroon as claiming a 50 M territorial sea, and not claiming an EEZ.

(24) This issue was stressed during the oral hearings by Professor Crawford, counsel for Nigeria, making reference to Arts 61, 62, 71, 72, and 75 of the LOSC.

170 *The Pending Maritime Delimitation in the Cameroon v. Nigeria Case*

of maritime zones. Under an Act of 1984, Gabon claimed a territorial sea of 12 M and an EEZ of 200 M[25]. Nigeria's internal legislation was amended recently, on 1 January 1998. In 1969, it claimed a continental shelf by reference to the standards set up in the Geneva Convention (the 200 metre isobath or the exploitability criterion). According to the 1978 legislation, Nigeria claimed a 30 M territorial sea, and a 200 M EEZ. Currently, Nigeria claims a territorial sea of 12 M[26].

Equatorial Guinea claimed a 12 M territorial sea and a 200 M EEZ in its 1984 legislation[27]. In March 1999, this state defined unilaterally the coordinates of its territorial sea and EEZ boundaries, using equidistance as the basic delimitation standard, which was already referred to in 1984[28]. Apparently, the points were computed taking into account the normal baseline, and straight baselines or archipelagic baselines of the states involved. Nonetheless, the boundary thereby claimed seems to extend slightly beyond what would be strict equidistant points, and seems to ignore Gabon's claims over islands in Corisco Bay. Any definitive conclusions in this regard would only be possible if the coordinates (and the geodetic datum) of all controlling basepoints considered to compute the equidistance would be known. Further, obtaining the coordinates of the basepoints along the normal baseline from a nautical chart (as was done in this study) may lead to some inaccuracies. Finally, São Tomé and Príncipe claimed a territorial sea of 12 M and an EEZ of 200 M since 1978. Under a 1998 law, it established unilaterally its EEZ boundaries with the neighbouring states[29]. The coordinates of the boundary points claimed by São Tomé and Príncipe were also computed on the basis of equidistance. Despite having both been computed using equidistance as the delimitation criterion, the lines claimed by Equatorial Guinea and São Tomé and Príncipe as applying between their maritime zones did not exactly match. Technical issues related with, *inter alia*, differences in the basepoints selected to compute the equidistant points, and the use of different

---

(25) Act No.9/1984, *The Law of the Sea – National Legislation on the Exclusive Economic Zone* (1993), p.99; also 9 *UN Law of the Sea Bulletin* 3.

(26) EEZ Decree N.28, of 5 October 1978, "*The Law of the Sea...*", supra n.25, at p.250; Petroleum Decree No.51 of 1969, *The Law of the Sea – National Legislation on the Continental Shelf* (1989), p.180. As to the recent alteration of the Nigerian legislation, cf. I.C.J. Verbatim Records, supra n.19, at para.15.

(27) Act No.15/1984, "*The Law of the Sea...*", supra n.25, at p.79.

(28) Decree-Law 1/1999, of 6 March 1999, 40 *UN Law of the Sea Bulletin* 31. Equatorial Guinea issued this Act shortly prior to filing its Application for Permission to Intervene, of 30 June 1999 (cf. infra n.58), and apparently for this very purpose.

(29) Decree-Law, 19 June 1978, *The Law of the Sea – National Legislation on the Exclusive Economic Zone, the Economic Zone and the Exclusive Fishery Zone* (1986), p.258; Decree-Law 48/82, 2 of December 1982, *The Law of the Sea –Current Developments in State Practice* (1987), p.89; Law 1/1998, of 11 March 1998, 37 *UN Law of the Sea Bulletin* 74.

Estudos em Direito Internacional Público 171

cartographic information (which most likely means different geodetic datums and different surveys) may have been at the root of such discrepancies. Eventually, the two states agreed to delimit their common maritime boundaries "in an equitable manner using equidistance as the general criterion for delimitation"[30]. Apparently, the two states agreed previously on the technical definition of the equidistance boundary, resorting to the WGS 84 as the geodetic datum for the coordinates of the turning points. Following this, Equatorial Guinea enacted its internal legislation with the boundary line coordinates that had been agreed with São Tomé and Príncipe. This explains the coincidence between the turning points of the boundary defined in the treaty and those of Equatorial Guinea's legislation.

As regards references to substantive delimitation standards, the situation of the internal legislation of the five states is again not uniform. Three states – Nigeria, Equatorial Guinea, and São Tomé and Príncipe – endorse the use of equidistance as the basis for the delimitation of their boundaries. Gabon makes no reference to specific delimitation criteria, and refers in broad terms to the application of "generally recognised principles of international law". No indication was found in internal legislation as to the position of Cameroon in this matter.

In the analysis of internal legislation, one final question has to be addressed: the existence of claims concerning straight baselines, archipelagic baselines, and closing lines (all of which may be referred to as straight baselines *lato sensu*). Cameroon claimed straight baselines on its coast under the 1971 legislation[31]. In 1978, São Tomé and Príncipe claimed archipelagic status and specified its archipelagic baselines, the coordinates of which were emended by 1982 legislation[32]. The other three states have not put forward any claims on this level. One ought to say that the question of the relevance of straight baselines for delimitation purposes does not have a simple answer. A first point to be made is that such relevance depends on whether equidistance is to some extent being used in the determination of the boundary. When no role is attributed to equidistance, the location of the baselines becomes practically irrelevant. During negotiations over maritime boundaries, there are three possible ways to deal with straight baselines *lato sensu*. One first possibility is to give full or partial weight

---

(30) Preamble of the boundary treaty, supra n.16.

(31) Decree 71/DF/416, supra n.18. These baselines were protested by the United States of America; cf. J. Ashley Roach and Robert W. Smith (eds.), *United States Responses to Excessive Maritime Claims* (1996), p.77 (Table 2).

(32) Decree-Law 48/82, supra n.29. An analysis carried out by the US State Department concluded that these archipelagic baselines verified the LOSC requirements; cf. Limits in the Sea No.98, *Archipelagic Straight Baselines: Sao Tome and Principe* (1983).

172 The Pending Maritime Delimitation in the Cameroon v. Nigeria Case

to any straight baselines claimed by each of the states involved. Another possible option is to disregard any straight baselines, and to derive the equidistance-based line from the normal baseline. A third way is to 'construct' straight baselines exclusively for delimitation purposes[33]. Still, as shown in the *Guinea* v. *Guinea-Bissau* arbitration, jurisprudence seems to have a very restrict and straightforward view on this issue: "The problem of the baselines ... is not of direct concern to [courts], as these lines depend on the unilateral decision of the States concerned and do not form part of [delimitation] dispute[s]"[34]. All things considered, the best approach is apparently to disregard straight baselines in the computation of equidistance lines, unless the states involved agree explicitly to their use.

Clearly, the proceedings instituted by Cameroon seem already to have had an important impact on the juridical level. The states which clearly have interests in the area under appraisal – Nigeria, Equatorial Guinea, and São Tomé and Príncipe – reacted by updating their internal legislation concerning maritime limits. Furthermore, until the Court was seized of the dispute between Cameroon and Nigeria, no maritime boundary had yet been delimited in the Gulf of Guinea. This *status quo* was recently altered. In what looks like an attempt to safeguard as much as possible their claims as regards the division of the maritime zones, Equatorial Guinea and São Tomé and Príncipe delimited their common maritime boundaries by agreement. Insofar as the two states had referred to equidistance in their internal legislation, the use of this standard as the basis of the delimitation is not surprising. However, this delimitation agreement is certainly not opposable to the other Gulf states, in relation to which they are third parties. *Pacta tertiis nec nocere nec prodesse possunt.* Nevertheless, in terms of the actual political context within which other agreements will be negotiated in the future, this delimitation agreement will most likely constitute an important cornerstone for the jigsaw puzzle in this area, if only because it is the first to be signed.

THIRD STATES AND INTERVENTION

The geographical setting within which the issues of maritime delimitation in the *Cameroon* v *Nigeria* case is to be appraised gives rise to a further problem.

---

(33) On the "Effect of Systems of Straight Baselines on International Maritime Boundaries", namely examples of the way in which the question of baselines was dealt with in State practice, cf. Louis B. Sohn, "Baselines Considerations", in *International Maritime Boundaries*, supra n. 2, p.153, at p.155.

(34) *Guinea* v. *Guinea-Bissau: Dispute Concerning Delimitation of the Maritime Boundary*, arbitral award of 14 February 1985, (1986) 25 I.L.M. 251, at p.292, para.96. In the *Libya* v. *Malta* case (*Case Concerning the Continental Shelf* (Libyan Arab Jamahiriya v Malta), judgment of 3 June 1985, I.C.J. Rep. 1985 3, the Court disregarded the baselines drawn by Malta from the island of Malta to the islet of Filfla in the computation of the provisional delimitation line based on equidistance (at 48, para.64).

Estudos em Direito Internacional Público 173

The close proximity of other states to the delimitation area means that the Court will have to take account of the position of third states. The point was in fact made in Nigeria's eighth preliminary objection, in which Nigeria contended that, because the "question of maritime delimitation involve[d] the rights and interests of third States", it was "inadmissible"[35]. *Inter alia*, Nigeria argued that "the Court simply d[id] not have the possibility of deciding on a *complex interlinked series of equities* affecting States not parties to the proceedings"[36]. It observed, moreover, that the Court would "be required not merely to form a view on equities of the claims or potential claims of third States but in practical effect ... to decide the location of tripoints and on the actual extent of third States rights"[37].

This view was contradicted by Cameroon, which held that "the interests of all other States [were] preserved by Article 59 of the Statute [of the Court] and by the principle according to which any delimitation as between two States is *res inter alios acta*". Cameroon added that the Court had already "proceed[ed] to maritime delimitations in cases where the rights of third States were more clearly in issue than they are in the present case", and that state practice confirmed that "delimitation is in no way made impossible by the existence of the interests of neighbouring States"[38].

As noted above, the Court did not accept Nigeria's views on this matter. Nevertheless, it did recognise "that the prolongation of the maritime boundary between the Parties seawards of point G *will eventually run into maritime zones where the rights and interests of Cameroon and Nigeria will overlap those of third States*", "in particular Equatorial Guinea and São Tomé and Príncipe"[39]. What led to Court to reject Nigeria's objection was the fact that it did not possess an "exclusively preliminary character", because to address the issue it would have had to look into the merits of Cameroon's request. Two key ideas conveyed by the Court's reasoning are worth stressing. On the one hand, the Court stated that "*it is not necessarily prevented from adjudicating* when the judgment it is asked to give affects the legal interests of a State which is not party to the case". On the other hand, it made clear that "the impact of the judgment required by Cameroon on the rights and interests of the third States [can] be such that *the Court [might in reality] be prevented from rendering it in the absence of these*

---

(35) Supra n.5, at para.8.17.

(36) *Ibid.*, at para.8.15, emphasis added.

(37) *Ibid.*, at para.8.16.

(38) Supra n.7, at para.114.

(39) As to the location of point G, see the maps attached to this article.

States"[40]. These assertions demonstrate the attempt to balance-up a complex setting in such a way as to protect in equal measure the position of all states involved.

To understand fully this issue of the rights and interests of third states, one must examine the line claimed by Cameroon in its Memorial, which Cameroon considers the equitable boundary *vis-à-vis* Nigeria. Although the author did not have access to the Memorial itself, the description of the line made by Professor Crawford during the oral hearings[41] allowed a rough determination of points H, I, J and K, which give an approximate idea of the boundary that is being claimed by Cameroon. These points may be seen on Map 1. Considering the close proximity of the island of Bioko to the Cameronian and Nigerian coasts, Equatorial Guinea appears in a particularly vulnerable position. But the rights of interests of São Tomé and Príncipe may also be affected by the Court's decision. Point K, the southernmost point of the described claim line, is approximately 150 M from Cameroon, and less than a half of that distance – approximately 66 M – from the island of Príncipe. Map 1 shows, furthermore, that this point is beyond the boundary line (based on equidistance) agreed between Equatorial Guinea and São Tomé and Príncipe. In this light, and taking into account the geographical setting previously described, one can but conclude that the rights and interests of these two states must necessarily be accounted for by the Court in its decision on maritime delimitation in the *Cameroon* v *Nigeria* case.

As a matter of fact, on 30 June 1999, days after having fixed its maritime boundaries *vis-à-vis* São Tomé and Príncipe, Equatorial Guinea filed an Application for permission to intervene as a non-party in this case, under Article 62 of the Statute[42]. Equatorial Guinea made clear that it had "no intention of intervening in those aspects of the proceedings that relate to the land boundary", and that its sole concern was "the maritime boundary aspects of the case". The object of the intervention was set out as, first, "to protect [its] legal rights in the Gulf of Guinea by all legal means"; and secondly, "to inform the Court of Equatorial Guinea's legal rights and interests so that these may remain unaffected as the Court proceeds to address the question of the maritime boundary between Cameroon and Nigeria". Most importantly, Equatorial Guinea emphasised that it did "not seek to become a party to the case", that it did "not seek the Court's determination of its boundaries with Cameroon and Nigeria", and that it wished "to continue to seek to determine its maritime boundaries with

---

(40) Supra n.7, at para.116, emphasis added.

(41) Supra n.19, at para.35.

(42) On the "Legal Basis for Intervention before the International Court of Justice", cf. Christine Chinkin, *Third Parties in International Law* (1993), p.150.

Estudos em Direito Internacional Público 175

its neighbours through negotiations"[43]. Neither Cameroon nor Nigeria raised any objection to this request for intervention[44]. The Court decided, "pursuant to Article 62 of the Statute", to permit Equatorial Guinea's intervention "to the extent, in the manner, and for the purposes set out in its Application"[45].

Previous attempts to intervene under Article 62 of the Statute have not always been successful. The Court did not grant Malta and Italy permission to intervene in the cases concerning the delimitation of the continental shelf between Tunisia and Libya[46] and between Libya and Malta[47] respectively. The case concerning the *Land, Island* and *Maritime Frontier Dispute*, between El Salvador and Honduras, was until now the only case in which such intervention of a third state – Nicaragua – had been permitted[48]. Here, a Chamber of the Court held the view that a potential intervening state "has only to show that its interest 'may' be affected, *not that it will or must be affected*"[49]. The Court now upheld this jurisprudence concerning a non-party intervention. It considered that, inasmuch as "Equatorial Guinea ha[d] sufficiently established that it ha[d] an interest of a legal nature which could be affected by any judgment" regarding the maritime boundary between Cameroon and Nigeria, "there [was] nothing to prevent the Application by Equatorial Guinea for permission to intervene from being granted".

As to the question of the "jurisdictional link" required by Article 81(2)(c) of the Rules of the Court, and the associated issue of the consensual nature of the international jurisdiction, the conclusions reached in the 1990 judgment were also endorsed. Then, the Chamber affirmed that the "competence of the Court in this matter of intervention is not ... derived from the consent of the parties to the case, *but from the consent given by them to becoming parties to the Court's*

---

(43) I.C.J., order of 21 October 1999, on Equatorial Guinea's Application for Permission to Intervene, at paras.2-5 (hereinafter *Equatorial Guinea Intervention*).

(44) *Ibid.*, at paras.9-10.

(45) *Ibid.*, at para.18(1).

(46) *Case Concerning the Continental Shelf* (Tunisia v Libyan Arab Jamahiriya), Application for Permission to Intervene, judgment of 14 April 1981, I.C.J. Rep. 1981 3 (hereinafter *Maltese intervention*).

(47) *Case Concerning the Continental Shelf* (Libyan Arab Jamahiriya v Malta), Application for Permission to Intervene, judgment of 21 March 1984, I.C.J. Rep. 1984 3 (hereinafter *Italian intervention*).

(48) *Case Concerning the Land, Island and Maritime Boundary Dispute* (El Salvador v Honduras), Application for Permission to Intervene, judgment of 13 September 1990, I.C.J. Rep. 1990 92 (hereinafter *Nicaraguan intervention*). On this case, Malcom D. Evans, "Case Concerning the Land, Island and Maritime Frontier Dispute (El Salvador/Honduras) – The Nicaraguan Intervention", (1992) 41 ICLQ 896. For a comparative analysis with the previous two cases, Malcom D. Evans, "Intervention, the International Court of Justice and the Law of the Sea", (1995) 48 *Revue Hellénique de Droit International* 73.

(49) I.C.J. Rep. 1990 92, 117, at para.61, emphasis added.

Statute"[50]. And considered that "the procedure of intervention [established under Article 62 of the Statute] is to ensure that a State with possibly affected interests may be permitted to intervene even though there is no jurisdictional link and it cannot become a party"[51]. Insofar as Equatorial Guinea's request to intervene was "based solely upon Article 62 of the Statute", and shows that no jurisdictional link exists with either Cameroon or Nigeria, the position now adopted by the full Court is clearly in consonance with that followed by the Chamber[52]. Importantly, it re-avers the distinction drawn in 1990 between an intervening party – which must show the existence of a jurisdictional link, and a non-party intervener – which only has to show the existence of a legal interest that may be affected. Whereas the former would be fully bound by the Court's ruling, the latter is exempted from the legal effects of the decision, as results from the application of Article 59 of the Statute[53].

One tends to agree with the idea that the reasoning of the *Nicaraguan intervention* and *Equatorial Guinea intervention* is "less restrictive" than others previously adopted by the Court[54]. Whether such perspective, which was already considered as an example of "relaxation of the requirement of consent"[55], will constitute a trend for the future remains to be seen. But most likely, these two cases will become the mould in which future interventions in maritime delimitation cases will be shaped.

All in all, one ought to say that if Equatorial Guinea had not been permitted to intervene in this case, it would be difficult to imagine in which circumstances a state would be allowed to do so. For the boundary line claimed by Cameroon patently encroaches upon areas that entail the rights and interests of Equatorial Guinea – and of São Tomé and Príncipe for that matter. No doubt,

---

(50) *Ibid.*, at p.133, para.96, emphasis added.

(51) *Ibid.*, at p.135, para.100.

(52) Supra n.43, at para.5.

(53) On this distinction, Barbara Kwiatkowska, "Equitable Maritime Boundary Delimitation, as Exemplified in the Work of the International Court of Justice During the Presidency of Sir Robert Yewdall Jennings and Beyond", (1997) 28(2) O.D.I.L. 91, at pp.96-99.

(54) Chinkin, supra n.42, at pp.viii, 160-172. In the judgments on the applications of Malta and Italy to intervene in the *Tunisia* v *Libya* and *Libya* v *Malta* cases respectively, there was a division amongst the members of the Court as to the need for the jurisdictional link to exist. This less restrictive approach is closely related to the Dissenting Opinions, and some Separate Opinions, attached to those judgments (Separate Opinions of Judges Oda and Schwebel concerning the *Maltese intervention*, I.C.J. Rep. 1981 23-41; Dissenting Opinions of Judges Sette-Camara, Oda, Ago, Schwebel, and Jennings, I.C.J. Rep. 1984 72-161). Judges Setter-Camara, Oda and Jennings were three of the five judges that constituted the Chamber that adjudged on the *Nicaraguan intervention*.

(55) Elihu Lauterpacht, *Aspects of the Administration of International Justice* (1991), p.26.

Estudos em Direito Internacional Público   177

this case is already carving new ways in maritime boundary adjudication[56]. Since the Court was requested to determine the actual course of the maritime boundary between two states, its decision seems to acknowledge (to some extent at least) that the rights and interests of third states may *de facto* be affected by the delimitation of the maritime boundary between two states. And this justifies the intervention. The rather formal argument that the position of third states is sufficiently protected by the mechanism of Article 59 of the Statute of the Court seems to have been somewhat abandoned[57]. This is a welcome touch of realism in international adjudication. The *de facto* and worldwide *imprimatur* of any decision of the Court must be recognised, and can never be overstressed. Third states' rights and interests may in practical terms be prejudiced if not adequately protected during the proceedings. As maintained by Equatorial Guinea, "any judgment extending the boundary between Cameroon and Nigeria across the median line with Equatorial Guinea [would] be relied upon by concessionaires who would likely ignore Equatorial Guinea's protests and proceed to explore and exploit resources to [its] legal and economic detriment". Allegedly, moreover, it "would impair [its] ability to negotiate a boundary with [Cameroon and Nigeria] based on the median line as well as its interests in any adjudication of its maritime boundary with either Cameroon or Nigeria"[58].

MARITIME DELIMITATION

With a view to putting the analysis of the situation in the Gulf of Guinea in context, a few preliminary points may be made. The history of maritime delimitation law, and indeed its substantive contents, may be described as a 'battle field' between two equally fundamental ideas. On one level is the principle that *the land dominates the sea*, which conveys an inherent notion of proximity between the land territory and adjacent sea areas. Enshrined in this principle is another "general principle, *presumed as initially fair to all parties*, ... that the boundary be located no closer to one State than to another"[59]. When

---

(56) In what were probably analogous situations, the intervention of Malta in the *Tunisia* v *Libya* case, and Italy in the *Libya* v *Malta* case, were not permitted. One must not fail to note, however, that "in spite of the Court's decision dismissing the application to intervene, the would-be interveners to an important extent had achieved their objectives"; cf. Kwiatkowska, supra n.53, at p.97.

(57) This approach seems to have proved Judge Jennings right. He affirmed in the past that "[t]o interpret one article of the Statute [Article 59] in such a way as to deprive another article in the same section of the Statute [Article 62] of all meaning, [could not] be right"; cf. Dissenting Opinion, supra n.47, at p.161, para.34.

(58) Equatorial Guinea's Application for Permission to Intervene, of 30 June 1999, pp.8-9. This document was not available at the website of the International Court of Justice at the time this article was finished.

(59) Myres S. McDougal and Willian T. Burke, *The Public Order of the Oceans: A Contemporary International Law of the Sea* (1987), p.725, emphasis added.

maritime delimitation is required, i.e. where there is an overlapping of potential entitlements, the principle that the land dominates the sea is translated (into geographical terms) by the concept of equidistance[60]. On another level, appears the principle of *equity*, which is inherent in the existence of law itself. The former is a token of certainty, whereas the latter is (to a certain extent) the expression of a worldwide notion of justice. The paradoxical relationship between these two paramount notions is by no means confined to maritime delimitation law. Indeed, it is embodied in the notion of law. As Akehurst once stated, "although it is desirable that rules of law should be *just*, it is perhaps even more desirable that they should be *certain, clear and predictable*"[61]. This explains the role of equity. If rules of law have to be certain and predictable, then equity is absolutely fundamental in adapting them to the unforeseeable circumstances of each case. Due to peculiar way in which maritime delimitation law developed, this conflicting relationship acquired a prominent status. But perhaps time has come to accept that the tension between equidistance and equity in maritime delimitation is no more than the natural expression of a paradox that is common to all branches of law.

How the Court will deal with the maritime delimitation issue in the *Cameroon* v *Nigeria* case is a question the answer to which will it is hoped clarify some points of jurisprudence. Hitherto, the Court has apparently taken maritime delimitation to be inherently bilateral[62]. This view is in fact endorsed by eminent commentators on the subject[63]. No less eminent jurists have nonetheless reacted against what was denominated an "enervating bilateralism", in particular as regards continental shelf delimitation[64]. Both views are probably right to a certain extent. Undoubtedly, delimitation is, in principle, a bilateral issue. But it is no less true that delimitation may in certain circumstances entail

---

(60) The use of equidistance as the delimitation standard in the absence of an agreement resulted from the work of the International Law Commission (hereinafter ILC), which included it in the 1956 Draft Articles on the Law of the Sea. During the 1958 United Nations Conference on the Law of the Sea this approach was endorsed by states, and incorporated in the 1958 Geneva Conventions on the Territorial Sea and the Contiguous Zone (Arts 12(1) and 24(3)), and on the Continental Shelf (Art. 6). In the case of the territorial sea and the continental shelf, the final formula contains a combined equidistance-special circumstances rule; equidistance is the residual delimitation criterion if no special circumstances justify otherwise. Importantly, it should be stressed that, during the *travaux préparatoires* of the ILC, the delimitation of maritime boundaries by recourse to *ex aequo et bono* arbitration was almost unanimously rejected or considered as not advisable by states; cf. (1953) I.L.C. Yearbook (II) 241-269. The subsequent practice of states demonstrated the willingness of states in accepting the role of equidistance in maritime delimitation.

(61) Michael Akehurst, "Equity and General Principles of Law", (1976) 25 ICLQ 801, at p.809, emphasis added.

(62) Evans, "Intervention...", supra n.48, at pp.90-91; Chinkin, supra n.42, at p.162.

(63) Prosper Weil, *The Law of Maritime Delimitation – Reflections* (1989), p.110.

(64) Judge Jennings, supra n.47, at p.160, para.32.

Estudos em Direito Internacional Público   179

the rights and interests of more than two states. The primary difficulty in such cases is that third states might *de facto* be prejudiced by a bilateral delimitation. When delimitation is effected by agreement, this is not likely to occur due to the operation of the *pacta tertiis* rule. A state whose rights and interests are being challenged can protest against the negotiated bilateral delimitation, thereby preventing its legal effects from being opposable thereto. If the delimitation is effected by adjudication, in particular by the International Court of Justice, it is much more difficult for a third state to react in meaningful terms. Depriving a decision of the Court of its legal effects, as well as of its *de facto* effects in international relations, is actually a chimera. Naturally aware of this fact, courts may weigh the impact of the delimitation on the legal position of a third state, and decide to take the adequate measures to protect them.

What seems certain is that, *in casu*, the Court cannot determine a tri-junction point[65]. Equatorial Guinea made quite clear that it had no intention to become a party to the case, and that it intended to effect the delimitation of its maritime boundaries through negotiation. Various options are available to the Court as ways of protecting the rights of third states, in particular Equatorial Guinea. One is to delimit the boundary by a line the terminal point of which will remain undefined, as occurred in the *Tunisia* v *Libya* case[66]. Another possible approach is to restrict the delimitation to the areas that are not claimed by Equatorial Guinea, as happened in relation to Italy in the *Libya* v *Malta* case[67]. A third plausible solution is that the Court declines to pass a judgment on the maritime delimitation, possibility that was explicitly referred to in the judgment on the preliminary objections[68].

These are what one might call 'the predictable outcomes'. Predictability, however, has not always been a characteristic of maritime boundary adjudication. Another type of approach thus cannot be ruled out. The Court can find in state practice other possible ways of dealing with the "third state issue"[69]. One possible way is to delimit the Cameroon-Nigeria boundary from point G up to a point located "well short" of the area of interest of third states (as occurred in the

---

(65) Considering the geographical setting and the claim line put forward by Cameroon, if the jurisdiction of the Court was established in relation to all states, this case could, among other possibilities, result in the determination of a multilateral-junction point between four states: Cameroon, Equatorial Guinea, Nigeria, and São Tomé and Príncipe.

(66) *Case Concerning the Continental Shelf* (Tunisia v Libyan Arab Jamahiriya), judgment of 24 February 1982, I.C.J. Rep. 1982 3, 94, at para.133(C)(3)).

(67) Supra n.34, at pp.53, 56, paras.74, 79.

(68) Supra n.7, at para.116.

(69) David Colson, "The Legal Regime of Maritime Boundary Agreements", in *International Maritime Boundaries*, supra n.2, p.41, at p.61.

very recent Eritrea-Yemen arbitration[70]), or short of a potential equidistance tri-junction point. Another possible approach is to assume the location of an equidistance tri-junction point with Equatorial Guinea, and to delimit the boundary between Cameroon and Nigeria from point G up to that point. Finally, the Court could determine the boundary *sub conditio*, i.e. to state that the boundary would extend along a certain line until the jurisdiction of Equatorial Guinea would be reached, and to leave the definition of this point to further negotiations between the three states[71].

As previously mentioned, the potential maritime entitlements of the littoral states that abut the waters of the Gulf of Guinea can never be fully realised. Every one of the five states must accept a considerable reduction of its maximum entitlement as a result of the presence of the others. This is the scenario within which the Court has to arrive at a decision on maritime delimitation in the *Cameroon* v *Nigeria* case. And there is a further difficulty. To use a very fortunate notion advanced by the Court of Arbitration during the *United Kingdom* v *France* arbitration of 1977, in relation to the Channel Islands region, the geographical context of the Gulf of Guinea area may be portrayed as *giving little scope to redress inequities*[72]. An attempt to redress a situation of inequity may indirectly generate another situation of inequity elsewhere in the Gulf. The best way to approach the issue would perhaps be to find an overall balance between the rights and interests of all states involved. However, the jurisdiction of the Court is restricted to the dispute between Cameroon and Nigeria.

Both Equatorial Guinea and São Tomé and Príncipe unilaterally defined the extent of their maritime jurisdictions *vis-à-vis* their neighbours by recourse to equidistance[73]. These unilateral acts were followed by the signature of a delimitation treaty that endorses the use of the principle of equidistance as means to determine their common maritime boundary in "an equitable manner"[74]. The claim line put forward by Cameroon in its Memorial, as the boundary *vis-à-vis* Nigeria, is preceded by the title, "*La Délimitation Équitable*" (The Equitable Delimitation)[75]. Although the Cameroon arguments that found the claim line beyond point G are not fully known, the use of such an expression denotes an

---

(70) *Eritrea/Yemen Arbitration: Second Stage – Maritime Delimitation*, arbitral award of 17 December 1999, website of the Permanent Court of Arbitration (www.pca-cpa.org/ER-YEMain.htm), para.164.

(71) Colson, supra n.69, at pp.61-63.

(72) *Case Concerning the Delimitation of the Continental Shelf between the United Kingdom of Great Britain and Northern Ireland, and the French Republic*, arbitral award of 30 June 1977, 18 R.I.A.A. 3, at pp.93-95, paras.196-201.

(73) Supra n.28, and n.29.

(74) Supra n.16, at the Preamble.

(75) Professor Crawford's presentation, supra n.19, at para.33, referring to p.556 of the Memorial.

Estudos em Direito Internacional Público　　　　　　　　　　181

approach based primarily on considerations of equity. This is unsurprising, for the maritime jurisdiction of Cameroon would be reduced if a strict equidistance line were used for determining its maritime boundaries. Naturally, when commenting upon the contents of Equatorial Guinea's Application for Permission to Intervene, Cameroon affirmed that it "entirely reserve[d] its position in relation to the validity and possible consequences of the unilateral delimitation undertaken by Equatorial Guinea, whose claims, based solely on the principle of equidistance, *do not take into account the special geographical features of the area in dispute*" [76].

There is, furthermore, another major issue. Cameroon's claim line not only extends beyond the equidistance line *vis-à-vis* Equatorial Guinea (Bioko), but also goes as far as crossing the equidistance line between this state and São Tomé and Príncipe (Príncipe)[77]. What is presented as a claim against Nigeria thus acquires a wider multilateral scope. True, the line agreed between these ztates is not opposable against Cameroon. But their rights and interests necessarily become an issue when such a claim line is brought forward. And Cameroon is perfectly aware that the Court has no jurisdiction to adjudge on the maritime delimitation in a way that affects the rights and interests of Equatorial Guinea and São Tomé and Príncipe. Understanding what motivated Cameroon to bring forward such a claim against Nigeria before the Court is perhaps only possible if one looks into the vexed question of 'equidistance versus equity', and the important distinction between negotiation and adjudication.

It seems undisputed that, due to the interaction of various factors, maritime delimitation law emerged primarily as judge-made law, in spite of what is literally prescribed in Article 38 of the Statute of the Court[78]. A vast jurisprudence, beginning with the 1969 judgment in the *North Sea* cases[79], has enunciated a customary rule of delimitation of offshore sea areas (continental shelf and EEZ) that basically prescribes the application of 'equitable principles', taking

---

(76) Supra n.43, at para.10.

(77) See Map 1.

(78) As far as the author is aware, the term "judge-made law" was first used by Jennings in 1981 to refer to "the law of continental shelf boundaries"; cf. Robert Y. Jennings, "What Is International Law and How Do We Tell It When We See It?", in (1981) 37 *Annuaire Suisse de Droit International* 59, at p.68. Since then, the same idea was conveyed in the writings of other authors when referring to maritime delimitation law; for example, Weil, supra n.63, pp.6-8; Oscar Schachter, *International Law in Theory and Practice* (1991), p.58; Juan J. Quintana, "The International Court of Justice and the Formulation of General International Law: The Law of Maritime Delimitation as an Example", in A. S. Muller *et al.* (eds.) *The International Court of Justice: Its Future Role After Fifty Years* (1997), p.367, at p.373; Ian Brownlie, *The Rule of Law in International Affairs* (1998), p.28.

(79) *North Sea Continental Shelf Cases* (Federal Republic of Germany v Denmark; Federal Republic of Germany v Netherlands), judgment of 20 February 1969, I.C.J. Rep. 1969 3.

account of all relevant circumstances. According thereto, the use of equidistance is merely one of the possible methods to arrive at an equitable solution. No doubt, the Court's doctrine of equitable principles acknowledges that equidistance may be used as the provisional line in delimitation between opposite states. But it has always considered that such use has no mandatory character. It is easy to conclude that this approach clearly favours the recourse to considerations of equity in maritime delimitation. For those brought up in a traditional understandding of international law, this would immediately imply that there would be a 'general practice' of states – settled, extensive, and virtually uniform – whereby maritime boundaries would be delimited in accordance with 'equitable principles'.

State practice, however, shows a blatant and contrasting preference for solutions based on equidistance, even if often using it only as the starting point for the delimitation. A survey undertaken by the author as to the standards advocated or actually used by states in continental shelf and EEZ delimitation, covering the period from 1945 and taking into account unilateral, bilateral and multilateral practice, revealed striking statistics. In approximately 20 per cent of all acts referring to maritime delimitation, no delimitation standard could be identified. References to equitable principles can be found in no more than 13 per cent of the occurrences and one-third of these references pre-date 1958. Notably, in the post-1969 practice, only less than one in 10 acts refer to equitable principles. If restricted to the post-1982 practice, i.e. after the signature of the LOSC, this ratio drops dramatically to less than one in 25 acts. The explicit endorsement of equidistance, on the other hand, occurs in over 45 per cent of the cases. When including the bilateral agreements in which equidistance was *de facto* resorted to in some form, this figure rises to an impressive two thirds of all state practice. One must note, therefore, the non-existence of a *settled, extensive and virtually uniform state practice* supporting the use of 'equitable principles'. States have always been more inclined "to seek the solution in a method modifying or varying the equidistance method rather than to have recourse to a wholly different criterion of delimitation"[80].

This context led to the formation, during the Third United Nations Conference of the Law of the Sea, of two groups of states, each of them supporting one of these somewhat antithetical views on maritime delimitation[81]. Despite all

---

(80) *United Kingdom* v *France* arbitration, supra n.72, at p.116, para.249.

(81) For a list of the states members of each group, cf. Myron H. Nordquist (ed.), *United Nations Convention on the Law of the Sea 1982 – A Commentary*, Vol. I (1985), pp.78-79. Nigeria and Gabon were both members of the group supporting 'equitable principles'. As regards Nigeria, this is somewhat striking, because this state refers to equidistance in its 1978 legislation (supra n.26). No reference is made to the other three states of the Gulf of Guinea.

Estudos em Direito Internacional Público

183

efforts, it was not possible to arrive at an agreement in respect of the substantive delimitation standards. For this reason, Articles 74(1) and 83(1) refer only to the outcome of the delimitation; no reference is made to the substantive standard that is to be adopted in order to achieve an equitable result. Thus, the views as to what are the conventional standards for EEZ and continental shelf delimitation may diverge. For as affirmed recently in the *Eritrea-Yemen* arbitration, "there has to be room for differences of opinion about the interpretation of articles which, in a last minute endeavour ... to get agreement on a very controversial matter, *were consciously designed to decide as little as possible*"[82]. Attempts were undoubtedly made in jurisprudence to bring together the two perspectives on delimitation, as in the *United Kingdom* v. *France* arbitration[83], which was endorsed by the Court in the more recent *Jan Mayen* case[84]. Nevertheless, in state practice one paramount divergence still subsists on this matter. Whereas some states advocate the mandatory use of equidistance in maritime delimitation (at least as the starting point for the delimitation), others reject any such obligation.

Whether the 'equitable principles' doctrine is in fact a part of customary law is indubitably an enthralling question, but regrettably beyond the scope of this article. A few thoughts are nonetheless worth advancing. Considering the so-called 'equitable principles' as part of customary law without showing the relevant state practice from which they emerged is a questionable assertion. This is even more so because the emphasis put on balancing-up factual circumstances makes extremely difficult to identify therein a 'normativity' different from that provided by the principle of equity. Maybe Rossi is right when suggesting that in the *North Sea* cases the Court "misidentified the source of equitable principles" and should have made reference to general principles of international law instead[85]. On a different plane, the distinction between the 'method of equidistance' and the 'legal principle of equidistance' must be effected. As suggested above, the latter is a corollary of the principle that the land dominates the sea. Downgrading equidistance to a mere method[86], therefore, would perhaps not articulate accurately the contents of international law. What is submitted is that,

---

(82) Supra n.70, at para.116, emphasis added.

(83) Supra n.72, at pp.45, 75, 116, paras.70, 148, 249.

(84) *Case Concerning the Maritime Delimitation in the Area between Greenland and Jan Mayen*, judgment of 14 June 1993, I.C.J. Rep. 1993 3, 58, 60-61, 63, at paras.46, 51, 56).

(85) Christopher R. Rossi, *Equity and International Law: A Legal Realist Approach to International Decision-Making* (1993), pp.224-227.

(86) As a method, equidistance deals with issues such as the geodetic datum, the tidal datum for defining the normal baseline, the projection used on charts, the choice of ellipsoid, the scale of charts, the formulae and the accuracy used in computations, and the concept of straight line.

de jure, maybe one ought to consider that both equity and equidistance have a fundamental and mandatory role in maritime delimitation. Brushing aside any of them *in limine* would not be a proper approach. Of course, as any principle of law, the extent to which each of them is actually applied depends upon the factual circumstances *in casu*.

Returning to the *Cameroon* v *Nigeria* case, it seems fair to suggest that Cameroon's decision to bring before the Court such a claim line as the one previously described is perhaps related to the difference pointed out between the procedures for settling boundary disputes. Any claim based on considerations of equity, particularly when attempting to disregard equidistance completely, is inevitably less likely to succeed in negotiation than in adjudication. Courts have in the past shown a certain propensity to attribute to equity a decisive weight in maritime delimitation. The *Jan Mayen* case may have started off a different era, but only the future will show this. States, on the contrary, have not been very keen on accepting in negotiation claim lines based exclusively on considerations of equity, that is, when they take no account of equidistance.

One of the comments made by Judge Higgins helps in assessing the approach adopted by Cameroon. She pointed out that "Cameroon ha[d] not denied that the very first time Nigeria saw [Cameroon's claim] line, or indeed any Cameroon continental shelf or EEZ claim line, was when it received the Cameroon Memorial". When considered together with Equatorial Guinea's assertion that "Cameroon has never once hinted that it did not accept the median line as the maritime boundary between itself and Equatorial Guinea"[87], only one conclusion seems possible: Cameroon apparently believes that it is to its advantage to delimit its maritime boundaries by adjudication. Whether this will be the case, remains to be seen.

Even if the Bakassi Peninsula is considered as Cameroonian territory, the boundary could never be pushed too far to the west near the Nigerian coast, due not only to security-related considerations[88], but also to considerations of equity. Also, the equidistance *vis-à-vis* Equatorial Guinea thus works as a *de facto* cut-off limit, and Cameroon's gains in maritime jurisdiction will always be small if that limit is not 'removed'. Faced with this danger, Cameroon opted to address the Court indirectly on this matter. Any explicit or implicit statement in a *future*

---

(87) Supra n.58, at p.7.

(88) States are hardly ever willing to cede or relinquish the exercise of sovereignty (or jurisdiction) in maritime areas very close to their coasts, because that would mean not being able to control these areas in terms of security. The relevance of security concerns in areas near the coast was already acknowledged in jurisprudence (e.g. the *Guinea* v *Guinea-Bissau* arbitration, supra n.34, at p.302, para.124, and the *Libya* v *Malta* case, supra n.34, at p.42, para.51). Taking into account the armed clashes that already occurred between Cameroon and Nigeria, security concerns are even more relevant.

Estudos em Direito Internacional Público   185

judgment endorsing a status of *capitis diminutio* of equidistance in relation to
equity, in terms of the delimitation of Cameroon's maritime boundaries *vis-à-vis*
Equatorial Guinea and São Tomé and Príncipe, would be an outstanding victory
for Cameroon. Although according to Article 59 of the Statute of the Court the
judgment would not be binding upon those states, the *imprimatur* derived from a
Court's decision would be inescapable in international political, diplomatic and
economic terms.

That seems to be the reason why Equatorial Guinea, referring to the *de
facto* effects that a judgment might have in international affairs, requested the
Court not to impair its right to effect the delimitation of the maritime boundaries
with its neighbours through negotiation. As stated in its Application for
Permission to Intervene, "the intent of [its] legislation is to provide that [its]
exclusive economic zone boundaries ... are to be determined by agreement with
neighbouring States"[89]. In the absence of an agreement, however, Equatorial
Guinea contends that its legal rights over sea areas will no extend beyond the
equidistance line. Apparently, this solution seeks to provide an interim arrangement until agreement is reached. But no definitive statement is made in that
regard. The truth is that Equatorial Guinea informed the Court that "Cameroon
has never once hinted that it did not accept the median line as the maritime
boundary" between the two states[90]. This is hardly a surprising approach.
Looking at the location of the 200-metre isobath[91], which is approximately the
limit of the geo-morphological continental shelf, where the hydrocarbon and gas
resources are perhaps more easily accessible, the picture becomes clearer.
Equatorial Guinea is not prepared to give away easily areas up to the equidistance line with Cameroon and Nigeria because it is to the north of the island of
Bioko that the main area of natural resources lies. In this light, it may be
speculated that the objective of Equatorial Guinea is to obtain from the Court a
decision similar to that of the *Libya* v *Malta* case, i.e. a decision that explicitly
confines the delimitation to those areas that are not claimed by a third state.

When effecting the maritime delimitation, the Court will have to consider
the situation of Cameroon as regards claims to maritime zones. Its formal claim
to a 50 M territorial sea infringes the LOSC regime. But Cameroon already
recognised before the Court that it can not claim more than a 12 M territorial
sea[92]. Thus, no reason seems to prevent the Court from considering that, at least

---

(89) Supra n.59, at p.6.

(90) *Ibid.*, at p.7.

(91) See Map 1.

(92) Professor Pellet, I.C.J., Public Sitting, 11 March 1998, Verbatim Record CR/98/06, on the seventh
preliminary objection.

186   *The Pending Maritime Delimitation in the Cameroon v. Nigeria Case*

for delimitation purposes, Cameroon's territorial sea is 12 M wide. The situation is perhaps more complex in relation to the EEZ. According to Cameroon the non-existence of a formal claim is irrelevant because it requested the Court to determine the boundary of the maritime zones appertaining to it and to Nigeria under international law. In its view, this falls clearly within the jurisdiction of the Court, and once the boundary is determined, Cameroon will be able to decide whether to implement the regime provided for under Part V of the LOSC[93]. Cameroon's *ipso facto* and *ab initio* rights over the continental shelf are affirmed by Article 77(3) of the LOSC, but no similar provision exists in relation to the column of water. In principle, "[w]here a State does not establish an exclusive economic zone or an exclusive fishery zone, *all waters outside the territorial sea remain subject to the regime of the high seas*"[94]. What Cameroon seems to request is the determination of an all-purpose boundary which, having account of the fact that Cameroon did not formally claim an EEZ or fisheries zone, will apparently delimit what is merely a 'potential maritime zone'. This approach departs from both state practice and jurisprudence, if only because it would encompass the division of maritime areas that are considered high seas. How the Court will deal with this problem will certainly shed some light as to the status – for delimitation purposes – of waters that lie within 200 M from the coasts of states, but over which no exercise of jurisdiction has been claimed. If, on the other hand, Cameroon formally claims an EEZ, no such questions will be raised.

CONCLUDING REMARKS

By granting Equatorial Guinea permission to intervene in this case, whilst endorsing the views of the Chamber in relation to the *Nicaraguan intervention*, the Court has already made another important contribution for the crystallisation of international law. When affirming that "Equatorial Guinea ha[d] sufficiently established that it has *an interest of a legal nature which could be affected by any judgment which the Court might hand down* for the purpose of determining the maritime boundary between Cameroon and Nigeria"[95], the Court crystallised not only the intertwined relationship between Articles 59 and 62 of its Statute, but also the object of the juridical figure of intervention. Article 59 may in fact not be enough 'shelter' against the *de facto imprimatur* of its decisions. And Article 62 is an autonomous procedural instrument that can and should be used in certain

---

(93) *Ibid.*.

(94) Myron H. Nordquist (ed.), *United Nations Convention on the Law of the Sea 1982 – A Commentary*, Vol. II (1993), p.510, emphasis added.

(95) Supra n.43, para.13, emphasis added.

Estudos em Direito Internacional Público

187

cases. Equally noteworthy is the fact that the Court re-averred the important distinction between an intervening party and a non-party intervener, and its relation with the need to establish a jurisdictional link, which is only required in the former situation. These contributions, which endorse the jurisprudence of the Chamber in 1990, reflect a well-founded and reasoned realism in conceptualising international disputes concerning maritime boundaries in confined sea areas. Because these disputes will not have a pure bilateral character in many cases, and because the *de facto* effects of a Court's decision can no longer be disregarded lightly, the permission granted to Equatorial Guinea to intervene as a non-party in this case is surely a sound step forward. One should note by way of contrast that the object of the *Nicaraguan intervention* was restricted to the legal regime of the waters inside the Gulf of Fonseca – where a situation of *condominium* was in question. It encompassed neither the delimitation of these waters, nor the delimitation of the waters outside of the Gulf[96].

The Court will be faced next with the substantive arguments concerning the delimitation of the maritime boundaries. Since all states that may be involved are parties to the LOSC, the interpretation of Articles 15, 74(1) and 83(1) thereof will be required[97]. No doubt the discussion will again turn to the vexed question 'equidistance versus equity'. The Court will most certainly reaffirm the paramount role of the principle of equity in maritime delimitation, even if in the form of the so-called 'equitable principles'. It is to be hoped that the Court will also recognise the normativity that is embodied in the notion of equidistance. For there seems to be no reason not to uphold the principle according to which a point in the sea lying closer to land territory of one state than to the territory of another should *prima facie* be considered under the jurisdiction of the former. *The land dominates the sea*. Although it may be deemed a heresy, one would dare to suggest that returning to the combined rule 'equidistance-special circums-tances' would be the best way of ensuring a judicious balance between predicta-bility and equity. As Franck observed once, it is a formula that invites *"prince-pled and reasoned fairness discourse, including elements of distributive justice, where the operation of a rule of simple determinacy would effect undue hardship"*[98]. Indeed, the *travaux préparatoires* of the ILC seem to indicate that

---

(96) Supra n.48, at p.136, para.104. Judge Oda, although concurring with the view of the Chamber as regards the intervention of Nicaragua, criticised the limits imposed on such intervention (I.C.J. Rep. 1990 138-144). It should be noted that, whereas Honduras argued against a wider scope of intervention (I.C.J. Rep. 1990 120, at para.69), neither Cameroon nor Nigeria advanced any argument against the scope of intervention requested by Equatorial Guinea.

(97) To the north-northeast of the island of Bioko (Equatorial Guinea), the minimum distance from the coast of Cameroon is approximately 20 M (see Map 2). Thus, there is a stretch of the boundary in that area that constitutes territorial sea delimitation.

(98) Thomas M. Franck, *Fairness in International Law and Institutions* (1997), p.61.

the legal concept of 'special circumstances' was meant to be an equity-oriented one, and was intended to accomplish a 'reasonable refashioning of geography' in cases where equidistance would lead to obvious and unreasonable inequity.

Highly unlikely seems to be, therefore, the possibility that the Court rejects Equatorial Guinea's arguments in relation to the use of the equidistance line as a fall back interim line in the absence of an agreement. As a matter of fact, the Court seems to have already hinted that it is prepared to value equidistance as a *prima facie* referential for assessing the delimitation issue. In the judgment on the preliminary objections, it observed "that the problem of rights and interests of third States arises only for the prolongation, as requested by Cameroon, of the maritime boundary seawards of point G". And noted that the maritime boundary from point G inwards "does concern the rights of third States ... because the geographical location of point G is *clearly closer to the Nigerian/ Cameroonian mainland than is the location of the tripoint Cameroon-Nigeria-Equatorial Guinea to the mainland*"[99]. The "tripoint" referred to by the Court is indeed an *equidistance tri-junction point*. Apparently, this concept is viewed as the primary referential for evaluating the legal relevance of rights of third states. Such approach seems to have proven Jennings right, who once suggested that the "disputed marginal or fringe area"[100], in relation to which delimitation is necessary, should be determined by reference to equidistance[101].

This is all to say that neither should the rights of any state be affected by simply ruling out the normativity of equidistance, nor should the rights of other states be prejudiced because of a clear disadvantageous geographical setting, which probably constitutes a 'special circumstance'. What is important to recall is the fact that it is not only Cameroon that is cut-off from an extended maritime domain in the Gulf of Guinea. Within the Gulf of Guinea area, extending the maritime jurisdiction of any of the states would immediately imply confining the maritime jurisdiction of the other states. São Tomé and Príncipe and of Equatorial Guinea (Bioko island) cannot be denied their maritime areas in a foot of equality with the other states. Moreover, arguing that Nigeria can extend its maritime jurisdiction in areas outside the Gulf, and should thus have the entitlement of its coasts in the Gulf reduced, means qualifying unjustifiably the principle that the land dominates the sea. There is no rule of international law prescribing, or permitting, the reduction of the entitlement generated by a certain coastal area on the grounds that such reduction is compensated by the maritime

---

(99) Supra n.7, at para.115.

(100) *North Sea* cases, supra n.79, at pp.23, 50, 53, paras.20, 89, 99.

(101) Robert Y. Jennings, "The Principles Governing Marine Boundaries", in Kay Hailbronner *et al.* (eds.) *Staat und Völkerrechtsordnung - Festschrift für Karl Doehring* (1989), p.397, at pp.403-405.

Estudos em Direito Internacional Público   189

jurisdiction that the same state is entitled to claim elsewhere. This is so if only for the fact that the potential marine resources are sometimes concentrated in certain areas, and are virtually non-existent in other areas. The solution in the *North Sea* cases must thus not be extrapolated lightly. The geo-morphological and geological homogeneity of the North Sea is unique; and there were no sizeable islands in the centre of the North Sea to create a geographical conundrum similar to that of the Gulf of Guinea.

One must also not forget that Equatorial Guinea's maritime jurisdiction is constrained not only by the presence of Cameroon, but is also cut off by the presence of São Tomé and Príncipe, Nigeria and Gabon. The Court may indeed decide to restrict the delimitation to the areas that are not claimed by a third state. However, the scope it would have to redress the inequity that results from Cameroon' s relative geographical location would in this instance be minimal. This means that the latitude it has to shape any boundary line between Nigeria and Cameroon is greatly reduced by the presence of Equatorial Guinea and São Tomé and Príncipe, and more indirectly of Gabon. Any 'compensation' given to Cameroon will be at the expense solely of Nigeria's maritime jurisdiction solely. To fully 'compensate' the former, the Court faces the risk of creating a situation of inequity in relation to the latter. As in a jigsaw, the shape of one piece – the boundary between Cameroon and Nigeria – makes sense only in the context of the other pieces – the boundaries between the other states of the Gulf of Guinea. The perception of this intricate problem is perhaps what led the Court to refer in advance to the possibility of not being in a position to render a judgment on maritime delimitation in the absence of third states. Clearly, there is a need for an overall balance between the rights and interests of all states in the Gulf of Guinea, for all their potential entitlements overlap considerably. And a sizeable 'amputation' of each of the entitlements cannot be avoided. Inasmuch as the dispute before the Court involves only two states, the required wider balancing of all factual circumstances is therefore not feasible. One has to recognise that Nigeria was perhaps to some extent right at least on one point: "the Court simply does not have the possibility of deciding on a complex interlinked series of equities affecting States not parties to the proceedings"[102].

Maritime delimitation is seldom an easy task. Therefore, the choice between the procedural means available is one issue that deserves some attention. Whether to negotiate a maritime boundary, or to resort to adjudication, is almost never a neutral option. Juridical and political considerations have to be carefully weighed. Some thoughts made by Bowett on this matter are worth reproducing here. In his view, adjudication is usually preferred "when a government fears that

---

(102) Supra n.5, at para.8.15.

the outcome of a negotiated settlement will be unpopular internally". But he states also that *"litigation is never to be preferred to a negotiated settlement"*. More important is his idea that *"the fact that litigation is pending does not mean that all attempts at a negotiated settlement are at end"*. For, as he so well puts it, "after written pleadings have been filed, both Parties can reassess the strengths and weaknesses of their respective cases and may, as a result, be more ready to settle"[103].

With regard to the Gulf of Guinea, and taking into account Bowett's thoughts, a few ideas may be offered for consideration. First, there can be no doubt that, in order to settle their maritime boundaries, states will have to be prepared to relinquish some of their initial claims. Secondly, because all states involved will have to accept a considerable reduction of their potential maritime entitlements, negotiation appears to be the preferable option if the objective is to minimise losses in a balanced way. Thirdly, by having recourse to adjudication to determine the course of the maritime boundaries, the possibility of arriving at solutions based, for example, on joint development zones or shared revenue zones simply seems to be ruled out. Finally, it should be noted that, if a solution similar to that of the *Libya* v *Malta* case is followed by the Court, it is unlikely to result in a boundary that is more favourable to Cameroon than would be the case if Cameroon were to negotiate a line with Nigeria and Equatorial Guinea at the same time.

There are a number of interests common to the states in the Gulf of Guinea that may be turned into the driving force for settling their maritime disputes. It is known that the area under dispute has an enormous potential in terms of gas and oil exploitation. Probably, the perspective of existence of these resources is the real motivation for the dispute. However, economic activity in general, and investment in particular, does not flourish in disputed areas. Accordingly, one could suggest that in rational terms the best outcome for all states involved would stem maybe from diplomatic negotiation, rather than from adjudication. As Bowett stressed, the fact that two states are involved in litigation is not enough to impair a negotiated settlement on the issue under litigation. Perhaps Cameroon and Nigeria should request the Court to decide first their land dispute in the area of the Peninsula of Bakassi, and attempt subsequently to attain an agreement on a tri-junction point with Equatorial Guinea. The determination of their maritime boundary, either by adjudication, or by negotiation, would be then a lot easier.

---

(103) Derek W. Bowett, "The Conduct of International Litigation", in J. P.Gardner and Chanaka Wickremasinghe (eds.) *The International Court of Justice: Process, Practice and Procedure* (1997), pp.1-2, emphasis added.

Estudos em Direito Internacional Público

191

In conclusion, one can say that maritime delimitation law has been going through a process of refinement that has prolonged for some years now, and the importance of which needs scarcely to be stressed. At a time in which more than a half of the maritime boundaries of the world are still to be delimited, the *Cameroon* v *Nigeria* case will undoubtedly constitute another cornerstone of that development, in relation to which the *imprimatur* of the Court will once again be decisive.

POST SCRIPTUM

On 10 October 2002, the International Court of Justice rendered its judgment on the *Cameroon* v *Nigeria* case, in which, *inter alia*, it pronounced on the delimitation of the maritime boundary between Cameroon and Nigeria in the Gulf of Guinea. The Court considered that the Maroua Declaration was binding on Nigeria. Consequently, the maritime boundary up to Point G was deemed as having been already agreed between the two states. The *de novo* delimitation beyond point G was effected on the basis of the equidistance line, which was viewed as an equitable boundary. In order to avoid infringing upon the rights and interests of Equatorial Guinea, the Court resorted to an open ended loxodromic line. The boundary-line, which was defined through the indication of its initial point and the azimuth of the loxodrome, extends along a certain direction up to a point to be agreed between the three states involved[104].

---

(104) For a more detailed analysis of the Court's judgment, cf. Nuno Antunes, *Towards the Conceptualisation of Maritime Delimitation: Legal and Technical Aspects of a Political Process* (2003), pp.423-437.

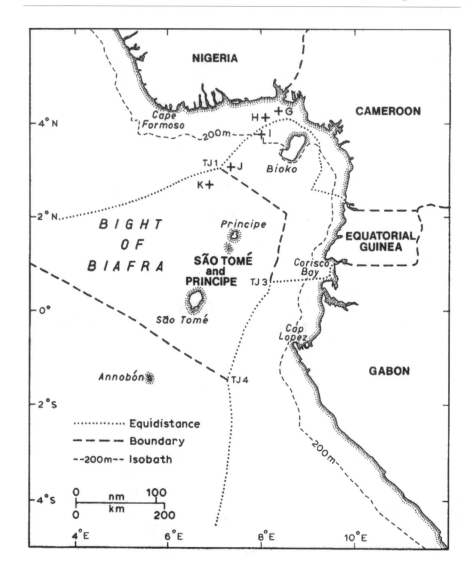

Map 1 – Gulf of Guinea: Macro-geographical Setting

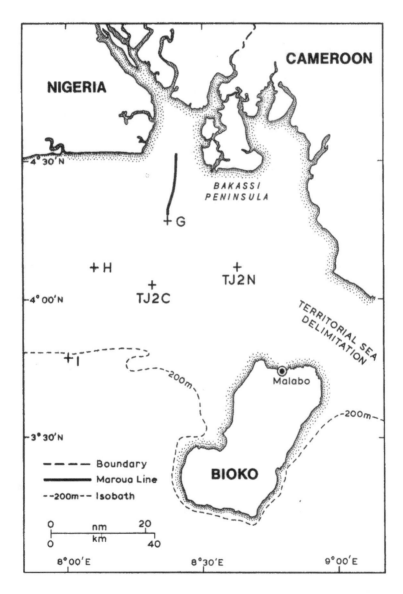

Map 2 – Gulf of Guinea: Area in the Vicinity of the Bakassi Peninsula

THE *ERITREA-YEMEN* ARBITRATION:

First Stage - The Law of Title to Territory Re-Averred

International and Comparative Law Quarterly
Volume 48 – Part 2
April 1999
pp. 362-386

Agradecimentos são devidos a Gerald Blake, Kaiyan Kaikobad, John McHugo, Martin Pratt e Rogério Chumbinho, pelos seus comentários e apoio na preparação deste artigo

Reproduzido com a amável autorização da Oxford University Press

THE ERITREA-YEMEN ARBITRATION:

First Stage – The Law of Title to Territory Re-Averred

INTRODUCTION

In December 1995, Eritrean and Yemeni armed forces clashed in one of the islands situated off the coast of these two states in the Red Sea (Greater Hanish[1]). Behind the incident was a dispute concerning, *inter alia*, the territorial sovereignty over several uninhabited islands in the area, the definition of the maritime boundary between the two states and the use of the waters surrounding the islands by fishermen of both states[2]. Undoubtedly, this dispute is deeply rooted in the history of the two states, and their peoples.

In geographical terms, these two states are located in opposite coasts of the Red Sea: Yemen to the East, and Eritrea to the West. The present Republic of Yemen resulted from the unification on 22 May 1990 of the Yemen Arab Republic (North Yemen, which acceded to independence in 1918 after the fall of the Ottoman Empire) and the People's Democratic Republic of Yemen (South Yemen, constituted in 1967 out of British colony of Aden and the protectorate of South Arabia). Eritrea remained an Italian colony for more than 50 years, until 1941, when the British forces occupied the territory during the Second World War. In 1952 it was integrated in Ethiopia as a federate state. Eritrea seceded from Ethiopia by agreement in 1993, after more than thirty years of civil war following its annexation as a province in 1962.

After the unfortunate event, the states involved eventually managed to agree upon some principles for settling the dispute peacefully, in order to promote the conditions for future co-operation. This "Agreement on Principles", witnessed by Egypt, Ethiopia and France, was signed between the two states in May 1996. Subsequently, the dispute was referred to arbitration on 3 October 1996. The Arbitration Agreement instituted a Tribunal constituted by five

---

(1) The Greater Hanish island is also known as "Hanish Kebir" or as "Hanish al Kubrá".

(2) For a brief overview of the dispute, cf. Daniel Dzurek, «Eritrea-Yemen Dispute Over the Hanish Islands», in (1996) 4 *IBRU Boundary and Security Bull.* 70. This article has attached a table entitled "Southern Red Sea Islands", including data relative to geographical coordinates and area of some of the islands.

judges[3], which was asked to adjudge in two separate stages[4]. In the first stage the Tribunal was requested to decide "on the definition of the scope of the dispute on the basis of the respective position of the two parties", as well as on "territorial sovereignty in accordance with the principles, rules and practices of international law applicable to the matter, and on the basis, in particular, of historic titles". In the second the Tribunal was requested to effect the delimitation of the maritime boundaries between the two states in light of the decision reached in the first stage, and "taking into account ... the United Nations Convention on the Law of the Sea [LOSC], and any other pertinent factor"[5].

On 9 October 1998 the Tribunal rendered its decision in relation to the first stage of the settlement of the dispute between Eritrea and Yemen. The aim of this article is to examine the conclusions reached by the Tribunal, with natural emphasis put on the substantial law of title to territory. Some light will, hopefully, be shed on the legal aspects of the dispute. For purposes of brevity, however, only those aspects considered as having most relevance will be dealt with. First, a brief reference will be made to the definition of the scope of the dispute. Second, attention will be drawn to the fall of the Ottoman Empire within the context of claimed historic titles. Third, the assessment of evidence carried out by the Tribunal will be discussed. Fourth, the decision of the Tribunal in relation to the sovereignty over the islands will be critically analysed.

SCOPE OF THE DISPUTE AND "CRITICAL DATE"

The discretion conceded to the Tribunal in the definition of the scope of the dispute is probably the most striking feature of the Arbitration Agreement from which this adjudication flows. Quite unusually, the two states agreed to resort to arbitration although they were unable to agree upon the precise ambit of the dispute. This type of disagreement is often enough to frustrate a peaceful settlement of disputes. For the precise contents of the clauses contained in

---

(3) The members of the Tribunal are Judge Stephen Schwebel and Judge Rosalyn Higgins (appointed by Eritrea), Dr. Ahmed Sadek El-Kosheri and Mr. Keith Highet (appointed by Yemen). By agreement between the parties, Sir Robert Y. Jennings was appointed President of the Tribunal. Cf. para.4 of the Award of the Arbitral Tribunal in the First Stage of the Proceedings (Territorial Sovereignty and Scope of the Dispute), between the State of Eritrea and the Republic of Yemen, of 9 October 1998 (hereafter referred to as "Award").

(4) Article 2 of the Arbitration Agreement, cited in para.7 of the Award.

(5) Eritrea is not a party to the LOSC, but has nonetheless accepted it as the legal reference for the settlement of the maritime boundary dispute. This seems to be evidence not only that the conventional rules on maritime delimitation have acquired the nature of customary law, but also that there is a tendency towards the universal acceptance of the LOSC, even among those states that still have not become party to it.

Estudos em Direito Internacional Público

arbitration agreements (or "special agreements"[6]) often play a crucial role in the outcome of the dispute. In this case, however, the commendable willingness of the parties to abide by the *rule of law* in settling their dispute prevailed. Establishing precisely the scope of the dispute, taking into account "the respective position of the two parties", was therefore included among the issues left for the Tribunal to decide[7]. In as much as it may increase in the future the number of situations in which states agree to resolve their disputes peacefully, the peculiarity of this situation surely deserves some attention.

When interpreting the expression "the respective position of the parties", the Eritrean and Yemeni views diverged. Whereas Yemen considered that the position of the parties should be established by reference to the date of the Agreement on Principles (21 May 1996), Eritrea was of the view that each party was "free to put forth and elaborate on their positions concerning the scope of the dispute at any point in the proceedings" (meaning the date of submission of the memorials, 1 September 1997). Arguing that Eritrea had not put forward any claim to sovereignty over the islands of Jabal Al-Tayr and the Zubayr group of islands by May 1996, Yemen was thereby trying to exclude them from the arbitration.

In terms of restricting the evidence to be accepted[8], neither party made use of the traditional concept of the *critical date*. Nonetheless, to the extent that it prevented the other party from improving its legal position in the litigation, the Yemeni thesis had a practical effect analogous to that of the critical date[9]. The "ordinary meaning" of the wording, the object and the purpose of the Arbitration

---

(6) These "special agreements" are one of the modes by which states may accept the jurisdiction of the International Court of Justice in dispute settlement; cf. article 36(2) of the ICJ Statute.

(7) The question of the definition of the scope of the dispute is addressed in paras.73-90 of the Award. Noteworthy is the fact that both parties rejected a proposal put forward by France, included in a Draft Agreement on Principles dated 29 Feb. 1996, where an attempt was made to determine which islands were disputed.

(8) "The critical date is a concept linked to the admissibility and weight of evidence" (Ian Brownlie, *The Rule of Law in International Affairs* (1998), p. 152; cf. also his *Principles of Public International Law* (5th edn, 1998), pp. 128-129).

(9) R.Y. Jennings, *The Acquisition of Territory in International Law* (1967), p. 34. The Tribunal referred to it as a "somewhat technical 'critical date' argument" (para.87 of the Award). Fitzmaurice defines the critical date as "the date after which the actions of the parties can no longer affect the issue", and considers that it is an issue that cannot "be separated from the facts and the merits of the case". The "date on which legal proceedings are commenced" constitutes in his view a final and logical time-limit for the claims of the parties (Gerald Fitzmaurice, "The Law and the Procedure of the International Court of Justice, 1951-4: Points of Substantive Law. Part II", in (1955-6) 32 B.Y.I.L. 20, 20, 26). The question of the critical date had already been elaborated on in the jurisprudence particularly in the *Island of Palmas* arbitration (arbitral award of 4 Apr. 1928, Jennings, *ibid.*, pp. 97, 123), in the *Eastern Greenland* case (judgment of 5 Apr. 1933, (1932-1935) *III World Court Reports* 148, 170), and in the *Minquiers and Ecrehos* case (judgment of 21 Mar. 1953, I.C.J. Rep. 1953 47, 51, 58-60).

200   *The Eritrea-Yemen Arbitration: Title to Territory*

Agreement, and the fact that Yemen not only had failed to show that another meaning was intended by the parties when signing the Arbitration Agreement, but had also put forward in its memorial arguments to support its claims over those islands (and elaborated on these arguments in the July 1998 supplementary hearings), were considered by the Tribunal, which upheld the Eritrean view. As a result, it included in the scope of the dispute "all the islands and islets with respect to which the parties have put forward conflicting claims"[10]. Furthermore, having regard to the fact that no critical date argument had been adduced, the Tribunal decided to look into "all the evidence submitted to it, irrespective of the date of the acts to which such evidence [related]"[11]. Both these decisions were hardly unpredictable when considering the view that the critical date should normally be "determined on the basis that seems most just and equitable, having regard to all the circumstances of the case"[12].

THE FALL OF THE OTTOMAN EMPIRE: A HISTORICAL AND LEGAL MILESTONE

According to the Arbitration Agreement, the decision on territorial sovereignty should be founded on "principles, rules and practices of international law applicable to the matter, and on the basis, in particular, of *historic titles*"[13]. How to view this specific reference to historic titles was then a first issue to be addressed by the Tribunal. Not surprisingly, the historical background of the two states as political entities was in fact extensively reflected in their claims. Both parties presented memorials asserting their sovereignty on the basis of a historic title. The long-lasting Ottoman domination of the territories surrounding the Red Sea, followed by the fall of its Empire, had necessarily to play an important role in this adjudication[14]. To determine which state or states would acquire the sovereign territorial rights once vested in the Ottoman Empire was therefore the question to answer.

The old political roots of Yemen, allegedly traceable to "as early as the 6th Century AD", led this state to found its claim on an "original, historic and

---

(10) Paras.88-90 of the Award.

(11) *Ibid.* para.95. At this stage the Tribunal cited the award rendered in the *Palena* arbitration of 1966 (*Argentina-Chile Frontier Case*, arbitral award of 9 Dec. 1966, (1969) 38 I.L.R. 16, 80). However, in the *Palena* arbitration the situation was quite different in so far as both parties had made extensive reference to the question of the critical date "as a means of shutting out evidence of its opponent's activities" (p. 79).

(12) Fitzmaurice, *op. cit.*, supra n.9, at p. 24, citing the pleadings in the *Minquiers and Ecrehos* case (I.C.J. Pleadings 1953, Vol.II, pp. 67-70).

(13) Art.2(2) of the Arbitration Agreement, cited in para.7 of the award (emphasis added).

(14) The term "adjudication" is used throughout this article as including both judicial and arbitral proceedings.

Estudos em Direito Internacional Público 201

traditional" sovereign title: an ancient title to a territory comprising the disputed islands[15]. Yemen argued, in relation to its incorporation in the former Ottoman Empire, that this "did not deprive it of historic title to its territory". Moreover, it was of the view that after the final fall of that Empire and the independence of Yemen in 1918, title "reverted" inevitably to Yemen. This argument propounded that a reversion of title, i.e. an automatic transfer of title back to Yemen, would have taken place as a result of the disintegration of the Ottoman Empire. Accordingly, title over the disputed islands should be seen as having remained continuously in its juridical-political sphere.

Although also based on historical grounds, the Eritrean case had a more recent basis. The events adduced to support it mainly postdate the fall of the Ottoman Empire[16]. Eritrea claimed that by 1941 Italy had acquired title over the islands. In its view, Italy had first challenged the sovereignty of the Ottoman Empire as regards the African coast with the proclamation of the colony of Eritrea in 1890. Subsequently, as a result of the particularly intense activity in the area during the inter-war period, Italy had acquired sovereignty. Eritrea asserted, moreover, that Ethiopia had succeeded in 1952 to the title acquired by Italy. To conclude Eritrea contended that, as a consequence of its secession from Ethiopia, it had succeeded to the Ethiopian legal position. In short, the Eritrean claim stated that the process of consolidation of its title had been initiated with the Italian colonization of the present Eritrean territory, and had ended with the transfer of title from Ethiopia. To reinforce its cause, Eritrea relied also upon the effects of the Treaty of Lausanne of 1923, which embodied an express abandonment by Turkey of "all rights and title to former Ottoman territories and islands", the future of those territories to be "settled by the parties concerned"[17]. In its perspective, those territories had thereby become *res nullius* and left for acquisition in conformity with international law. As a result, Italy had validly acquired title, *a posteriori*, by means of effective occupation[18]. Eritrea relied, finally, on the effects of the doctrine of contiguity associated with a 'leapfroging effect' based on the Mohabbakah islands[19].

---

(15) The facts supporting the Yemeni claim are summed up in paras.31-54 of the award.

(16) The facts supporting the Eritrean claim are sum up in *ibid.*, paras.13-30.

(17) *Ibid.*, para.19. This is a reference to Art. 16 of the Treaty of Lausanne, the relevant part of which is cited in *ibid.*, para.157. The Treaty of Peace of Sèvres, of 1920, in which Turkey renounced its territorial rights in favour of the Principal Allied Powers, was never ratified by Turkey and, therefore, never entered into force.

(18) Para.19 of the award, which refers to "conquest, effective occupation, and location within the territorial sea" as possible means of acquiring sovereignty. In fact, the Italian acquisition of title by occupation could only have taken place if the islands were *res nullius*.

(19) *Ibid.*, para.25.

202   *The Eritrea-Yemen Arbitration: Title to Territory*

Despite their differences, the two claims seemed to converge on a few points. First, although referring to the British presence in the area and its intervention in the regional affairs at the time, they apparently recognised that it did not give rise to any sovereignty claim due to the lack of *animus occupandi*[20]. In fact, a belligerent occupation, such as the British occupation during the Second World War, would always require a subsequent expression of *animus occupandi* to raise questions of title to territory[21]. Secondly, both states admit the existence of a previous Ottoman sovereignty over the islands in dispute at least until the end of the nineteenth century[22]. Finally, putting great historical emphasis on the aftermath of the fall of the Ottoman Empire, both parties turned this issue into the fulcrum of their claims. Yemen referred to a "doctrine of reversion" of title; and Eritrea claimed that by effect of the Treaty of Lausanne the islands had become *res nullius*. All in all, the result was that a great part of the Tribunal's analysis was occupied with the examination of the historical evidence offered for consideration by the parties as confirmation of and support for their claims[23]. To the Tribunal the Ottoman domination represented "an historic fact that should be taken into consideration and given a certain legal effect"[24].

The Yemeni case relied specifically upon the 1911 Treaty of Da'an, by which the Imam of Yemen had been granted "a greater degree of autonomy" within the Ottoman Empire, and upon a "doctrine of reversion". Unimpressed, the Tribunal found that the "medieval Yemen [had been] mainly a mountain entity with little sway over coastal areas", and that "the concept of territorial

---

(20) In general terms, the acquisition and maintenance of a sovereign title to territory depend on an effective occupation of the territory (*corpus occupandi*) and the on the intention of carrying out that occupation *à titre de souverain* (*animus occupandi*).

(21) Para.23 of the award. Cf. Marjorie Whiteman, (1968) 10 Digest of International Law 546-550; Jennings, *op. cit.*, supra n.9, pp. 52-53; D. P. O'Connell, *International Law*, (2nd edn, 1970), pp. 432-433; Georg Ress, "Germany, Legal Status after World War II", in Rudolf Bernhardt *Encyclopedia of Public International Law*, Vol. 2 (1995), pp. 567-568; Rudolf L. Bindschedler, "Annexation", in Bernhardt, *ibid.*, Vol. 1 (1992), pp. 168-172; Karl-Ulrich Meyn, "Debellatio", in Bernhardt, *ibid.*, Vol. 1 (1992), pp. 969-971; Michael Bothe, "Occupation, Belligerant", in Rudolf Bernhardt, *Encyclopedia of Public International Law*, Instalment 4 (1982), pp. 64-67.

(22) Paras.132-133, 442 of the award. The Tribunal established that the sovereignty of the Ottoman Empire was "undisputed up to 1880", and that in relation to the eastern coast of the Red Sea that sovereignty had been exercised until the end of the First World War (para.133). In addition, attention was drawn to the need to distinguish between the islands that had been subject to "the jurisdiction of the Khedive of Egypt" (acting from the western coast of the Red Sea) and the other islands "which remained under the Ottoman *vilayet* of Yemen until the dissolution of the Empire after the First World War" (paras.100, 126, 134).

(23) This led the Tribunal to draw attention to the extensive written pleadings, materials and evidence put forward by the parties, exceeding in total 40 volumes and to which had to be added map atlases and verbatim records of oral hearings.

(24) Para.142 of the award.

Estudos em Direito Internacional Público 203

sovereignty was [at the time] entirely strange to [that] entity". As a result, it considered that "the Imam of Yemen [had] had neither sovereignty nor jurisdiction over the [...] Red Sea coasts", and that "the Ottoman *wali* [had] exercised jurisdiction over the coasts until 1917". In conformity with its findings, the Tribunal stated that it was "not able to accept that sovereignty over the islands in dispute reverted to Yemen" after the fall of the Empire[25].

The Eritrean reasoning had as a starting point an Italian acquisition of title by effective occupation of the islands. Hence, a fundamental feature of this argument was its reliance on the status of *res nullius* of the islands, created by operation of Article 16 of the Treaty of Lausanne. Furthermore, it was also argued that the Italian jurisdiction over some of the islands had been recognised by Great Britain. The Tribunal soundly dismissed these arguments. First, it affirmed that "the Treaty of Lausanne [had] undoubtedly [been] agreed upon in full knowledge both of the position of the Imam and *the ambitions of Italy*". And when interpreting Article 16, the Tribunal was of the opinion that the matter of sovereignty over all islands in dispute had been left "indeterminate *pro tempore*", even if Italian jurisdiction over some of them had been recognised. Secondly, it observed clearly that far from "paving the way for Italian sovereignty", the Treaty of Lausanne was in fact "a formidable obstacle", since the sovereignty over the islands had to be decided "by all those having legal claims or high political interests"[26]. Finally, the Tribunal found in the 1927 Rome Conversations, the 1938 Treaty between Italy and Great Britain, the 1947 Italian Peace Treaty, as well as in the assurances given in this matter at all times by Italy to Great Britain, a confirmation of this *status quo*. Consequently, the islands could not be seen as having been at any time *res nullius*[27].

The Tribunal concluded, on the one hand, that (even in abstract terms) the existence of a "doctrine of reversion" in international law had not been proved. More importantly, it affirmed that it could not uphold *in casu* the Yemeni contention for an ancient title due to the "lack of continuity" caused by the Turkish express relinquishment of territorial rights. Furthermore, in as much as Turkey had enjoyed a lawful and full sovereignty which entitled it to "dispose of the territory", under the doctrine of intertemporal law that dereliction of rights had equally to be seen as lawful[28]. Deciding otherwise, stated the Tribunal,

---

(25) *Ibid.*, paras.121, 122, 143, 146, 148.

(26) *Ibid.*, paras.154, 159, 162, 165, 167, 168 (emphasis added).

(27) *Ibid.*, paras.169-186.

(28) T. O. Elias, "The Doctrine of Intertemporal Law", (1980) 74 A.J.I.L. 285.

204 *The Eritrea-Yemen Arbitration: Title to Territory*

"would be tantamount to a rejection of the legality of Ottoman title to full sovereignty"[29].

This conclusion of the Tribunal certainly reflects the rarity of situations concerning and the difficulties involved with the concept of reversion of title in state succession[30]. The example of a state relinquishing its title over a certain territory which was acquired by conquest, either in favour of another state or by creating a situation of *terra nullius*, seems to indicate that *prima facie* no "doctrine of reversion" exists in international law. However, the existence of reversionary territorial rights (less than sovereignty and dependant upon the circumstances of each case), at least, seems to have been already suggested and considered[31]. Without disagreeing with the Tribunal's conclusion, in so far as this matter has to be seen on a case-by-case basis one must nonetheless say that perhaps a closer investigation was required, namely on the possible existence *in concreto* of a situation of reversion.

On the other hand, although admitting that Italy had entertained "serious territorial ambitions in respect of the Red Sea islands", the Tribunal stated that they had never materialised in the acquisition of a valid title. The concatenation of the effects of Article 16 of the Treaty of Lausanne and of the Italian Peace Treaty of 1947 undermined that possibility. In addition, the assurances consistently given by Italy to Great Britain, as regards the maintenance of the indeterminate *status quo* of the islands, also prejudiced the success of the Eritrean claim[32]. Since Italy had not acquired a valid title to the islands, no title could have been transferred, by succession, to Eritrea through Ethiopia. In sum, "given the waterless and uninhabitable nature of these islands ..., and the intermittent and kaleidoscopically changing political situations and interests", the unsurprising conclusion was that both states had "failed to persuade the Tribunal of the actual existence of [historic] titles"[33]. Consequently, the claims of historic titles were brushed aside. The (hardly controversial) route taken by the Tribunal in respect of the sovereign title was to approach the issue on the basis of "relatively recent history of use and possession". Reference was made at this point to the *Minquiers and Ecrehos* judgment. In that case the International Court had similarly concluded that "indirect presumptions deduced from events in the Middle Ages" could not be given "decisive importance", and that the sovereignty

---

(29) Paras.125, 144, 148, 165, 441-444 of the award.

(30) Ian Brownlie, *Principles* ..., supra n.8, p. 671.

(31) *Ibid.*, pp. 109-110.

(32) Para.448 of the award.

(33) *Ibid.*, paras.447, 449.

Estudos em Direito Internacional Público

issue should be resolved by weighing the evidence directly related to the possession of the islands[34].

One point has nonetheless to be made. It is a fact that "the modern Western concept of sovereignty" would always be unfamiliar to an Arab medieval society[35]. However, the Tribunal may have lost a major opportunity of furthering the universality of international law. In the *Minquiers and Ecrehos* case, although not accepting the claim of an immemorial feudal title, the International Court admitted the possibility of its existence[36]. It may then be argued that the Yemeni ancient legal ties with the islands in dispute could have been looked at in more depth, in the light of the regional culture. The possibility of the existence of territorial rights other than those known in traditional international law would have been accounted for. And if such rights existed, then their relevance in the dispute over the islands would have to be assessed. This attempt was already made in the *Western Sahara* Advisory Opinion. Here, the Court concluded that "legal ties of allegiance" existed between the Sultan of Morocco and tribes in Western Sahara, and that "rights relating to the land" also existed between the Mauritanian entity and the territory of Western Sahara[37]. In as much as this kind of legal evidence may play an important part in cases about territorial sovereignty, it could perhaps have deserved more of the Tribunal's attention.

Another issue briefly addressed by the Tribunal concerned the joint effects of the *uti possidetis* principle and the fall of the Ottoman Empire[38]. In its pleadings, Yemen had argued that, as one of the newly independent states replacing that Empire, it benefited from the presumption that its boundaries would be those of the administrative entity from which the Yemeni state had emerged[39]. Addressing the issue, the Tribunal reaffirmed the findings of the *Guinea-Bissau* v. *Senegal* arbitration, namely that "a legal event must be assessed in the light of the law in force at the time of its occurrence"[40]. The

---

(34) I.C.J. Rep. 1953 47, 57. This perspective was endorsed in the *Western Sahara* Advisory Opinion (I.C.J. Rep. 1975 4, 43).

(35) Para.446 of the award.

(36) I.C.J. Rep. 1953 47, 53-57, 60-67.

(37) I.C.J. Rep. 1975 4, 40-57, 57-64, 68.

(38) Paras.96-99 of the award.

(39) The importance of this principle in "securing respect for the territorial boundaries at the moment when the independence is achieved" was clearly stressed in the *Burkina Faso–Mali* case (*Case Concerning the Frontier Dispute*, judgment of 22 Dec. 1986, I.C.J. Rep. 1986 554, 566). Cf. also the *Land, Island and Maritime Frontier Dispute*, judgment of 11 Sept. 1992, I.C.J. Rep. 1992 351, 386-395.

(40) *Case Concerning the Arbitral Award of 31 July 1989*, (1990) 83 I.L.R. 8, 45, para.85. Cf. p. 32, para.54, where, apropos, reference is made to the decision on the *Island of Palmas* arbitration.

206   *The Eritrea-Yemen Arbitration: Title to Territory*

conclusion reached by the Tribunal was that "a juridical question arising in the Middle East shortly after the close of the First World War" could not be decided by a principle whose use was by then thought to be legally and geographically confined to Latin America[41].

Although the application of the principle of intertemporal law is incontestable, a less strict approach could have been adopted. In the late nineteenth century the *uti possidetis juris* principle was undeniably confined to the Latin America context. But during the 1960s it was already clear that this principle had become applicable also in the African and Asian contexts[42]. Basically, this principle conveyed the *juris tantum* presumption "that pre-independence boundaries of former administrative divisions all subject to the same sovereign remain in being"[43]. Hence, the Tribunal could have determined whether there was evidence to support its assertion that this principle had not become applicable outside the Latin American context at the time of the independence of Yemen.

However, the main arguments for dismissing the *uti possidetis juris* principle *in limine* were of another nature. First, the Tribunal affirmed that this principle could be applied only where a precisely defined line existed, which clearly was not the case. Second, it also held that on account of the contents of Article 16 of the Treaty of Lausanne the principle could not operate. This last argument is decisive and incontestable. For Article 16 stated, expressing the *animus derelinquendi* of Turkey, that the future of the islands would have to be settled by the parties concerned. As to the first, it is the case that a non-existent, or ill-defined or non-provable administrative boundary line often hinders the practical operation of the principle. For what was previously possessed by each administrative unit cannot be defined accurately. In fact, in the presence of unreliable or disputed lines the principle "ceases to be of use"[44].

In the *Land, Island and Maritime Frontier Dispute*, the Chamber of the International Court had to address a similar situation where title over islands situated in a confined maritime area had to be decided. The problem was that, as in this case, "the historical material of colonial times [was] confused and contradictory, and ... the accession to independence [had] not [been] immediately followed by unambiguous acts of sovereignty". The conclusion then

---

(41) Para.99 of the award.

(42) Cf. OAU Resolution of 21 July 1964, concerning boundary disputes in Africa; *Burkina Faso-Mali* case, supra n.39, at pp. 565-568, 586-587; *Rann of Kutch* arbitration, *Case Concerning the Indo-Pakistan Western Boundary*, arbitral award of 19 Feb. 1968, (1976) 50 I.L.R. 2.

(43) Brownlie, *Principles* ..., supra n.8, p.133.

(44) Malcom N. Shaw, "The Heritage of States: The Principle of *Uti Possidetis Juris* Today", (1996) 67 B.Y.I.L. 75, 153; Brownlie, *Principles* ..., supra n.8, pp.132-133.

Estudos em Direito Internacional Público   207

reached was that, in those circumstances, "the only way in which the *uti possidetis juris* could find formal expression so as to be judicially recognized and determined" was to resort to an assessment of the *effectivités*[45]. All things considered, the view adopted by the Tribunal in respect of the sovereignty dispute, requiring a balancing of *effectivités*, reflects the factual circumstances *in casu* and is perfectly in accordance with previous case law.

THE PROCESS OF BALANCING *EFFECTIVITÉS* AND OTHER RELEVANT EVIDENCE

The absence of convincing proof regarding the existence of historic titles compelled the Tribunal to appraise the evidence of "continuous and peaceful display of the functions of state"[46], i.e. the evidence of existence of *effectivités*. This conclusion was hardly unexpected to the parties, which clearly had "anticipated the need to resort to this kind of decision" and provided the Tribunal with "great quantity of materials and evidence of use and possession"[47]. In its attempt to confirm and prove the existence of an "uninterrupted ancient title", Yemen resorted to juridical arguments and evidence of a heterogeneous and interlinking nature, some of it dating back centuries. The facts conveyed by Eritrea to the process, referring to periods of both Italian and Ethiopian dominance, were no less heterogeneous and complex. One distinguishing characteristic may nonetheless be pointed out. The time span of the Eritrean case was much shorter, including only facts that were all subsequent to the late nineteenth century.

As usual in cases concerning territorial disputes, the substantial diversity of the evidence presented by the two states is remarkable[48]. Patently, the facts to

---

(45) Supra n.39, at pp. 565-566.

(46) Expression used in the *Island of Palmas* arbitration to characterise the activity that may influence the determination of existence of effective possession of a territory by a state.

(47) Para.450 of the award. However, the evidence was provided as confirmation of an existing historic title, and not as the facts from where the existence of sovereign title stemmed.

(48) *Inter alia*, the types of facts provided by the two states include references to: the conduct of the other disputing state in relation to the claims of each state, in particular the non-existence of protests in relation to certain acts or activities; the conduct of third states, including diplomatic correspondence; international treaties, both ratified and not ratified; cartographic and historical material from several sources; the exercise of criminal jurisdiction; private fishing activity, in connection with which the exercise of fishing jurisdiction and a traditional system of resolving disputes are mentioned; official visits by representatives of the states to the islands; the exercise of legislative jurisdiction, both recent and from colonial times; offshore petroleum activities, their regulation and concession of grants; acts of diverse nature suggestive of the exercise of administration and control (*e.g.* licensing commercial, scientific and touristic activities, and environmental protection); construction and installation of lighthouses and geodetic stations, along with all related regulatory and inspecting activities (in relation to people, employment, provisions, maintenance and repairs); the geographic unity of (at least some) islands and the mainland; displays of military force on, over and around the

appraise had a diversified provenance, from both the states concerned and third states, and from different levels within the state hierarchy. However, not all of the facts assembled and put forward by the parties could be seen as state activity *proprio sensu*, that is, as activities carried out *à titre de souverain*. The Tribunal had thence to go through a process of sieving the relevant evidence. At this stage, it was thus looking for the juridical significance of certain facts, essentially in terms of their ability to prove the existence of a valid sovereign title over the disputed islands[49]. The different probative value of each itemised event, taking into account its notoriety, continuity, coherence, provenance, consistency in time and, most importantly, its merit as *proof of the exercise of state control*, was then considered. In sum, as happened in previous adjudications (starting with the *Island of Palmas* arbitration[50]), "materials of quite varying character and weight have had to be sifted, analysed and assessed"[51].

Setting up the context and limits for its appraisal, the Tribunal remarked that during a long period in the history of the islands fishermen had been the only group of people to attach any kind of importance to them. However, it also noted that the situation had changed dramatically after the opening of the Suez Canal. On a different level, the Tribunal made a proviso in relation to the "internal memoranda" from British and Italian Foreign Offices included as evidence. It asserted that those memoranda would not be weighed as representing "necessarily ... the view or policy of any government". For sometimes they would be no "more than the personal view that one civil servant felt moved to express to another particular civil servant"[52]. Similarly, in the *Gulf of Maine* case, the effects of the "Hoffman letter" (from the name of its signatory) and the associated correspondence dated 1965 were also an intensely debated issue. In the Canadian view, that correspondence represented an act that should be binding on the government of the United States. The United States, on the other hand, argued, *inter alia*, that their authors "were mid-level officials who had no authority to ... take a position on behalf of their governments". The Chamber of

---

islands, as well as aerial and naval patrolling activities. In terms of cartographic material, while Yemen put some emphasis on this kind of evidence, Eritrea almost discarded it and considered it as having not direct relevance for purposes of proving the existence of sovereign title to territory.

(49) Similar appraisals were carried out in other cases involving territorial disputes as, e.g., the *Island of Palmas* arbitration, and the *Eastern Greenland, Minquiers and Ecréhos, Burkina Faso-Mali* and *Land, Island and Maritime Frontier Dispute* cases.

(50) In this decision, the arbitrator explicitly affirmed that "an arbitral tribunal must have entire freedom to estimate the value of assertions by the parties": And concluded asserting that "the value and weight of any assertion can only be estimated in the light of all evidence and all the assertions made on either side, and of facts which are notorious for the tribunal" (Jennings, *op. cit.*, supra n.9, at p. 95).

(51) Para.91 of the award.

(52) *Ibid.*, paras.93-94.

Estudos em Direito Internacional Público 209

the International Court, by not accepting the argument of acquiescence put forward by Canada, seems to have denied that correspondence an international legally binding nature[53].

It was from these viewpoints that the Tribunal went on balancing the various considerations, defined as the "Evidences of the Display of Functions of State and Governmental Authority". All facts were placed into one of four categories, within which other sub-categories were identified. The Tribunal then assessed each of them independently. The evidence weighed in the decision-making process was *in toto* schematised by the Tribunal as follows: "assertion of intention to claim the islands"[54]; "activities relating to the water"[55]; "activities on the islands"[56]; and "general activities"[57].

The relevance of "water-related activities" in this balancing process may appear as striking. However, it has to be seen in the light of the uninhabited nature of these islands. It demonstrates and highlights, moreover, the uniqueness of each assessment of *effectivités* in the determination of title to territory. The manifestations of exercise of sovereignty over a territory must always be seen in the context of the time, the place and the factual circumstances *in concreto*.

Aside from the chapter in which evidence of actual possession was examined, the Tribunal devoted a more detailed and separate evaluation to three types of evidence: the issues related to the establishment and maintenance of lighthouses in the Red Sea; the cartographic evidence; and the petroleum-related activities. The explanation for this option seems to lie in the cardinal importance this evidence has in the overall context of the dispute[58]. Regarding the

---

(53) *Case Concerning the Delimitation of the Maritime Boundary in the Gulf of Maine Area*, judgment of 12 Oct. 1984, I.C.J. Rep. 1984 246, 305-307.

(54) Including public claims to sovereignty over the islands; legislative acts seeking activity on the islands.

(55) Including licensing of activities in the waters off the islands; fishing vessel arrests; other licensing activity; granting permission to cruise around or to land on the islands; publication of notices to mariners or pilotage instructions relating to the waters of the islands; search and rescue operations; the maintenance of naval and coastguard patrols in the waters around the islands; environmental protection; fishing activities by private persons; other jurisdictional acts concerning incidents at sea.

(56) Including landing parties on the islands; establishment of military posts on the islands; construction and maintenance of facilities on the islands; exercise of criminal and civil jurisdiction in respect of happenings on the islands; construction or maintenance of lighthouses; granting oil concessions; limited life on the islands.

(57) Including overflight; miscellaneous activities.

(58) These three types of evidence were dealt with, separately, in Chapters VI (paras.200-238), VIII (paras.362-388) and IX (paras.389-439), respectively. It is not absolutely clear what led the Tribunal to analyse the evidence related to the construction and maintenance of the lighthouses before the specific assessment of the *effectivités*, while doing the opposite with the evidence related to maps and petroleum exploration. Two reasons can be suggested. First, the juridical relevance of the construction and maintenance of the lighthouses seems to go beyond the strict assessment of *effectivités*. Second, the prominent historical element in the study of the lighthouses makes it a logical sequence in the Tribunal's analysis.

210   *The Eritrea-Yemen Arbitration: Title to Territory*

lighthouses, the Tribunal looked primarily to the legal implications of the conduct of the parties, both in absolute and in relative terms, within the legal and factual context of the dispute. Although the overall outcome appears to have favoured the Yemeni case, some Eritrean claims with regard to certain islands also seem to have been upheld.

As to the maps, the Tribunal affirmed that each party had "demonstrated inconsistency in its official maps" and had "published maps that appear to run counter to its assertions". Nevertheless, the fact that some "broadly-publicized official and semi-official Eritrean cartography [published] shortly after the independence ... shows the Islands as non-Eritrean if not Yemeni", has apparently damaged the Eritrean claim to some extent[59]. Finally, in the perspective of the Tribunal, the petroleum agreements entered into by both states failed "to establish or significantly strengthen the claims of either party". Despite that, the Tribunal also acknowledged that "in the course of the implementation of the petroleum contracts, significant acts [had] occurred under state authority that require[d] further weighing and evaluation"[60].

Notwithstanding the fact that it had set aside the existence of historic titles, the Tribunal felt it could not discard altogether the historical element of the evidence, since both parties had attempted to demonstrate the existence of "what Charles de Visscher named a gradual 'consolidation' of title"[61]. Referring to the *Eastern Greenland* judgment, the Tribunal drew attention in its appraisal to the "difficult and inhospitable" nature of the territory in contention and to the consequent likelihood of having to be "satisfied with very little" evidence. However, it also considered that, *prima facie*, deciding on territorial rights should presuppose "some absolute minimum requirement", and that decisions should not be reached merely by balancing the relative strength of the claims, particularly "when looking at other possible factors might strengthen the basis of decision"[62].

One has to pause here, to address the notion of "absolute minimum requirement" introduced by the Tribunal. When affirming that "in principle [the acquisition of territorial sovereignty] ought not normally to be *merely a relative question*"[63], the Tribunal appears to depart, exceptionally, from what was until

---

(59) Para.388, *in fine*, of the award.

(60) *Ibid.*, paras.437, 439.

(61) *Ibid.*, para.451.

(62) The Tribunal remarked that the decision of Arbitrator Huber in the *Island of Palmas* arbitration had been based on a "marginal difference in weight of evidence" because that possibility had been foreseen in the arbitration *compromis* (paras.452-457 of the award).

(63) *Ibid.*, para.453, emphasis added.

Estudos em Direito Internacional Público 211

now settled jurisprudence. The main reason for this seems to be a formal one. The Tribunal considered that the "compromissory provision which led Huber to the possibility of deciding only on the basis of a marginal difference in weight of evidence" did not exist in this case. For the Arbitration Agreement required it, in apparently absolute terms, "to make an award on territorial sovereignty" and "to decide the sovereignty". Undoubtedly, in so far as territorial sovereignty is opposable *erga omnes*, this question of principle may acquire relevance. However, since the Arbitration Agreement also makes reference, in the same paragraph, to "the dispute between Yemen and Eritrea", it seems acceptable to interpret it as presupposing (like Huber did) that for the purposes of this arbitration the disputed islands can only belong to either Yemen or to Eritrea[64].

Furthermore, as asserted in the *Island of Palmas* arbitration, territorial sovereignty has to be seen as assuming "different forms, according to time and place", allowing a degree of "intermittence and discontinuity" on its exercise dependant upon the population and the accessibility of the territory[65]. This view, which seems to confirm the relative character of the establishment of territorial sovereignty, was indeed confirmed in the *Eastern Greenland* case. Here, the International Court remarked that tribunals dealing with territorial disputes had "been satisfied with very little" in many cases, *"provided that the other state could not make a superior claim"*. Consequently, when the "competing claims" are only two, that is, when sovereignty is not "claimed by some other Power" – a third state, tribunals have *"to decide which of the two is stronger"*[66]. More recently, the International Court confirmed this jurisprudence in the *Western Sahara* Advisory Opinion[67].

A possible interpretation is to understand the "minimum requirement" as entailing the need to *keeping up the title*, that is, to exercise continuously and peacefully sovereign authority over a certain territory. But this seems still a relative requirement. For the exercise of territorial sovereignty continues to depend upon the existence or not of population[68], as well as upon the conditions of accessibility[69]. So much so that the award does not clarify, either *in abstracto* or *in concreto*, what is the content of this "minimum requirement". With the utmost respect, therefore, one must disagree with this view adopted by the

---

(64) *Ibid.*, paras.454-455.

(65) *Island of Palmas* arbitration, Jennings, *op. cit.* - Appendix, p. 93.

(66) *Op. cit.*, supra n.9, at p. 171, emphasis added.

(67) *Loc. cit.*, supra n.34.

(68) O'Connell 1970, *op. cit.*, supra n.21, at p. 413.

(69) In extreme situations, as e.g. in the case of big mountains like Mount Everest, deserts, or isolated insular features, this minimum requirement would hardly be met.

212   *The Eritrea-Yemen Arbitration: Title to Territory*

Tribunal, in particular due to instability it would potentially create in international relations.

THE DECISION IN RELATION TO THE SOVEREIGNTY ISSUE

As provided by the Arbitration Agreement, this first stage of the dispute settlement was required to "result in an award on territorial sovereignty". From such wording, the Tribunal inferred that not only did it not have "to make an allocation of sovereignty", but it was also "within its competence to find a common or a divided sovereignty". In as much as the decision remarks that "all possibilities" have indeed been considered, a solution based on a *condominium* seems to have been considered and rejected[70]. It seems possible to conclude, thence, that the allocation of sovereignty has been made in "positive" terms.

Concepts such as "contiguity", "appurtenance" or "unity of islands and archipelagos" were in this case emphasised by the parties[71]. However, as noted very acutely by the Tribunal, *per se* none of these doctrines can create title to territory. They merely create a *juris tantum* "presumption for extending to the area in question an existing title already established in another, but proximate or contiguous, part of the same *unity*"[72]. Apropos, the Tribunal made here specific reference to the "portico doctrine"[73]. It must be emphasised, nonetheless, that earlier jurisprudence was not inclined to accept this doctrine, in as much as the presumption thereby conveyed "would be in conflict with [the concept of] territorial sovereignty"[74]. But the idea that, *prima facie*, islands located within the territorial waters are "under the same sovereignty as the mainland nearby", particularly when those islands are uninhabited, seems to have gained more

---

(70) Para.102 of the award.

(71) According to the Yemeni view, the principle of natural or geographical unity is a "corollary of the concept of traditional title", operating "in conjunction with evidence of the exercise of acts of jurisdiction or manifestations of state sovereignty" (*ibid.*, para.35). Eritrea denied the existence of any kind of contiguity relationship between the Arabian peninsula and the disputed islands, and had recourse to a kind of "leapfrogging" reasoning to support its own argument of contiguity. This "principle" appears to bear the same content as the argument of contiguity often put forward in territorial disputes since the 19th century (Surya P. Sharma, *Territorial Acquisition, Disputes and International Law* (1997), pp. 51-61). Cf. the *British Guiana* v. *Brazil* arbitration of 1904 (*British Foreign and State Papers*, Vol. 99 (1905-1906), at p. 930), which assessed the argument of contiguity in negative terms; and the *Land, Island and Maritime Frontier Dispute* (supra n.39, at p. 570), which admitted the existence of a situation of "singular insular unity" between the islands of Meanguera and Meanguerita.

(72) Paras.460-463 of the award; italic replacing quotation marks.

(73) D.P. O'Connell, *The International Law of the Sea*, Vol. I (1982), pp. 185-191.

(74) *Island of Palmas* arbitration, Jennings, *op. cit.*, supra n.9, at pp. 108-109. Cf. A. L. W. Munkman, "Adjudication and Adjustment – International Judicial Decision and the Settlement of Territorial and Boundary Disputes", (1972-1973) 46 B.Y.I.L. 1, at p. 100; Sharma, *op. cit.*, supra n.71, p. 200.

Estudos em Direito Internacional Público 213

acceptance[75]. Therefore, the geographical position of the islands in relation to the territorial sea limits seems an important factor to take into consideration. Another factor that appears to have some relevance is the existence (or non-existence) of human settlements on the islands.

The presumption that when a group of islands constitutes a unit "the fate of the principal part [of that unit would] involve the rest" has also been upheld in the jurisprudence[76]. This approach, however, appears to be valid only where there are no acts of display of sovereignty that override such a presumption. Similarly, islands that are geographically isolated or detached from the main islands or from the core of the archipelago, and which for that reason are not part of a clear unit, cannot be encompassed.

The viewpoint of the Tribunal was that, *in casu*, in so far as most evidence was related to "either a particular island or to a sub-group of islands", the legal aspects of this case seemed to justify to some extent the application of the 'portico doctrine'. Moreover, the legal-historical element rebutted the idea that the disputed islands constituted an archipelagic unity. The conclusion was thus that the disputed islands should be dealt with separately, in smaller sub-groups defined in conformity with the legal-historical ties between them. This view, which had a decisive impact on the decision on sovereignty, is the essential macro-outcome of the arbitral process through which the Tribunal went as regards *effectivités*. In accordance with its findings, the Tribunal divided the disputed islands into four sub-groups: the Mohabbakahs, the Haycocks, the Zuqar-Hanish Group, and Zubayr Group and the Jabal al-Tayr island[77]. Geographically, that division is also fairly justified, especially with respect to the "northern islands" which are situated at distances of over 80 nautical miles north-north-west of Greater Hanish[78]. It must be remarked that if both parties had explicitly "ruled out the prospect of division" of islands, the Tribunal would have been unable to adopt the same approach.

The first of these groups is constituted by four very small islands, located at distances between six and 13 nautical miles from the Eritrean mainland coast,

---

(75) D. W. Bowett, *The Legal Regime of Islands in International Law* (1975), pp. 48-49, stressing that this presumption dates back to the 1920s.

(76) See *Island of Palmas* arbitration, Jennings, *op. cit.*, supra n.9, p. 109. This view was also followed in the *Land, Island and Maritime Frontier Dispute* in relation to the islands of Meanguera and Meanguerita (cf. supra n.39, p. 570, also supra n.71).

(77) The four groups of islands are identified in the sketch-map at the end of this article, where some islands are also identified in order to allow a better understanding of the geographical considerations involved in this decision. This sketch-map is an edited and altered version of the map appended to the award.

(78) The "northern islands" include the Zubayr Group and the Jabal al-Tayr island; cf. the sketch-map, *ibid.*.

which are described in the award as "little more than navigational hazards"[79]. To reach a decision on sovereignty over these islands, the Tribunal deemed it unnecessary to establish whether Italy had acquired title over them. Considering that no "convincing alternative title to these islands [had] been shown by Yemen" to rebut the presumption that islands lying within the territorial sea are "under the same sovereignty as the mainland nearby", it applied considerations of contiguity to decide in favour of an Eritrean title[80]. Since one of the islands (High Islet) lies just outside the 12-mile limit from the coast, further justification for the decision was required. That was achieved by asserting the legal and geographical unity of the Mohabbakahs and the appurtenance of High Islet to the African coast. In so far as no Yemeni title over the islands had been shown, the location of the islands within the territorial sea would always lead to attributing sovereignty to Eritrea. However, the Tribunal could have investigated the existence of an Italian title over the Mohabbakahs. Although not formally required, the proof of existence of such title would promote the acceptance of the decision and reinforce the conclusions of the Tribunal.

The Haycocks comprise three small islands lying on a line that runs northeast, and approximately three nautical miles from the closest feature of the Zuqar-Hanish Group[81]. To begin with, the Tribunal pointed out the historical connection of these islands with the African coast administration. In as much as it was also found that both old and recent Yemeni activities did not extend as far as these islands, the argument of geographical contiguity to the Eritrean mainland coast was again given greater legal weight[82]. The Eritrean claim in relation to these islands was therefore upheld. Another insular feature, South West Rocks, although seemingly linked in geographical terms to Greater Hanish island, was also considered as being under Eritrean sovereignty. But the main argument to support this decision was the existence of some relevant "assertions of jurisdiction" on the part of Italy, which the Tribunal felt would justify treating this feature as the historical eastern limit of the African coast jurisdiction[83].

---

(79) The features in question are Sayal Island, Harbi Islet, Flat Islet and High Islet. Cf. paras.467-475 of the award.

(80) *Ibid.*, para.472. Reference was made to the fact that this principle was "already enshrined" in Art. 6 of the Treaty of Lausanne.

(81) They are named Northeast Haycock, Middle Haycock and Southwest Haycock, and are about 3 nautical miles from Three Foot Rock and 6 nautical miles from Suyul Hanish (cf. sketch-map at the end of this article); *ibid.*, paras.476-482.

(82) The argument of contiguity had here the form of the "portico doctrine".

(83) That fact that this island lies to the west of the equidistance line computed from the mainland coasts seems also to have been a factor in the decision.

Estudos em Direito Internacional Público 215

The Zuqar-Hanish Group, constituted by 25 identified islands and an indeterminate number of other insular features, was by far the largest of all the sub-groups created by the Tribunal. It also comprises much larger islands than the two previous groups[84]. Owing to the geographical location of these islands in the central part of the Red Sea and with the median line drawn from the mainland coasts cutting across the area, contiguity considerations were regarded as being of little help. The analysis of its status, centred in the two bigger islands (Jabal Zuqar and Greater Hanish), was much more detailed and complex than in relation to the two previous groups. Notably, even within the group the Tribunal refused to accept the viewpoint that all the islands shared "a common destiny of sovereignty", and kept considering the islands separately. Unless this approach were expressly disallowed by the terms of the Arbitration Agreement, this view of the Tribunal, which seems to give preponderance to any possible evidence of state authority as proof for rebutting arguments based on contiguity, has to be accepted.

In so far as Eritrea had "relatively very little to show" in terms of "continuous display of governmental authority" over Jabal Zuqar, the allocation of sovereignty to Yemen was straightforward. As regards Greater Hanish, however, things were less simple. The non-existence of human settlements on the islands indicated that little evidence of activity on or near the islands could be expected. Reaffirming, in the absence of a proved historic title, the need to "look at the *effectivités* for a solution", with emphasis on "events of the last decade", the Tribunal upheld the Yemeni claim. The widespread repute suggested by the totality of the cartographic evidence was first considered by the Tribunal. A wider notion of "repute" seems to have been adopted in this arbitration. In the *Minquiers and Ecrehos* case, the International Court used the term "repute" to refer to the affiliation of the inhabitants of the islands in relation to the United Kingdom. The scope of this term seems to have been widened in this decision to encompass also the way in which other states perceive the situation of a certain territory[85]. The other favourable argument that weighed in the decision-making process was the proof of recent effective presence of Yemen in the islands, demonstrated by the construction and maintenance of lighthouses.

In terms of display of governmental authority on the islands, the analysis of the Tribunal can be summarised as follows. The fact that Yemen had presented some evidence of activity on Jabal Zuqar, whilst Eritrea had "relatively

---

(84) Paras.485-508 of the award. The islands of Jabal Zuqar, Greater Hanish, Lesser Hanish and Suyul Hanish are the main islands having areas of, respectively, 102, 62, 14 and 6 sq. km. (Dzurek, *op. cit.*, supra n.2, p. 77). The Mohabbakahs and the Haycocks have negligible dimensions when compared to these main islands.

(85) Cf. paras.490, 516 of the award.

216   *The Eritrea-Yemen Arbitration: Title to Territory*

little to show", was first stressed. In relation to Greater Hanish, the Tribunal highlighted specifically the research expedition of the Ardoukoba Society authorised in 1993 by Yemen, the building and use on a regular basis of an airstrip under an agreement between the Yemeni government and an oil company, and the licensing of a tourism-related project. To corroborate its conclusions, the Tribunal had recourse to the historical background, namely the fact that these islands had fallen "under the jurisdiction of the Arabian coast during the Ottoman Empire", and the existence of concurring diplomatic correspondence.

It should nonetheless be noted that the Tribunal admitted that some evidence clearly supported the Eritrean claim. Reference was then made to, for example, the Ethiopian naval patrols around the islands (which also enforced fishing regulations) against which Yemen never protested; the arrest of Yemeni fishermen on Greater Hanish; the Ethiopian refusal to agree with an Yemeni aerial survey; and the Ethiopian claims of jurisdiction over the islands.

The decision on sovereignty over this group of islands was the most careful assessment in the award. For, on the one hand, there were *effectivités* supporting the claims of both states and, on the other hand, this group of islands included Greater Hanish, the island on which the armed forces of the two states clashed in 1995. The Tribunal acknowledged the importance of this fact implicitly. Not only did it present its findings in a particularly diplomatic manner, but is also noted its "greatest respect for the sincerity and foundations of the claims of both parties". The prudent approach adopted by the Tribunal in the balancing process of "all relevant historical, factual and legal considerations" reinforces this view[86]. At first glance, the display of state authority by Yemen seems to have prevailed for two reasons. First, the main facts were more recent and did not give rise to any protests. Second, that exercise of authority was constituted by acts which involved a presumption of effective control of the main island of the group. The conclusions arrived at by the Tribunal are juridically acceptable. However, it is not entirely clear why sovereignty over the smaller islands and islets of the group was seen by the Tribunal to be vested in Yemen[87]. The arguments of repute derived from cartographic evidence and the historical appurtenance of these islands to the *vilayet* of Yemen are put forward only implicitly[88]. A more careful statement on this matter could have been provided in as much as the theory of a "common destiny of sovereignty" had explicitly been

---

(86) *Ibid.*,para.508.

(87) No reference is made to the existence of displays of state authority in most of the smaller islands and islets of this group.

(88) Paras.490, 487 of the award.

Estudos em Direito Internacional Público

rejected in the award[89]. Undoubtedly, this was a situation where the argument of contiguity of the smaller islands and islets in relation to Greater Hanish and Zuqar (together with the non-existence of contradicting *effectivités*) could be validly applied[90].

Finally, the Jabal al-Tayr island and the Zubayr Group of Islands, which includes 14 named islands and several associated insular features, had also to be examined[91]. Here, the problem was that both parties had provided little evidence of relevant state activity. But, as in the *Island of Palmas* arbitration and in the *Eastern Greenland* case, due to the "isolated location and inhospitable character" of these insular features, a decision had to be taken on the basis of "very little evidence". In its verdict, the Tribunal looked upon the sovereignty status of these islands and considered it as having remained indeterminate till as late as 1989 (when the London Conference on lighthouses took place and where references to the Treaty of Lausanne were still made). The Yemeni case in respect of these islands was considered. Amongst the elements weighed by the Tribunal were, notably, the repute formed after the London Conference; the existence of Yemeni petroleum agreements related to that area (against which Ethiopia never protested); and a proposal for dispute settlement between the two states, previously put forward by Eritrea, which that did not include these islands. Again, the more recent evidence of state control shown by Yemen seems to have been a determining factor in this decision. As observed by the Tribunal, the 1989 London Conference was "an important turning point in the history" of these islands[92].

The existence of an exclusive and sovereign control over the disputed islands by one of the states, on the basis of a proved *corpus occupandi* linked with a clear *animus occupandi*, is uncommon. In such cases, the emergence of territorial conflicts is not only unlikely but also infrequent. The more common and indeed difficult state of affairs in judicial and arbitral proceedings is when, as in this case, there is no clear evidence either way. Furthermore, it is now well received that no hard and fast rules can be devised for evaluating the *effectivités* and other juridically relevant evidence. In the light of the general practice of international courts and tribunals, it is worth stressing that the approach adopted by the Tribunal for this case has been the prevailing and steady trend in

---

(89) *Ibid.*, para.491.

(90) As mentioned before, this possibility has been admitted since the *Island of Palmas* arbitration. The example of the islands of Meanguera and Meanguerita in the *Land, Island and Maritime Frontier Dispute* (cf. supra n.71), where the latter was seen as a "dependency" of the former, seems to be an analogous situation.

(91) Paras.509-524 of the award.

(92) *Ibid.*, para.513.

adjudication of territorial disputes. It is a process "that broadly entails the balancing of all the considerations invoked by the parties"[93]. The probative value of the evidence is neither the same for all facts appraised nor dependant exclusively on quantitative assessments[94]. This method seems to have gained support among juridical decision-makers when dealing with problems of sovereignty. In broad general terms, it consists of balancing and prioritizing, both qualitative and quantitatively, the facts put forward by the parties to support their claims.

Unquestionably, due weight was attributed in this decision-making process to considerations of geographical contiguity. This approach can hardly be seen as surprising. In cases of scattered uninhabited islands these considerations usually acquire an extra but natural weight in the balancing process. For state activity in these territories will always be scarce. As O'Connell observed, "it is doubtful if the *Minquiers and Ecrehos* islands would have been adjudged to Great Britain if they remained totally uninhabited, if only because the relevant sovereign acts presupposed habitation"[95].

Intertwined with the question of sovereignty was the problem of the immemorial access to fishing resources by fishermen from both states. Having discarded a *condominium*-based solution, the approach taken for this problem may be portrayed as the most conspicuous feature of the award. The exercise of the sovereignty over the islands is therein taken not to be a hindrance for the "perpetuation of the traditional fishing regime" in the area around the Hanish and Zuqar islands[96]. From a juridical perspective, the access to fishing grounds was seen as amounting to a *res communis omnium* benefiting both Eritrean and Yemeni fishermen. Here, an *animus damni vitandi* in relation to both the *modus vivendi* of the communities of fishermen and the relations between the two states seems to have orientated the Tribunal.

This approach reflects, moreover, one of the more cardinal tenets that should always be subsumed under any law. Social reality should simultaneously be the foundation as well as the perimeter of law. The latter should always remain adapted to the former. As stressed by the Tribunal, the fact "that Western

---

(93) Sharma, *op. cit.*, supra n.71, at p. 196.

(94) Munkman, *op. cit.*, supra n.74, at pp. 99-103. This author has tried to distinguish the facts provided by the parties in accordance with the following categories: evidence of actual administration; affiliations of the inhabitants (when the territory is inhabited); geographical, economic, historical, social and cultural links, general considerations of convenience. This classification is closely followed by Sharma, *op. cit.*, supra n.71, at pp. 196-210.

(95) O'Connell, *op. cit.*, supra n.21, at p. 413. Other authors clearly accept this approach in general terms; cf. Sharma, *op. cit.*, supra n.71, at pp. 59-60, 332, and Fitzmaurice, *op. cit.*, supra n.9, at p. 75.

(96) Paras.525-526 of the award.

Estudos em Direito Internacional Público 219

ideas of territorial sovereignty are strange to peoples brought up in the Islamic tradition and familiar with notions of territory very different from those recognized in contemporary international law" had to be kept in mind. In fact, the limitation of the exercise of sovereignty on the basis of historic or traditional fishing rights is not unfamiliar to international law, and was reinforced in the LOSC in relation to archipelagic waters[97]. Moreover, the idea that "legal ties are normally established in relation to people"[98], and that the present case is dealing with uninhabited islands which have been used simultaneously by people from two states seems to reinforce this solution. The findings of the Tribunal in this matter appear thus as both innovative and juridically sounded.

However, a question that has to be raised concerns the competence of the Tribunal to pronounce on the fishing rights of the Eritrean people around the islands in dispute. For the Arbitration Agreement only empowered the Tribunal to render a decision "on sovereignty". In a certain (more restrictive) perspective, the decision in this matter may be viewed as having been rendered in *excès de pouvoir*. Nonetheless, the fishing regime emerges therein as a restriction imposed upon the sovereignty attributed to Yemen. As such, it forms a part – although a "negative part" – of that sovereignty. Therefore, the competence ascribed to the Tribunal, it is suggested, comprised implicitly the possibility of declaring its existence.

CONCLUDING REMARKS

The initial willingness of the two states involved to resolve the dispute peacefully and within legal parameters seems not to have disappeared after the award of 9 October. On the contrary, soon after the announcement of the decision by the Tribunal, both Eritrean and Yemeni high officials expressed the intention of their states to abide by the decision. These statements were followed by further reassurances of the commitment to reinforce co-operation between the two countries to benefit both their peoples. More than mere words, the confirmation by French forces that the Eritrean armed forces' withdrawal from their positions on the islands awarded to Yemen had begun seems to be a token of the determination of both states to end the crisis.

This award, which embodies a decision *uno consensu*, seems to achieve a well struck balance between individual justice *in casu* and the need for predictability demanded by "international society". Noteworthy also is the fact that this decision appears to have realistically taken due account of two major

---

(97) LOSC, Arts. 2(1), 49 and 51.

(98) *Western Sahara* Advisory Opinion, supra n.34, at p. 41.

facts. On the one hand, it pondered the nature of international law, a legal order where the lack of a mechanism for enforcing judicial decisions can only be counterbalanced by voluntary compliance with those decisions. On the other hand, it took into consideration the main objective of adjudication, i.e. the sound and lasting settlement of disputes. The aspiration of the parties in resorting to arbitration – "to allow the re-establishment and the development of a trustful and lasting co-operation between the two countries" – was not only stressed but also duly taken into consideration by the Tribunal during its decision-making process.

The second and final phase of the settlement of this dispute between Eritrea and Yemen will deal with the delimitation of the maritime boundary between the two states. With the case pending decision, one can only speculate on these matters. Despite the Tribunal's explicit assertion that it did not intend to draw or 'prefigure' any delimitation line, it can be said that, quite naturally, it is possible to infer from this award some of the factors that will probably be involved in the delimitation[99]. In principle, since it is a delimitation between opposite states, the use of the equidistance line as a point of departure for the delimitation may not raise any controversy. The fact that these islands are all uninhabited – a fact that the Tribunal noted on several occasions – is likely to play a crucial part in the delimitation process. Interestingly, it may happen that for the first time the interpretation of Article 121(3) of the LOSC (one of the most controversial in the Convention) is required. One other factor will probably also be of relevance: the concessions for oil exploration issued by both states.

In as much as the Award does not depart from established precedents, the content of the international law of title to territory is thereby re-averred. The difficulty in demonstrating the existence of an ancient title or even a title based on historical considerations is clearly similar to the findings of the International Court in the *Minquiers and Ecrehos* case. The subsequent recourse to evidence of exercise of governmental authority, in order to establish the existence of title by following a decision-making process based on a qualitative and quantitative balance of *effectivités*, also reflects *lege lata* already affirmed in previous decisions addressing this matter. In this weighing process, the relevance given to the activities related to maritime areas is clearly understandable, given the fact that the territory under dispute is constituted by uninhabited islands. The non-existence of human settlements on the islands also means that acts of state authority would always be scarce. In view of this fact, attributing greater

---

(99) The Tribunal reassured the parties that in this phase of the arbitration "there [could] be no question of even 'prefiguring', much less drawing, any maritime boundary line". This issue had been raised by Yemen, in the written pleadings in the supplementary petroleum agreements phase. See paras.108, 113 of the Award.

Estudos em Direito Internacional Público 221

juridical weight to geographical considerations of contiguity can hardly be looked upon as surprising.

One final point has to be made. Much debate has taken place in international affairs about the reaction of newly independent states against the so-called "international law of a pro-European and pro-Western origin". In the light of this on-going argument, the award now rendered demonstrates the possibility of bridging the gap between different regional legal traditions and contemporary international law. The solution therein devised in respect of the fishing regime in the Hanish islands region, recognizing the existence of a *res communis omnium* which stemmed from an immemorial cultural background, is a sound example of how it is possible to further a more universal acceptance of international law. Nevertheless, one must say that that solution may give rise to some practical problems, most particularly in terms of exercise of jurisdiction related to dispute settlement and enforcement of the traditional *lex pescatoria*. Without the willingness of both states to make the solution work, other problems are likely to arise. It can be conjectured that this approach reflects the particular constitution of the Tribunal, as well as the outstanding knowledge and experience of all its members in terms of international law[100]. It is not totally clear if the Tribunal is of the view that in principle international law has to be interpreted by reference to local and regional legal traditions. But in so far as this approach would give rise to inconsistencies in the interpretation of international law, this possibility should be considered very cautiously and restrictively.

All in all, the resort by the two states to mechanisms of peaceful settlement of disputes, and their compliance hitherto with the decision, represents a clear victory for the rule of law in international affairs. More importantly, it sends an unequivocally positive message to other states engaged in international disputes.

---

(100) Dr. El-Kosheri is a jurist brought up in the Islamic culture; for his biography cf. (1996-1997) I.C.J. Yearbook 59-60. It has also to be noted that Sir Robert Jennings was Counsel for Sharjah in the *Dubai-Sharjah Border* arbitration (award of 19 October 1981).

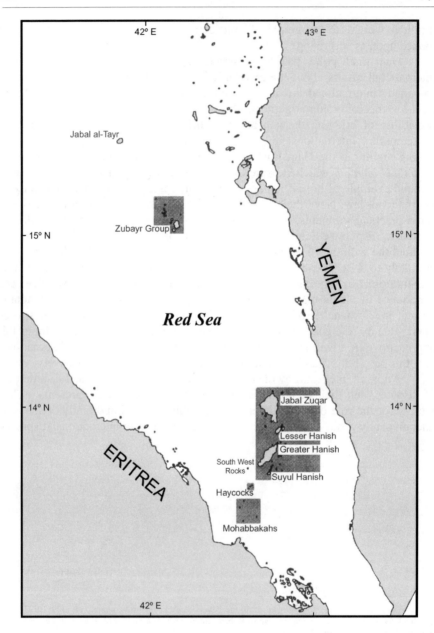

Sketch-Map with the Geographical Setting of the Arbitration

THE 1999 *ERITREA-YEMEN* MARITIME DELIMITATION AWARD AND THE DEVELOPMENT OF INTERNATIONAL LAW

International and Comparative Law Quarterly
Volume 50 – Part 2
April 2001
pp. 299-344

Agradecimentos são devidos a Colin Warbrick e a Kaiyan Kaikobad, pelos seus comentários e sugestões, bem como à Fundação Calouste Gulbenkian

Reproduzido com a amável autorização da Oxford University Press

THE 1999 *ERITREA-YEMEN* MARITIME DELIMITATION AWARD AND THE DEVELOPMENT OF INTERNATIONAL LAW

I. INTRODUCTION

The Award on *Maritime Delimitation* concerning the second stage of the *Eritrea/Yemen* arbitration (hereinafter Second Award) was delivered on 17 December 1999, pursuant to the Arbitration Agreement signed in October 1996, and following the Award on *Territorial Sovereignty* rendered on 9 October 1998 (hereinafter First Award). The two-stage settlement devised in Article 2 of the arbitral *compromis* bears a perceptive logic – territorial sovereignty issues precede maritime delimitation – the advantages of which makes it likely to be adopted in future similar dispute settlements. Importantly, *in casu*, the objective of re-establishing a peaceful relationship between the two peoples and contributing to the maintenance of international peace and security in a sensitive region of the world seems to have been attained[1].

In the First Award, besides establishing precisely the scope of the dispute between Eritrea and Yemen, the Tribunal adjudged on the sovereignty over some islands in the Red Sea, located off the coast of these states. For the purpose of this First Award, the islands in question were divided into four sub-groups: the Mohabbakahs; the Haycocks and South West Rocks; the Zuqar-Hanish group; and the Zubayr Group and Jabal al-Tayr island[2]. Sovereignty over the islands included in the first two of these sub-groups was considered as being vested in Eritrea. The islands of the other two sub-groups were deemed as falling under the sovereignty of Yemen. Intertwined with the decision on sovereignty was the

---

(1) Cf. the preamble and Article 2 of the Arbitration Agreement. The materials for this case (including the two Awards and the Arbitration Agreement), are available in the website of the Permanent Court of Arbitration (http://www.pca-cpa.org). On this case, cf. Jean-François Dobelle, "Le Compromis d'Arbitrage Signé par l'Erythrée et le Yemen à Paris le 3 Octobre 1996", (1996) 42 A.F.D.I. 477; N.S.M. Antunes, "The Eritrea-Yemen Arbitration: First Stage – The of Law of Title to Territory Re-Averred", (1999) 48 I.C.L.Q. 362 (cf. supra, at p.195); Giovanni Distefano, "La Sentence Arbitrale du 9 Octobre 1998 dans l'Affaire du Différend Insulaire entre le Yemen et l'Erithrée", (1999) 103 R.G.D.I.P. 851; Barbara Kwiatkowska, "The *Eritrea/Yemen* Arbitration: Landmark Progress in the Acquisition of Territorial Sovereignty and Equitable Maritime Boundary Delimitation", (2000) 8(1) *IBRU Boundary and Security Bulletin* 66.

(2) Map attached to the previous essay, supra at p.214.

question of what the Tribunal denominated the *traditional fishing regime*, which was considered to have existed in this area of the Red Sea since immemorial times. This Award asseverates, *maxime*, that the exercise of the sovereignty over those islands could not constitute a hindrance to the perpetuation of the activities of the fishermen of both states within the scope of this fishing regime.

In relation to the second stage under appraisal, although Eritrea was not a party to the United Nations Convention on the Law of the Sea 1982 (hereinafter LOSC), the two states agreed that the delimitation would be effected within the legal framework provided by this instrument. More exactly, the Tribunal was asked to consider, in the decision-making process concerning the maritime boundary between the two states, the opinion formed on questions of territorial sovereignty, the United Nations Convention on the Law of the Sea, and any other pertinent factor[3].

As happened in the first stage, the decision arrived at by the five-member Arbitral Tribunal was *uno consensu*. Having account of the trend in third-party settlements concerning maritime delimitation, a decision with no dissenting or separate opinions may to some extent be seen as surprising. Either all arbitrators agreed fully with the solution and its reasoning, or the Award was drafted with such restraint as to present only those views that were endorsed by all arbitrators. No doubt, a unanimous decision with no separate opinions appended is a clear advantage in terms of 'political acceptability' by the parties. It is even more so because the written and oral pleadings of the case will remain confidential (at least for the time being). For academia, however, because it impedes a more insightful understanding of the legal issues that gave rise to debate, this situation is somewhat of a drawback. Discussion below as to the findings of the Award is based on publicly available information only, and should be looked at in this light.

The aim of this article is to analyse the contribution of this Second Award to the development of international law. For reasons of brevity, this article addresses only those issues that were deemed to be the most important for that development. Focusing on maritime delimitation, which was the key issue under appraisal in the second stage, this article will nonetheless draw attention, first, to the *traditional fishing regime*. Although its existence was declared in the First Award, the rather broad manner in which it was described therein was bound to require clarification as regards its interweaving link with the classic international legal rules and its interplay within the delimitation process. So much so, that the

---

(3) Arbitration Agreement, Article 2(3).

Estudos em Direito Internacional Público 227

Tribunal felt compelled, in view of the arguments brought forward by the parties, to address the issue in a separate chapter of the Second Award[4].

The delimitation of the maritime boundary will be examined in Part III, having two key ideas in mind. On the one hand, one has to look into the boundary determined and defined by the Tribunal as a solution *in concreto* for the dispute. On the other hand, the contribution of this Award for the development and refinement of the international law of maritime delimitation must also be investigated. The description of the setting, the claims of the parties and the Tribunal's decision form the contextual starting point for the legal appraisal that is provided. This analysis covers only the issues the relevance of which was seen as cardinal in terms of the development of maritime delimitation law.

II. THE TRADITIONAL FISHING REGIME

FINDINGS OF THE AWARD

Discrepancies between the Parties' Views

In the *dispositif* of the First Award, the Tribunal stated that "the sovereignty [over the islands] found to lie within Yemen entails the perpetuation of the traditional fishing regime in the region"[5]. The parties interpreted these findings in rather different fashion. During the oral arguments, Eritrea argued that the Tribunal ought to "specify with precision what was entailed by its findings as to the traditional fishing regime and where that regime lay within the Red Sea". In its view, not only had joint resource zones to be established[6], but the parties should also – under the Tribunal's supervision – arrive at a formal agreement directed to the perpetuation of that regime[7]. Diverging from this view, Yemen considered that "there was no question of [its] sovereignty having been made conditional", and that "the Tribunal had not made any finding that there should be joint or common resource zones". The Yemeni perspective was that ensuring the preservation of the traditional fishing regime fell within its sphere of sovereignty, and that "no agreement with Eritrea was necessary for the administrative measures that might relate to this regime"[8].

---

(4) Second Award, Chapter IV, paras.87-112.

(5) First Award, para.527(vi); cf. also paras.525-526.

(6) The solutions proposed by Eritrea for the delimitation issue were rather complex, incorporating a combination of "boundary-lines" and 'joint resources boxes'. Cf. Second Award, paras.27-28, 89, 122.

(7) Eritrea's Prayer for Relief, para.6, Chapter I *in fine*.

(8) Second Award, paras.37, 90.

Juridical Genesis

Faced with these divergences, the Tribunal was bound to describe in greater detail the way in which it conceived the existence of this regime. The genesis thereof was deemed to stem from the Islamic heritage in the area. The Tribunal affirmed that the *Qur'an* and the *sunna* embodied "fundamental moralistic general principles" the invocation of which for purposes of consolidating, supporting and developing positive international law rules, with a view to "achieving justice and promoting the human dignity of all mankind", had to be seen as valid. For the Tribunal, "[w]hat was relevant was that fishermen from both of these nations had, *from time immemorial*, used these islands for fishing and activities related thereto"[9].

These ideas concerning the juridical genesis of the traditional fishing regime subscribe to arbitrator El-Kosheri's writings on the role of the Islamic legal-moral tradition, in the panorama of regional developments of international law[10]. He once wrote that there is a set of "rules for the conduct of inter-community relations inspired from the moralistic precepts of the Qur'an" that form an Islamic heritage, and that "[i]t cannot be denied in objective analysis that such rules were a great advance towards establishing a humane system of law applicable to inter-community relations"[11]. Therefore, the Qu'ran was viewed as containing legal rules with a kind of supra-state nature, and upon which this traditional fishing regime was founded.

Because international law is (still) primarily a legal system that seeks to govern the relations between sovereign states, the interrelation of this fishing regime with the exercise of sovereignty by both parties had inexorably to be considered. The Tribunal asserted that the sovereignty over the islands awarded to Yemen was not a "conditional sovereignty". It concluded that, because Islam "is not merely a religion but also a political community (*umma*) endowed with a system of law", the sovereignty awarded to Yemen had to be seen as a sovereignty "that *respects and embraces and is subject to the Islamic legal concepts of the region*". Its key thought is worth reproducing here *in toto*[12]:

> [T]he finding on the traditional fishing regime was made in the context of the Award on Sovereignty *precisely because classical western territorial sovereignty would have been understood as allowing the power in the sovereign state to exclude fishermen of a different nationality from its waters.* Title over Jabal al-Tayr and the Zubayr Group and over the Zuqar-Hanish

---

(9) Second Award, para.95.

(10) For a brief note on the composition of the Tribunal, cf. supra, at p.213, fn.100.

(11) Ahmed El-Kosheri, "History of the Law of the Nations Regional Developments: Islam", in Rudolf Bernhardt (Ed.), *Encyclopedia of Public International Law*, Vol. 2 (1995), p. 809, at p.816.

(12) Second Award, paras.94-95, emphasis added.

Estudos em Direito Internacional Público   229

group was found by the Tribunal to be indeterminate until recently. Moreover, these islands lay at some distance from the mainland coasts of the parties. Their location meant that they were put to a special use by fishermen as way stations and as places of shelter, and not just, or perhaps even mainly, as fishing grounds. These special factors constituted *a local tradition entitled to the respect and the protection of the law*.

Description 'ratione materiae', 'ratione personae', and 'ratione loci'

Since the parties had expressed doubts as to the precise contents of the traditional fishing regime, the Tribunal opted to describe its 'exact shaping' *ratione materiae, ratione personae*, and *ratione loci*. What material activities are encompassed by the regime, who is entitled to benefit from them, and where these activities may be carried out became much clearer. The idea that this regime "*is not an entitlement in common to resources nor is it a shared right in them*", and that its perpetuation is neither dependent, nor founded, upon any agreement to be negotiated in order to establish joint resources zones, was then underlined. The Eritrean claim to joint resource areas was thus rejected[13].

The Tribunal emphasised that both Eritrean and Yemeni fishermen are entitled "to engage in artisanal fishing around the islands", including "diving ... for shells and pearls". This means that *ratione materiae* the regime includes only artisanal fishing[14], and that *ratione personae* it encompasses both Eritrean and Yemeni fishermen alike. In terms of material activities, the traditional regime was deemed to cover "those entitlements that all fishermen have exercised continuously through the ages" – including the rights "to enter the relevant ports, and to sell and market fish there"[15]. In this light, therefore, the Tribunal conside-red that the sovereign powers vested in Yemen entitled it to exclude, from the areas attributed to it under international law, *all third parties* (both artisanal and industrial fishing) and *Eritrean industrial fishing*, or to subject their presence to licensing[16]. *Ratione loci*, the Tribunal affirmed that the spatial limits of the tradi-tional fishing regime were not "to be drawn by reference to claimed past patterns of fishing", and that the exercise of the rights inherent therein was "not limited to the territorial waters of specified islands". Rather, underlined the Tribunal, it "has existed for the benefit of the fishermen of both countries throughout the

---

(13) Despite this approach, the Tribunal stressed that Eritrea and Yemen were free to agree mutually on regulations for the protection of the traditional fishing regime; cf. Second Award, paras.103, 111.

(14) "Artisanal fishing" was deem to be a concept flexible enough to allow technical improvements concerning navigation and fishing gear, and is to be viewed in contrast to "large-scale commercial and industrial fishing".

(15) Guano extraction, and any other mineral extraction for that matter, was viewed as not being included in such entitlements (as had been suggested by Eritrea); cf. Prayer for Relief, Second Award, Chapter I, *in fine*.

(16) *Ibid.*, paras.103-108.

230 *The Eritrea-Yemen Arbitration: Maritime Delimitation*

[Red Sea] region". Perhaps even more important was the asseveration that "[b]y its very nature", this regime was not in any way "qualified by the maritime zones specified under" the LOSC[17].

THE TRIBUNAL'S CONCEPTION: ANALYTICAL COMMENT

A Limitation to Sovereignty

The Tribunal considered that the decision on sovereignty was without prejudice of the perpetuation of the traditional fishing regime. And it affirmed that such sovereignty could not be seen as *"conditional* in the legal sense according to which failure to observe the condition might act as a cesser of the sovereignty"[18]. But the question to ask is whether the perpetuation of the traditional fishing regime entails any limitation for the sovereignty of the states involved. And this question must be answered in the light of the classical understandding of sovereignty, as derived from Bodin's theory, crystallised in the international (European) legal order emerged from Westphalia.

Sovereignty, although subject to law, has traditionally been viewed *summa potestas*. In short, it may be described as consisting of multitudinous powers exercisable by a political entity – usually the state – over a certain spatially defined area – the territory *lato sensu* (including marine areas under state sovereignty or jurisdiction). The (mitigated) sovereignty of states over the territorial sea includes the exercise of all those powers related to fisheries. As regards the exclusive economic zone (hereinafter EEZ), *inter alia*, states are entitled to exercise jurisdiction concerning the exclusive exploitation of fishing resources, and the regulation of the access thereto and the management thereof[19]. Since states may in principle exclude non-nationals from the access to the fisheries resources existent in the marine areas under their sovereignty or jurisdiction, the harmonisation of the normative content of the traditional fishing regime with general international law seems unclear.

The Tribunal conferred upon the Red Sea artisanal fishermen rights that 'straddle' the maritime boundaries of Eritrea and Yemen. These rights limit the sovereign and jurisdictional powers of both states. Besides fishing in the Red Sea waters, they encompass the entry in internal waters, the access to harbours, and the right to marketing fishing on a footing of equality. When a state cannot oppose fishing by non-nationals in its waters, the entrance of non-national vessels in its internal waters, harbours and ports, and the engaging in commercial

---

(17) *Ibid.*, para.109.

(18) *Ibid.*, para.37.

(19) LOSC, Article 56(1)(a).

Estudos em Direito Internacional Público   231

activities by non-nationals in its territory, it seems difficult to affirm that its sovereignty has not been conditioned.

Accordingly, one can but consider that the way in which the traditional fishing regime was viewed entails, to the extent necessary to its perpetuation, an inexorable limitation of both Eritrea's and Yemen's sovereignty. This perspective seems decisively reinforced by the Tribunal's reference to administrative measures concerning environmental issues that might have an impact on the fishing regime. They must be mutually agreed between the two states, regardless of the marine areas to which they are applicable[20].

Traditional Fishing Regime: Normativity of a Tertium Genus

Commenting upon the Award on Territorial Sovereignty, and relying on some of the notable writers of the *théorie de l'institution* – Santi Romano and Riccardo Monaco, Distefano suggests the existence of a *corps social* situated below the international legal order, but above the national legal order. Implicit in this conceptualisation is a plurality of legal order, which are characterised by relations of subordination, coordination, or even of indifference between them. The traditional fishing regime stems, in his perspective, from a normative system that was "absorbed" by the national legal orders of the two states. The fishing regime, however, remained as *un héritage normatif* that survived through immemorial times as a response to demands resultant from social realities – the fishing traditions of the populations on both coasts of the Red Sea[21].

The emphasis put on community relations, and on its institutionalised expressions, must be underlined, and in principle endorsed. Law is nothing more than the conscious rule of the community, as expressed by the actions of its members. More precisely, law should emanate therefrom. *Ex facto jus oritur.* The community *in casu* is formed by fishermen from both coasts of the Red Sea – Eritrean and Yemeni nationals alike, and the actions of which 'straddle' the spatial limits derived from the western-European concept of sovereignty. Grasping this unchanged reality, the Tribunal averred the maintenance of the juridical *status quo* as regards artisanal fishing in the area.

The idea of normativity of a *tertium genus*, distinct from both national and international legal orders, is perhaps no novelty. The *lex pescatoria*, the existence of which was sanctioned by the Tribunal, appears indeed to have been framed as neither national nor international law. The normativity embedded therein seems to stem from the consensual acceptance of all individuals whose

---

(20) Second Award, paras.65-69, 108. Cf. LOSC, Art. 56(1)(b)(iii), which establishes the jurisdiction of states in the EEZ as regards "the protection and the preservation of the marine environment".

(21) Distefano, supra n.1, at pp.883-886.

activities are governed thereby. Crucially, the *lex pescatoria* seems to bear no relation with the strict notion of state, for its originator is not the sovereign state (either in its internal, or in its external facet). Its institutionalised aspects – of which the administration of justice is maybe the most remarkable – emerge equally as separate therefrom. The Tribunal viewed the rules applied by the *"aq'il* system" as *"elements of private justice"* that should continue to be applied as had happened traditionally, i.e. independently from the judicial jurisdiction of the state[22].

The Tribunal considered that "[b]y its very nature [the *lex pescatoria* was] not qualified by the maritime zones specified under" the LOSC. Not surprisingly, therefore, it also concluded that neither was the existence of the *lex pescatoria* dependent upon the determination of the maritime boundary, nor was the determination of the latter influenced by the existence of the former[23]. This normativity of a *tertium genus* appears thus as indifferent to the contents of the international legal order. Latent in this approach, it may be suggested, is the idea of a 'superimposed and law-tight layer of normativity', extending to the coasts, and the traditionally used harbours, and fishing markets, of both states.

However, these two types of normativity cannot remain indifferent to each other, for they overlap *ratione materiae*. That all sovereignty is 'limited' by international law is a widely recognised principle[24]. What is less straightforward is the idea of limitations of sovereignty imposed by third-type legal orders, as seems to have been portrayed by the Tribunal. On the domestic level, national law will similarly have to conform to this regime. The two states have to consider all exceptions necessary to keep such traditional regime unaltered. Hence, there seems to be good reason to contend that relations of co-ordination will inexorably emerge between these three normative systems, and that the need for such co-ordination was to some extent overlooked by the Tribunal.

A monist approach would imply, in principle, the primacy of international law in relation to domestic law, if only because it would promote the emergence of a universal international legal system. As stated by the International Court of Justice, the prevalence of international law over domestic law is a fundamental principle of international law[25]. How inter-state *tertium genus* legal orders relate with international law is a far more complex issue. The Tribunal decided that

---

(22) First Award, paras.337-340; Second Award, para.107 *in fine*. Importantly, this exercise of 'private justice' reinforces the idea of existence of restrictions to state sovereignty motivated by the need to accommodate the traditional fishing regime.

(23) Second Award, paras.109-110.

(24) *Ibid.*, para.37.

(25) *Headquarters Agreement Advisory Opinion*, of 26 April 1988, I.C.J. Rep. 1988 4, at p.34.

Estudos em Direito Internacional Público

both Eritrea and Yemen are bound to preserve and respect the traditional regime, regardless of whatever powers they hold within their sphere of sovereignty (which would in principle entitle them to change the contents thereof). Why prevalence was attributed to the traditional regime in relation to the sovereign powers conferred upon states under international law does not seem to be explained.

Some Conceptual Difficulties in Classical International Law

From the point of view of classical international law, the solution arrived at by the Tribunal seems to raise difficulties. In history, the western-European concept of sovereignty was elevated gradually to the pinnacle of international relations. After the Second World War, especially, the 'construction' of an international society of states governed by one universal and common set of norms (based on the notion of sovereignty) became an important – although not final – objective[26]. In this context, juridical regionalism remained dormant for some time, and had an exiguous role in the development of international law[27]. The Islamic legal tradition was no exception. The fall of the Ottoman Empire, for instance, meant that the Islamic political-legal tradition was left somewhat 'orphan territorially' in the Red Sea area.

With the end of colonial empires, which led to the appearance of a number of new states, one has witnessed a rise of political-legal regionalism in international affairs. Allegedly, this seeks to gather a communion of social realities. That "[t]he Eurocentric character of international law has been ... weakened", and that "the opinions, hopes and needs of other cultures and civilisations are beginning to play an increasing role in the evolution of the world juridical thought", thus, can hardly be disputed[28]. Hitherto, however, such regional developments have taken place on a supra-state level, that is, they have still been shaped by the entity '*sovereign state*', through inter-state practice.

In this Award, the approach seems to have been different. The Tribunal's conception of the *lex pescatoria* makes perfect sense under Islamic law, in which no differentiation is made between the international and the national legal spheres (just as traditionally no separation exists between the religious and the

---

(26) Charter of the United Nations, Article 13(1)(a).

(27) Since the nineteenth century, a group of Latin American states has attempted, and to some extent has succeeded, to shape the contents of international law by reference to their socio-political realities. Cf. Dissenting Opinion of Judge Alvarez in the *Asylum Case*, judgment of 20 November 1950, I.C.J. Rep. 1950 266, at pp.293-294.

(28) Malcom N. Shaw, *International Law* (1997), Cambridge, p.37.

secular worlds)[29]. Why this regime should condition the notion of state is however not clear. The fact remains that the Awards mould the sphere of sovereignty of Yemen (and also of Eritrea for that matter[30]) to ensure the assimilation of the fishing regime. Importantly, all of this stems from actions of '*non-state actors*', which straddle the boundaries of the states concerned with no specified spatial limit. And this is rather unique in terms of classical international law.

The idea that the Tribunal conception approaches international law from a regional perspective is certainly appealing. Nevertheless, since this is a decision rendered under international law, one has to enquire upon which sources of law the ruling was founded. It certainly was not regional customary law, for the practice in question referred to non-state actors. Hence, it cannot be advanced as state practice. It may be suggested that the normativity in question, and the social reality *in casu*, pre-dated the concept of state and of sovereignty, and ought not to be scrutinised under such light. Seemingly reasonable, because it might be contended that the situation was such that no prescriptive facts occurred in recent centuries, this approach challenges basic tenets of international relations.

Then, one should ask whether this decision allows any type of generalisation. Can it be inferred that this solution is an accurate application of the Islamic legal tradition, and that it would be acceptable by other Islamic states? Or that other inter-state legal regimes, which might have remained in place for centuries in Islamic territories, will bind the entity "state" in other instances? May inter-state regimes emerged outside the Islamic tradition be given an analogous treatment? Other more practical questions may equally be posed. Who precisely is entitled to benefit from the traditional fishing regime? If a specific person claiming to be a member of the fishing community is denied access to fishing, to ports, and to markets, how will the case be handled? How may the decisions of the *aq'il* be enforced? May a state override the rules of the traditional fishing regime as regards the access to certain maritime areas and ports by reasons of state security? Answers to these hesitations do not seem easy to find.

---

(29) There are three main currents of opinion in the Islamic world. The *traditionalists* maintain, although sometimes in a restated form, that such situation should be kept. The *modernists* have insisted on the separation between state and religion. And the *fundamentalists* have proposed the reintroduction of pure Islamic values and system.

(30) The Tribunal made explicit reference to the fishing patterns of Yemeni fishermen extending for example to the Dahlak archipelago, to the Mohabbakahs, the Haycocks and the South West Rocks; cf. Second Award, para.68.

Estudos em Direito Internacional Público

235

Explaining upon which juridical principles of international law the Tribunal hinged its decision appears as a tentative task[31]. It is plausible that the traditional regime was viewed as *lex specialis*, in relation to which the rules of international law appear as *lex generalis*. Another explanation could lie on the principle of *quieta non movere*. As stated in the award rendered in the *Grisbadarna* arbitration, "[i]t is a settled principle of the law of the nations that *a state of things which actually exists and has existed for a long time should be changed as little as possible*"[32]. Given the compelling nature of this rationale, it could be suggested in favour of the solution 'engineered' by the Tribunal that it was the only possible way through which the preservation of the traditional fishing regime could effectively be attained.

To characterise the *lex pescatoria* under the classical concepts of international law, one could suggest that the Tribunal delineated it as an extra-territorial regime. The idea of a 'servitude' involving Eritrea and Yemen is acceptable[33]; but insofar as it exists for the benefit of the inter-state community of Red Sea fishermen, involving thus non-state actors, it is not exempt of difficulties. What seems undeniable is the absolutely decisive weight of a teleological element: one primary concern of the Tribunal was not to disturb the socio-economic reality of the community of fishermen. From the practical point of view, one may concede that the solution devised in the two Awards is rather reasonable. Still, because the acceptability of third-party settlements depends, often, more on the reasoning that underpins the solution, than on the solution itself, one would respectfully suggest that perhaps the Tribunal should have presented a more comprehensive description of the tenets of international law that guided it.

---

(31) A question of a procedural nature regards the mandate given to the Tribunal under the arbitral *compromis*, which requested "an award on territorial sovereignty", on the basis of "principles, rules and practices of international law" and, "in particular, of historic title"; cf. Arbitration Agreement, Article 2(2). Elsewhere, it was argued that, because the traditional fishing regime emerged as a restriction to sovereignty, the decision could not be seen as rendered in *excès de pouvoir* (cf. supra, at p.211). However, in view of what the Tribunal asserted in this Second Award, perhaps the answer to this question becomes more delicate. By conceptualising the traditional fishing regime as not conditioning sovereignty, as being a regime in fact not related to sovereignty, the Tribunal may have re-ignited this debate. For it had only been empowered to decide the dispute on sovereignty, on the basis of international law.

(32) *Decision of the Permanent Court of Arbitration in the matter of the Maritime Boundary between Norway and Sweden*, award of 23 October 1909, (1910) 4 A.J.I.L. 226, at p.233, emphasis added. In this case, the two states agreed that tracing the boundary across important bars or fishing banks would be highly unsuitable, due to the fact that fishing activities was a primary concern in the area; and they asked the Tribunal to take this fact into account when rendering the decision.

(33) The Tribunal made explicit reference to "a sort of *'servitude internationale'* falling short of territorial sovereignty"; cf. First Award, para.126.

THE TRADITIONAL WAY OF LIFE AND MARITIME DELIMITATION

Protection of Traditional Fisheries

The traditional fishing regime was viewed as part of the immemorial way of life of the Red Sea fishermen, as including fishing *proprio sensu* and other complementary activities, and as extending from one coast to the other in the Red Sea. Clearly, the material activities encompassed thereby fall within the sphere of sovereign and jurisdictional powers attributed to states under international law. Their impact upon the delimitation of the maritime boundary between Eritrea and Yemen was a question that the Tribunal had necessarily to address. As previously mentioned[34], the Tribunal considered that the maritime zones established under the LOSC did not qualify the traditional fishing regime. Accordingly, it affirmed that neither was the existence of the *lex pescatoria* dependent upon the determination of the maritime boundary, nor was the determination of the latter influenced by the existence of the former. Having set these premises, the Tribunal had inexorably to conclude that "the drawing of the maritime boundary [was not] conditioned by the findings, in the Award on Sovereignty, of such regime"[35].

Although perhaps a novelty in maritime boundary adjudication, the protection of the traditional way of life of certain communities has already been considered in negotiated settlements. The treaty signed between Australia and Papua New Guinea is the paradigmatic example[36]. Its preamble affirms "the importance of protecting the traditional way of life and livelihood of Australians who are Torres Strait Islanders and of Papua New Guineans who live in the coastal area ... in and adjacent to the Torres Strait". Accordingly, a "Protected Zone" was set up with a view "*to acknowledge and protect the traditional way of life and livelihood of the traditional inhabitants including their traditional fishing and free movement*". Customary (associated) rights regarding "*the access to and usage of areas of land, seabed, seas, estuaries and coastal tidal areas that are in or in the vicinity of the Protected Zone*" were conferred upon the traditional inhabitants[37]. The impression that an analysis of this treaty would have shown important similarities and would have provided elements of comparison with the situation in the Red Sea is inescapable. In both settings, one finds a *traditional local community*, the *rights* and *way of life* of which, existing

---

(34) Cf. supra, at p.224.

(35) Second Award, paras.109-110.

(36) Jonathan I. Charney and Lewis M. Alexander (Eds.), *International Maritime Boundaries*, Vol. I (1993), p.929.

(37) *Ibid.*, at pp.946-947, Articles 10(3) and 12 of the Treaty, emphasis added.

Estudos em Direito Internacional Público

since *immemorial times*, are likely to be affected by the delimitation of the maritime boundaries between the states to which the *territories which they inhabit* belong.

Another instance of state practice involving traditional fishing rights of local communities is for instances the 1974 MOU between Australia and Indonesia, concerning the activity of Indonesian Traditional Fishermen, incorporated as "Attachment A" to the 1981 MOU on Implementation of a Provisional Fisheries Arrangement. Through these instruments, Australia has agreed that the exercise of fisheries jurisdiction over its waters would "not affect traditional fishing by Indonesian traditional fishermen". These fishermen were defined as those "who have traditionally taken fish and sedentary organisms in Australian waters by methods which have been the tradition over decades of time"[38].

Rather surprisingly, the Award makes no references whatsoever to these treaties, which might mean that the Tribunal either did not take them into consideration, or considering them decided not to make reference thereto. Why the Tribunal did not refer explicitly to these examples of state practice is difficult to understand, and is to some extent regrettable. Once again, apparently paying little or no attention to relevant state practice, maritime boundary adjudication failed to explain the adoption of contradictory solutions for situations that (at least apparently) are to some degree of analogous.

In the Torres Strait Treaty, the states agreed that the recognition of the traditional way of life was "not to be interpreted as sanctioning the expansion of traditional fishing by the traditional inhabitants of one Party into areas outside the Protected Zone under the jurisdiction of the other Party not traditionally fished by them prior to the date of entry into force" of the said treaty. On the contrary, the Tribunal concluded that the limits of the traditional fishing regime of the Red Sea were not "to be drawn by reference to claimed past patterns of fishing", extending rather "throughout the region". Whereas in the former the protection of the traditional way of life was referred to a certain spatial area, in the latter no precise spatial limits were established[39].

An analysis of the Australia/Indonesia fisheries arrangements states that, *ab initio*, the notion of traditional fishing "excluded boats driven by motors and ... which used mechanical power to operate trawls or long-lines and electronic

---

(38) Charney and Alexander (Eds.), supra n.36, Vol. II (1993), at pp.1238-1241.

(39) Article 11(2), in Charney and Alexander (Eds.), supra n.36, at p.946. The limits of the "Protected Zone" are delimited in Annex 9, *ibid.*, p.974-975. Cf. Second Award, para.109. It is worth noting that Eritrea had argued for "joint zones" delimiting the area of the fishing regime, which bears a certain similitude with the idea of "Protected Zone" followed in this example of state practice.

238   *The Eritrea-Yemen Arbitration: Maritime Delimitation*

means to locate fish and refrigeration to preserve catch"[40]. Diverging from this approach, the Tribunal has asserted that the notion of artisanal fishing "does not exclude improvements in powering the small boats, in the techniques of navigation, communication and in the techniques of fishing"[41].

It might be argued that the different conclusions arrived at by the Tribunal in the Eritrea/Yemen arbitration as regards the means to protect the traditional fishing regime in the ambit of a maritime delimitation are explicable in the light of the diversity of the context in each case. Let it be supposed that that is indeed the explanation for the different solutions. Then, the Tribunal could have shown which differences of fact justified a differentiated legal treatment. Such an approach would certainly provide a sounder basis for the development of the law on this matter.

An Analogy with the Indigenous Peoples' Rights

The "artisanal fisheries by indigenous peoples who are culturally or ethnically distinct ... from the general populations of the states" has already been identified as a factor – "a political (if not juridical) factor relating to the protection of such peoples" – potentially relevant for maritime boundary delimittation[42]. In this light, the issue of the traditional fishing regime raised in the *Eritrea/Yemen* arbitration does not emerge as a novel problem. What might be seen as novel is the approach followed by the Tribunal, particularly when linking that issue with the Islamic legal tradition.

Although still wrapped in a veil of uncertainties, the doctrine of the indigenous peoples' rights raises the issue of the rights of those socially organised communities of individuals whose *modus vivendi* subsists extraneously to the western notion of state[43]. Hitherto, states have been dealing with this

---

(40) Victor Prescott, "Report 6–2(4)", in Charney and Alexander (Eds.), supra n.38, at pp.1233-1234. Breaches of the MOU concerning the activities of traditional fishermen led to further arrangements between Australia and Indonesia, in 1989, by which practical guidelines for Indonesian traditional fishermen were issued, in an attempt to attain an effective implementation of the fishing provisions.

(41) Second Award, para.106.

(42) Bernard Oxman, "Political, Strategic and Historical Considerations", in Charney and Alexander (eds.), supra n.36, p.3, at pp.38-39. Cf. also H. Burmester, "The Torres Strait Treaty: Ocean Boundary Delimitation by Agreement", (1982) 76 A.J.I.L. 321, at pp.329-332; Donald M. Schug, "International Maritime Boundaries and Indigenous People", (1996) 20 *Marine Policy* 209.

(43) Nothing in this text should be read as recognising any of the claims advanced in several parts of the world by groups of individuals, as indigenous peoples, *vis-à-vis* the states whose territory they inhabit. All the considerations made below should be seen in the light of this caveat. On the rights of indigenous peoples, cf. S. James Anaya, *Indigenous Peoples in International Law* (1996), in particular pp.39-45, 104-107; Paul Havemann (ed.), *Indigenous Peoples' Rights in Australia, Canada and New Zealand* (1999); R.L.Barsh, "Indigenous Peoples in the 1990s: From Object to Subject of International Law?, (1994) 7 *Harvard Human Rights Journal* 33.

Estudos em Direito Internacional Público

problem very cautiously and usually on the basis of an *entente cordiale* with the communities in question. *Consent* has been the paramount criterion of all decisions in this regard. In the *Eritrea/Yemen* arbitration, however, the Tribunal has perhaps taken one of the most daring steps as regards the rights of groups of individuals. For it endorsed what seems to be a regional form of *collective rights*; and more importantly, it did so *vis-à-vis* the sovereignty of two states, imposing upon them the duty to protect and preserve those traditional rights. To what extent might an analogy be drawn, between the views of the Tribunal as to the traditional fishing regime, and the rights of indigenous peoples, is the question which the following paragraphs attempt to answer.

International law continues to be primarily, and despite all recent developments, a legal order that seeks to regulate relations between equal sovereign entities. More than an objective to attain, governing inter-state relations is the very founding rationale of international law. Typically, states are usually unwilling to allow the 'compression' of their sovereignty, unless that stems from the need to allow other states to exercise their sovereignty in the exact same measure. Human rights, in the form of fundamental basic rights of the individual, have driven some changes in this regard, and led to what is nowadays acknowledged as an 'erosion' of state sovereignty. Still, most of the changes have come about almost always in a surrounding of controversy. The emphasis put on traditional rights of groups of individuals is a more recent development of human rights that fostered, *inter alia*, the emergence of the concept of *rights of indigenous peoples*.

A landmark decision in this debate was the 1975 *Western Sahara Advisory Opinion*[44], which prospecting through the realities of decolonisation brought to light one pivotal idea. *State-centred international law cannot always cope with certain social realities*; more specifically when these social realities do not fit within the territorial model imposed by the notion of statehood. The myth "one state, one nation" fell apart. At the same time, this analysis of the International Court of Justice (hereinafter Court or International Court) raises two controversial issues: first, the situation of indigenous peoples, their rights, and their legal status under international law; and secondly, the notion of *transboundary legal orders*.

Transboundary legal orders is a phenomenon that might result from historical events which create territorial divisions which take no account of social realities on the ground. Many state boundaries, in Africa, Asia and South America particularly, cut across social realities, which entail in most cases the existence of legal orders. The effective, continuous and peaceful display of

---

(44) *Western Sahara Advisory Opinion*, of 16 October 1975, I.C.J. Rep. 1975 4.

240 *The Eritrea-Yemen Arbitration: Maritime Delimitation*

authority by states might completely suppress such social realities – as well as the legal orders corresponding thereto. As shown in the *Western Sahara Advisory Opinion*, however, the existence of transboundary legal orders – more exactly fragments thereof – cannot always be ruled out, and raises a number of difficulties[45].

Furthermore, when the suppression of such social realities, and the inherent fragments of legal orders, by prescriptive actions, requires the effective control over oceanic areas and/or isolated uninhabited islands, as would be the case of the Red Sea, or over deserted areas such suppression is unlikely to occur. Actually, for example, social realities in some of the Indian and Pacific Ocean archipelagos might give rise to issues similar to those raised in this arbitration. That is perhaps why the LOSC recognised explicitly the qualification of state sovereignty over archipelagic waters by virtue of historic fishing rights[46].

Indigenous peoples are defined by Anaya as those communities whose "ancestral roots are imbedded in the lands in which they live, or would like to live, much more deeply that the roots of more powerful sectors of society living on the same lands or in close proximity". As he adds, "they are *peoples* to the extent they comprise distinct communities with a continuity of existence and identity that links them to the communities, tribes or nations of their ancestral past"[47]. For any group of indigenous peoples, state boundaries are meaningless and amount to an imposition that has an impact upon, and affects deeply, their immemorial ties with land and water areas, and the natural resources existent in these areas.

Some striking similarities between the community of fishermen of the Red Sea and the notion of "indigenous people" become immediately obvious. The Red Sea fishermen are "a distinct community", which existence is linked to "an ancestral past", and its roots in the Red Sea lie much deeper than those of the political communities defined by reference to the states of Eritrea and Yemen. Drawing the analogy means to identify the parallelisms between the conceptualisation behind the *traditional fishing regime*, and the theory of the *indigenous peoples' rights*, which may be summarised in the following common aspects and notions:

- Communities that spread (often) across state boundaries (which are meaningless for the way of life and livelihood of these individuals);

.(45) The conclusion of the Court as to the existence of "legal ties of allegiance" between the Sultan of Morocco and the nomad tribes in Western Sahara, and the "rights relating to the land" which also existed between the Mauritanian entity and the territory of Western Sahara, illustrates this point. Cf. I.C.J. Rep.1975 4, at pp.40-64, 68.

(46) LOSC, Articles 2(1), 49, 51.

(47) Anaya, supra n.43, at p.3.

Estudos em Direito Internacional Público 241

- Collective rights of members of communities (individuals who have a homogenous cultural and ethnical identities);
- Such rights are differentiated from those of nationals of state, and concern activities carried out since immemorial times;
- Normative standards and legal systems that reflect living traditions, as well as existence (or attempted existence) of separate jurisdictions;
- Difficulty in fitting the existence of these legal rights in orthodox legal theories;
- Communities that seem to have become, or attempt to become, subjects of international law.

An important dissimilarity may nonetheless be pointed out. Whereas the issue of the rights of indigenous peoples have been addressed through consent, between the states involved and the communities of individuals, the rights of the Red Sea fishermen were declared by, and are bound upon the states due to, a third-party decision. Because in the former case one is dealing with an auto-limitation of sovereignty, the contours of which are shaped by the states, doubts and controversies will always be decided by the states. In the latter case, difficultties may arise for instance when disagreements emerge between the community of individuals and the states. If, for instance, the two states reach mutual agreement as to a specific issue that affects significantly the traditional fishing regime, one ought to ask whether the states are entitled to enforce such change against the will of the fishermen. Under the terms of the Award, that seems doubtful.

All in all, resorting by analogy to the principles underpinning the rights of indigenous people to explain the traditional fishing regime of the Red Sea seems an acceptable perspective. Embedded in these principles is the rationale that, in order to respond to human needs and aspirations, and to accommodate traditional social frameworks, it may become necessary to depart from the state-orientated international (and national) law. Although perhaps not being, strictly speaking, an indigenous people, the community of artisanal fishermen of the Red Sea presents some important parallelisms therewith. Its immemorial existence has been related to a certain territory long before the arrival of the European powers, and its *modus vivendi* depends heavily on the access to certain land and marine areas, as well as on the enjoyment of certain natural resources. Imposing upon this community a strict Eurocentric notion of state sovereignty, along with its political corollary – the international boundaries – would most likely harm defi-nitively that *modus vivendi* and its immemorial nexus with the fishing resources.

At a time in which human considerations rise to the highest echelons of international values, such an approach would not only be unjustified, but would also be – one would risk suggesting – unlawful. Establishing indistinctly universal standards, and meanings, of social and economic development has already been proven unsatisfactory. Perhaps the progress towards the true existence of an *international community* resides in the paragon of *human diversity*. Whether the approach of the Tribunal will stand the scrutiny of time can only be speculated. But one must recognise that its innovative and human-orientated perspective seems to confirm a trend in international law.

Judicial restraint may have led the Tribunal not to conceptualise its views in the Award, and to simply refer to the Islamic legal tradition in the area. In terms of the development of international law, however, such approach gives rise to difficulties, especially because Islamic law does not differentiate between national and international law. Why the Tribunal did not look instead into the theory of the indigenous peoples' rights in international law, to reinforce and frame its arguments in relation to the lack of relevance of state boundaries for the community of artisanal fishermen of the Red Sea, is hardly understandable. The similarities mentioned above seem sufficient to justify such an attempt, and would provide a foundation for the Tribunal's solution on a much wider basis. Founding the traditional fishing regime upon the Islamic legal tradition, although appealing in regional terms and perhaps reflecting somewhat a social reality, seems to miss its wider importance for the development of international law, as recognition of immemorial social realities *vis-à-vis* the state.

II. DELIMITATION OF THE MARITIME BOUNDARY

THE DELIMITATION ISSUE

Setting

The Tribunal was asked by the two states to render "an award delimiting maritime boundaries". To this end, it was empowered to decide on the basis of "the opinion ... formed on questions of territorial sovereignty, the United Nations Convention on the Law of the Sea, and any other pertinent factor". Since the two states had agreed that the course of the boundary was to be described "in a technical precise manner", and depicted "for illustrative purposes only" on an appropriate nautical chart, the Tribunal was also mandated to appoint a technical expert to assist it in carrying out its duties[48].

Formally, this case is the first adjudication on maritime delimitation to which the LOSC was applied as conventional law. In legal terms, since the parties agreed that the delimitation would be effected according to the LOSC, the

---

(48) Article 2(3) of the Arbitration Agreement; Second Award, para.5.

Estudos em Direito Internacional Público   243

fact that Eritrea was not a party thereto became irrelevant. On the level of domestic law, the situation of the two states did not present major difficulties. The legislation enacted by Yemen in 1977 follows exactly what is prescribed in the LOSC. It establishes a territorial sea of 12 miles[49], a contiguous zone of 24 miles, an EEZ of 200 miles and a continental shelf extending up to 200 miles or to the outer edge of the continental margin[50]. The Eritrean legislation, which in fact consists of legislation initially enacted by Ethiopia in 1953 and amended in 1956, and maintained in force after its independence, refers only to a 12-mile territorial sea[51].

The geographical setting may be summarised as follows. The coasts of the two states, which appear in a situation of oppositeness with Eritrea to the west and Yemen to the east, abut on the waters of the southern part of the Red Sea, to the north of the strait of Bab el Mandab. From south to north, the mainland coasts of the two states run gradually apart from each other. In the area relevant for the delimitation, the Red Sea has a "V-shape" the axis of which lies approximately in a north-northwest direction. Northwards, the distance between the coasts of the two states is larger, which has an impact upon the delimitation. Whereas to the north of 14° 15' of latitude North the delimitation refers solely to an EEZ and continental shelf boundary, to the south thereof the delimitation concerns also territorial sea boundaries. The presence of islands in various relative locations – both near the mainland coasts and in mid-sea positions (on either side of a potential equidistance line from mainland coasts) – was 'predestined' to become the key geographical consideration in this delimitation[52].

Claims of the Parties

The claims put forward by the two states converge in one point: they were both based – although to different extents and with different interpretations – on the concept of equidistance[53]. This 'common ground' not only made the solution founded on equidistance practically inescapable, but it also made the task of the

---

(49) Any reference in this text to the term "miles" should be understood as referring to the *International Nautical Mile*, which is equivalent to 1852 metres. This is the unit of length that has been used in the Law of the Sea, as stated in the *Official Records, Report of the International Law Commission to the General Assembly – Eighth Session*, 1956, para.32, at p.4. If any symbol is to be used to refer to "nautical miles", it should be "M", which is the symbol adopted by the *Système International d'Unités* (International System of Units).

(50) United Nations, *The Law of the Sea – National Legislation on the Territorial Sea, the Right of Innocent Passage and the Contiguous Zone* (1995), pp.419-422.

(51) *Ibid.*, pp.122-123.

(52) Second Award, Chapter V, paras.113-168. See the map attached to this article.

(53) For the "Submissions of Yemen" and the "Eritrea's Prayer for Relief", cf. Second Award, Chapter I, *in fine*.

244   *The Eritrea-Yemen Arbitration: Maritime Delimitation*

Tribunal somewhat easier, for it provided an objective and agreed starting point for the delimitation. Indeed, in the southern part of the delimitation area, where no mid-sea islands were involved, the claim lines of the two states did not differ significantly.

Yemen claimed a single boundary based on equidistance. Its claim line, while taking account of all basepoints along its mainland coast and its islands, discounted the effect of some Eritrean islands' basepoints. To describe the line, Yemen divided the delimitation area in three distinct sub-areas, which were named "northern", "central", and "southern" sectors. In the northern sector, the line considered all basepoints on both sides. Conceding that the Dahlak islands were part of the Eritrean mainland coast and that they should be considered for computing the equidistance line, Yemen claimed that its own islands – Jabal al-Tayr and those belonging to the Zubayr group – should also be considered for that purpose. Allegedly, this would warrant a balanced treatment of the islands' basepoints on both sides, because each state possessed "islands of a comparable size, producing similar coastal façades lying at similar distances from their respective mainlands". As to the central sector, while claiming full-effect to its Hanish group of islands, Yemen contended that the South West Rocks and the Haycock islands were mere "navigational hazards". In its view, they were "inappropriate for a delimitation role", and were thus entitled only to "limited enclaves". Further south, the Yemeni claim line was a more simple equidistance line between mainland coasts, assuming the Bay of Assab as Eritrean internal waters and giving full-effect the islands of Fatuma, Derchos and Ras Mukwar. By claiming that no adjustment on the basis of equitable principles was justified or necessary, Yemen seemed to imply that its claim line was a strict equidistance. Actually, this was not the case. The line not only discounted some of the Eritrean islands, but it also defined the baseline on the Eritrean coast by reference to the high-water line while defining its own by reference to the low-water line[54].

The perspective followed by Eritrea was rather different, and somewhat more complex. To begin with, it considered that because Articles 74 and 83 of the LOSC make no reference to equidistance whilst requiring that an equitable solution be attained, and because in contrast Article 15 refers to equidistance explicitly, the Yemeni argument was flawed by a "fundamental contradiction". To Eritrea, the delimitation of EEZ and continental shelf boundaries in the northern area should not take into account the Yemeni "small northern mid-sea islets" (Jabal al-Tayr and the Zubayr group) in computing the equidistance boundary.

---

(54) For the Yemeni claim, cf. Second Award, paras.12-21. The reason why Yemen used the high-water line along the Eritrean coastline to calculate the equidistance line, instead of using the low-water line, seems to be related to the fact that the Eritrean domestic legislation makes reference to the former; cf. Second Award, para.134.

Estudos em Direito Internacional Público   245

By contrast, it argued, in the central area, the South West Rocks and the Haycocks had to be considered, because as between them and the Zuqar-Hanish group of islands one was dealing with territorial sea delimitation. Contending that if the enclave solution proposed by Yemen was adopted that would leave both shipping channels[55] lying within Yemeni territorial waters, Eritrea objected strongly to it. Another aspect that characterised the Eritrean claim was the fact that it linked the traditional fishing regime to the delimitation of the maritime boundary, and to the need "to be able to tell its fishermen precisely where they might fish". In this light, Eritrea proposed a solution founded upon what it considered as the "historical median line", and upon the establishment of a "resource box system" around the mid-sea islands. The "historic median line" was an equidistant line between mainland coasts giving full-effect to some Eritrean islands but discarding altogether the Yemeni mid-sea islands. A boundary based on equidistance, but drawn without regard to the mid-sea islands, also found support, alleged Eritrea, in the pattern of oil concessions[56]. Noteworthy is the fact that Eritrea advanced not one but two versions based on the same approach, which the Tribunal interpreted as a flexible set of suggestions as to the precise limits of the joint resource boxes[57].

The Findings

The single maritime boundary awarded by the Tribunal is legally reasoned in Chapter V. Its course is defined in the *dispositif* as a list of geographical co-ordinates of the turning points which have to be joined in the specified order by geodesics to form the boundary[58]. At the outset, the Tribunal made reference to its framing thoughts on the law applicable to the delimitation. It noted that in

---

(55) The eastern shipping channel runs eastwards of Zuqar island, and the western channel runs west of the Zuqar-Hanish group of islands, between the Haycock islands and South West Rocks.

(56) Second Award, paras.75-82, 132.

(57) For the Eritrean claim, cf. Second Award, paras.22-30, and Eritrea's maps 4 and 7. As to the distinct effect of islands on the "historic median line", Eritrea argued that a different treatment had to be awarded to its "historically owned islands", as opposed to the mid-sea islands over which Yemen had only "recently acquired" sovereignty. Insofar as the approach followed by Eritrea referred to "islands historically owned by either State prior to the decade preceding commencement of this arbitration in accordance with Article 121" of the LOSC, such view seemed to amount to an effect similar to that of a critical date. Considering, above all, that "the traditional fishing regime should not have any impact on the delimitation of the maritime boundaries between the two parties in the Second Stage", Yemen rejected this approach. According to it, sovereignty over the mid-sea islands could not be seen as having been constituted by the Award, which had simply declared it. And the use of joint resources zones could not be accepted because that would amount to implying that its sovereignty over the said islands was somehow limited; cf. Second Award, paras.31-38.

(58) The Tribunal observed that the term "boundary", understood as an international maritime boundary between two states, was to be distinguished from the term "limit", in the sense of outer limit of a maritime zone, although the two might coincide in some places.

246   *The Eritrea-Yemen Arbitration: Maritime Delimitation*

spite of the absence of references to customary law, many of its relevant elements should be seen as incorporated in the conventional provisions. The term "pertinent factor", used in the arbitral *compromis*, was described as a "broad concept", which "doubtless include[d] various factors that are generally recognised as being relevant to the process of delimitation such as proportionality, non-encroachment, the presence of islands, and any other factors that might affect the equities of the particular situation"[59].

The cardinal idea that governed the Tribunal was that the international maritime boundary to be determined was "a single all-purpose boundary", which "as far as practicable, [should] be a median line between the opposite mainland coastlines"[60]. Such conclusion lay upon a three-fold argumentation. The Tribunal affirmed, first, that "[i]t is a generally accepted view ... that between coasts that are opposite to each other the median or equidistance line normally provides an equitable boundary". Then, it considered this line as being "in accordance with the requirements of the Convention, and in particular those of its Articles 74 and 83". Finally, it stressed the fact that both parties had "claimed a boundary constructed on the equidistance method, although based on different points of departure", and that this solution was "in accord with practice and precedent in the like situations" and was also one "familiar to both parties[61].

Faced with the need to determine an equidistance line, the Tribunal had then to identify the basepoints from which such line would be computed. In the northern part of the delimitation, that signified deciding upon the effect to be attributed to certain islands: the Dahlaks; the Yemeni mid-sea islands, Jabal al-Tayr and the Zubayr group; and the insular formations off the northern mainland coast of Yemen[62].

At this juncture, one ought to recall that, when commenting upon the line proposed by Yemen for the northern sector, the Tribunal started by referring to Articles 74 and 83 of the LOSC. It stated that, because of the controversy arisen during their drafting, and because they had been "consciously designed to decide as little as possible", these articles must be seen as leaving room for "differences

---

(59) Whether the recourse in the *compromis* to the expression "pertinent factors", instead of a reference to "equitable", "special" or "relevant" circumstances, had a specific intention is hard to say. For instance, it might be argued that the notion of "pertinent factor" was intended to encompass exclusively factors that bear an *objective legal relevance* for the delimitation.

(60) The low-water line was deemed by the Tribunal to be the baseline to consider in computing the equidistance line, as established in Article 5 of the LOSC. For that effect, account would be taken of the line depicted in the British Admiralty Charts (using the LAT – Lowest Astronomical Tide as the chart datum), which were the charts officially recognised by both states, and which had been relied upon by them during the proceedings; cf. Second Award, paras.133-135.

(61) Second Award, paras.129-135.

(62) *Ibid.*, paras.138.

Estudos em Direito Internacional Público 247

of opinion" as to their interpretation. And that the only possible assertion was "that both Articles envisage an equitable result". For the Tribunal, the fulfilment of such requirement entailed the question of the effect to be accorded to islands. The location of the Dahlak islands, masking the Eritrean mainland coast, was deemed decisive in warranting them a different treatment than that to be warranted to the Yemeni mid-sea islands. Since the Dahlaks were seen by both parties as part of the Eritrean mainland, the Tribunal considered that the Yemen claim line did "not compare like with like". And because the Yemeni islands would in any event enjoy an omni-directional 12-mile territorial sea, the Tribunal was of the view that no-effect should be attributed to them in the calculation of the equidistance boundary[63].

These views were re-averred during the determination of the northernmost stretch of the equidistance boundary, which includes turning points 1 to 13. The Dahlaks were described as a "tightly knit group of islands", that formed "an integral part of the general coastal configuration", and somewhere upon the "external fringe" of which lay the baseline for measuring the Eritrean territorial sea. Emphasising that the "unusual straight baseline system said to be existing for the Dahlaks" was not a matter for it to decide, the Tribunal clarified that its task consisted of identifying "the base points which are to control the course" of the boundary. The use of "Negileh Rock" as basepoint, which had been sugges-ted by Eritrea, was rejected, on the grounds that, according to the cartographic information available, it did not emerge even at low-tide, i.e. no low-water line could be defined. Under the conventional provisions, namely Articles 6 and 7(4), that precluded its use as basepoint. Thus, the Tribunal decided that the insular features upon the low-water line of which the relevant Eritrean basepoints lay were "certain Dahlak islets, Mojeidi and an unnamed islet east of Dahret Segala"[64].

The following step was to identify the basepoints along the Yemen coast-line germane to computing the equidistance line. As had been already prefigured, Jabal al-Tayr and the Zubayr group were attributed no-effect. Their location "well out to sea", and their "barren and inhospitable nature", were presented as the arguments supporting such an approach. By holding unusable the mid-sea islands, the Tribunal had to determine from which basepoints on the Yemeni coast was the equidistance line to be computed. This task seems to have been somewhat more complex because Yemen did not contemplate the possibility of the mid-sea islands being discarded as basepoints, and indicated no subsidiary options. The island of Kamaran, its southern satellite islets, and a promontory to

(63) *Ibid.*, paras.114-120.
(64) *Ibid.*, paras.138-146.

the south of it, caught the attention of the Tribunal, which apparently had little doubt in resorting to them. Recourse was also had to the islets of Uqban and Kutama, located northwestwards of Kamaran[65].

Unlike the previous stretch, in the central area, the Yemeni Zuqar-Hanish group of islands and the Eritrean islands (Mohabbakahs, High Island, Haycocks and South West Rocks) generate a situation of overlapping of territorial sea entitlements. This fact is, according to the Tribunal, what the Yemeni claim failed to acknowledge. The "enclave solution" embodied therein, based on "an assessment of the relative size and importance of the Eritrean islands", considered that they were mere "navigational hazards", insignificant when compared to the islands of the Zuqar-Hanish group. This assessment was seen as being made "solely by reference to Articles 74 and 83". The Eritrean argument, based on the application of Article 15, was eventually preferred by the Tribunal, which stressed that "the advantage of avoiding the need for awkward enclaves in the vicinity of a major international shipping route" had to be balanced up concomitantly. An argument favouring the use of Article 15 was the fact that, under Article 121(2), any "island, however small, and even rocks" are entitled to a 12-mile territorial sea. Observing that the Eritrean territorial sea resulting from a "leap-frogging effect" forms a "continuous band" of territorial waters that overlaps with the territorial sea generated by the Zuqar-Hanish groups of islands, the Tribunal considered such situation to be suggestive of an equidistance boundary. Further, it regarded the circumstances *in casu* as not justifying any variance of the strict equidistance line, which, importantly, applied only to the area of overlapping of territorial sea entitlements (including turning points 15 to 20)[66].

As it turned out, point 13 (the end of the northern stretch of the line) and point 15 (the northernmost point of the territorial sea boundary) were some 30 miles apart. The Tribunal stopped at point 13 because southwards the mainland equidistance would cut across not only of the territorial sea of Jabal Zuqar, but also the land territory of Greater Hanish. The gap between the turning points 13 and 15 had thus to be filled. In line with what it had decided before in relation to the Eritrean islands, the Tribunal considered that the territorial sea of all Yemeni islands, Jabal Zuqar in particular, had to be fully preserved. The option of tracing the boundary along the 12-mile limit around the islands was thought to lead to a very complex line. Accordingly, the boundary was defined as a geodesic, which not encroaching upon the territorial sea of Jabal Zuqar, followed a south-westwards direction from point 13 to point 14, turning then southwards and running along another geodesic to link with point 15. This was seen as "very near

---

(65) *Ibid.*, paras.147-153.

(66) *Ibid.*, paras.124-125, 154-159.

Estudos em Direito Internacional Público 249

the putative boundary of a Yemen territorial sea", but making "for a neater and more convenient international boundary"[67].

The southern stretch of the boundary raised far less difficulties. As noted in the Award, "there were only differences of detail between the Yemen and Eritrean [equidistance] lines because there were no mid-sea islands to complicate the problem". Even the situation of the Bay of Assab, likely to have given rise to some difficulties, was in the end easy to resolve[68]. From point 20 ("the southernmost point on the overlapping territorial seas median line"), the boundary follows a geodesic running southeastwards up to point 21 ("the intersection of the extended overlapping territorial seas median line and the coastal median line"). Between points 21 and 29, it resumes "as a median line controlled by two mainland coasts", approaching the strait of Bab el Mandab. This line attempted to reflect the need for "simplicity desirable in the neighbourhood of a main shipping lane"[69].

A key consideration as regards the location of the initial and end points of the boundary concerned the rights and interests of third states, namely Saudi Arabia in the north, and Djibouti in the south. Actually, Saudi Arabia addressed the Tribunal "pointing out that its boundaries with Yemen were disputed ... and suggesting that the Tribunal should restrict its decision to areas 'that do not extend north of the latitude of the most northern point on Jabal al-Tayr island'". While Eritrea did not object this proposal, Yemen wanted the boundary to extend further north up to the 16 degrees North of latitude. Point 1 represents a compromise between the Saudi Arabian and the Yemeni views. Although Djibouti took no formal position, the Tribunal decided that the southern end of the boundary should not approach the area where the effect of Perim Island could become relevant. Concluding that it was "necessary ... to avoid trespassing upon an area where other claims might fall to be considered", the Tribunal saw terminal points 1 and 29 as falling "well short of where the boundary line might be disputed by any third State"[70].

---

(67) *Ibid.*, paras.160-162. This approach seems to explain why, previously, the Tribunal stressed the distinction between the terms "boundary" and "limit".

(68) Yemen assumed that it was "integral to the Eritrean coast" and that "the controlling base points would therefore be on the low-water line of the outer coastal islands".

(69) Second Award, paras.127-128, 163.

(70) *Ibid.*, paras.44-46, 136, 164. On 12 June 2000, Yemen and Saudi Arabia signed Treaty on their land and maritime boundaries – (2000) 8(2) *IBRU Boundary and Security Bulletin* 63. The end point of the maritime boundary described in Annex 3, lies some 34 miles northwards of the end point of the boundary determined in this Award.

A LEGAL APPRAISAL

Decisions on maritime delimitation are usually bound to raise controversy. Not so much because of the precise course of the adjudged line, but because of disagreements concerning the legal reasoning upon which the boundary line is underpinned. As Legault and Hankey once noted, "for decision-makers, the choice of means or methods of translating the geographical and other circumstances into a precise line is, as ever, the most difficult issue in the law of maritime boundaries"[71]. Similarly, Weil considered that the adjustment of the starting equidistance line, insofar as it depends "in various degrees, on the quailtative and therefore intuitive assessment of the judge", is still the "least secure" of the steps in the delimitation process[72]. Another reason for such hesitations seems to lie in the fact that, as Judge Jennings (who presided to the Tribunal in this arbitration) wrote almost 20 years ago, the law of maritime delimitation is "judge-made law"[73]. International judgements and awards played a crucial role in its development. Transposing the 'normative density' of maritime delimitation law to written form has been proven a daunting task, not only because of the different interpretations of the law, but also because of the different key interests that states attempt to preserve. That is clearly reflected both in the *travaux préparatoires* and in the phraseology of Articles 74 and 83 of the LOSC.

Analysing the legal aspects of a decision on maritime delimitation amounts, thus, to a subjective exercise in which much depends on the perspective one has on the subject. What starting point to adopt, what geographical and other factors to weigh, how to weigh the chosen factors are amongst the questions that shape the analysis of the process of applying the law to the facts *in casu*. Not surprisingly, therefore, the following appraisal has embedded a certain conceptualisation of maritime delimitation. For purposes of brevity, it addresses only those issues deemed as more relevant. Its modest goal is to attempt to examine the extent to which this Award may contribute to the continuous refinement of delimitation law. In short, it seeks to identify those aspects that may further predictability in maritime delimitation, for as so well put by Akehurst, "although

---

(71) Leonard Legault and Blair Hankey, "Method, Oppositeness and Adjacency, and Proportionality in Maritime Boundary Delimitation", in Charney and Alexander (eds.), supra n.36, p.203, at p.206.

(72) Prosper Weil, *The Law of Maritime Delimitation – Reflections* (1989), p.285.

(73) This term was used when referring to "the law of continental shelf boundaries"; Robert Y. Jennings, "What Is International Law and How Do We Tell It When We See It?", (1981) 37 *Annuaire Suisse de Droit International* 59, at p.68. Resorting also to this terminology, Weil, supra n.72, pp.6-8; Oscar Schachter, *International Law in Theory and Practice* (1991), p.58; Juan J. Quintana, "The International Court of Justice and the Formulation of General International Law: The Law of Maritime Delimitation as an Example.", in A. S. Muller *et al.* (eds.) *The International Court of Justice: Its Future Role After Fifty Years* (1997), p.367, at p.373; Ian Brownlie, *The Rule of Law in International Affairs* (1998), p.28.

Estudos em Direito Internacional Público

it is desirable that rules of law should be just, it is perhaps even more desirable that they should be certain, clear and predictable"[74].

Entitlement and Delimitation: Two Interweaving Concepts

The interweaving relationship between the concepts of entitlement and of delimitation has been acknowledged since the *Aegean Sea* case, in which the International Court stated that "[a]ny disputed delimitation of a boundary entails some determination of entitlement to the areas to be delimited"[75]. The same approach was endorsed in the *Libya/Malta* case, where the Court affirmed that the "legal basis of that which is to be delimited, and of entitlement to it, cannot be other than pertinent to it"[76].

Following in the footsteps of the *Jan Mayen* case, this Award takes one step further in the conceptualisation of maritime delimitation: the notion of overlapping of entitlements becomes the basis for the delimitation. One ought to recall that in the *Jan Mayen* case, the Court differentiated between the *area of overlapping of potential entitlement* and the *area of overlapping claims*[77]. If the *potential entitlement* is understood as the area to which a state would be entitled in the absence of any other states, the former concept may be described as the area of overlapping between two, or more, (potential) entitlements. Where that overlapping occurs, delimitation may be required, with a view to determining the spatial limits of exercise of sovereignty or jurisdiction by each state[78]. In the *Jan Mayen* case, perhaps regrettably, the Court put too much emphasis on the notion of overlapping of claims. This did not happen in the present arbitration, in which such notion deserved little or no consideration. Whether that was so because of the circumstances *in concreto* is open to debate. Whatever the reasons, one would argue that by resorting only to the concept of overlapping of entitlements the Tribunal certainly contributed to further the conceptualisation of maritime delimitation. This notion was absolutely decisive in the determination of the course of the boundary in the central area, where there was an overlapping of territorial sea entitlements. If only because it allowed the definition of the areas to which each of the conventional provisions was applicable (on the one hand,

---

(74) Michael Akehurst, "Equity and General Principles of Law", (1976) 47 B.Y.I.L. 801, at p.809.

(75) *Aegean Sea Continental Shelf Case*, judgment of 19 December 1978, I.C.J. Rep. 1978 4, at p.36, para.84.

(76) *Case Concerning the Continental Shelf*, judgment of 3 June 1985, I.C.J. Rep. 1985 13, at p.30, para.27.

(77) *Case Concerning the Maritime Delimitation in the Area between Greenland and Jan Mayen*, judgment of 14 June 1993, I.C.J. Rep. 1993 38, at p.47, paras.18-19.

(78) The states involved may decide to constitute a joint resource zone in the area of overlapping of entitlements, in which case delimitation *stricto sensu* might not be required.

Article 15, and on the other hand Articles 74 and 83 of LOSC), that concept emerged as one of the more prominent features of this decision[79].

The Tribunal's reasoning has embedded another equally important, if not more important, conceptualising idea: the precedence to be established between entitlements of a different type. From this boundary delimitation emerges the idea that, *prima facie*, territorial sea entitlements prevail over entitlements of a different nature, that is, an EEZ or continental shelf entitlement cannot (in principle) lead to the 'amputation' of territorial sea entitlements. This is visible in the way in which the question of the territorial sea entitlement of the islands was approached. The Tribunal stated, initially, that some weight was to be accorded to the islands, "certainly in respect of their territorial waters". As it turned out, whereas in the area of overlapping of territorial sea entitlements the Tribunal took full account of all small insular features, in the area of overlapping of EEZ and continental shelf entitlements it discounted completely the effect of some mid-sea islands. And one of the reasons underpinning the decision of giving no-effect to the Yemeni northern mid-sea islands was, as duly stressed, the fact that they would in any case enjoy a full 12-mile territorial sea[80].

Whether this approach can be followed in other situations involving different entitlements (e.g. EEZ and continental shelf beyond 200 miles, or EEZ and contiguous zone) is an enthralling question, which unfortunately cannot be examined in a writing of this nature. What may be said is that this idea has emerged as a development of state practice and case law concerning continental shelf delimitation. In the *Italy/Tunisia* and *Italy/Yugoslavia* agreements, the semi-enclave solution conveys the intention of not encroaching upon the territorial sea of some small islands[81]. Although in the *Sharjah/Umm al Qaywayn* agreement the continental shelf boundary was defined as a line of bearing that would in principle encroach upon the territorial sea of Abu Musa island, its entitlement to a territorial sea was acknowledged explicitly by Umm al Qaywayn[82]. During the *Dubai/Sharjah* arbitration, in which the entitlement of Abu Musa to a territorial sea was again recognised, it was clearly stated that such entitlement could only be restricted if a territorial sea boundary would be in question[83]. Equally, in the *Anglo/French* arbitration, one determinant reason for attributing

---

(79) This becomes patent in the expression "overlapping territorial seas"; cf. Second Award, paras,128, 154.

(80) *Ibid.*, paras.83, 119, 124-128, 154-163.

(81) Charney and Alexander (eds.), supra n.38, at pp.1611-1625, 1627-1637.

(82) *Ibid.*, pp.1549-1555.

(83) *Dubai-Sharjah Border Arbitration*, award of 19 October 1981, (1993) 91 I.L.R. 543, at p.674.

Estudos em Direito Internacional Público   253

the Channel Islands a 12-mile enclave (and not less) was to allow the full extension of their territorial sea[84].

Islands: Entitlement and Delimitation

Less satisfactory, one would suggest, is the approach of the Award as regards the question of islands, their entitlement to an EEZ and a continental shelf, and their impact upon the course of a maritime boundary. One of the most debated provisions of the LOSC is Article 121(3), which states that "[r]ocks which cannot sustain human habitation or economic life of their own shall have no exclusive economic zone or continental shelf". Indeed, its legal interpretation, and its relevance in state practice, has given rise to ardent debate and controversy amongst writers[85]. By not taking position in this debate, while having recourse to some unclear statements, the Tribunal may have left its reasoning open to question. And judicial restrain is perhaps not enough to justify such option.

No doubt, when delimitations are effected by bilateral agreement, following negotiations, states are perfectly entitled not to address the contents of Article 121(3). Then, one may concur with the idea that such interpretation is unnecessary and "not a matter of great urgency"[86]. It must not be forgotten, however, that it is so only because, "as far as states are concerned, [maritime delimitation law] is no more than suppletive". International courts and tribunals are not in the same position[87]. More importantly, because courts have to render decisions based on law, they must justify them on strict legal grounds. As Merrills quite rightly points out, "[a]djudication is authoritative because the decision is reasoned. ... For it is not the fact of obtaining judgment which vindicates a claim, so much as the reasoning by which the decision is supported"[88].

---

(84) *Case Concerning the Delimitation of the Continental Shelf between the United Kingdom of Great Britain and Northern Ireland, and the French Republic*, award of 30 June 1977, 18 R.I.A.A. 3, at pp.89-90, para.187.

(85) Jonathan I. Charney, "Rocks that Cannot Sustain Human Habitation", (1999) 93 A.J.I.L. 863; A.G. Oude Elferink, "Is it either Necessary or Possible to Clarify the Provision on Rocks of Article 121(3) of the Law of the Sea Convention?", (1999) 92 *The Hydrographic Journal* 9; Syméon Karagiannis, "Les Rochers qui ne se Prêtent pas à l'Habitation Humaine ou à une Vie Économic Propre et le Droit de la Mer", (1996) 29 *Revue Belge de Droit International* 559; Robert Kolb, "L'Interprétation de l'Article 121, Paragraphe 3, de la Convention de Montego Bay sur le Droit de la Mer ...", (1994) 40 *Annuaire Français de Droit International* 876; Barbara Kwiatkowska and Alfred H.A. Soons, "Entitlement to Maritime Areas of Rocks which Cannot Sustain Human Habitation and Economic Life of Their Own", (1990) 21 *Netherlands Yearbook of International Law* 131; J.M. Van Dyke and R.A. Brooks, "Uninhabited Rocks: Their Impact on the Ownership of the Oceans' Resources" (1983) 12 O.D.I.L. 265.

(86) Oude Elferink, supra n.85, at p.12.

(87) Weil, supra n.72, at pp.8-9.

(88) J.G. Merrills, *International Dispute Settlement* (1998), at p.295.

254   *The Eritrea-Yemen Arbitration: Maritime Delimitation*

In the Award, the decision of giving no-effect to Jabal al-Tayr and the Zubayr group of islands remains somewhat unexplained. Apparently, it was based upon the understanding that these islands were close to falling under the prescription of Article 121(3). But the Tribunal never affirmed that explicitly. Instead, it resorted to vague expressions, hinting at the recourse to the substantive criteria of the said Article 121(3) without ever committing itself to a clear assertion. First, there is the reference to the "barren and inhospitable nature" of the islands[89]. This is perhaps as close as one may come to affirming that an island "cannot sustain human habitation and economic life of their own" without really saying so. Secondly, there is the importance attributed in the reasoning to the entitlement of the islands to a territorial sea, and to the area of overlapping territorial seas. When the delimitation line was such that it attributed a small fringe of EEZ and continental shelf to the Yemeni central mid-sea islands, the Tribunal felt compelled to offer some justification. It affirmed that the boundary almost coincided with the putative territorial sea limit, and that such boundary was "neater and more convenient" (in an area that it had already remarked lay in the vicinity of a major international shipping lane)[90].

What is debated, one must underline, is not the practical impact of islands upon the boundary. Actually, if one takes into account previous case law and state practice, this is probably one of the most predictable features of the Award. The issue is that, insofar as delimitation was decided under the LOSC regime, as regards some of the islands Article 121(3) had necessarily to come into play. And the Tribunal circumvented what one considers was, *in casu*, an unavoidable question.

By avoiding the interpretation of Article 121(3), the Tribunal may have made the drafting of the Award much easier[91]. However, because no clear distinction was drawn between the entitlement of the islands to an EEZ and a continental shelf, and their impact on the delimitation, the reasoning of the outcome is rather unclear. At first glance, giving no-effect to the northern mid-sea islands appears to stem more from the sphere of discretion conferred upon the Tribunal under Articles 74 and 83[92], rather than from the conclusion that the

---

(89) Second Award, para.147.

(90) *Ibid.*, paras.119, 125, 155, 160, 162.

(91) What has become of the contiguous zone, to which no reference is made in the Award, and to which under Article 121(3) even rocks seem to be entitled, is a difficult question. One should note that under the terms of Articles 33(1) and 303(2) of the LOSC the idea of overlapping contiguous zone jurisdictions is hardly conceivable.

(92) Attention must be drawn, first, to the way in which the Tribunal affirmed that Articles 74 and 83 had been "designed to decide as little as possible", which meant implicitly that it considered that its discretion was rather large. And secondly, one must underline that the Tribunal asserted the "broad" nature of the notion of

Estudos em Direito Internacional Público 255

islands had under Article 121(3) no entitlement to an EEZ and a continental shelf. Whether it was so, only the Tribunal knows. But this lack of clarity might explain the 'whispered and unofficial' dissatisfaction on the part of Yemen as to the awarded boundary in the northern area.

The Single Maritime Boundary

As mentioned before, what the parties agreed was that the second stage of the arbitration would "result in an award delimiting maritime boundaries". It might have happened that the issue was discussed during the negotiations that preceded the *compromis*. And it might have also happened that the parties agreed that adopting, or not, such type of boundary, was a question that should be left to the discretion of the Tribunal. Assuming that there was no specific agreement in this regard reached during the pleadings, in which case the Tribunal should have made reference thereto in the Award, only one conclusion seems certain. By framing the issue in this manner, indubitably, the two states did not ask for a single maritime boundary.

Because this was the first instance in which delimitation was being effectted under the LOSC regime, the issue had a particular relevance. Although the wording of Articles 74 and 83 is, *mutatis mutandis*, the same, their application does not have to lead to coincident boundary lines. For the arguments that are relevant for the delimitation of the "water boundary" do not necessarily match those that are relevant for the delimitation of the "seabed and subsoil boundary". If, and only if, the delimitation process weighs only factors that are relevant simultaneously to the two maritime zones (usually geographical factors) will the two lines coincide. That seems to happen only when states request a single maritime boundary, as for example in the *Gulf of Maine*, in which the Chamber looked into what it named "neutral criteria"[93]. And even then, one may question – as Judge Gros did in his Dissenting Opinion – whether such an agreement is enough to affirm that the international law of maritime delimitation allows such approach[94].

There is, however, another way to approach this on-going debate. It might be argued that, because Article 56(1)(a) of the LOSC defines the EEZ as comprising the column of water and the seabed and the subsoil, and because within 200 miles from the baselines the criterion of entitlement is the same – distance, the

---

"pertinent factor", which included in its view "any ... factors that might affect the equities of the particular situation", and which again put the emphasis on its sphere of discretion. Cf. Second Award, paras.116, 130.

(93) *Case Concerning the Delimitation of the Maritime Boundary in the Gulf of Maine Area*, judgment of 12 October 1984, I.C.J. Rep. 1984 246, at p.327, paras.194-195.

(94) I.C.J. Rep. 1984 246, at pp.362-377, paras.5-26.

two lines should not be distinct. Implicit in this argument is the idea that the delimitation of an EEZ boundary would imply necessarily the determination of the "seabed and subsoil boundary"; that is, there would be necessarily a single maritime boundary[95]. With the utmost respect, one must say that this perspective is not persuasive. The wording of Article 56(1)(a) must be interpreted within the context provided by the LOSC. Its interpretation must take particular account of Articles 56(3) and Articles 77(3), which seem to indicate that continental shelf rights exist even before any EEZ claim is put forward, and independently of that claim. Regarding the EEZ as comprising the continental shelf when the latter has an existence that precedes the former is somewhat difficult to accept.

The approach of the Tribunal resembles again that of the Court in the *Jan Mayen* case. Then, whereas Denmark asked for a single maritime boundary, Norway had not agreed to it. Accordingly, the Court went on to delimit two separate boundaries, one for the continental shelf and another for the fisheries zone. Quite strikingly, however, considering in particular the fact that one major consideration in the determination of the boundary was the access to the capelin resources, the conclusion was that the two boundaries coincided[96]. In reality, what the Court did was to establish a *de facto* single maritime boundary, without asserting its *de jure* existence. But as the Separate Opinion of Judge Shahabuddeen points out, "two lines drawn independently for each area would coincide along their entire lengths only exceptionally". And in any event, "the location of fish stocks" would not be "relevant to the delimitation of the continental shelf"[97]. Even Judge Oda, whose sympathy for a single boundary is well known, recognises that a single maritime boundary can only be adjudged if the parties agree thereto[98].

From these brief remarks it seems clear that, whatever the option of the Tribunal in this regard, it should have been soundly founded. But the Award presents no explanation as to why a single maritime boundary was adopted. What is stated is that, "after careful consideration of all the cogent ... arguments", the Tribunal decided that the boundary should "be a single all-purpose boundary"[99]. Since the Tribunal had referred already to "boundaries between the Yemen and Eritrean continental shelves and EEZ"[100], this conclusion is by no means

---

(95) Paul Peters and Gerard J. Tanja, *Lateral Delimitation of Continental Shelf and Exclusive Economic Zone* (A Report of the Netherlands Branch of the International Law Association, prepared for the ILA International Committee on the EEZ), 1984.

(96) I.C.J. Rep. 1993 38, at pp.56-81, paras.41-93.

(97) *Ibid.*, at p.201.

(98) Separate Opinion, *ibid.*, at pp.109-110, paras.70-74.

(99) Second Award, para.132.

(100) *Ibid.*, para.116.

Estudos em Direito Internacional Público 257

obvious. Similarly to the *Jan Mayen* case, only one state – Yemen – had claimed for a single line. The recourse to the single maritime boundary emerges (again) without further justification[101]. Furthermore, the decision made, one is left with the doubt as to whether, under the LOSC, a single maritime boundary is always required. If not, if this was just a decision of the Tribunal in the light of the circumstances *in concreto*, then one has a further problem. If the parties did not request a single boundary, if no agreement was reached in that regard, and if a single boundary is not required under the LOSC, the criteria upon which the decision to resort to a single boundary founded becomes hardly understandable. Legally such decision may in fact amount to *excès de pouvoir*.

With this said, one has to turn to another issue related to the subject of the single maritime boundary. By the *compromis*, what Eritrea assented to was "the application of provisions of the Convention that are found to be relevant to [this] stage"[102]. Nevertheless, (as far as this author knows) Eritrea has never claimed an EEZ[103]. This immediately prompts one question: how can references be made to an EEZ boundary? Either it means that the Tribunal delimited a "potential boundary", to come to existence when and if Eritrea puts forward a claim for an EEZ; or it means that the Tribunal considers that Eritrea has claimed an EEZ and assumed the inherent duties under the LOSC. Inasmuch as the latter is unlikely to be the answer, one is left with what it looks like a delimitation of a 'potential maritime boundary'. Theoretically, this is a striking possibility, but by no means unparalleled. In the *Cameroon/Nigeria* case, currently *sub judice*, a similar situation has arisen. Cameroon, despite being a party to the LOSC, has not enacted legislation claiming an EEZ. This fact was referred to during the hearings on the Preliminary Objections. The counsel for Nigeria asserted, perhaps rightly, that specific legislation is required to implement the conventional regime[104]. For in principle, "[w]here a State does not establish an exclusive economic zone or an exclusive fishery zone, *all waters outside the territorial sea remain subject to the regime of the high seas*"[105]. How the Court will approach

---

(101) Although one is quite aware of the fact that the Court never referred to a single boundary in the *Jan Mayen* case, one is rather convinced that what the Court did, *de facto*, was to delimit a single boundary.

(102) Second Award, para.130.

(103) An important distinction between rights over the continental shelf and rights over an EEZ is expressed by Article 77(3) of the LOSC. The existence of the latter, if for nothing else because it entails the assumption of duties, presupposes an express declaration.

(104) International Court of Justice (ICJ), Case Concerning the Land and Maritime Boundary between Cameroon and Nigeria, Preliminary Objections, Public Sitting of 9 March 1998, Verbatim Record CR/98/05, seventh preliminary objection; document available in the website of the ICJ (http://www.icj-cij.org/icjwww/idocket/icn/icnframe.htm).

(105) Myron H. Nordquist (ed.), *United Nations Convention on the Law of the Sea 1982 – A Commentary*, Volume II (1993), p.510, emphasis added.

258   *The Eritrea-Yemen Arbitration: Maritime Delimitation*

the issue, and whether its decision will confirm the jurisprudence of this arbitration remains to be seen.

Equidistance, Adjacency and Oppositeness

The proposition that as between opposite coasts "the median or equidistance line normally provides an equitable boundary", and is in accordance with the requirements of Articles 74(1) and 83(1) of the LOSC[106], emerges as an assertion that has, simultaneously, a bright and a dark side. Affirming that *equidistance* is not antithetical to *equitable solution* is indubitably a positive contribution. Maintaining the distinction between oppositeness and adjacency as regards the use of equidistance, however, does not seem to a sound way to further maritime delimitation law. Such distinction, which might indeed be the "generally accepted view" in jurisprudence, amounts to a 'generalisation' which does not convey an accurate perspective of delimitation. More importantly, it was *in casu* unnecessary. To effect the delimitation and adjudge on the basis of equidistance, the Tribunal did not need to refer to the distinction between oppositeness and adjacency. The fact that the parties based their claims on *median lines* appears, as was quite rightly pointed out, to be a tacit agreement as to the type of boundary-line viewed by the parties as equitable. Despite its frequent use in jurisprudence, one believes that the said distinction is rather artificial. Necessarily in brief terms, therefore, it is perhaps worthwhile to refine some of the ideas underpinning the use of equidistance as the starting line in maritime delimitation, namely as to the distinction between adjacency and oppositeness.

When equidistance was first dealt with in juridical terms, during the *travaux préparatoires* of the Geneva Conventions, the International Law Commission decided that it should have the advice of technical experts on certain specific aspects. Importantly, it asked a Committee of Experts how was a maritime boundary to be determined in situations of oppositeness and of adjacency. This Committee was of the view that, in cases of adjacency, equidistance might not lead to an equitable solution. However, it stressed equally that, in cases of oppositeness, there could be special reasons, such as navigation interests and fisheries, to depart from the median line boundary[107]. A departure from equidistance could be required, then, in both cases. More importantly, one paramount detail has to be underlined: the Committee was referring to *strict equidistance lines*; that is, a line taking account of all basepoints along the low-water line of all continental and insular land features.

---

(106) Second Award, para.131.

(107) Report of the Committee of Experts, (1953) I.L.C. Yearbook (II) 79 (text in French).

Estudos em Direito Internacional Público   259

Let it be supposed, theoretically, that there are two states, each of which has an absolutely flat coastline, i.e. the low-water line is a straight line. With such baselines, the distinction between adjacency and oppositeness becomes meaningless and rather artificial. A strict equidistance boundary will, in both instances, divide the area of overlapping of entitlements between these states "equally", or to use another terminology "equitably". This example demonstrates that, conceptually, there are no differences between the application of equidistance in each case[108].

The problem arises because nature has shaped coastline geography in some multifarious complex forms. Consequently, the "equitable nature" of a *strict equidistance boundary* can only be determined by reference to the factual circumstances of each case. To the contrary of what is suggested by the expression utilised by the Tribunal, in reality, equidistance is as likely to result in an inequitable boundary in cases of oppositeness, as it is in cases of adjacency, as is illustrated to perfection in this arbitration. Had the Tribunal defined the maritime boundary in the northern area on the basis of a strict equidistance line, and it would have awarded an inequitable boundary between Eritrea and Yemen, two opposite states. To avoid that, it was 'forced' to attribute no-effect to the Yemeni northern mid-sea islands. Whether one agrees or not, the fact is that, in a situation of oppositeness, the Tribunal had (in some measure) to refashion geography in order to arrive at what it considered was equitable[109]. And the truth is that, by modifying equidistance, as the Tribunal did in this case, it is also possible to attain equitable boundaries in virtually every situation of adjacency.

In short, one would argue that, since the distinction between situations of oppositeness and of adjacency is artificial, and not understandable in both juridical and technical terms, courts should not distinguish between them. Equidistance is, in both situations, the most equitable, and predictable, starting point that may be used. What has to be understood is that, in adjacency, because the line runs further and further away from the coastlines, one basepoint (or a small number of them for that matter) may become the *controlling basepoint* for a long stretch of the boundary. And similar effects may emerge in specific macro-geographic scenarios, as those of convex or concave coastlines. Then, the use of a strict equidistance will most probably result in an inequitable boundary.

These instances, in which strict equidistance leads to an inequitable boundary, however, bear no substantive difference in relation to situations of

---

(108) Although one has reasoned on the basis of plane geometry, an analogous reasoning, using ellipsoidal geometry, could be advanced.

(109) Here, because no references were made to Article 121(3), it is assumed that the northern islands were not considered as being "rocks".

oppositeness, such as that between Eritrea and Yemen, involving the location of the Yemeni northern mid-sea islands. The answer to these difficulties seems to be, either in cases of adjacency or in cases of oppositeness, to discount or rectify, partially or completely, the effect of basepoints that control the course of inequitable strict equidistance lines. The *Anglo/French* arbitration, which involved the Scilly islands in the Atlantic region[110], and the *Dubai/Sharjah* arbitration, which involved the Abu Musa island[111], provide paradigmatic examples of equitable adjacent boundaries arrived at by discounting the effect of such controlling basepoints.

Therefore, one would argue that the equidistance line is, *prima facie* and subject to any necessary modification founded on specific circumstances, the most equitable starting line, whatever the geographical setting one is faced with. For it provides a starting line that apportions to each state all points at sea that are closer to its coastline than to the coastline of any other state. Insofar as, according to international law, *sovereignty over the land entitles states to dominate the sea* up to a certain distance from the coastline, the emphasis is indubitably put on the notion of proximity. Consequently, and because there is no better way of reconciling equity and predictability, it seems inescapable to presume (in every delimitation) "as initially fair to all parties, ... that the boundary be located no closer to one state than to another"[112]. The final course of the boundary line should be, as Weil affirmed in the *Canada/France* arbitration[113], determined on the basis of one tenet: reasonableness of the distance of the delimitation line from each coastline (prompting the use of equidistance as *reference-line*).

The rights and interests of third states, an issue also addressed by the Tribunal in this Award, although seemingly bearing no relevance for the debate regarding equidistance, may indeed provide the decisive answer in this matter. Observing that it had "neither the competence nor authority to decide on any of the boundaries between either of the two parties and neighbouring states", the Tribunal deemed necessary "to avoid trespassing upon an area where other claims might fall to be considered". And it went on to affirm that it believed that the terminal points of the boundary, both north and south, lay "well short of where the boundary line might be disputed by any third state"[114]. This approach

---

(110) Supra n.75, at pp.112-117, paras.241-251.

(111) Supra n.74, at pp.670-677.

(112) Myres S. McDougal and Willian T. Burke, *The Public Order of the Oceans* (1987), p.725.

(113) *Delimitation of the Maritime Areas between Canada and France (St. Pierre and Miquelon)*, award of 10 June 1992, (1992) 31 I.L.M. 1145, Dissenting Opinion, at p.1209, para.30.

(114) Second Award, paras.136, 164.

Estudos em Direito Internacional Público 261

is entirely acceptable, since it is one of the possible ways in which the third state issue may be dealt with, amongst those already identified in state practice[115].

How the Tribunal defined the area in which "the boundary line might be disputed by any third state", and which the Tribunal had to avoid trespassing, is not said. One would risk suggesting that equidistance was the reference through which the Tribunal defined that area. Although courts avoid any straightforward assertion, there is at least one instance in which the recourse to equidistance to establish the *area of interest of third states* was explicitly upheld: the *Cameroon/ Nigeria* case. In the judgment on the preliminary objections, the Court observed "that the problem of rights and interests of third States arises only for the prolongation, as requested by Cameroon, of the maritime boundary seawards of point G". It noted that the maritime boundary from point G inwards "does not concern the rights of third States" because its geographical location "*is clearly closer to the Nigerian/Cameroonian mainland than is the location of the tripoint Cameroon-Nigeria-Equatorial Guinea to the mainland*"[116]. The "tripoint" referred to by the Court is undoubtedly an *equidistance tri-junction point*.

Equidistance is not only the necessary starting point for every bilateral maritime delimitation when searching for a reasonable boundary, but it is also the sole objective criterion that allows the establishment of the areas in which the rights and interests of third states may come into play.

Proportionality

The need for a "reasonable degree of proportionality" between coastline length and the areas appertaining to states was first asserted in the *North Sea* cases[117]. Since then, proportionality has been often resorted to in international adjudication, both as a consideration to be weighed in the delimitation process, and as a final test of reasonableness of the boundary arrived at. In the present arbitration, once more, states referred to it in their pleadings, and the Tribunal used it as an *ex post* test of equitableness.

From the summary of the parties' claims offered by the Award, it is difficult to analyse the way in which proportionality was applied by the states to the geography of this case. What the Tribunal has observed is that both parties argued on the basis of proportionality "strenuously and ingeniously". In practice, the Tribunal considered, first, that the measurement of the Eritrean coastline

---

(115) David Colson, "The Legal Regime of Maritime Boundary Agreements", in Charney and Alexander (eds.), supra n.36, p.41, at pp.61-63.

(116) ICJ, Judgement of 11 June 1998, para.115, website of the ICJ, supra n.95.

(117) *North Sea Continental Shelf Cases*, judgment of 20 February 1969, I.C.J. Rep. 1969 4, at p.55, para.101.(D)(3).

262 *The Eritrea-Yemen Arbitration: Maritime Delimitation*

should follow "the outer circumference of the Dahlak group of islands". Secondly, it stated that the fact that the "waters of the Red Sea ... lie at an angle of roughly 45°" had to be taken into consideration. Accordingly, the northern end of the Eritrean coastline was defined by its intersection with "a line drawn from what seems to be the northern terminus of the Yemen land frontier at right angles with the general direction of the Yemen coast". And thirdly, it noted that the southern end of the Yemen coast was defined in an analogous manner. Subsequently, the technical expert carried out computations that led to the conclusion that the coastal length ratio Yemen:Eritrea was 1:1.31, while the equivalent water-areas ratio was 1:1.09, which the Tribunal viewed as evincing no disproportion[118].

As should be expected, the disagreements and divergences between the two states regarded not so much the juridical meaning of proportionality, as did the actual manner in which their respective coasts had to be measured for purposes of computing the coastline length ratio. Insofar as that is precisely the problem to which proportionality gives rise, this is unsurprising. As stated by the International Hydrographic Organisation, in measuring the total length of the coast "[s]everal methods may be used, *depending on agreement between the parties*"[119]. When applied in adjudication, however, one will hardly, if ever, find the parties in agreement on this matter. These technical divergences cause legal difficulties, which explain perhaps why Weil has always argued vigorously against the use of proportionality in delimitation[120]. In his Dissenting Opinion in the *Canada/France* arbitration, he affirmed that the "case admirably illustrate[d] the uncertainties and dangers of the proportionality test in its quantitative form". And added that, because one can conceive an almost infinite variety of ways of measuring the coastline length, "there can be no scientific answer, or even any legal answer, which is clearly defined or objectively valid". Further weight is lent to his views by the paradox that he so sharply describes, and which is worth quoting here in full[121]:

> What would happen if the proportionality test indicated an unreasonable disproportion between the ratios of coastline length and those of areas? Would the judge or arbitrator then be bound, in order to arrive at a more proportionate result, to adjust the line which he states he has arrived at by other methods? A negative reply would deprive the proportionality test of all significance. An affirmative reply would be tantamount to converting proportionality into the

---

(118) Second Award, paras.39-43; 165-168.

(119) International Hydrographic Organisation, *A Manual on Technical Aspects of the United Nations Convention on the Law of the Sea – 1982* (1993), Special Publication No.51, p.111.

(120) Weil, supra n.72, at pp.75-81.

(121) Supra n.113, at pp.1204-1207, paras.20-25, emphasis added.

Estudos em Direito Internacional Público 263

> dominant principle of delimitation. It may perhaps be said that an unfavourable test is unlikely and has never occurred, but *is not this precisely because the data on which the arithmetical test is based are in reality selected so as to confirm a predetermined result?*

One must support his view. The Tribunal's approach on proportionality is too concise. Further, it seems unconvincing as to the relevance of proportionality, both *in casu* and *in abstracto*. To begin with, it is difficult to understand whether the proportionality test included the areas of territorial sea in the computations. At first glance, it seems that it did. And if it indeed did, that means apparently that proportionality is also applicable to territorial sea areas, which is a striking conclusion. Moreover, no indication is given as to what was considered to be the general direction of the various stretches of the coast for purposes of proportionality. How closely the measurements followed the sinuosities of the coasts remains unknown, as do any objective criteria that might have been used to endorse such a way of measuring coastlines. This lack of information is particular important because the Tribunal had referred to the strenuous and ingenious way in which the parties had argued on the basis of proportionality and disagreed in relation to the method for measuring the relevant coastlines.

Most importantly, nothing in this Award helps to resolve, or answer, 'Weil's paradox'. One would argue, therefore, that the proportionality test, as presented, appears as legally meaningless. For in the absence of any objective and standard criteria for measuring coastline length, proportionality may be manipulated to support virtually any boundary. Either such objective criteria are internationally defined, or proportionality should not be seen as more than a broad concept that allows the departure from strict equidistance whenever it is patently obvious that there is an unreasonable disproportion between coastline length and apportioned maritime areas. Of course, this conclusion concerns only international adjudication. In negotiation, states may agree on utilising any measuring method that they deem appropriate.

Brief Notes on Other Aspects

Natural resources are a type of consideration that might have to be accounted for in maritime delimitation. As regards fisheries, the conclusion of the Tribunal seems quite logical[122]. Stressing its views on the perpetuation of the traditional fishing regime, it affirmed that "[n]either party had succeeded in demonstrating that the line of delimitation proposed by the other would produce a catastrophic or inequitable effect on the fishing activity of its nationals or

---

(122) The parties advanced extensively arguments relating to the importance of fishing resources for the population (including the consumption of fish), the economic dependency on fishing industry, the location and historic patterns of fishing, and the effect of fishing on the delimitation.

detrimental effects on fishing communities and economic dislocation of its nationals". Accordingly, it concluded that "the fishing practices of the parties from time to time [were] not germane to the task of arriving at a line of delimitation"[123]. The propositions regarding the gas and oil resources are equally not controversial. Since, as noted by the Tribunal, mineral resources have not yet been found in the area, it is only natural that they played no role in the delimitation. The obligation of mutual information and consultation as regards the discovery of straddling fields traduces a settled approach in case law, state practice and doctrine[124]. The pattern of oil concessions issued by both states, which suggested the existence of a mid-sea separation line, was not taken into account by the Tribunal, because such concessions had been issued before the decision on sovereignty[125]. Its pivotal conclusion was that, certainly where territorial waters had to be delimited, the mid-sea islands could not be discounted altogether, and had to be somehow weighed[126].

The Tribunal's reference to navigation interests is equally justified. The Arbitration Agreement underlined, in the Preamble, the consciousness of both parties in relation to "their responsibilities towards the international community as regards ... the safeguard of the freedom of navigation in a particularly sensitive region of the world". Naturally, it was a consideration that had to be weighed. Since the delimitation involved territorial sea boundaries, this factor became even more relevant, because of the limitations that under international law can be imposed on navigation in territorial waters. The delicate nature of the rights involved supports, equally, the emphasis put on the simplicity of the line, which led the Tribunal to avoid complicated turns in the boundary-line[127].

---

(123) Second Award, paras.47-74.

(124) The Tribunal recalled the findings of the *North Sea* cases as to the unity of deposits, the "significant body of cooperative state practice", and the writings on the subject. The Tribunal asserted also the existence of a duty of co-operation. In its view, the two states are bound to inform and to consult each other on any discovery concerning mineral resources straddling, or lying in the vicinity of, the maritime boundary. The particular geographical circumstances of the Red Sea, where the two states "face one another across a relatively narrow compass", and the common legal, historical, cultural and religious background, were deemed to be factors that make such duty of co-operation even more pertinent *in concreto*.

(125) Whereas Yemen resorted to this evidence primarily in the first stage, with a view to demonstrate that its sovereignty over the mid-sea islands was relied upon by oil companies, Eritrea had recourse thereto in this second stage to show that the concessions ran along the median line between the mainland coasts. Although recognising that this was "not tantamount to mutual acceptance of a median maritime boundary or even a *modus vivendi* line", Eritrea contended that it was a "persuasive basis" for accepting its 'historic median line', according no weight to the mid-sea disputed islands, as the boundary in the Red Sea.

(126) Second Award, paras.75-86.

(127) The relevance of navigational interests in territorial sea areas had already been endorsed in the *Beagle Channel* arbitration. Considerations of "convenience, navigability and the desirability of enabling each party so far as possible to navigate in its own waters" were taken into account to delimit the boundary; cf. *Beagle Channel Arbitration*, award of 18 February 1977, (1979) 52 I.L.R. 97, at p.185, para.110.

Estudos em Direito Internacional Público   265

The importance of straight baselines in the delimitation was also examined. One should remark in advance that baselines are relevant only when recourse is had to equidistance. When no role is attributed thereto, the location of the baselines becomes almost irrelevant. The Tribunal's decision to award a boundary based upon an equidistance line entailed inexorably further decisions as to the points from which to compute such a line. This included assessing the relevance of the Eritrean straight baselines. The assertion that such issue was "hardly a matter that the Tribunal [was] called upon to decide" seems to re-aver, and to crystallise, previous case law. In the *Guinea/Guinea-Bissau* arbitration, the Tribunal had already affirmed, similarly, that the problem of the baselines was not of direct concern to courts as these lines depend on the unilateral decision of states concerned and do not form part of delimitation disputes[128].

IV. CONCLUDING REMARKS

More than being an organised society, from which stems an inherent order, the international community is still a sphere of power politics, perhaps moving – although slowly – towards that aimed level of social organisation. Conceptualising arbitration as a quasi-judicial method of dispute settlement between states, in which decisions are arrived at by applying international law, leads thus to scrutinise arbitral awards in the light of two key questions. First, one ought to ask whether the outcome is likely to be politically accepted by the states as a lasting solution for the dispute. And secondly, it becomes important to determine the extent to which the decision may have contributed to the development of international law.

If the Tribunal would be seen as *amiable compositeur*, the Award would certainly appear as a successful discharge of its duties. The intention of reconciling in a fair manner the opposite political and legal interests of Eritrea and of Yemen, is patent. Furthermore, although in some small measure, and in relation to specific questions, either state may disagree with the views of the Tribunal, both have recognised that the overall outcome of the process is a balanced one. That is clearly expressed in the official statements of the authorities of the two states.

The way in which the Tribunal set forth its views on the traditional fishing regime is indubitably an innovative one. Inasmuch as it puts the emphasis on *human considerations*, and on preserving a *modus vivendi*, the teleological

---

(128) *Dispute Concerning Delimitation of the Maritime Boundary*, award of 14 February 1985, (1986) 25 I.L.M. 251, at p.292, para.96.

approach of the Award certainly seems to be consistent with recent trends surfacing in international law. The welfare of human communities, portraying a neo resurgence of "natural law", or in other words, a more human-centred international law, has risen to the prime stage of international relations. Furthermore, the rationale and outline of the traditional fishing regime is entirely reasonable. And reasonableness is usually an insurance of acceptability of international legal decisions.

The legal grounds upon which such endorsement is hinged did not however become totally clear. With the utmost respect, one would suggest that, because it followed a rather innovative approach, the Tribunal should have used much less judicial restraint. Ensuring that its decision of upholding *in concreto* the preservation of the fishing legal tradition was thoroughly explained and framed under the classical tenets of international law should perhaps have been a priority. The reference to the Islamic legal tradition, on its own, seems a narrow approach to a much wider issue. For it seems clear that the traditional fishing regime entails an issue that has arisen in international law in recent decades: the rights of communities of individuals whose immemorial *modus vivendi* precedes the entity 'state'. Indeed, the relevance of fishing rights of certain human communities (known as *indigenous peoples*) in maritime delimitation has already been considered by state practice.

Despite what the Tribunal stated, one believes that the sovereignty of Yemen and of Eritrea has been conditioned to the extent necessary to the preservation of the traditional fishing regime. The way in which the contents of this regime was shaped can but lead to this conclusion. Actually, when dealing with indigenous peoples' rights, states seem to tend to view the question from the perspective of limitation of sovereignty, justifying thus slow and cautious steps forward. As regards the Red Sea regime, it should be enquired whether Eritrea and Yemen may, even by mutual agreement, impose restrictions on the artisanal fishing. Management of stocks, definition of quotas of catching, evolution of the fishing technology (e.g. boats, nets, equipments), are simply some of the issues that states might want to regulate. Under the Award's terms, however, it is not clear if they are entitled to exercise such jurisdiction, because the contents of the regime have always been moulded through the consent of those subject thereto, and this is apparently perpetuated.

As to maritime delimitation, one has contradictory feelings. That the course of the awarded boundary is reasonable, and that the factors weighed in the delimitation could be predicted, falls well short of meaning that maritime delimitation law has been greatly furthered. Aside from the outcome, the reasonableness of which can by no means be contested, one must assess the contribution of this Award for the development of maritime delimitation under

Estudos em Direito Internacional Público

the LOSC. This quasi-legislative Convention, which provides a systematised set of norms, is bound to remain in force for the foreseeable future. Since more than a half of the maritime boundaries of the world are still to be defined, the importance of refining the contents of its provisions on maritime delimitation hardly needs to be underlined.

There are, indubitably, aspects of this decision that contribute to clarifying the law of maritime delimitation. The recourse to the notion of overlapping of entitlements, as the reference for the delimitation, is one of those aspects. Equally, one may refer to the idea of precedence of territorial sea entitlements over EEZ and continental shelf entitlements. In conceptualising terms, these are welcome developments, and probably the more relevant aspects of this Award. Furthermore, this Award seems to further the idea that the traditional rights of communities of individuals, whose *modus vivendi* has an immemorial root, should as much as possible be preserved and remain unaffected by maritime delimitations. By any standards, this is an outstanding contribution.

In respect of the contents of Articles 74 and 83, the Tribunal restricted itself to assert that "they were designed to decide as little as possible", and they both "envisage an equitable result". Such an interpretation is hardly debatable, under Articles 31 and 32 of the Vienna Convention on the Law of Treaties, which clearly favour the textual element. Equitable solutions, however, may also be attained by *ex aequo et bono* approaches, which means that the Tribunal should have clarified comprehensively upon which normative standards its decision was founded. That does not seem to have happened in relation to certain issues. In fact, the reasoning of the Award makes scant reference to such norma-tive standards, and presents a 'soft blend' between the 'equidistance-special circumstances rule' and the so-called 'equitable principles doctrine'. Whilst resorting in practice to the former to define the course of the boundary, it has recourse to phraseology typical to that of the latter. For instance, it refers to "assessments of equities", and it defines "pertinent factors" as "any ... factors that might affect the equities of the particular situation".

Such an approach could be accepted, ultimately, if it had been clearly stated that Articles 74 and 83 implied necessarily the recourse to the 'equi-distance-special circumstances' formula, interpreting the concept of special circumstances in an equity-orientated manner. This would have elevated equi-distance (as a corollary of the principle that the land dominates the sea) and equity, perhaps once and for all, to the status of governing principles of maritime delimitation. However, such straightforward and much needed ascertainment, which could and should in fact have been made in the *North Sea* cases, remains missing. So much so that, in relation to the role of equidistance, the highly

268   *The Eritrea-Yemen Arbitration: Maritime Delimitation*

undesirable distinction between situations of adjacency and of oppositeness is retained.

Without affirming it explicitly, this Award seems to follow the approach adopted in the *Jan Mayen* case, and in the *Anglo/French* arbitration, in which the contents of conventional law were equated to those of customary law[129]. Whether such a view is correct in the case of Articles 74 and 83 of the LOSC is questionable, particularly in the light of the strong and actually unresolved controversy, during the *travaux préparatoires*, as regards the normative standards of delimittation. Perhaps exactly because there was not a *common intention* of the parties as regards normativity, the literal element was designed – as the Tribunal asseverated – to decide as little as possible. Normativity, therefore, has to stem primarily from the system provided by the Convention, and that is not clear in the Tribunal's reasoning. All in all, there is one clearly positive note. The term 'equitable principles', which in this author's view has no normative content, and has thus only a spurious existence, seems not to form part of the interpretation of the conventional provisions. No reference was made to it, throughout the Award, to explain the content of the delimitation provisions[130]. And if this term was actually abandoned, then some progress was indeed made.

---

(129) I.C.J. Rep. 1993 38, at pp.58-61, paras.46-51; 18 R.I.A.A. 3, at pp.43-45, 47-48, 116, paras.65-70, 75, 249.

(130) The only references to "equitable principles" that appear in the Second Award are those of paras.19, 39, 165. In the first instance, the Tribunal was merely describing the Yemeni argument. In the other two instances, the reference to equitable principles appears within a citation of the *North Sea* cases as regards the use of proportionality.

Estudos em Direito Internacional Público 269

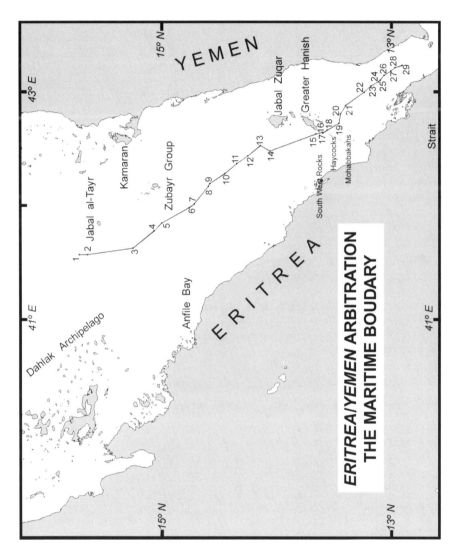

Map with the Maritime Boundary

SPATIAL ALLOCATION OF CONTINENTAL SHELF RIGHTS IN THE TIMOR SEA:

Reflections on Maritime Delimitation and Joint Development

Internet Journal of
The Centre for Energy, Petroleum and Mineral Law and Policy (CEPMLP)
(Universidade de Dundee, Reino Unido)
Volume 13 – Article 13
2003
http://www.dundee.ac.uk/cepmlp/journal/html/Vol13/vol13-13.html

Reproduzido com a amável autorização do *Centre for Energy, Petroleum and Mineral Law and Policy*

SPATIAL ALLOCATION OF CONTINENTAL SHELF RIGHTS IN THE TIMOR SEA:

Reflections on Maritime Delimitation and Joint Development

EXORDIUM

In 1960, while under Portuguese administration, East Timor was included in the United Nations' list of Non-Self-Governing Territories. Subsequent to the revolution of 25 April 1974, Portugal undertook a process of decolonisation. An attempt was made to set up in East Timor a transitional government and a parliament empowered to prepare the East Timorese people to exercise their right to self-determination. Following armed clashes between opposing political factions, Portugal – which at the time faced dramatic political problems in its European territory – was forced to withdraw[1]. On 7 December 1975, Indonesia occupied East Timor's territory – claiming that it was acting to liberate the people of East Timor (at the request of its representatives). The government subsequently set up requested the integration of East Timor into Indonesia. United Nations Security Council Resolutions on this issue, which called for the withdrawal of Indonesian forces, failed to overturn the course of events.

Diplomatic talks held between Indonesia and Portugal since 1983, under the auspices of the Secretary-General of the United Nations, sought to resolve the situation in East Timor. The agreement eventually signed on 5 May 1999 between the two states paved the way for a popular consultation concerning the future of the territory and its status *vis-à-vis* Indonesia. On 30 August 1999, the East Timorese people freely exercised their right to self-determination, voting massively (just under 80%) in favour of becoming an independent country.

On 20 May 2002, after a complex political process that spread over forty years, East Timor finally became an independent state. From the standpoint of international law, this process raises questions that revolve around inter alia self-determination (in respect to which the *East Timor* case is a milestone[2]), use

---

(1) The Portuguese Governor withdrew to the island of Ataúro, located a few miles off the northern coast of East Timor. Its definitive withdrawal took place only after the Indonesian invasion, on 8 December 1975.

(2) Case Concerning East Timor (Portugal *v.* Australia), International Court of Justice, Judgment of 30 June 1995, ICJ Rep. 1995, p.90.

of force, state succession and acquisition of territory. More practically speaking, it would also lead to an examination of the role of *realpolitik* in international affairs. The present article does not directly address the foregoing issues. Nevertheless, these questions form part of the background against which the subject matter of this article ought to be seen.

This analysis reflects on the spatial allocation of continental shelf rights in the Timor Sea. It looks first into the historical developments that eventually led to the Timor Sea Treaty, signed between Australia and East Timor on 20 May 2002[3]. Drawing on these political-legal developments, which refer to the exercise of jurisdiction in the Timor Sea, this analysis goes on to ask some more general questions concerning maritime delimitation and joint development. While analysing some factors that might be relevant for a legal determination of a continental shelf boundary between Australia and East Timor, it attempts to examine their relevance for the political-diplomatic process that is underway between the two states. It then turns to ask some questions on joint development. Why was joint development adopted between Australia and East Timor? As means to allocate legal jurisdiction over hydrocarbon resources, should maritime delimitation and joint development be seen on an equal footing? Is the type of solution that is being shaped between Australia and East Timor viable in, and susceptible of extrapolation to, other legal-geographical settings? By way of conclusion, this article suggests that maritime delimitation should in principle be preferred to joint development – for it provides a clearer and more stable framework for resource exploitation, while not at all compromising the principle of cooperation between neighbouring states. With regard to the 'Timor Sea situation', it is submitted that the solution that was adopted between Australia and East Timor was virtually inevitable – owing to the historical background from which it emerged. For this reason in particular, it is argued that the idiosyncrasy of the problem in appraisal is such that extrapolations to other legal-geographical contexts should be tempered with caution.

BRIEF HISTORY

The Australian Theory of the Two Shelves

From the outset, it must be observed that the Timor Sea Treaty is perhaps best seen as the most recent stage of a political-legal process whose roots lie in the 1960s. Although this view might seem odd at first glance, the reality is that

---

(3) Timor Sea Treaty between the Government of East Timor and the Government of Australia, of 20 May 2002; the text can be obtained from http://www.austlii.edu.au/au/other/dfat/special/etimor/Timor_Sea_Treaty. html. Since this treaty deals only with the question of petroleum resources, the aspects related to water column jurisdiction in the Timor Sea are not examined.

Estudos em Direito Internacional Público

the solution incorporated therein appears as the result of a sequence of events that began 35-odd years ago. Before turning to the historical background proper, attention must be drawn to the regime of the continental shelf in the 1960s, laid down in the 1958 Convention on the Continental Shelf (CS Convention)[4]. This instrument consecrated the entitlement of states to a continental shelf on a dual basis. The extension of the legal shelf was defined in Article 1, alternatively, by recourse to the 200-metre isobath, and to the 'exploitability criterion'[5]. Article 2 added that the rights of coastal states over the continental shelf did not depend upon occupation, effective or notional, or on any express proclamation. In the *North Sea* cases, both provisions were deemed to reflect customary law. In respect of delimitation between neighbouring states, the CS Convention used a formula that gave prominence to equidistance between the coasts of the states involved. This provision was seen as not having a customary nature[6].

Under the CS Convention regime, Australia enacted legislation in 1967 that established an 'adjacent zone' going roughly up to the 500-metre isobath on the southern side of the Timor Trough (Petroleum Submerged Lands Act). Later, in October 1970, in response to doubts raised as to the international legality of this act, and making explicit reference to the dicta of the International Court of Justice (ICJ) in the *North Sea* cases, the Australian foreign minister formulated what became known as the Australian theory of the 'two shelves'[7]:

> The rights claimed by Australia in the Timor Sea area are based unmistakably on the morphological structure of the sea-bed. The essential feature of the sea-bed beneath the Timor Sea is a huge steep cleft or declivity called the Timor Trough, extending in an east-western direction, considerably nearer to the coast of Timor than to the northern coast of Australia. It is more than 550 nautical miles long and on the average 40 miles wide, and the sea-bed slopes down on opposite sides to a depth of over 10,000 feet. The Timor Trough thus breaks the continental shelf between Australia and Timor, so that there are two distinct shelves, and not one and the same shelf, separating the two opposite coasts. The fall-back median line between the two coasts, provided for in the Convention in the absence of agreement, would not apply for there is no common area to delimit.

---

(4) Convention on the Continental Shelf, adopted by the United Nations Conference on the Law of the Sea, 29 April 1958.

(5) It stated that 'continental shelf' referred "(a) to the seabed and subsoil of the submarine areas adjacent to the coast but outside the area of the territorial sea, to a depth of 200 metres or, beyond that limit, to where the depth of the superjacent waters admits of the exploitation of the natural resources of the said areas; (b) to the seabed and subsoil of similar submarine areas adjacent to the coasts of islands."

(6) North Sea Continental Shelf Cases (F.R. Germany *v.* The Netherlands; F.R. Germany *v.* Denmark), International Court of Justice, Judgment of 20 February 1969, ICJ Rep. 1969, p.4, at paras.63-81.

(7) Australian Yearbook of International Law, 1970-73, pp.145-146. These developments follow a 1953 declaration, which reflected the views advanced by the Truman Proclamation.

The Australia/Indonesia 1972 Seabed Boundary Treaty

The Australian 'two-shelves theory' influenced, decisively, the 1972 Australia/Indonesia seabed boundary treaty[8]. The proposition that the Timor Trough represented a separation between the continental shelves of Australia and Indonesia provides perhaps the explanation for the adoption of a boundary located much closer to Indonesia's coast than to that of Australia. The treaty-line does not reflect a strict separation along the Timor Trough, as advocated by the 'two-shelves theory'. What this theory did was to give Australia room to negotiate. The agreed boundary appears to be the result of a 'fall back position' in relation to the 'two-shelves theory' claim – minimally departing from the limit used by Australia in its 1967 legislation.

The 1972 boundary (illustrated in Map 1) runs slightly southwards of the Timor Trough axis, and extends to areas where the rights and interests of what was at the time the Portuguese colony of East Timor required consideration. Hence, the line was interrupted between points A16 and A17, leaving a 'gap' that would become known as the 'Timor Gap'[9]. With the 1972 Treaty, Indonesia implicitly validated the Australian theory of the 'two shelves' (thus accepting the relevance of the Timor Trough for delimitation purposes). It appears clear that the judgment in the *North Sea* cases – to which Australia had referred in 1970 – was at the root of the solution adopted in this treaty[10].

Scholars have used the term 'Timor Gap'; and for that reason only, it will be utilised here. Nevertheless, it is important to stress that the 'gap' defined by the 1972 Treaty is unopposable to the state of East Timor. Juridically, it is *res inter alios acta* (between Australia and Indonesia). The rights and interests of East Timor are therefore protected by the *pacta tertiis rule*[11]. Nothing prevents East Timor from advancing claims extending beyond points A16 and A17. In fact, the possibility that a third state (Portugal, at the time) would claim areas beyond these points was explicitly recognised in Article 3 of the 1972 Treaty[12]:

---

(8) Agreement between the Government of the Commonwealth of Australia and the Government of the Republic of Indonesia Establishing Certain Seabed Boundaries in the Area of the Timor and Arafura Seas (Supplementary to the Agreement of 18 May 1971), of 9 October 1972 (hereinafter "1972 Treaty"); the text can be obtained from http://www.un.org/Depts/los/LEGISLATIONANDTREATIES/STATEFILES/AUS.htm.

(9) Articles 1 and 2.

(10) Victor Prescott, "Report 6–2(2)", in Jonathan I. Charney and Lewis M. Alexander (eds.) *International Maritime Boundaries*, Vol. II (1993), p.1207, at p.1211.

(11) Vienna Convention on the Law of Treaties (VCLT), Articles 34-35.

(12) Emphasis added. Insofar as trijunction points were in question, the reference to an agreement between Australia and Indonesia as to the position of those points is quite natural. The legal validity of trijunction points depends on the agreement of the three states involved.

Estudos em Direito Internacional Público

277

> The lines between Points A15 and A16 and between Points A17 and A18 ... indicate the direction of those portions of the boundary. In the event of any further delimitation agreement or agreements being concluded between governments exercising sovereign rights with respect to the exploration of the seabed and the exploitation of its natural resources in the area of the Timor Sea, *[Australia and Indonesia] shall consult each other with a view to agreeing on such adjustment or adjustments, if any, as may be necessary in those portions of the boundary lines between Points A15 and A16 and between Points A17 and A18.*

The Conduct of Portugal

To the extent that East Timor was a Portuguese colony until 1975, Portugal's reaction to Australia's 'two-shelves theory' is crucial for understanding the early developments concerning the Timor Sea. To put it briefly, if accepted, the Australian 'two-shelves theory' would mean that the Portuguese territory of East Timor would have no entitlement to continental shelf beyond the Timor Trough. At best, should a seabed boundary be negotiated with Australia, the solution would be similar to that of the Australia/Indonesia 1972 Treaty – Portugal would be attributed a small seabed area south of the Timor Trough. This proposition however, was strongly objected to by Portugal – whose conduct is a token of the rejection of the 'two-shelves theory'.

In the late 1960s, the *Oceanic Exploration Company* had approached the Portuguese government to obtain a concession for exploration/exploitation of oil and gas in the continental shelf off the East Timorese coast. Since the area over which the concession was being sought overlapped partially with prior Australian permits, in 1970 Portugal proposed to Australia the opening of formal negotiations on the delimitation of the continental shelf boundary. Australia replied that it preferred to wait for the conclusion of its negotiations with Indonesia, and for the Third United Nations Conference on the Law of the Sea ("UNCLOS III"). Manifesting its opposition to the *Oceanic* request, Australia reasserted its 'two-shelves theory' in a note to Portugal[13].

With the conclusion of the negotiations between Australia and Indonesia, Australia's position was strengthened; the seabed boundary delimited by the 1972 Treaty clearly benefited Australia. Not surprisingly, in 1973, Australia proposed to Portugal the opening of negotiations on the delimitation of the continental shelf. Furthermore, apparently due to the successful outcome of its negotiations with Indonesia, Australia affirmed in July 1973 that it would not accept a boundary running more than 50 nautical miles (M^{14}) south of the East

---

(13) *East Timor* case, Portuguese Memorial, 18 November 1991, para.7.04.

(14) The symbol "M" is used in the *Système International d'Unités* (International System of Units) to refer to the International Nautical Mile (1852 m). This is the unit of length adopted for purposes of the Law of the Sea

Timorese coast. Faced with this position, Portugal endeavoured then to deny Australia's claims any validity inter partes. In January 1974, it granted a concession off the coast of East Timor to *Petrotimor*, a company that was to be incorporated by *Oceanic*[15]. The area of this concession overlapped with areas over which Australia had granted permits[16], leading to an Australian protest. A dispute arose as to how delimitation was to be effected. Whereas Australia contended that the notion of natural prolongation entitled it to all areas south of the Timor Trough, Portugal argued that, because the two states were parties to the CS Convention, Article 6 would apply – which meant that the seabed delimitation should be primarily based on equidistance. Hence, Portugal declined to enter into negotiations on continental shelf delimitation, stating that it would be preferable to wait for the results of UNCLOS III in this regard.

An essential point here is whether, at the time, Portugal held a continental shelf entitlement beyond the Timor Trough. Under the CS Convention, such an entitlement would have to be based on one of two criteria: the 200-metre isobath; the exploitability criterion. Because the 200-metre isobath off East Timor runs on average at some 2.5 M from the coast, and because at the time exploitation certainly could not be carried out at depths of over 2,000 metres, the Portuguese entitlement beyond the Timor Trough was at first glance legally non-existent. Such an approach however, is perhaps too simplistic.

Ambassador Pardo's 1967 speech in the United Nations had shown that the exploitability criterion would sooner or later render the whole of the oceans susceptible to appropriation by coastal states. Under the CS Convention, this meant that the oceans would eventually be divided on the basis of equidistance. By the late 1960s, states were perfectly aware of this issue. A map used by Germany in the 1969 *North Sea* cases – depicting the North Atlantic Ocean divided on the basis of equidistance – is a paradigmatic illustration[17]. At the time, already, little or no doubt remained as to the future capacity of states to exploit

---

(Official Records, Report of the International Law Commission to the General Assembly – Eighth Session, 1956, para.32).

(15) In August 2001, *Oceanic* and *Petrotimor* filed a suit in the Federal Court of Australia, seeking compensation (approximately USD\$ 1.0 bn) for the loss of petroleum rights in the Timor Sea, basing their claim on the concession granted by Portugal (cf. *The Sydney Morning Herald*, 23 August 2001, «Damages bid hits Timor Gap talks»; *Reuters*, 22 August 2001, «Oceanic launches Timor Sea legal claim»). In a judgment rendered on 3 February 2003, the Federal Court held that it lacked jurisdiction to entertain the claim. It further noted that, as a matter of 'public policy', since the question revolved around and could interfere in Australia's foreign policy, it should not adjudge on the issue. The text of the judgment can be obtained from http://www.austlii.edu.au/au/cases/cth/FCAFC/2003/3.html (cf. *The Sydney Morning Herald*, 4 February 2003, «Timor oil hearing ruled out by court»; *The Australian*, 3 February 2003, «Court dismisses \$2bn claim»).

(16) Cf. supra n.13, sketch-map at p.198.

(17) *North Sea* cases, ICJ Pleadings 1968(1), pp.34, 66-67.

Estudos em Direito Internacional Público   279

all oceanic areas, regardless of depth. In effect, the driving force behind the process that led to the 1982 United Nations Convention on the Law of the Sea (LOSC) was an attempt to somehow limit the maritime claims of states.

In this light, an entitlement based on distance was a foregone conclusion. It also seemed clear that such an entitlement would extend much further than the territorial sea. Taking this into consideration, the existence of a Portuguese entitlement beyond the Timor Trough was not a question of if, but when. One would suggest that this was the reason why Australia sought to push forward with the boundary negotiations. It negotiated with Indonesia first because its chances of success were greater – as at time Indonesia perhaps sought to be recognised as a stable, reliable neighbour, worthy of 'going into business' with. Aware of the 'disadvantaged' position in which it had been put by the 1972 Treaty, Portugal exercised a prerogative inherent in *jus tractuum*: the choice of the timing to negotiate. In a way anticipating the changes in international law, Portugal declined to negotiate in the aftermath of the agreement with Indonesia, and showed clear unwillingness to accept a boundary flowing from rapidly evanescent entitlement criteria[18].

The fact that the limits of the Portuguese concession to *Petrotimor* are based on equidistance is further evidence of the Portuguese standpoint. In this regard, attention must be drawn to one key fact: these limits purposely avoid connecting with points A16 and A17 (of the 1972 Treaty), thus denying the treaty-line – and the 'Timor Gap' – any sort of recognition. The concession-area hardly extends beyond equidistance (the exception are two extremely small areas). Its limits were defined as comprising only a part of East Timor's continental shelf, and as being subject to adjustments resulting from international accords[19]. This aspect must be seen in contrast to the limits of the grant requested

---

(18) Lowe, Carleton and Ward argue that "Australia's position in the 1970s was not necessarily consistent with the jurisprudence of the [ICJ] in the North Sea Continental Shelf cases" – for "the ICJ determined that although the concept of natural prolongation of the physical continental shelf was fundamental, the result of any delimitation must take into account considerations of equity and fairness". They note that "[t]he manifest inequity and unfairness of Australia, with its entitlement to vast maritime zones around its coasts, forcing the continental shelf entitlement of Portugal / East Timor into a narrow strip north of the Timor Trough, explains the failure of Portugal to agree to the position upon which Australia insisted at that time". Cf. Vaughan Lowe, Christopher Carleton and Christopher Ward, «Opinion in the Matter of East Timor's Maritime Boundaries», 11 April 2002, communiqué from Petrotimor (22 April 2002), in http://www.ga.com/Timor_Site/leglop.html (text obtained on 05 August 2002), para.12. This view implicitly assumes the existence of an overlapping of entitlements at that time – i.e. "a single physical shelf to be divided between Portugal and Australia" (ibid. para.10). In effect, as the 1972 Treaty delimits a shelf boundary that runs south of the Timor Trough, it might be suggested that it entails the recognition that this geomorphological feature does not by itself determine the non-existence of an Indonesian entitlement beyond it.

(19) For the concession limits, cf. Decree No.25/74, of 31 January 1974, Article 2(1)(2)(3), published in Portugal's official journal (*Diário da República*, I Série, No.26, p.142). The concession contract, and a map (p.158), are included in this instrument.

by *Oceanic*, which clearly extends beyond equidistance: laterally, it appeared to follow perpendiculars to the general direction of East Timor's coast; frontally, three zones were considered – extending approximately up to the 200-metre isobath off Australia, the equidistance-line, and a line running on average at a distance of 180-odd M off East Timor's coast. This discrepancy between *Oceanic*'s request and the concession granted is further evidence of Portugal's application of the principles set down in Article 6 of the CS Convention.

What the Portuguese conduct ultimately reveals is a rejection of Australia's claim to the whole of the continental shelf south of the Timor Trough[20]. In light of the 1970s changes in international affairs concerning the law of the sea, Australia's claim amounted to an attempt to acquire maritime areas which would not belong to it in the future. In the *East Timor* case, Australia contended that the negotiations with Portugal on continental shelf delimitation did not take place for "it proved difficult to interest the then Portuguese Administration in the issue" (arguably due to its general indifference to East Timor)[21]. This contention is clearly contradicted by the events above. In effect, as recognised in a 2000 Report of the Australian Senate on East Timor, the negotiations between Australia and Portugal on a seabed treaty "failed at that time because Portugal argued for a boundary along the mid-line between Australia and Portuguese Timor"[22]. Portugal did not act indifferently. Its conduct shows that it sought to deny the Australian 'two shelves' theory any recognition (thereby preserving East Timor's future rights to its continental shelf areas). The fact that Portugal was unwilling to negotiate with Australia is explicable by the unfavourable context created by Indonesia's approach to the problem embedded in the 1972 Treaty.

The 1989 Australia/Indonesia Treaty ('Timor Gap Treaty')

The political framework in which the 1989 Australia/Indonesia treaty (Timor Gap Treaty)[23] emerged inevitably entails references to the 'attempted' and unfinished process of decolonisation of East Timor, and the subsequent

---

(20) Lowe, Carleton and Ward observe that "Portugal appears to have taken the position that the Timor Trough was not such a geologically significant feature in this context as to divide the seabed in the Timor Sea into two separate continental shelves, north and south". Cf. Lowe, Carleton and Ward, supra n.18, para.10..

(21) *East Timor* case, Australian Counter-Memorial, 1 June 1992, para.384.

(22) «Senate Committee Report on East Timor – 7 December 2000», by Laurie Brereton, MP (Unanimously approved), Paragraph 4.15., text in http://www.aph.gov.au/senate/committee/fadt_ctte/East%20Timor/c04.doc (obtained on 20 November 2001).

(23) Treaty between Australia and the Republic of Indonesia on the Zone of Cooperation in an area between the Indonesian Province of East Timor and Northern Australia [Timor Gap Treaty], 11 December 1989 – hereinafter "Timor Gap Treaty"; the text can be obtained from http://www.un.org/Depts/los/LEGISLATION ANDTREATIES/STATEFILES/AUS.htm.

Estudos em Direito Internacional Público 281

Indonesian occupation of this territory[24]. These two aspects are essential for contextualising the said treaty.

In 1979, following the Indonesian occupation, Australia and Indonesia started negotiations to 'fill the gap' in the seabed boundary left by the 1972 Treaty. Apparently, the initial purpose was simply to complete the boundary. The two states were however unable to agree on a delimitation line. By then, Indonesia had realised how prejudicial it had been to negotiate in the aftermath of the *North Sea* cases (which had placed the notion of natural prolongation at the centre of continental shelf delimitation[25]). This became clear in the words of the Indonesian foreign minister, who had been the principal member of the 1971-1972 Indonesia negotiating team. As he stated in December 1978, Australia had "taken Indonesia to the cleaners"[26]. The question is not one of wrongdoing. It simply means that the timing of the 1971-1972 negotiations clearly favoured the Australian position; and to Indonesia, at the time, the 1972 Treaty might have appeared as a balanced compromise.

In the negotiations of the Timor Gap Treaty, Australia continued to assert its entitlement to a continental shelf up to the Timor Trough. Appealing to the developments that had in the meantime taken place in UNCLOS III, Indonesia claimed by then a 200-mile entitlement. The unsuccessful negotiations on delimitation evolved to the establishment of a Zone of Cooperation, based on joint development. The Timor Gap Treaty dealt with the allocation of rights over hydrocarbon resources in the area of overlapping of claimed-entitlements. The Zone of Cooperation (Map 1) was divided into three areas (C, A, and B, from north to south). Its northern limit (the northern limit of Area C), following roughly the axis of the Timor Trough, is based on the Australian-claimed entitlement. The southern limit of Area C, and northern limit of Area A, runs close to the 1500-metre isobath, and is based perhaps on an Australian delimitation-claim. The southern limit of Area A, and northern limit of Area B, is the equidistance line, which corresponds to the Indonesian delimitation-claim. The southern limit of Area B and of the Zone of Cooperation follows the

---

(24) For an overview of the Portuguese decolonisation process of East Timor, and the Indonesian occupation, cf. Miguel Galvão Teles, «Timor Leste», in *Dicionário Jurídico da Administração Pública*, 2º Suplemento, Lisboa, p.569, at pp.588-599. After the Indonesian occupation, *Oceanic* addressed the Portuguese Government in 1976, stating that it was unable to continue its activities; and it requested a suspension of its obligations by *force majeure*. This suspension was granted a few months later.

(25) The use of the notion of natural prolongation as the basis for delimiting continental shelf boundaries is questionable. Rather than a standard for the delimitation of continental shelf boundaries, this notion was – even at the time – related to the question of entitlement. As argued elsewhere, the conceptual approach of the ICJ in this respect is to some extent questionable – cf. Nuno Antunes, *Towards the Conceptualisation of Maritime Delimitation: Legal and Technical Aspects of a Political Process* (2003), pp.56-60.

(26) *The Sydney Morning Herald*, 21 December 1978, «Boundary threat to seabed leases».

Indonesian-claimed entitlement; it is the 200-mile limit from East Timor. Laterally, southwards of the 1972 boundary, the eastern and western limits are lines of equidistance. Northwards of the 1972 boundary, the limit-lines appear to be pragmatic solutions.

The Timor Gap Treaty has caught the attention of many scholars. In some cases, it has been introduced as a comprehensive 'model' for allocation of rights concerning hydrocarbon resources in disputed maritime areas, i.e. where the entitlements of states overlap[27]. Without questioning how thoroughly devised the joint development regime of the treaty is, troubling questions emerge as to the spatial allocation of continental shelf rights. Why Indonesia accepted in 1989 an area of 50/50 revenue-split, lying fully to the north of the equidistance-line, is difficult to explain in legal terms. It is so because, in 1985, the ICJ averred the irrelevance of geological and geomorphological factors (which underlay the 'two-shelves theory') in delimitations between states whose coasts lie less than 400 M apart[28]. With it, Australia's theory had been greatly weakened.

Today, there is good reason to suggest that this treaty embodies a solution that stems from considerations that were political, rather than legal. *Realpolitik* in its purest form, one could argue. For Indonesia, the Timor Gap Treaty was a *quid pro quo* whereby it obtained the *de jure* recognition of its sovereignty over East Timor from its most influential neighbour. For Australia, this treaty represented an open door to exploiting the hydrocarbon wealth in the Timor Sea, which could have been otherwise impossible. As Australia argued in the *East Timor* case, Indonesia was the state that held actual and effective control over East Timor, and the Timor Gap Treaty allowed it to exercise the rights that it had long claimed in the Timor Sea[29].

The Timor Gap Treaty was protested by Portugal, which claimed that it continued to be the *de jure* administering power of East Timor. It was on the basis of this argument that Portugal seized the ICJ of a dispute against Australia. According to the Portuguese Application, by entering into the Timor Gap Treaty, Australia had inter alia infringed upon the right of the people of East Timor to

---

(27) W. T. Onorato and M. J. Valencia, «International Co-operation for Petroleum Development: the Timor Gap Treaty», 5 ICSID Review: FILJ (1990) 1; W. T. Onorato and M. J. Valencia, «The New Timor Gap Treaty: Legal and Political Implications», 15 ICSID Review: FILJ (2000) 59; Victor Prescott, «Report Number 6-2(5)», in Charney and Alexander (eds.) supra n.10, p.1245; H. Burmester, «The Zone of Co-operation between Australia and Indonesia: A Preliminary Outline with Particular Reference to Applicable Law», in Hazel Fox (ed.) *Joint Development of Offshore Oil and Gas – Volume II*, London, BIICL, 1990, p.128.

(28) Case Concerning the Continental Shelf (Libyan Arab Jamahiriya *v.* Malta) – hereinafter *Libya/Malta* case, International Court of Justice, Judgment of 3 June 1985, ICJ Rep. 1985, p.13, at paras.39-40.

(29) Cf. supra n.21, paras.350-412. Whether Australia's argument is legally valid, and whether the ICJ could have ruled on this issue without having to examine Indonesia's conduct, leads to a lengthy and controversial debate that, for reasons of brevity, cannot take place here.

Estudos em Direito Internacional Público 283

self-determination and the related rights[30]. The Court considered that it lacked jurisdiction to deal with the matter – because Indonesia was not a party to the case and its conduct was in question, and that, accordingly, it could not rule on the merits of the case. Notwithstanding this, from a political perspective, it is noteworthy that the ICJ reaffirmed that East Timor remained a non-self-governing territory, and that its people had the right to free self-determination – which was then declared an *erga omnes* right.

The Exchange of Notes of 10 February 2000

After the dramatic events that followed the 1999 referendum, a transitional administration was set up by the United Nations. Its functions were established by Security Council Resolution 1272 (1999). When United Nations Transitional Administration in East Timor (UNTAET) took over, a pressing matter had to be dealt with: the ongoing petroleum exploration, exploitation and production in the Timor Sea. These activities relied on the legal framework created by the 1972 Treaty and the Timor Gap Treaty. Since Indonesia had accepted that by withdrawing from East Timor it was also withdrawing from the Timor Gap Treaty, it could be said that the 'gap' was again open. Most importantly, the validity of the leases that had been issued on the basis of this treaty – either inside, or outside, the Zone of Cooperation – was open to question; in particular if, legally, East Timor is seen as not emerging as a successor to Indonesia.

Acting on behalf of East Timor on the basis of the powers conferred upon it by Resolution 1272, UNTAET concluded an agreement with Australia by Exchange of Notes, providing for the continuity of the terms of the Timor Gap Treaty[31]. A number of points must be stressed here. First, the agreement did not

---

(30) This approach reflected the principle of international law *nemo plus juris transferre potest quam ipse habet* (one does not have the power to transfer what one does not possess). Portugal claimed that Australia could not deal with Indonesia. First, Indonesia could not dispose of any rights concerning East Timor, because sovereignty was not vested in it. Secondly, since the annexation of the territory through the use of force had been unlawful, it could not be recognised under international law. Thirdly, the right to self-determination of the East Timorese people was valid *erga omnes* and any treaties involving related rights would be invalid without the consent of the East Timorese people.

(31) Exchange of Notes of 10 February 2000 constituting an Agreement between the Government of Australia and the United Nations Transitional Administration in East Timor (UNTAET) concerning the continued Operation of the Treaty between Australia and the Republic of Indonesia on the Zone of Cooperation in an Area between the Indonesian Province of East Timor and Northern Australia of 11 December 1989 (with effect from 25 October 1999) – hereinafter "2000 Exchange of Notes"; the text can be obtained from http://www.un.org/Depts /los/LEGISLATIONANDTREATIES/STATEFILES/AUS.htm. On this agreement, cf. Onorato and Valencia (2000), supra n.27, pp.74-79. Considerable controversy seems to have arisen within the UN camp as to whether UNTAET had sufficient authority to conclude treaty-level arrangements with neighbouring states. Whether UNTAET was in fact given power, by SC Res. 1272, to act on behalf of East Timor may be debated. For it may be suggested that it acted on its own behalf, with a duty merely to consult with the East Timorese.

284 *Spatial Allocation of Continental Shelf Rights in the Timor Sea*

amount to the continuation of the Timor Gap Treaty; only the regime thereof was continued. Secondly, the agreement was valid for the transitional period only; its effects ceased on East Timor's independence. Thirdly, the agreement stated explicitly that it was "without prejudice to the position of the future government of an independent East Timor with regard to the Treaty". Finally, it also affirmed that in agreeing to continue the arrangements under the terms of the Timor Gap Treaty, "the United Nations [did] not thereby recognise the validity of the 'integration' of East Timor into Indonesia". Realism once more shaped the way forward in the question of resources in the Timor Sea. In all fairness however, it must be recognised that it is hard to imagine how another path could have been taken.

The 2001 Arrangement

The 2000 Exchange of Notes applied from 25 October 1999 until the independence of East Timor, which occurred on 20 May 2002. From the outset, it became clear to UNTAET that the problem of management of hydrocarbon resources in the Timor Sea beyond the day of independence had to be resolved in advance. This was the subject of the negotiations between Australia and the East Timorese Transitional Administration in 2000 and 2001. On 5 July 2001, Australia and East Timor signed an MOU to which is attached the Timor Sea Arrangement[32]. Since the Transitional Administration could not bind the state to be to its acts, the said MOU was devised mainly as a *pacto de contrahendo*: the two parties agreed to agree in the future. Politically, the legitimacy of this MOU was based on the fact that it was co-signed by Mari Alkatiri, member of the transitional cabinet and leader of Fretilin (thought to be the largest political party, expected to win the elections for the East Timorese Constituent Assembly), and the fact that the negotiating process was to some extent conducted in consultation with other East Timorese personalities[33].

On the East Timorese side, the position expressed publicly by the members of the transitional cabinet who co-headed the East Timorese delegation, Mari Alkatiri and Peter Galbraith, was that the 1989 Treaty was null and void. Consequently, unless an agreement would be reached to enter into force after independence, a legal vacuum would exist in the Timor Sea thereinafter.

---

(32) The Timor Sea Arrangement is incorporated as Attachment A to the Memorandum of Understanding signed between Australia and the East Timor Transitional Administration (ETTA), of 5 July 2001 – hereinafter "2001 Arrangement"; the text can be obtained from http://www.un.org/Depts/los/LEGISLATIONANDTREA TIES/STATEFILES/AUS.htm.

(33) Amongst the East Timorese personalities who, to some extent or another, had access to the developments in the negotiating process are, for example, Xanana Gusmão (currently President of East Timor), and Ramos Horta (currently Minister for Foreign Affairs).

Estudos em Direito Internacional Público

Practically speaking, as far as East Timor was concerned, geographically, there would be a 'blank sheet'. All lines that had previously been agreed between Australia and Indonesia were unopposable to East Timor. In summary, the key points in the negotiations were: (1) the 1989 Treaty is null and void, and there was no question of renegotiating a treaty; and (2) the 1972 boundary is not binding upon East Timor. There were thus two questions to be addressed. In terms of the 'frontal boundary-line', East Timor claimed rights up to the equidistance line; as to the lateral limits, it did not recognise any limitative effect to the 1972 boundary, in terms of East Timorese claims[34].

The Australian negotiating position remained virtually unchanged. Australia continued to claim an entitlement up to the Timor Trough – based on historical and geomorphological aspects. Above all, Australia's statements revealed its unwillingness to negotiate maritime boundaries with East Timor in the near future, or indeed to alter in any way the spatial framework that it had agreed with Indonesia.

The fundamental problem for Australia today concerns the political reaction that Indonesia might have should Australia accept a boundary with East Timor differing substantially from the 1972 boundary. Yet again, the driving force in the spatial allocation of continental shelf rights in the Timor Sea was *realpolitik*. The predicament was clearly recognised in the 2000 Australian Senate Report. As Gillian Triggs (Faculty of Law, University of Melbourne) has put it, speaking from an Australian standpoint, "[t]here is no doubt Indonesia will feel quite aggrieved if we have unequal boundaries in certain areas with Indonesia and we suddenly blow the boundary out and make a more equidistant one in relation to East Timor"[35]. This is the reason why Australia publicly affirmed that its intention was to take as the basis for discussion with East Timor the Timor Gap Treaty.

This analysis does not deal with the joint development regime of the 2001 Arrangement in detail[36] (or that of the Timor Sea Treaty for that matter, which

---

(34) Peter Galbraith, Speech in *2001 APPEA Conference & Exhibition*, Hobart – Tasmania (9 April 2001), text in http://search.aph.gov. au/search/ParlInfo.ASP?action=view&item=63&resultsID=1OiyoT (obtained on 22 October 2001); *The Sydney Morning Herald*, 21 June 2000, «Timor deal set to deliver windfall for Dili»; *Reuters*, 26 June 2000, «E.Timor seeks mid-way boundary with Australia»; *New York Times*, 19 October 2000, «A tonic for East Timor's poverty»; *The Sydney Morning Herald*, 10 April 2001, «UN Talks Tough Line on Timor Gap Negotiations»; *The Sydney Morning Herald*, 28 April 2001, «East Timor Eyes Off Oil's Billions»; *The Sydney Morning Herald*, 3 May 2001, «Pressure Mounts for New Accord on Seabed Carve-up». By a declaration read on the day of independence, East Timor restated its right to negotiate its boundaries *ex novo*; cf. *Herald Sun*, 21 May 2002, «Oil Row Spoils Timor's Party».

(35) *Senate Report*, supra n.22, para.4.15.; *Reuters*, 6 October 2000, "Australia seeks to avoid East Timor border dispute".

(36) For an analysis of the 2001 Arrangement, cf. David M. Ong, «The New Timor Sea Arrangement 2001: Is Joint Development of Common Offshore Oil and Gas Deposits Mandated under International Law?»,

for all practical purposes is no more than a revised version of the former[37]). Its key elements may nevertheless be summarised in broad strokes. Geographically speaking, this instrument applies to an area designated as the Joint Development Petroleum Area (JPDA) – which corresponds to Area A of the Zone of Cooperation of the Timor Gap Treaty (Map 2). As to duration, it is established that the agreement will be in force until there is a permanent seabed delimitation between East Timor and Australia, or for 30 years from the date of its entry into force, whichever is sooner[38]. In terms of resource-sharing, although it is stated that East Timor and Australia shall have title to all petroleum produced in the JPDA, 90% of the petroleum shall belong to East Timor, and 10% to Australia. The administrative and management structure consists of a three-tiered structure (unlike the Timor Gap Treaty, which had a two-tiered structure). The three bodies are the Designated Authority (DA), the Joint Commission (JC), and the Ministerial Council (MC). The competences for running the day-to-day activities in the JPDA are conferred on the DA, which, after a transitional period of 3 years (unless otherwise agreed between Australia and East Timor), will be the East Timorese Ministry responsible for petroleum activities (or an authority to which competences are delegated). Policy-making and regulation on petroleum activities, and control thereof, fall within the sphere of the JC, East Timor having in it one more appointee than Australia. The MC appears at the apex as a 'political body of appeal'; matters are to be referred to it before having recourse to the dispute resolution procedure based on arbitral proceedings incorporated in the treaty. Basic aspects of unitisation of the Greater Sunrise (including the Sunrise, Sunset and Troubadour fields) are also laid down – inter alia, it is stated that the production "shall be distributed on the basis that 20% is attributed to the JPDA and 80% is attributed to Australia"[39]. Provisions on the petroleum mining

---

17 IJMCL (2002) 79, at pp.94-103. Nevertheless, some issues will be incidentally mentioned in the second part of this article.

(37) Comparing with the 2001 Arrangement, the following differences can be identified in the Timor Sea Treaty: a new Annex G, a "Taxation Code for the Avoidance of Double Taxation and the Prevention of Fiscal Evasion in Respect of Activities Connected with the Joint Petroleum Development Area"; the alteration in the unitisation apportionment under Annex E, which instead of 20/80 (JPDA/Australia) is now 20.1/79.9; a few new definitions in Article 1 (e.g. contractor, Production Sharing Contract); several other minor textual changes.

(38) The 30-year duration seems to correspond roughly to the 40-year initial duration of the 1989 Treaty, subtracted of the 10 years in which that Treaty was applied.

(39) Annex E to the 2001 Arrangement, paragraph a). The way in which Annex E deals with unitisation is surprising, to say the very least, when considering the typical contents of unitisation agreements. While stating that the 80% of production outside the JPDA belongs to Australia, it affirms also that this "shall be without prejudice to a permanent delimitation of the seabed between East Timor and Australia" – paragraph c), thus implying that, potentially, this allocation of resources can be dramatically altered by a continental shelf delimitation. This provision, however, appears to be *de facto* cancelled by paragraph d) – second part; which applies to cases in which a production sharing contract is agreed, or a license or a permit is granted, on the basis of the said 80/20 apportionment. For further comments, cf. text before and after n.103.

Estudos em Direito Internacional Público

code and fiscal scheme are also very basic, and leave most issues open to future negotiation – while to some extent allowing for interim and case-by-case solutions. Pipelines, a matter concerning the transportation and marketing of natural gas, are also objects of specific treatment. Other provisions refer to the marine environment, employment, health and safety for workers, taxation law, criminal jurisdiction, quarantine and migration, hydrographic and seismic surveys, customs, petroleum industry vessel-safety, operating standards and crewing, surveillance, security measures, search and rescue, and air traffic services.

Recent Developments – The Timor Sea Treaty

To understand the contents of the 2001 Arrangement, which are essentially those of the Timor Sea Treaty, two constraining factors must be considered. Firstly, there was a time-constraint. The initial objective was to have an accord ready to enter into force by the date of East Timor's independence (which virtually turned a delimitation agreement into an impossible task). For another, there was the need to consider the existence of ongoing petroleum activities in the Timor Sea. If agreement were not reached, there would be no legal framework for these activities. No doubt, realism shaped the 2001 Arrangement. Perhaps no other agreement was possible. Neither was Australia willing to spatially re-shape the jurisdictional framework of the Timor Sea; nor was East Timor in a position to reject an agreement based on the notion of joint development – for this could be interpreted in ways that would jeopardise its credibility as 'partner' in the petroleum investments in the area, and could dramatically delay access to much needed petroleum revenues.

Recent developments have shown that the 2002 Timor Sea Treaty is far from overcoming all difficulties. The raw reality surrounding the Timor Sea dispute has exposed the shortcomings of a treaty that, for various reasons, will not work efficiently if not backed up by strong political will, and no doubt compromise, on both sides – though this goes for any transboundary resource management scheme. As far as spatial allocation of continental shelf rights is concerned, the predicament remains in some measure unresolved. The problem is the following: should the seabed boundary between Australia and East Timor be delimited strictly on the basis of international law, the boundary will almost inevitably run to the south of the Australia/Indonesia 1972 boundary, and might even extend beyond the lateral limits of the 1989 Zone of Cooperation. Legally, Indonesia cannot question the 1972 boundary. What allegedly concerns Australia however, is not a legal problem; it is the possible political reaction of Indonesia in relation to boundaries that, when compared with the prior Australia/Indonesia situation, would clearly favour East Timor.

The fact that Australia has redefined its stance as to the jurisdiction of international judicial fora, the fact that the 2001 Arrangement did not enter into force on 20 May 2002, and the fact that East Timor continues to insist on delimiting its maritime boundaries with Australia, all suggest that the question of spatial allocation of continental shelf rights in the Timor Sea is far from being settled.

On 21 March 2002, Australia issued two declarations on the question of jurisdiction[40]: one is concerned with Articles 287 and 298 of the LOSC; the other is concerned with the 'optional clause' of Article 36 of the Statute of the ICJ. In essence, these declarations demonstrate that Australia has sought to avoid any litigation on maritime boundaries or on any issues concerning the spatial allocation of continental shelf rights in the Timor Sea[41]. Declaring the acceptance of the jurisdiction of the International Tribunal for the Law of the Sea (ITLOS) and of the ICJ, the former declares inter alia that, under Article 298(1)(a) of the LOSC, Australia "does not accept any of the procedures provided for in section 2 of Part XV ... with respect of disputes concerning the interpretation or application of articles 15, 74 and 83 relating to sea boundary delimitations". The latter replaces Australia's 1975 declaration, and restricts further the jurisdiction of the ICJ under the 'optional clause', excluding today, in particular:

> any dispute concerning or relating to the delimitation of maritime zones, including the territorial sea, the exclusive economic zone and the continental shelf, or arising out of, concerning, or relating to the exploitation of any disputed area of or adjacent to any such maritime zone pending its delimitation.

Not surprisingly, Australia's move – which clearly targets the situation in the Timor Sea[42] – has caused strong reactions on the East Timorese camp. Reportedly, prime-minister Mari Alkatiri has stated that Australia had "committed an unfriendly act", which was "a sign of a lack of confidence" in East Timor. He also added that East Timor was prepared to ratify the 2001

---

(40) Cf. Media Release of the Australian Department of Foreign Affairs and Trade (DFAT), Media Release, 25 March 2002 (http://www.foreign minister.gov.au/releases/2002/fa039j_02.html).

(41) Whether Australia has successfully achieved its goal is a much more complex issue, which for reasons of brevity will not be discussed here.

(42) Australia's official position is presented in general terms. Australia argues that maritime boundary disputes are "best settled by negotiation rather than litigation"; cf. statement by DFAT, supra n.40. However, there is little doubt that Australia's mention of disputes "relating to the exploitation of any disputed area of or adjacent to any such maritime zone pending its delimitation" concerns the Timor Sea. Not only does this description fully fit the situation in the Timor Sea, but it also is clear that there is no other area that fits such a description.

Estudos em Direito Internacional Público 289

Arrangement on 20 May 2002, but that this agreement "should not compromise East Timor's position as far as maritime frontiers go"[43].

On 20 May 2002, the Timor Sea Treaty did not enter into force. Nor was it agreed to apply its regime on a provisional basis. Instead, the two states agreed that, pending its entry into force, the exploration and exploitation of petroleum in the JPDA "shall take place in accordance with the arrangements in place on 19 May 2002"[44]. Provisions were nevertheless made for the maintenance of the 90/10-split of revenues. In addition, the parties signed an MOU establishing that they would work expeditiously and in good faith to conclude an unitisation agreement concerning the Greater Sunrise by December 2002, and to satisfy the respective requirements for the entry into force of the Timor Sea Treaty[45]. Hitherto, neither has the controversy concerning the unitisation of the Greater Sunrise been unresolved[46], nor has the Timor Sea Treaty entered into force.

The Report of the Australian Parliament on the Timor Sea Treaty, although recommending that "binding treaty action be taken", has also recommended that the Australian government "use its best endeavours in accordance with the Memorandum of Understanding signed in Dili on 20 May 2002 to conclude the International Unitisation Agreement for the Greater Sunrise fields on or before the date on which the Timor Sea Treaty is ratified and in any event before 31 December 2002"[47].

In respect of this recommendation, it might be debated whether it breaches the obligation undertaken by Australia "to work expeditiously and in good faith" to satisfy its requirements for the entry into force of the Timor Sea Treaty[48]. The

---

(43) *Upstream*, 24 March 2002, «Testing times in Timor Gap", and «Canberra muddies the waters»; *The Sydney Morning Herald*, 13 April 2002, «Canberra's 'unfriendly act' over gas field irks Timorese»; *Finance.News.com.au*, 12 April 2002, «Doubt on Timor Gap treaty».

(44) Exchange of Notes Constituting an Agreement between the Government of the Democratic Republic Of East Timor and the Government of Australia Concerning Arrangements for Exploration and Exploitation of Petroleum in an Area of the Timor Sea between East Timor and Australia; the text can be obtained from http://www.austlii.edu.au/au/other/dfat/special/etimor/Treaty-Exchange_of_Notes.html.

(45) Memorandum of Understanding between the Government of Australia and the Government of the Democratic Republic of East Timor concerning an International Unitisation Agreement for the Greater Sunrise field; the text can be obtained from http://www.austlii.edu.au/au/ other/dfat/special/etimor/MOU-EastTimor_17_May_02.html. As to the location of the Greater Sunrise, see Map 3.

(46) Cf. supra n.39; also infra n.103, and corresponding text.

(47) Parliament of the Commonwealth of Australia, *Report 49* – The Timor Sea Treaty, Joint Standing Committee on Treaties, November 2002, pp.35-36; the text can be obtained from http://www.aph.gov.au/house/committee/jsct/timor/index.htm.

(48) Exchange of Notes of 20 May 2002, supra n.44, para.9; MOU on the Unitisation of the Greater Sunrise, of 20 May2002, supra n.46, para.2. It has been reported that Australia and East Timor officials appear to be miles apart in their interpretation of what the provision in questions is supposed to achieve (*The Australian*, 16 December 2002, «Bid to save Sunrise»).

290   *Spatial Allocation of Continental Shelf Rights in the Timor Sea*

answer is not straightforward. One view expressed during the hearings that led to the Report on the Timor Sea Treaty was that delaying the ratification of this Treaty pending the unitisation agreement on the Greater Sunrise "would be against the terms and the spirit of the 20 May Exchange of Notes and Memorandum of Understanding". Another view was that ratifying the Treaty separately to that agreement could lead to "undesirable outcomes for the Greater Sunrise participants and the Australian national interest", for East Timor could allow the negotiations on unitisation to drag to extract more value out of the agreement[49].

In strict legal terms, one would suggest that, insofar as the obligation to work expeditiously and in good faith to ratify the Timor Sea Treaty was in no way conditioned to an agreement on unitisation, the delaying of the entry into force of the former until the latter is finalised amounts to a breach of the said obligation. The reality is that the Treaty was not ratified by Australia before 31 December 2002, and that press reports say that Australian government sources have linked the non-ratification with the inexistence of an agreement on unitisation[50] – which has led East Timor to question Australia's stance on the issue[51].

Despite the progress made, the 'tension' between the two parties over the development of the resources has remained. In his first speech to the East Timorese parliament after the independence, prime-minister Alkatiri reaffirmed that the treaties signed under no circumstances could be seen as having resolved the seabed boundaries problem, that such treaties were without prejudice of the delimitation of such boundaries, and that East Timor would utilise all instruments and international mechanisms at its disposal to seek a solution[52]. More recently, East Timor has asserted its claims over areas of the Timor Sea outside the JPDA – which not only involves the Greater Sunrise, but might also raise questions as regards important fields lying westwards of the JPDA (e.g. Laminaria, and Corallina)[53]. There is little doubt that the situation is in somewhat

---

(49) *Report 49*, supra n.47, pp.34-35, paras.4.53.-4.57..

(50) *The Australian*, 12 December 2002, «Timor Sea deadline let slip». There seems to be little doubt now that Australia has decided to link the ratification of the Timor Sea Treaty to the Greater Sunrise unitisation agreement in order to increase its bargaining power – *The Sydney Morning Herald*, 11 February 2003, «NT offers to help save E Timor gas deal».

(51) *Go Asia-Pacific* (report by ABC Radio Australia News), 12 February 2003, «E-Timor PM question Canberra's veracity in oil talks» (http://www. goasiapacific.com/news/GoAsiaPacificBNA_782195.htm).

(52) *Herald Sun*, 21 May 2002, «Oil row spoils Timor's party»; *News.com.au*, 21 May 2002, «Oil and gas cut far from settled».

(53) *The Australian*, 03 June 2002, «Walking an oily tightrope over a melting pot»; *Xinhua News Agency*, 17 June 2002, «Australia-East Timor boundary dispute looms»; *The Australian*, 18 June 2002, «East Timor to

Estudos em Direito Internacional Público 291

of an impasse: whereas East Timor seems to want to delimit its maritime boundaries (if necessary by recourse to third party settlement), Australia is far from willing to deal with maritime delimitation – as appears to have been publicly stated by the Australian Minister for foreign affairs[54].

The legislation on maritime zones passed by East Timor – in which a 200-mile EEZ and continental shelf is claimed[55] – is to be contextualised in this light, and it provides further signs that many jurisdictional issues remain undecided[56]. In effect, the difficulties are such that, today, very innovative solutions are being sought. For instance, East Timor has unveiled a proposal on the basis of which Australia would secure a strong role as regards the exercise of jurisdiction over aspects such as drug smuggling, immigration, security, maritime surveillance, illegal fisheries, piracy and security[57]. Yet again, the political equilibrium is being sought on the basis of peculiar solutions, which emerge as a political response to an equally peculiar historical-political-legal context.

That there are different understandings on how to approach this matter is clear in the Minority Report of Senator Bartlett included in the Report of the Australian Parliament on the Timor Sea Treaty. It is suggested therein, first, that Australia and East Timor should negotiate a definitive time frame, not exceeding five years, in which the seabed boundaries between the two countries will be delimited, and agree to refer their competing claims to the ICJ in the event that a fair agreement cannot be reached; and secondly, that, in negotiating the new

---

extend sea oilfield»; *The Sydney Morning Herald*, 18 June 2002, «Timor stakes claim for bigger slice of gas field».

(54) *The Australian*, 25 May 2002, «Downer rules border changes out of bounds»; *Herald Sun*, 25 May 2002, «Downer rules border changes out of bounds».

(55) The map attached to East Timor's legislation on maritime zones (Law 7/2002, of 20 September – the Portuguese text can be obtained from http://www.gov.east-timor.org/pageLei7.htm), referring to the "limits of the territorial sea, EEZ and continental shelf before applying Article 33 of the Charter of the United Nations", represents both the 12-mile and the 200-mile limits 360° all around East Timor, i.e. the limit of the potential maritime entitlements of East Timor.

(56) *ABC News On-Line*, 12 July 2002, «East Timor is staking a maritime boundaries claim that takes in oil and gas deposits and fishing zones in Australian waters»; *WorldOil.com*, 12 July 2002, «DILI: Parliament passes claim to Sunrise»; *RIGZONE.com*, 12 July 2002, «East Timor and Australia Make Overlapping Claims in Timor Sea»; *The Australian*, 13 July 2002, «Timor leaves a gap in marine demands».

(57) *The Australian*, 30 July 2002, «Gas-field revenue plan»; *WorldOil.com*, 31 July 2002, «SYDNEY: East Timor offers gas-for-security deal»; *Dawn*, 01 August 2002, «Australia mulls over gas-for-security deal with East Timor». Although it was reported that Australia would receive a share of petroleum resources in exchange for its supporting role, this was immediately denied by the East Timorese government (*Dow Jones International News*, 31 July 2002, «E Timor PM: No Plan To Swap Gas Rev For Australia Patrols», *Lusa*, 31 July 2002, «East Timor: No oil trade-off in bid for Australian sea-patrol aid - Ramos Horta»). In fact, it might be in Australia's long-term best interest to have a strong saying in most security-related activities in areas under East Timor jurisdiction – which lie basically at Australia's front door.

292   *Spatial Allocation of Continental Shelf Rights in the Timor Sea*

Treaty, consideration be given to a requirement that all of Australia's revenue, together with 40% of East Timor's revenue, from petroleum resources within the JPDA be placed in a denominated interest bearing escrow account, pending the determination of the seabed boundaries.[58]

MARITIME DELIMITATION AND JOINT DEVELOPMENT

Preliminary Thoughts

A detailed analysis of all legal issues entangled in the spatial allocation of continental shelf rights in the Timor Sea is well beyond the scope of this article. The following analysis only focuses on some selected issues that are concerned with the relationship between maritime delimitation and joint development from the standpoint of resolution of jurisdictional issues and cooperation between neighbouring states. Even in this respect, there is no attempt to be exhaustive. The objective is merely to expound on some specific aspects of the subject which, whilst being relevant in the context of the Timor Sea, also offer a basis for a general appraisal of the relationship between maritime delimitation and joint development.

Inasmuch as this analysis revolves around the concepts of maritime delimitation and of joint development, it is useful to define these concepts at this juncture. Maritime delimitation may be seen as the process that consists of establishing lines separating from each other the maritime areas in which coastal states exercise sovereignty or jurisdiction[59]. The resulting lines are 'boundaries', and they allocate exclusive authority. Thus, the spheres of sovereignty and/or exclusive jurisdiction of neighbour states are mutually confined on a spatial basis. Here, the crux is the 'discovery' of a line. Once such a line is established (i.e. it is legally determined, and technically defined), which rights and interests are attributed to each state is not in essence a bilateral issue. Such rights and interests are laid down in international law, and apply indistinctly to all states. Maritime delimitation, therefore, is essentially a matter of 'attribution of areas'.

Joint development is a concept that has primarily developed in relation to continental shelf jurisdiction – although it may easily be redefined, *mutatis mutandis*, to apply to EEZ or water column jurisdiction. It may be defined as an agreement between two or more states, designed for purposes of sharing jointly, in the proportions and terms agreed, the exclusive rights and interests (in particular as regards natural resources) over a designated area (beyond the

---

(58) *Report 49*, supra n.47, p.52.

(59) Lucius Caflisch, «Maritime Boundaries, Delimitation», in Rudolf Bernhardt (ed.) *Encyclopedia of Public International Law* (Volume 3), Amsterdam, Elsevier, 1997, p.300, at p.301.

*Estudos em Direito Internacional Público*293

territorial sea), wholly or partially within the maritime entitlement of the participating states[60]. Essentially, four elements must be considered: a designated area; the natural resources to be exploited; the jurisdictional and legal framework; and the terms and conditions under which the joint operations are to take place.

Two ideas deserve particular attention. First, it is noteworthy that all four elements are to be bilaterally defined in some measure. There is no such thing as 'genuine jointness'. Jointness is what the participating states freely agree in relation to the elements aforementioned. Secondly, here, the allocation of continental shelf rights comprises more than a spatial issue. Besides the primary 'spatial variable' of joint development (the designated area), there are several substantive aspects to be agreed.

In spite of the distinctive aspects, viewing maritime delimitation and joint development as unrelated concepts is a hotbed of conceptual misunderstandings. The premise that underlies both concepts is the same: the existence of an area of overlapping maritime entitlements. The fulcrum is the fact that two states hold legal rights and interests – which are exclusive in nature – over areas that overlap. Juridically speaking, the question is one of concurrence of legal rights[61]. If the states involved wish to enjoy such rights and interests on an exclusive basis, then they are 'forced' to accept a partial 'amputation' of their potential entitlements, which is to be effected through maritime delimitation[62]. From a political standpoint, this might raise tremendous difficulties to the states involved, not least in terms of internal politics. It might entail political and economic costs that are unacceptable for either state; and disputes might arise.

---

(60) This definition is essentially based on: Hazel Fox *et al.*, *Joint Development of Offshore Oil and Gas* (Vol.I), London, BIICL, 1989, pp.43-49; R. R. Churchill, «Joint Development Zones: International Legal Issues», in Hazel Fox (ed.) *Joint Development of Offshore Oil and Gas* (Volume II), London, BIICL, 1990, p. 55, at pp.56-58; Masahiro Miyoshi, *The Joint Development of Offshore Oil and Gas in Relation to Maritime Boundary Delimitation*, IBRU Maritime Briefing, Vol.2(5), 1999, p.2-5; Ian Townsend-Gault and William Stormont, «Offshore Petroleum Joint Development Arrangements: Functional Instrument? Compromise? Obligation?», in Gerald H. Blake *et al.* (eds.) *The Peaceful Management of Transboundary Resources*, London, Graham & Trotman / Martinus Nijhoff, 1995, p.51, at pp.51-57. It should be noted that, *mutatis mutandis*, the concept of joint development might be applied to natural resources of land territories.

(61) The argument that an overlapping of entitlements amounts to a situation of concurrence of legal rights was put forward by the author elsewhere; cf. Antunes, supra n.25, pp.137-139.

(62) Theoretically, it is possible to conceive a situation in which only one of the entitlements involved is 'amputated'. The delimitation between Iceland and Norway (Jan Mayen) is one instance in which the overlapping of entitlements was virtually attributed to one of the states; cf. Agreement on the Continental Shelf between Iceland and Jan Mayen, of 22 October 1981 (the text can be obtained from http://www.un.org/Depts/los/LEGISLATIONANDTREATIES/STATEFILES/ISL.htm). It is not exactly so because, pursuant to a recommendation of the conciliation commission, the two states have also set up a joint continental shelf zone straddling the boundary, which in some measure counterbalances the attribution to Iceland of all areas up to the 200-mile limit from its coasts.

294   *Spatial Allocation of Continental Shelf Rights in the Timor Sea*

To soften the difficulties, states might have recourse to joint development, either autonomously, or in conjunction with maritime delimitation[63]. By pooling their rights and interests over certain areas (which can be attained in different measures), the states involved resolve (at least partially) the question of concurrence of rights by means that are politically and economically less confrontational. What is more important, such an approach allows states to maintain rights and interests over the area of potential maritime entitlements – albeit these rights and interests (especially those concerning natural resources) are no longer exclusive, their exercise and enjoyment being essentially 'joint' in nature.

The watchword in maritime delimitation is reasonableness. Exception made to delimitations effected by adjudication – in which reasonableness is to be construed on the basis of strictly legal foundations, the notion of reasonableness entails an equilibrium that is simultaneously political and legal. Joint development appears to be no different. Regardless of whether the joint development 'area-regime' is implemented in conjunction with a boundary, or autonomously, the prerequisite is that the states involved are satisfied with the political-legal equilibrium attained – the paramount objective of which is the exploitation and management of natural resources, especially petroleum and living marine resources[64].

No doubt, the possible outcomes of maritime delimitation bear to some extent on the joint development solution. For example, in some cases, the designated area emerged from the area of overlapping delimitation-claims – e.g.

---

(63) Where the limit-lines of the joint development area separate areas under joint jurisdiction from those under state jurisdiction, they acquire to some extent the character of 'boundary'.

(64) Besides the cases of joint development concerning oil and gas (which are well known), there are today some examples that concern fisheries (or water column jurisdiction, which includes fisheries). With respect to fisheries however, it is necessary to consider the different nature of the resource in question – which is renewable (if properly managed), and the location/patterns of which might change (causing the designated joint area to become obsolete). The Management and Cooperation Agreement between the Government of the Republic of Senegal and the Government of the Republic of Guinea-Bissau, of 14 October 1993, establishes a joint zone that concerns also fishery resources, which are to be shared on a 50/50-basis (the text can be obtained from http://www.un.org/Depts/los/LEGISLATIONANDTREATIES/STATEFILES/GNB.htm). The Agreement between the Government of the Kingdom of Denmark together with the Home Government of the Faröe Islands, on the one hand, and the Government of the United Kingdom of Great Britain and Northern Ireland, on the other hand, relating to Maritime Delimitation in the Area between the Faröe Islands and the United Kingdom, of 18 May 1999, sets up a Special Area mainly related to fisheries, providing for a concurrent access of both parties to it (the text can be obtained from http://www.un. org/Depts/los/LEGISLATIONAND TREATIES/STATEFILES/GBR.htm). The Treaty between the Federal Republic of Nigeria and the Democratic Republic of São Tomé e Príncipe on the Joint Development of Petroleum and other Resources, in respect of Areas of the Exclusive Economic Zone of the two States, of 21 February 2001, covers EEZ resources other than petroleum, and provides for a 60/40 (Nigeria/São Tomé and Príncipe) resource-division (the text can be obtained from http://www.sul-idariedade.jazznet.pt/jornal.html). The author would like to thank Mr Tim Daniel and Mr David Lerer (DJ Freeman, London) for their help in obtaining the text of the latter.

Estudos em Direito Internacional Público　　　　　　　　　　　　　295

Timor Gap Treaty, United Kingdom/Denmark (Faröe Islands) Agreement, Nigeria/São Tomé and Príncipe Treaty. Taking into account that joint development is ultimately an 'answer' to the questions posed by an overlapping of entitlements, this is unsurprising. Doubtless, other considerations must be weighed-up to reach the necessary equilibrium. Spatially speaking however, the dialectic 'designated area *versus* sharing-ratio' is the crux of the matter. While noting that "the sharing ratio is likely to be keenly debated" – on the basis of arguments that "are similar to the claim of special circumstances", Wälde argues that "it is hard to see how to avoid, in most cases, the 50:50 formula constituting, in terms of bargaining theory, the strongest magnetic point". As he adds, "[a]ny other solution would require considerable justification"[65]. His references to the "considerable justification" required to depart from the 50:50-share, and to arguments of the type of "special circumstances", appear to confirm the parallel between maritime delimitation and joint development in respect of their political-legal equilibrium. Such a justification could indicate, for example, either the existence a 'weak' legal basis for entitlement, or the political-economic need for a 'speedy' solution. In any event, one would suggest that the sharing-ratio is intimately dependent on how the designated area relates to the overlapping of entitlements, and to the possible outcomes of maritime delimitation – should *realpolitik* not determine the solution at a given time.

The Timor Sea Context

That the *tabula rasa* rule allowed East Timor to repudiate in toto the Timor Gap Treaty raises no difficulty. First, East Timor appears to claim not to be a successor to Indonesia – as seems to be evidenced by the fact that its Constitution declares that the day of proclamation of independence was 28 November 1975[66]. This not only signifies that East Timor could not have succeeded to Indonesia in the Timor Gap Treaty, but also entails that this treaty was null and void (for it was founded on the exercise of powers which Indonesia did not possess – *nemo dat quod non habet*). Inevitably, the question of the lawfulness of the Indonesian conducted between 1975 and 1999 would have to be addressed; but that is outside the scope of this analysis[67]. Secondly, and

---

(65) Thomas W. Wälde, «Financial and Contractual Perspectives in Negotiating Joint Petroleum Development Agreements», in Hazel Fox (ed.) (1990), supra n.60, p.156, at pp.159-160; italic emphasis replaces emphasis by inverted commas in the original.

(66) Preamble; Section 1(2).

(67) Several arguments can be put forward in support of the suggestion that the East Timor has not succeeded to Indonesia. In brief, to assume that East Timor succeeds to Indonesia amounts to sanction legally the Indonesian occupation; this would have complex implications on the consecration of the rule of law in international affairs – in particular the non-use of force. Moreover, it would be inconsistent with a number of

296   *Spatial Allocation of Continental Shelf Rights in the Timor Sea*

subsidiarily, the Timor Gap Treaty is not a boundary treaty that falls within the *ratio legis* of Article 11 of the 1978 Vienna Convention on Succession of States in respect to Treaties (VCSST). Nor can the designated area to which this instrument refers be viewed as 'territory' for purposes of Article 12 of the VCSST.

That, theoretically speaking, East Timor could have refused any solution based on joint development for the Timor Sea area is also indisputable. As noted above however, the problem had a two-fold parameterisation that conditioned the whole problem. First, for a number of essentially political but also economic reasons, Australia seems to have been, and to continue to be, unwilling to consider a strict maritime delimitation solution for the Timor Sea dispute. Third-party adjudication could have been sought; but this approach appears to be no longer possible without Australia's specific consent, as a result of its 2002 declarations on jurisdiction – made two months before East Timor became an independent state. Secondly, East Timor was in no position to either jeopardise its status as a credible partner for future investments (by refusing to agree on a solution that would deal with the problem of the existing investments[68]), or to forsake (in the immediate future) the revenues from ongoing and future exploitation of natural resources in the 'Timor Gap'.

Political and economic compromise, and a great deal of pragmatism, was absolutely essential to reach agreement in relation to the Timor Sea Treaty. In two recent analyses, carried out before and after the 2001 Arrangement, Ong has concluded that a joint development solution was inescapable[69]. Whilst agreeing with this point, one nonetheless respectfully disagrees with the suggestion that such an approach was mandated by international law – in particular to the extent

---

resolutions of the UN General Assembly. In addition, if the other option – succession to Portugal – is not accepted, the political status of East Timor between 1975 and 1999 will not be easy to conceive on juridical grounds. Indeed, the stance taken by UNTAET during the negotiations that preceded the 2001 Arrangement is indicative of refusal of the idea of succession to Indonesia. By affirming that it did not recognise the validity of the integration of East Timor into Indonesia, that the 'Timor Gap Treaty' was null and void, and that there was no question of renegotiation of the 1989 treaty, the United Nations appears to have implicitly asserted the unlawfulness of the Indonesian occupation.

(68) Should one would take the view that the Indonesian occupation of East Timor was unlawful, that would lead to question Indonesia's capacity to enter into any agreements that would relate to the grating of interests in the areas that belonged to East Timor. In short, one would have to question the legitimacy of the grants under which the ongoing exploitation was taking place. For an analysis of the question of previously granted interests from the perspective of subsequent creation of joint development zones, cf. Ian Townsend-Gault, «The Impact of a Joint Development Zone on Previously Granted Interests», in Hazel Fox (ed.) (2000), supra n.60, p.171. A final point in this respect concerns the 1974 Portuguese grant to *Oceanic* (*Petrotimor*) – which covers the area of the Timor Gap Treaty, and how the Federal Court of Australia will deal with the questions posed by the lawsuit that was filled by *Oceanic* (cf. supra n.15).

(69) David M. Ong, «The Legal Status of the 1989 Australia-Indonesia Timor Gap Treaty Following the End of the Indonesian Rule in East Timor», 31 NYIL (2000) 67, at pp.120-122; Ong, supra n.36, pp.103-105.

Estudos em Direito Internacional Público

297

that the term 'mandated' might be interpreted as having any degree of legal imperativeness. In addition, these analyses may have overlooked the fact that the solution devised in the Timor Sea Treaty does not appear to have fully settled (at least for the time being) the issue of the spatial allocation of continental shelf rights in the Timor Sea. A number of important questions appear not to be answered. With the Timor Sea Treaty, should it be considered that East Timor has relinquished its continental shelf rights over all areas outside the JPDA, in particular those eastwards and westwards of its limits? If not, what is the status of the resources from fields such as Laminaria and Corallina? Since these fields lie some 2 M west of the westward limit of the JPDA – therefore, clearly within the overlapping of entitlements, is Australia's unilateral exploitation of such resources lawful?[70] Should these resources be depleted, and – hypothetically – should a future delimitation allocate such areas to East Timor, can East Timor expect redress through any means (e.g. compensation)? In terms of allocation of continental shelf rights in the Timor Sea, these are some of the highly relevant questions that must be asked.

Let us turn then to the examination of some of the relevant issues that intertwine with the questions aforementioned. First, it provides a (necessarily brief) overview of a number of key factors that could be relevant for legal determination of the continental shelf boundary between Australia and East Timor. Secondly, drawing on the conclusions reached in the previous point, it seeks to analyse the dialectic 'designated area *versus* sharing-ratio' as it emerges in the Timor Sea Treaty. By way of conclusion, it briefly deals with a number of issues related to the production of petroleum resources – which are perhaps the most significant expression of continental shelf rights, and offers for consideration a few reflections on how maritime delimitation and joint development compare as means for managing petroleum resources.

Continental Shelf Delimitation between Australia and East Timor: Brief Overview

In the *East Timor* case, whilst referring to its rights in the Timor Sea, Australia referred *inter alia* to its considerably longer coastline and to geomorphology as factors relevant for appraising the extension of its rights[71]. However briefly, it is thus necessary to investigate how relevant these factors could be for

---

(70) Because the Greater Sunrise fields lie partially within the JPDA, and because its exploitation thereof depends on an unitisation agreement, the unilateral exploitation thereof by Australia is less likely to occur in the future.

(71) Cf. supra n.21, para.385.

298 Spatial Allocation of Continental Shelf Rights in the Timor Sea

the allocation of continental shelf rights in the Timor Sea[72]. In essence, the argument concerning coastal length and proportionality is as follows: (a) Australia's coastline is considerably longer than that of East Timor; (b) an equitable solution must take this fact into account, by reflecting a reasonable degree of proportionality; (c) this entails an adjustment of the 'provisional equidistance-line' to reflect the existing disproportionality (i.e. the line would have to be 'moved' towards East Timor). Subscribing to this viewpoint, Ong makes particular reference to the outcome of the *Libya/Malta* case[73].

With the greatest respect, it must nevertheless be observed that the argument rests on the assumption that there is a legally relevant disparity between the length of Australia's coastline and East Timor's coastline. The problem is that what seems to be at first glance a straightforward fact of uncontentious implications does not withstand proper scrutiny, when the refinements brought to maritime delimitation law by the *Jan Mayen* case are taken into account[74]. In this case, the ICJ had to consider two coasts with considerably different length: those of Greenland and of Jan Mayen. One of the conclusions at which the Court arrived has crucial implications in the Timor Sea context. Considering that only a part of Greenland's coast was relevant for delimitation purposes, the Court endorsed the view that the relevant coastal stretch was defined by the two most extreme basepoints that contributed to the computation of the equidistance-line between Greenland and Jan Mayen[75]. The relevant coastal length was subsequently measured along a series of straight-line segments (which avoided the indentations of Greenland's coastline). Should a similar approach be followed in a delimitation between Australia and East Timor, the disparity of coastal length between these two states would be roughly 2.2:1 (Australia:East Timor). As the adjustments of the provisional equidistance-line in the *Libya/Malta* and *Jan Mayen* cases were founded upon much larger disparities – i.e. 8:1 (Libya/Malta) and 9:1 (Greenland:Jan Mayen), it is (to say the very least) far from certain that a similar adjustment would be required in a delimitation between Australia and East Timor.

With respect to geomorphology (or in other words, natural prolongation), the issue concerns the impact of the Timor Trough on the delimitation between

---

(72) For a comprehensive analysis of the delimitation between Australia and East Timor – which examines issues concerning *inter alia* coastal length and proportionality, natural prolongation, basepoints unrepresentative of coastal relationship, macrogeography, access to natural resources, and third states' rights, cf. Antunes, supra n.25, Chapter 9.

(73) Ong, supra n.36, pp.85-89. *Libya/Malta* case, supra n.28, paras.76-79, in particular para.79.(B)(C)(D).

(74) Case Concerning the Maritime Delimitation in the Area between Greenland and Jan Mayen (Denmark v. Norway), International Court of Justice, Judgment of 14 June 1993, ICJ Rep. 1993, p.38.

(75) Ibid., para.20.

Estudos em Direito Internacional Público   299

Australia and East Timor. Historically, there is no doubt that Australia has sought to assert the 'paramount relevancy' of the Timor Trough in the allocation of continental shelf rights. In relation to Portugal, however, such attempts were unsuccessful. Hence, to the extent that East Timor seems to claim that it is not a successor to Indonesia – which means that only the Portuguese conduct is relevant here, such claims of historical consolidation are unopposable to East Timor.

The question is whether, today, the Timor Trough is legally relevant for the determination of a continental shelf boundary between Australia and East Timor. Simply put, prior case law suggests that the Timor Trough would be given no relevance whatsoever. As the Court clearly stated in the *Libya/Malta* case, "since the development of the law enables a state to claim that the continental shelf appertaining to it extends up to as far as 200 M from its coast, whatever the geological characteristics of the corresponding seabed and subsoil, there is no reason to ascribe any role to geological or geophysical factors within that distance either in verifying the legal title of the states concerned or in proceeding to a delimitation as between their claims"[76]. Inasmuch as the distance between Australia and East Timor in the Timor Sea is always clearly less than 400 M, such an approach would lead to warrant no legal relevance to the Timor Trough. Not surprisingly, this view is supported by scholarship. For instance, Charney affirmed that, if a tribunal charged with delimiting the continental shelf boundary between Australia and East Timor by reference to delimitation law would "take into consideration the natural prolongation of the sea-bed of the area within the 200-nautical-mile zones, it would be acting contrary to a long list of international decisions by the ICJ and courts of arbitration and, consequently, contrary to international law"[77].

Further weight is lent to the proposition that the Timor Trough should not be attributed any relevance in the delimitation between Australia and East Timor by the fact that the existence of a clear geological separation at the Timor Trough has been recently challenged. A recent study has suggested that "the southeastern Indonesian island arc shows a transition from normal subduction of oceanic lithosphere south of Java to a completed accretion of an island arc terrain to a continental margin at Timor"[78]. Taking this view into account, the existence of a

---

(76) ICJ Rep. 1985, para.39, emphasis added.

(77) Jonathan I. Charney, «International Maritime Boundary for the Continental Shelf: The Relevance of Natural Prolongation», in N. Ando et al. (eds.) *Liber Amicorum Judge Shigeru Oda*, The Hague, Kluwer Law, p.1011, at p.1029.

(78) Joachim F. Genrich *et al.*, «Accretion of the Southern Banda Arc to the Australian Plate Margin Determined by Global Positioning System Measurements», in 15(2) Tectonics 288, at p.293, emphasis added.

300   *Spatial Allocation of Continental Shelf Rights in the Timor Sea*

geological detachment between Timor and the Australian margin appears to be, today, no longer an 'incontestable' fact.

Proportionality and geomorphology are arguments that refer only to what might be called the 'frontal equidistance-line'. The problem however, is that the delimitation issue between Australia and East Timor raises further, equally complex issues, which involve 'lateral equidistance-lines'. Since it is out of the question to suggest that a continental shelf boundary between these states should be a line joining points A16 and A17 of the Australia/Indonesia 1972 boundary, it becomes necessary to determine how the 'frontal-boundary' between Australia and East Timor should be joined with the 1972 boundary. This problem concerns the continental shelf entitlement of Indonesia, south of the 1972 boundary, *vis-à-vis* East Timor. From a practical standpoint, one would suggest that Indonesia's potential rights south of the 1972 boundary may be seen as having been 'ceded' to Australia[79]. Should this view be accepted, the 'lateral-boundaries' (joining the 'frontal-boundary' with the 1972 Australia/Indonesia boundary) should be delimited as if Australia were 'invested' in Indonesia's legal position. Although the resulting lines would separate Australia's and East Timor' zones, they would be determined as if the question were one of continental shelf delimitation between Indonesia and East Timor.

Following on from the above, one of the questions that would have to be addressed would be the 'cut-off effect' that results from the convergence of the two 'lateral equidistance-lines' between Indonesia and East Timor. The distance between the two points at which these 'lateral equidistance-lines' intersect the 'frontal equidistance-line' (i.e. the two equidistant trijunction points Australia-Indonesia-East Timor – T1 and T2) is some 30% less than the distance between the 'initial points' (eastwards, the midpoint between Jaco and Leti; and westwards, the land boundary terminus at the mouth of the river Masin)[80]. South of the 1972 boundary, the eastern 'lateral equidistance-line' is controlled by small insular features – Lakor and Meatij Miarang, located on a relatively prominent position[81]. In the west, the 'convergence' is caused by the effect of a prominent headland: Tanjong We Toh. Doubtless, the 'convergence' of the two 'lateral equidistance-lines' amounts to a 'cut-off effect'. What may be questioned is whether this 'cut-off effect' signifies that the 'lateral equidistance-lines' would

---

(79) Although Indonesia has not formally ceded its rights *vis-à-vis* East Timor, in reality, practically speaking, Indonesia cannot claim any seabed rights and interests south of the Australia/Indonesia boundary – due to practical effect of the 1972 Treaty. This description may be understood by recourse to Map 1.

(80) The 'initial points' are some 158 M apart, and the two equidistant trijunction points Australia-East Timor-Indonesia are some 110 M apart.

(81) In effect, some 68% of the eastern 'lateral equidistance-line' south of the 1972 boundary is 'controlled' by basepoints on Meatij Miarang, which is little more than an surfacing reef.

*Estudos em Direito Internacional Público*301

constitute an inequitable solution. If so, these lines would somehow have to be adjusted, in order to avoid inequity. This article does not seek to investigate what lines could be adopted as an equitable solution between Australia and East Timor. Notwithstanding this, one would argue that the 'convergence' of the 'lateral equidistance-lines' in question amounts to an inequitable 'cut-off effect' – which would have to be weighed-up in the delimitation.

The first ground on which this proposition is founded relates to the assessment of coastal geography – i.e. it concerns the effect of islands and of prominent coastal features on the course of equidistance-lines. Geographically speaking, taking into account the general direction of all islands in the wider Timor Sea region, Lakor and Meatij Miarang to the east, and Tanjong We Toh to the west, appear as 'frontage-jaws' that flank the East Timorese façade – lying at angles of 30-plus degrees with the direction of the archipelago's coast, and causing the equidistance-lines to converge. By comparing the area-attribution effected by the two 'lateral equidistance-lines' with that effected by two perpendiculars to the general direction of the coast (starting at the initial points of the 'lateral equidistance-lines'), the 'cut-off effect' is materialised in a 'loss' for East Timor of over 7,000 square km (or over 2,000 square M)[82]. To put it into perspective, that is, to objectify the 'cut-off effect', it suffices to note that the area of the JPDA is roughly 35,000 square km (or 10,200 square M).

In addition, it is necessary to consider the impact of the equidistant 'lateral-boundaries' on the access to natural resources. In the *Jan Mayen* case, whilst acknowledging that the parties were "essentially in conflict over access to fisheries resources", the Court stated that it had "to consider whether any shifting or adjustment of the median line ... would be required to ensure equitable access to the capelin fishery resources"[83]. The Court's reasoning offers a sound basis to argue that a similar view may be taken as regards other types of resources. In general, where natural resources are extremely significant to the states involved, it must be examined whether it is possible, in casu, to grant equitable access to such resources by both states. No doubt, the adjustment of the equidistance-line required to concretise such equitable access ought to be seen in light of the 'factor-matrix' *in concreto*, i.e. it is necessary to analyse how such adjustment 'fits' into the framework provided by all legally relevant factors.

One would suggest that the equitable access to hydrocarbon resources in the Timor Sea can, and should, be weighed-up for purposes of assessing the

---

(82) This figure considers the areas that lie eastwards and westwards of each 'lateral equidistance-line' up to the perpendiculars to the general direction of the coast, south of the 1972 boundary and north of the 'frontal-equidistance-lines'.

(83) ICJ Rep. 1993, para.75.

reasonableness of using strict equidistant 'lateral-boundaries' between Australia and East Timor, south of the 1972 boundary. It should be noted that the eastern 'lateral equidistance-line' cuts across the Greater Sunrise fields, and that the western 'lateral equidistance-line' runs some 2 or 3 M east of the Laminaria-Corallina fields. Even if only small adjustments are introduced, thus, the impact on petroleum resource-allocation is massive. Without entering into a detailed debate on the precise course of the 'lateral-boundaries', it is fair to argue that giving East Timor no access to the Laminaria-Corallina fields, and only some 18% of the resources of the Greater Sunrise fields, falls well short of an equitable resource-sharing – thus being on its own a reason for deeming unreasonable the strictly equidistant 'lateral boundaries'. To suggest otherwise would be a striking proposition, especially when it is taken into account that the resources in question lie roughly twice as close to East Timor as to Australia, and the overall distribution of petroleum resources in this area.

A third factor has to be considered in the delimitation between Australia and East Timor: macrogeography. The 'discovery' of a reasonable boundary-line, i.e. a line that achieves an overall balance of equities, might in a certain measure depend on the context within which the delimitation is effected. As asserted in the Guinea/Guinea-Bissau arbitration, an 'equitable solution' cannot "ignore the other delimitations already made or still to be made in the region"[84]. In the present instance, there is one fact that must be duly weighed-up: unlike Australia and Indonesia, East Timor's jurisdiction can never reach 200 M from the coast. Its geographical location is such that its potential entitlement will have to be 'amputated' from all directions – a predicament that does not occur with either Australia or Indonesia. Most importantly, the maritime zones to be attributed to East Timor off its northern coast are primarily territorial sea areas. Only partially, and even then only marginally, will East Timor be attributed areas beyond 12 M. Such a marked macrogeographical disadvantage must be weighed-up in the overall balancing-up of equities. In the absence of objective reasons to the contrary, one would suggest, the continental shelf delimitation off its southern coast should – within the limits imposed by delimitation law – maximise the areas attributed to East Timor.

Joint Development and the Continental Shelf Rights in the Timor Sea

To some authors, who argue that a joint development arrangement has a "functional nature" – since it is "a legal mechanism for the attainment of the production of natural resources", joint development is "not the solution to a

---

(84) Dispute Concerning the Delimitation of the Maritime Boundary (Guinea *v.* Guinea-Bissau), Award of 14 February 1985, 25(2) ILM (1986) 251, at para.93.

Estudos em Direito Internacional Público   303

jurisdictional problem"[85]. This suggestion is unpersuasive. No doubt, joint development arrangements aim at creating a legal framework for exploiting natural resources. This, however, cannot obfuscate the central problem: joint development arrangements have appeared as an answer to situations in which there is a positive conflict of potential jurisdictions. To this extent, joint development is to be seen as an 'alternative' to maritime delimitation. As Churchill rightly notes, "there is probably a rule of international law which prohibits states from exploiting seabed resources in disputed areas"[86]. Pointing in the same direction, Ong refers to an "obligation of mutual restraint" – unilateral action ought to be refrained "when it risks depriving other states of the gains they might realise by exercising their sovereign right of exploitation"[87]. The same idea is conveyed by Robson, when referring to an obligation "to refrain from unilateral development where a risk of irreparable prejudice to rights ... is involved"[88]. It is clear that what spurs states to accept joint development arrangements is the fact that, legally, they are impeded from exploiting resources in areas where potential entitlements overlap – and where there is, thus, at least a 'latent dispute'. By framing the issue in this 'levelled' fashion, one has little choice but to subscribe to the view that, in principle, joint development should be a 'last resort approach' – i.e. a solution that is "second best to an agreed boundary"[89].

The brief, foregoing account concerning continental shelf delimitation is, therefore, essential for contextualising the question of joint development and the Timor Sea Treaty. As suggested above, the possible outcomes of maritime delimitation are not unrelated to the solutions based on joint development. For this reason, the concretisation of reasonableness in maritime delimitation, or the factors upon which a reasonable solution is to be founded, perhaps should constitute a beacon for appraising joint development arrangements – especially, although not exclusively, as to the dialectic 'designated area *versus* sharing-ratio'.

Unappealing perhaps at first glance, this view is often adopted. For instance, whilst analysing the Timor Sea situation, Ong affirmed: "It is interesting to note here that despite the fact that a 90:10 split of the common

---

(85) Townsend-Gault and Stormont, supra n.60, p.53, italic in the original.

(86) Churchill, supra n.60, p.57.

(87) David Ong, «Joint Development of Common Offshore Oil and Gas Deposits: 'Mere' State Practice or Customary International Law?» 93(4) AJIL (1999) 771, at p.798.

(88) Charles Robson, «Transboundary Petroleum Reservoirs: Legal Issues and Solutions», in Gerald H. Blake *et al.* (eds.), supra n.60, p.3, at p.8.

(89) D. H. Anderson, «Strategies for Dispute Resolution: Negotiating Joint Agreements», in Gerald H. Blake *et al.* (eds.) *Boundaries and Energy: Problems and Prospects*, London, Kluwer Law,1998, p.473, at p.475. This author clearly presents joint development solutions as one of the options available in dispute resolution.

304 *Spatial Allocation of Continental Shelf Rights in the Timor Sea*

hydrocarbon deposits in the Timor Sea could perhaps have been achieved by the usual method of negotiating a single continental shelf boundary, this was nevertheless eschewed in favour of the same division of revenues agreed within the context of a new joint development regime."[90] His suggestion is that a 90:10-split could have been utilised as basis for an area-division effected through delimitation. He goes on to argue that, in concreto, the 'frontal equidistance-line' should be "suitably modified", and that a boundary based on such a adjustment would "in fact cut across the oil and gas fields currently being primed for exploitation, especially the Bayu-Undan gas project" – which lies within the JPDA[91]. In practice, Ong seems to suggest that the continental shelf delimitation would divide the JPDA in such a way as to attribute 90% of it to East Timor, and the remainder 10% to Australia.

In view of the considerations made as to the continental shelf delimitation, one would have to disagree. First, insofar as this article argues that there is no legally relevant coastal length disparity between Australia and East Timor, and that no adjustment of the 'frontal equidistance-line' is required, from a strictly legal perspective there appears to be no ground for delimiting the boundary in a way that attributes to Australia 10% of the JPDA. Secondly, Ong's proposition seems to take no account of 'lateral-boundaries'. He seems to assume that the 'lateral equidistance-lines' (i.e. the limits of the JPDA) would be adopted as continental shelf boundaries. If it is so, then one ought to ask why were the considerations concerning the reasonableness of such potential boundary-lines not appraised (as done in relation to the 'frontal equidistance-line')? This question is all the more relevant since the simple adjustment of the 'frontal equidistance-line' northwards would attribute to East Timor areas that lie well beyond the 'lateral equidistance-lines'. Thirdly, it should be added that, even if, for the sake of argument, a 90:10 JPDA-division (based on an adjustment of the 'frontal equidistance-line' similar to that of the *Libya/Malta* case) would be accepted as a boundary solution, the Bayu-Undan field would most probably lie fully within the area to be attributed to East Timor.

Without prejudice to the general proposition that the potential outcome of delimitation bears in some degree on joint development solutions, it must be emphasised that a number of signs suggest that, in the Timor Sea Treaty, the 90:10-split was tempered with other important considerations. For Australia, the question of petroleum production-split has a lesser significance – bearing in mind its fundamental political-economic goals. From a political perspective, what Australia sought was an agreement that would not alter the 'lines' previously

---

(90) Ong, supra n.36, p.85, emphasis added.

(91) Ibid., p.89.

Estudos em Direito Internacional Público 305

drawn in the Timor Sea area. Economically, Australia's primary interest is focused upon the downstream petroleum linkages – in particular, as regards its economic development strategy for the Northern Territory[92]. In effect, should a pipeline to, and the associated gas processing plant in, Darwin be built, the estimated figures for downstream revenues add up to (at the very least) twice the expected upstream revenues for East Timor (considering the 90:10 production-split). For East Timor, the 'partnership' with Australia through the Timor Sea Treaty also brings important benefits. From an economic standpoint, having Australia as an 'investment-partner' appears as somewhat of a 'guarantee' to the petroleum industry – promoting the investment in the development of the Timor Sea resources. Politically speaking, it entails a preferential link with a key regional power. These pragmatic, *realpolitik* considerations appear to have been weighed-up in the agreements so far reached.

No doubt, the 90:10 production-split appears to hint at the existence of a 'better entitlement' of East Timor over the JPDA. Were it not for this fact, it is unlikely that Australia would accept such a resource-sharing solution. Importantly, there are other aspects in the Timor Sea Treaty, notably at the level of the devised management structure, which reinforce this suggestion. After a transitional period, the DA will be East Timor's government ministry responsible for petroleum activities. Moreover, in the JC, East Timor will have one more appointee than Australia[93].

With respect to the concept of joint development as a mechanism for resolving jurisdictional issues, and indeed as an instrument for promoting resource exploitation in disputed areas, two points must clearly be made. In no measure should joint development be seen as a panacea for all problems concerning maritime resources. Nor should it be assumed as being intrinsically easier to deal with, when compared to maritime delimitation.

---

(92) The importance is such that the Northern Territory government has offered to mediate between the Commonwealth government and East Timor to overcome difficulties that are involved in the ratification of the Timor Sea Treaty; cf. *The Sydney Morning Herald*, 11 February 2003, «NT offers to help save E Timor gas deal». Cf. also *The Sydney Morning Herald*, 10 August 2002, «A new dawn for the territory»; *Hoover's*, 9 August 2002, «NT government uses China gas deal in national interest argument»; *Hoover's*, 5 May 2002, «Sunrise gas field fires up the politics of northern development»; *ABC News Online*, 10 March 2002, «Sunrise takes shine off NT government gas pipeline plan»; *ABC News Online*, 14 February 2002, «Senator critical of offshore Timor Sea gas processing facility»; *ABC News Online*, 25 December 2001, «Timor Sea gas to benefit NT, developer claims»; *The Advertiser*, 20 November 2001, «Dark clouds threaten Sunrise gas partners»; *FinancialTimes.com*, 24 October 2001, «Disputes threaten lucrative Timor Gap pipeline». As to the economic impact of the gas resources, cf. e.g. the report *Impact of the Sunrise Gas and Methanex projects on the Northern Territory and Australian economies*, Centre for International Economics, Canberra & Sydney, September 2000.

(93) Article 6.

306   *Spatial Allocation of Continental Shelf Rights in the Timor Sea*

Indeed, the Timor Sea example provides food for thought in this regard – as several problems concerning continental shelf rights and the exploitation of petroleum resources are yet to be resolved. A first problem can be expressed through a crucial question: Are East Timor's seabed rights confined to the JPDA? The reality is that the continental shelf entitlement of East Timor overlaps with that of Australia (and with that of Indonesia for that matter) in areas that lie well beyond the JPDA-limits. Inasmuch as the Timor Sea Treaty regime is without prejudice to the question of continental shelf delimitation, in principle, there is no reason to assume that East Timor's rights are confined to the JPDA[94]. What might be questioned is whether implementing the Timor Sea Treaty will not crystallise a 'pattern' of petroleum exploitation that will be taken into account, in the future, if and when a continental shelf boundary between the two states is delimited by adjudication[95]. According to public statements made by East Timorese representatives in relation to recent negotiations, East Timor's view is that, should maritime delimitation law be applied, it would be attributed the whole of the JPDA. The same statements indicate that East Timor also takes the view that its rights extend beyond the JPDA[96]. What must be noted is that the adoption of a joint development solution has not resolved this controversy. In fact, it might have given rise to further difficulties – especially because Australia continues to act as if the areas outside the JPDA southwards of the 1972 boundary, and which lie within the overlapping of entitlements with East Timor, unquestionably belong to it.

The second problem illustrated by the Timor Sea situation concerns the difficulties in devising a comprehensive regime for joint development. After more than two years of negotiations, Australia and East Timor are far from reaching a comprehensive, workable solution. No agreement has yet been

---

(94) Article 2.

(95) In the *Tunisia/Libya* case and in the *Eritrea/Yemen* arbitration, the pattern of oil concession was deemed to be a consideration relevant for the delimitation of the boundary; Case Concerning the Continental Shelf (Tunisia *v.* Libya), Judgment of 24 February 1982, ICJ Rep. 1982, p. 18, at paras.91-96, 117, 133.C(2).; Permanent Court of Arbitration, Award of the Arbitral Tribunal in the Second Stage of the Proceedings – Maritime Delimitation (Eritrea *v.* Yemen), 17 December 1999, paras.75-86, 132; the text can be obtained from http://pca-cpa.org/PDF/EY%20Phase%20II.PDF. Whether this approach has changed with the view taken recently in the *Cameroon/Nigeria* case – as regards the need for "an express or tacit agreement" – remains to be seen; cf. Land and Maritime Boundary between Cameroon and Nigeria (Cameroon *v.* Nigeria), Judgment of 10 October 2002, para.304 (the text can be obtained from http://www.icj-cij.org/icjwww/idocket/icn/icnframe. htm).

(96) Cf. supra n.34, 43, 52, 53, 56, and 57. Subscribing to the view that East Timor's rights extend beyond the JPDA, cf. Antunes, supra n.25, pp.389-402; Lowe, Carleton and Ward, supra n.18. Apparently holding the view that East Timor's rights would encompass the whole of the JPDA, cf. Onorato and Valencia (2000), supra n.27, p.80; Victor Prescott «The Question of East Timor´s Maritime Boundaries», 7(4) *IBRU Boundary and Security Bulletin* (1999) 72, at pp.75-76.

Estudos em Direito Internacional Público

307

reached as to the petroleum mining code or the fiscal scheme generally applicable to the JPDA. These aspects are two of the cornerstones of joint development, at least from the point of view of the certainty and predictability required by the petroleum industry. The first point to make is that setting up adequate joint development regimes demands time and skill. Under certain conditions designed to meet the requirements of the petroleum industry, the answer could be an approach based on *ad hoc* agreements for each project. But can it realistically be expected that small, poor states, with no experience as a petroleum producing state, holds the expertise necessary to deal with all issues involved? Can such states effectively participate in the design of legal-financial regimes that are expected to maximise its revenues, to offer the petroleum industry an attractive investment environment, and at the same time to be acceptable to the other state involved? For this reason alone, one would suggest that joint development is a solution that should be judiciously pondered.

The Timor Sea situation raises further problems, related to the practical implementation of joint development solutions. Since the petroleum resources in this area appear to be primarily gas, there are specific questions relating to offtaking, marketing and pricing that need to be addressed, and which do not have to be considered in the same way for oil. In principle, the gas will have to be taken ashore somehow – in this case, plans have been made to pipeline it to Darwin. The recourse to a floating LNG plant has also been considered, because it could become economically more viable in the near future, whilst opening more flexible offtake-solutions[97]. Recent reports, however, suggest that both options are for the time being considered commercially unviable[98]. Should a pipeline to Darwin ultimately be built, questions relating to the jurisdiction over the pipeline and issues such as construction costs, taxation, priority-use of the pipeline, transportation tariffs, or the valuation of the gas would have to be

---

(97) *FinancialTimes.com*, 16 August 2002, «Decision due on gas field project»; *The Sydney Morning Herald*, 16 May 2002, «Sunrise partners to look again at Darwin alternative»; *The Age*, 16 May 2002, «Woodside to make study»; *Rigzone*, 7 May 2002, «Shell and Woodside committed to Timor Sea LNG project»; *FinancialTimes.com*, 20 February 2002, «Shell plan to float gas in Timor Sea approved»; *The Australian*, 19 November 2001, «Timor venture on hold»; *The Sydney Morning Herald*, 19 November 2001, «Woodside, Phillips to back $4b floating plant».

(98) The way for developing the Greater Sunrise is yet be decided. To Shell, a key partner in the project, pipelining the gas to Darwin appears not to be an option; and the economic viability of a floating LNG is now doubtful. Reports mention that Shell is now keeping both options open, whilst stating the development will go ahead "at the earliest opportunity to the benefit of all stakeholders, including both host governments". However, for the Northern Territory's government, building a floating LNG is out of question. Reportedly, its Chief Minister has stated: "We don't care who has the licence for Sunrise – we want it onshore. It means jobs for Territorians." Cf. *The Australian*, 7 September 2002, «Shell's options open»; *WorldOil.com*, 6 September 2002, «Sydney: Shell dismisses Sunrise departure rumours»; *The Australian*, 6 September 2002, «Shell poised to dump Sunrise». Also *WorldOil.com*, 2 September 2002, «Darwin: Sunrise FLNG costs spiral»; *The Australian*, 2 September 2002, «Floating gas plant blows out».

308   *Spatial Allocation of Continental Shelf Rights in the Timor Sea*

tackled – if only because they essentially affect the upstream revenues. This shows how reaching an agreement on joint development (or on delimitation for that matter) might not be enough to overcome all hurdles. Further specific agreements, and consequently time and skill to negotiate them, might be required to deal comprehensively with the allocation of rights.

Another peculiar aspect in the 'Timor Sea situation' that illustrates this question concerns unitisation – that is, an arrangement between all parties with an interest in a petroleum reservoir under which terms for its development as a unit are agreed before development operations begin, and by virtue of which the parties' interests are pooled, and their rights and obligations determined[99]. In essence, unitisation is a 'legal mechanism' whereby petroleum reservoirs straddling a 'jurisdictional line' are developed as a single unit. This happens, typically, where boundaries have been delimited between states (e.g. as happens in the North Sea[100]). Unlike joint development, which refers to activities undertaken under a single regulatory regime, unitisation involves more than one license or contract (i.e. one from each side of the boundary or 'jurisdictional line' in question), which entails an apportionment of the reservoir between the participants involved.

The provisions on the Greater Sunrise unitisation in Annex E to the Timor Sea Treaty are striking[101]. Clearly departing from virtually all state practice, the apportionment of reserves is made *grosso modo*, and is not founded on any precise determination of the reserves. Further, there are no provisions that regulate such a determination. Nor are there specific provisions on redetermination and reapportionment. These issues, usually regulated in unitisation, are only crudely addressed, or not at all addressed, in the said Annex E. It is thus unsurprising that the two states are attempting to negotiate *a posteriori* an unitisation agreement for the Greater Sunrise[102].

To be feasible however, this agreement must circumvent one fundamental point: the fact that East Timor has not recognised the JPDA eastern 'lateral-limit' as a limit to its seabed/subsoil rights. Somewhat oddly, the unitisation that is being negotiated between Australia and East Timor precedes the establishment of a continental shelf boundary (or a 'jurisdictional line' with an equivalent legal

---

(99) Robson, supra n.88, p.6. As to the typical scope of a unitisation agreement, cf. ibid. p.7.

(100) Cf. e.g. Frigg Field Reservoir Agreement (United Kingdom and Norway), 10 May 1976; the Statfjord Field Reservoirs Agreement (United Kingdom and Norway), 16 October 1979; Markham Field Reservoirs Agreement (United Kingdom and The Netherlands), 26 May 1992.

(101) Cf. supra n.39.

(102) Cf. text before and after n.45. The rounds of negotiation that took place in July, August and December 2002, and in January 2003, have not led to an agreement, which apparently is hampering the ratification of the Timor Sea Treaty by Australia (cf. text supra with n.47-51).

Estudos em Direito Internacional Público   309

impact). No doubt, the two states can reach agreement on how to proceed to the exploitation of the Greater Sunrise fields, and on how to apportion the reserves thereof. Nevertheless, that agreement will substantially depart from prior state practice in unitisation – which usually deals with a field that straddles a boundary, and which entails an apportionment of reserves on the basis of the spatial allocation of jurisdiction effected by that boundary[103]. What is somewhat incongruent is to press forward with an agreement that apportions rights over petroleum reservoirs located within an area of overlapping entitlements, without previously clarifying the exact rights of each state over those resources. In the case under appraisal, the problem revolves around the allocation of rights in areas outside the JPDA, in its immediate vicinity. The reality is that Australia seems to be unwilling to compromise here – i.e. it appears that it wants to retain under its jurisdiction all areas outside the JPDA. And this is due to the fact that its primary economic interest lies in the development of the Greater Sunrise (as became clear during the hearings that took place in the Australian Senate[104]).

Further, it should be pointed out that a problem that would typically emerge in continental shelf delimitation – i.e. that of unitisation – continues to exist alongside a solution based on joint development. Should the two states have delimited their continental shelf boundaries, they would probably have to devise only one resource exploitation regime – that of unitisation. In the Timor Sea, the peculiarity of the situation is derived from the fact that the limits of the area to which the joint development regime will apply stem from a decision also influenced by *realpolitik* elements, rather than only from consideration of the potential jurisdictional areas that would be legally attributed to each state. Even assuming that Indonesia has *de facto* 'ceded' its rights to Australia, an equitable delimitation of the continental shelf boundary would be likely to divide the Greater Sunrise fields between Australia and East Timor on a rough 50/50-basis. The creation of a JPDA that, in Australia's view, attributes to it some 82% of these fields gives rise to questions. In effect, if the JPDA area had not been

---

(103) It is true that the division of resources of the Greater Sunrise might be provisionally made. And after a final boundary is delimited, the two states might go on to effect a redetermination of the resources, which could have a retroactive effect. This process, however, is likely to raise considerable difficulties. These problems are clearly patent in reports that suggest that East Timor would consider stopping the development of the Greater Sunrise oil and gas reserves if Australia would not negotiate new maritime boundaries; cf. *ABC News Online*, 2 August 2002, «East Timor threatens Australia over maritime boundaries».

(104) For the transcripts of the Senate Joint Stand Committee on Treaties, search in http://www.aph.gov.au. The fact that so much relevance is being put on unitisation of petroleum resources is not at all surprising. For example, in the Nigeria/Equatorial Guinea boundary treaty the unitisation and development of hydrocarbon resources became a condition for the ratification of the boundary – cf. Articles 6(2), 7(3) of the Treaty between the Federal Republic of Nigeria and the Republic of Equatorial Guinea concerning their maritime boundary, of 23 September 2000; the text can be obtained from http://www.un.org/Depts/los/LEGISLATIONANDTREA TIES/STATEFILES/NGA.htm.

influenced by the existence of a previous regime, and if it had been defined by reference to the area of overlapping potential entitlements, the 'joint-area' would be likely encompass the whole of the Greater Sunrise fields. Should this be the case, the question of unitisation of the Greater Sunrise fields would never emerge. What would be debated would be the revenue-split in this 'new' area; for the petroleum resources to consider in the joint development would be different. As it happens, twice the work, effort and time are necessary. Instead of having to agree on a joint development regime only, the two states have also to deal with the question of unitisation. What this demonstrates is that joint development solutions should be appraised on their own merits *in concreto*. As said, it must not be seen as a 'miraculous solution' for all jurisdictional problems, or as having 'unmatchable' advantages.

FINAL REFLECTIONS

Spatial allocation of maritime jurisdiction has always had great significance for coastal states. Where the potential maritime entitlements of states overlap, this matter acquires particularly complex political-legal nuances, especially if it intertwines with the question of access to natural resources, namely petroleum and fisheries. The problem is particularly acute if such resources either straddle, or lie in the close vicinity of, conceivable boundaries or 'jurisdictional lines'. Maritime delimitation, no doubt, has become the 'traditional' answer to problems of spatial allocation of jurisdiction in areas of overlapping entitlements. It is by far the most common answer. States however, have lacked neither ingenuity, nor pragmatism, in 'finding' other answers – whereby the exclusive nature of jurisdiction is tempered (to one degree or another) with 'cooperative' considerations, some of which stem from *realpolitik*. Whilst aiming at circumventing, attenuating, and/or postponing the impact of boundary delimitation, these approaches steer the question away from a strictly 'confrontational perspective'. Joint development, unitisation, 'buffer zones' (in one case at least associated with a moratorium on resource exploitation[105]), and 'special areas', are amongst the concepts devised to provide such hybrid

---

(105) The Treaty between the Government of the United States of America and the Government of the United Mexican States on the Delimitation of the Continental Shelf in the Western Gulf of Mexico beyond 200 Nautical Miles, of 9 June 2000, establishes that, in a 2.8 M-corridor centred on the boundary-line ('buffer zone'), no exploitation of petroleum resources will take place in the 10 years following the entry into force of the treaty (Article 4); the text can be obtained from http://www.un.org/Depts/los/LEGISLATIONANDTREA TIES/ STATEFILES/ USA.htm.

Estudos em Direito Internacional Público

approaches[106]. The fundamental issue however, remains unchanged: it concerns the allocation of jurisdiction *lato sensu* over a designated maritime area.

The example offered for consideration in this article refers to continental shelf rights, in respect of which the access to hydrocarbon resources is essential. In effect, the events outlined in the first part show that, from the outset, the question of continental shelf jurisdiction in the Timor Sea was inextricably interwoven with the question of access to hydrocarbon resources. The conduct of Australia, Portugal, and East Timor seems to have been primarily oriented to ensuring (to the extent possible) access to those resources. As to Indonesia, although this was an important issue, the focus lied perhaps elsewhere (on having its sovereignty over East Timor recognised *de jure* by Australia). The said events also demonstrate that, as far as the creation of a joint development regime in the Timor Sea is concerned, the weight of the 'variable' *realpolitik* is not irrelevant. True in relation to the 1989 Timor Gap Treaty, this was no less true in relation to the Timor Sea Treaty – although for different reasons. In respect of the latter, recent events appear to suggest that the question of petroleum resources is far from being definitively settled. Further, the question of Australia's unilateral exploitation of resources in the area of overlapping entitlements gives rise to legal questions, especially as these resources lie much closer to East Timor than to Australia.

With respect to maritime delimitation and joint development, the situation in the Timor Sea lends weight to the proposition that, in principle, maritime delimitation is to be preferred to joint development[107]. Hitherto, the 1972 Australia/Indonesia continental shelf boundary has stood the test of time. Regardless of whether that boundary is 'fair', the truth is that no serious disputes between Australia and Indonesia have arisen, and that Indonesia's conduct has not legally challenged the boundary. Australia's argument that Indonesia might react strongly to an agreement with East Timor that considerably departs from the 1972 boundary is political in nature, and cannot provide the basis for legal appraisals. The fact that East Timor has apparently chosen to consider such an argument in its negotiations with Australia should equally be seen in political terms. From a political standpoint, it might be conceded, it was truly difficult to

---

(106) An interesting example of how the exclusiveness of maritime delimitation might be tempered is advanced by the Tribunal that decided the *Eritrea/Yemen* arbitration – i.e. the immemorial *lex pescatoria*, which appeared as a "superimposed and law-tight layer of normativity" (cf. Nuno Antunes, «The 1999 Eritrea-Yemen Maritime Delimitation Award and the Development of International Law», 50(2) ICLQ (2001) 299, at p.306; cf. supra, at p.232), and which was irrelevant for the decision on the maritime boundary (cf. 1999 Eritrea/Yemen Award, supra n.95, paras.109-111). Further, the freedom of states here is almost boundless. For example, states could agree to set up a condominium regime in a designated area lying within their overlapping of entitlements (although this would require a large measure of mutual political trust).

(107) Cf. text before n.89.

escape some solution based on joint development. All of this however, cannot obfuscate the fact that the joint development solution devised between Australia and East Timor created difficulties that would not have existed had a maritime boundary between the two states been delimited.

Further, whatever the arguments put forward in the debate on how to deal with disputes concerning areas of overlapping maritime entitlements, it is important not to lose sight of the fact that, in the overwhelming majority of cases, states have preferred maritime delimitation to joint development. Importantly, maritime delimitation does not exclude cooperation – as can be illustrated by the 'cooperative arrangement' incorporated in the Honduras/United Kingdom (Cayman Islands) treaty. Hand in hand with the delimitation of a maritime boundary, the two states have established a 'fishing enclave', lying within Honduran jurisdiction, to which qualified access is granted to Cayman Islands' traditional fishermen[108]. Unitisation, and the setting up of 'special resource enclaves', are two examples of how cooperation is possible side-by-side with delimitation. The latter is indeed another option for addressing the Greater Sunrise field predicament – for it would allow attributing to East Timor a more beneficial revenue-sharing, whilst allowing Australia to retain jurisdiction over the areas beyond the JPDA. Abstractly speaking, therefore, the proposition that a maritime boundary is *prima facie* preferable to a joint development solution can hardly be questioned.

Notwithstanding this position of principle, there is a second conclusion to which the example of the Timor Sea points: there might be instances in which joint development becomes a better option – notably if it leads to 'defusing' a (potential) dispute over a maritime boundary (in particular if at its heart lies a disagreement over the access to, and/or division of, natural resources), and/or attaining a political balance *in casu* that would be unattainable through maritime delimitation alone.

Here, however, a word of caution is necessary. As the Timor Sea situation illustrates, thirdly, the reasons behind the decision to enter into a joint development agreement can be so idiosyncratic that extrapolations to other contexts should not be lightly made. The decisions in this respect are political, often with pure *realpolitik* ingredients. Whether the area of overlapping entitlements is best dealt with through maritime delimitation, or through joint development – or through another type of solution (e.g. a solution based on

---

(108) Treaty between the Government of the Republic of Honduras and the Government of the United Kingdom of Great Britain and Northern Ireland concerning the delimitation of the maritime areas between the Cayman Islands and the Republic of Honduras, of 4 December 2001 – Area of Misteriosa and Rosario banks, established under Article 3 and Annex B; the text can be obtained from http://www.un.org/Depts/los/LEGISLA TIONANDTREATIES/STATEFILES/GBR.htm.

Estudos em Direito Internacional Público 313

'cooperative' arrangements other than joint development, or a combined solution), is a question to which only the states directly involved can answer, on the basis of mutual consent. Specific normative standards do not exist. From another perspective, this means that, even if states are unable to agree on a maritime boundary, they are under no legal obligation to enter into a joint development solution. To suggest that there is an obligation to cooperate through joint development solutions in cases in which negotiations on maritime boundaries are unsuccessful would require a demonstration that, it is argued, has hitherto not been provided. Even if, for the sake of argument, one would concede that there is some level of obligation to cooperate in the exploitation of resources in areas of overlapping entitlements, that would fall short of entailing a binding recourse to joint development. The aforementioned treaty between Honduras and the United Kingdom (Cayman Islands) provides a clear illustration for this point.

There is a fourth conclusion to be drawn from the Timor Sea situation: the taken-for-granted notion of joint development has no clear contours. To speak of 'genuine jointness' (or any equivalent term), is clearly misleading. 'Jointness' is whatever the states involved want it to be, taking into account political, economic and legal considerations. One would argue that the densification of this notion revolves around two paramount 'variables': the dialectic 'designated area *versus* sharing-ratio', and the legal framework for undertaking the exploitation of resources. The Timor Gap Treaty and the Timor Sea Treaty are examples of how a balance may be struck. Joint development however, might consist equally of, for instance:

- 50/50-sharing of revenues of petroleum resources, the jurisdiction over the area in question being solely exercised by one of the states involved (1958 Bahrain/Saudi Arabia treaty)[109];
- 50/50-sharing of fishery resources – which is governed by the law of one of the states, and a 85/15-sharing of continental shelf resources – to which applies the law of the other state (1993 Senegal/Guinea-Bissau treaty)[110]; or

---

(109) Cf. Bahrain-Saudi Arabia boundary agreement, of 22 February 1958, Second Clause; the text can be obtained from http://www.un.org/Depts/los/LEGISLATIONANDTREATIES/STATEFILES/BHR.htm. According to sources related to the petroleum industry, the revenue-split between the two states has been changed, although no formal change of the treaty occurred. Apparently, the whole 100% of the revenues are at present being attributed to Bahrain (although this could not be confirmed).

(110) Cf. Treaty supra n.64, Article 2; cf. Protocol of Agreement Relating to the Organisation and Operation of the Agency for Management and Co-operation between the Republic of Senegal and the Republic of Guinea-Bissau, of 12 June 1995, Charney and Alexander (eds.), supra n.10, Vol. III (1998), p.2260, Article 24. The proportions mentioned are subject to revision in the event of relevant resource discoveries being made. The proportions in which the continental shelf resources are to be divided between the two states also seems to have changed in this instance. Apparently, Senegal has accepted a change to the revenue-split, which now seems to be 80/20.

- combination of a single boundary that allows one state to exercise its maximum jurisdiction with a joint continental shelf zone that straddles the said boundary unevenly – roughly 72:28, benefiting the same state (1981 Iceland/Norway agreement)[111].

International law contains no specific provisions on the establishment of joint development regimes. Only general prescriptions apply – for example, obligation to resolve disputes peacefully, obligation to negotiate in good faith (which entails readiness to compromise), due regard to the rights and legitimate interests of the other party in the area of overlapping entitlements. With respect to the dialectic 'designated area *versus* sharing-ratio', there is good reason to suggest that considerations relating to the overlapping of entitlements and to the probable outcomes of a legal determination of maritime boundaries are likely to become its crux. With respect to the legal framework for resource management and development, again it all depends on the circumstances *in casu*. The idea of a spectrum of possible solutions, combining different elements in different ways (e.g. boundary-lines, a regime of 'jointness', special areas, 'buffer zones' or 'moratorium zones'), thus springs to mind. The concrete answer, the advantages/disadvantages of which only the states involved can weigh-up, depends on a number of intertwined aspects.

Consider the Timor Sea situation. On the one side, Australia is a developed and rich state, with a petroleum industry, which is probably a 'petroleum net-importer'. On the other side, East Timor is an undeveloped and poor state, with no experience or infrastructures in the petroleum world, which is likely to become a 'petroleum net-exporter'. Whereas the former might be ready to forego significant upstream fiscal benefits and petroleum rent, if that means maximising its economic petroleum linkages (in particular through downstream developments), the latter benefits perhaps the most if it maximises its upstream revenues (i.e. mineral rent and taxation). To design a framework that reconciles this 'incompatibility' might be a daunting task, especially for undeveloped states – owing to the specific expertise that is required to attain such an objective. Further, since these diverging interests have to be agglutinated with those of the petroleum industry, the task is even more intricate. Three sets of interests have thus to be reconciled. For the industry, what ultimately counts is the stability and predictability of the framework devised, which must offer a springboard for reasonable return on long-term investments. A 'higher-risk framework' might be tantamount to the inclusion of a compensating financial factor, which the industry necessarily reflects on the revenues obtained by states. Here, the

---

(111) Cf. supra n.62.

Estudos em Direito Internacional Público 315

stability inherent in boundary-based solutions might be a factor to weigh-up; boundaries have a 'definitive nature' that 'joint areas' do not necessarily possess – although admittedly, the substantive framework offered to the petroleum industry remains the key element in this equation.

All in all, states ought not to hastily jump into a joint development solution. Prior assessment of the difficulties involved is essential. The *prima facie* preference shown here for solutions involving the delimitation of boundaries stems from a key point: although it might take longer to negotiate them (this usually raises difficulty with the petroleum industry), the legal setting created thereby is often clearer and more stable than that resulting from solutions not incorporating the delimitation of boundaries. No doubt, it might be concluded that joint development is the best approach – especially as means of not aggravating an ongoing, or of dealing with a potential, boundary dispute, and/or to expedite the exploitation of certain resources. Should that be the case, a proper empirical analysis of the 'precedents' (background, framework devised, and implementation) is perhaps the only reliable approach to the negotiation of a joint development agreement. Even then, analogies should be cautiously 'validated'.

A last word concerns Article 83(3) of the LOSC. According to it, pending delimitation, and without prejudice thereof, states are obliged to "make every effort to enter into provisional arrangements of a practical nature". As far as natural resources are concerned, this reference to "arrangements of a practical nature" is often taken as a pointer to joint development. Nevertheless, it ought to be observed that such an obligation falls short of imposing on states any obligation to enter into an arrangement of some sort. Further, although it is recognised that an arrangement would be desirable in many instances, it must nevertheless be added that options other than joint development are available (e.g. a moratorium on the exploitation of resources in a 'fringe area' – whilst allowing a unilateral exploitation in all other areas; or an arrangement allowing unilateral or joint exploitation of a specific reservoir or field in the area of overlapping entitlements).

Above all, one would suggest that it is not always possible to foresee comprehensively all consequences, *de jure* and *de facto*, of adopting such provisional arrangements. As Bedjaoui recently noted, law is the science of security[112]. In the realm of boundaries and allocation of territorial (or quasi-territorial) rights, this is true probably more than in any other field of international law. Even if provisional *ab initio*, joint development arrangements

---

(112) Mohammed Bedjaoui, «Expediency in the Decisions of the International Court of Justice», 71 BYIL (2000) 1, at p.1.

316   *Spatial Allocation of Continental Shelf Rights in the Timor Sea*

might contribute to crystallise rights which are quasi-territorial in nature. It is therefore unsurprising that Australia seeks to continue to assert, and to exercise effectively, its jurisdiction over areas beyond the JPDA. Two points should finally be made. Neither is joint development exclusive of the delimitation of a boundary, nor is it necessarily a provisional measure to be adopted pending a maritime delimitation. Depending on the circumstances, political-economic balances might be best struck if joint development regimes are set up alongside boundaries, and/or if such regimes are also set up on a permanent basis.

POSTSCRIPT

The first version of this article was finalised by the end of 2002. Developments in the situation in Timor Sea led to some minor updates, which were already included in the version submitted to the CEPMLP. The attempt made to present an updated version has nevertheless been rendered somewhat fruitless by subsequent events. On 6 March 2003, the Australian Senate voted to endorse the ratification of the Timor Sea Treaty, which had been delayed for months, well beyond the agreed December 31 deadline.

From the perspective of this article, i.e., as far as reflections on maritime delimitation and joint development are concerned, some points have to be made. This ratification, by confirming the legal status of the JPDA, has paved the way for the Bayu-Undan $US1.5 billion Liquefied Natural Gas (LNG) project to go ahead[113]. On another level, Australia's ratification of the Timor Sea Treaty apparently means that a parallel deal was struck on the unitisation of the Greater Sunrise. Although the terms have not been made public, the deal seems to involve a *sui generis* agreement whereby East Timor will be 'compensated' through payments to be made by the Australian Government[114].

Taking into account recent declarations, East Timor appears to remain convinced of the rightfulness of their claims to wider maritime areas, which would be arguably attributed should a delimitation of the maritime boundaries be effected under international law. Notwithstanding what is undoubtedly a step forward, therefore, as the maritime boundary issue has remained unresolved for the time being, a heavy onus is pending on the two parties to make the agreements work. Political will more than probably anything else will determine the future success of these endeavours in the Timor Sea. What this situation

---

(113) The ratification of the Timor Sea Treaty before March 11 was a prerequisite for the deal between ConocoPhillips and its Japanese counterparts in the LNG contract to move forward. The Treaty seems to have entered into force on 2 of April 2003.

(114) Alexander's Oil & Gas Connections, 11 March 2003, http://www.gasandoil.com/goc/frame_ nts_ news.htm.

Estudos em Direito Internacional Público

underscores, essentially, are two points conveyed in this article. First, the freedom of states to 'mould' solutions in terms of allocation of maritime shelf rights is virtually unlimited, the sole constraint being in some measure maritime delimitation law. Secondly, it seems to be important to remember that references to joint development, if not contextualised within the previous idea, might bear a misleading simplicity. More than the extrapolation of previously used 'models', it is suggested, the key parameter in this field lies in a two-fold ingredient: flexibility and political will. The Timor Sea situation is merely an illustration of this proposition.

MAP 1

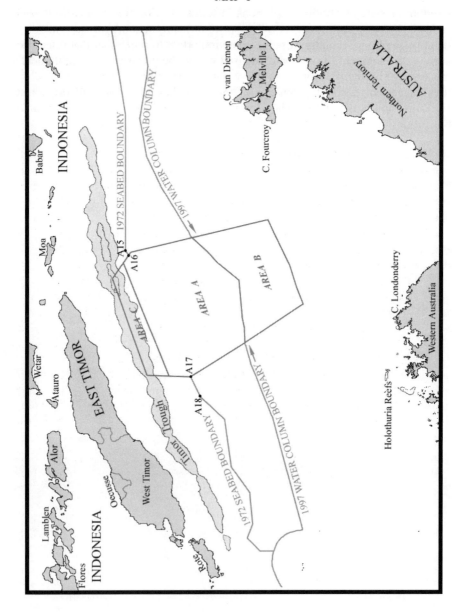

MAP 2

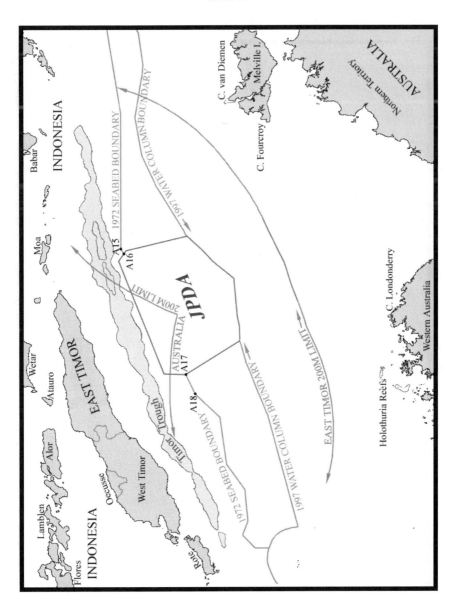

MAP 3

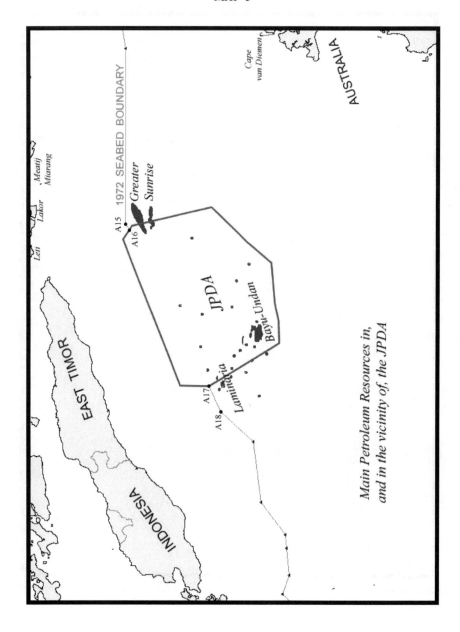

A EXTENSÃO DA PLATAFORMA CONTINENTAL PARA ALÉM DAS 200 MILHAS

Revista da Armada
N.º 364
Maio 2003
pp.16-18

Em co-autoria com capitão-de-fragata Fernando M. Pimentel, *MSc.*, membro da *Comissão de Limites da Plataforma Continental*.

Reproduzido com a amável autorização da Revista da Armada

Nuno Antunes é membro do *Comité sobre Questões Jurídicas da Plataforma Continental Exterior*, da *Associação de Direito Internacional*.

Fernando Pimentel é membro da *Comissão de Limites da Plataforma Continental*.

Os autores são ambos capitães-de-fragata na Marinha Portuguesa, e prestam serviço no *Instituto Hidrográfico*.

As opiniões expressas neste artigo não reflectem necessariamente as opiniões do Governo de Portugal e da Marinha Portuguesa, ou de qualquer das instituições acima referidas.

A extensão da Plataforma Continental para além das 200 Milhas

A CNUDM: BREVE INTRODUÇÃO

Em 10 de Dezembro de 2002 passaram 20 anos sobre a assinatura daquela que é desde a sua assinatura tida como a *constituição do oceano*[1]: a Convenção das Nações Unidas sobre o Direito do Mar – 1982 (CNUDM), igualmente conhecida como Convenção de Montego Bay. No plano do Direito Internacional, há fundadas razões para perspectivar este instrumento como uma referência histórica essencial. Muito mais do que uma mera compilação de normas costumeiras no âmbito do Direito do Mar, a CNUDM assumia-se, e assume-se quiçá ainda hoje, como uma 'utopia' em matéria de governação do espaço oceânico: a consagração de uma *mare nostrum*[2].

Nesta óptica, o novo regime jus-internacional do mar parece passar pela sua subsunção e referenciação a princípios interdependentes, a saber: integração natural, participação, interesse público e responsabilização social e legal. Em suma, há um só oceano, cuja gestão participada deve ser perspectivada à luz de um interesse público mais geral, de forma responsabilizada, quer a nível legal, quer a nível social *lato sensu*. Acresce, sem se pretender avançar uma lista exaustiva dos títulos a que a CNUDM se apresenta como um marco histórico, que este instrumento jurídico teve, e continua a ter hoje em dia, um impacto que se espraia em diferentes vertentes, como por exemplo: a inovação no plano da criação de normatividade internacional, a redefinição do mapa político do oceano, a consciencialização do ambiente a nível global, a cooperação na procura de novos equilíbrios geopolíticos, e a cristalização do princípio da resolução pacífica de controvérsias.

ESPAÇOS MARÍTIMOS

Toda a estrutura do Direito do Mar, enquanto *corpus juris*, assenta numa pedra de toque – o conceito de 'espaço marítimo' (ou 'zona marítima'), o qual

---

(1) Cf. A expressão "A Constitution for the Oceans" foi utilizada por Tommy T. B. Koh (Singapore), enquanto Presidente da Terceira Conferência das Nações Unidas sobre o Direito do Mar, aquando da sessão final da Conferência em Montego Bay.

(2) Cf. Nuno Antunes "O Novo Regime Jus-Internacional do Mar: A consagração *ex vi pacti* de um *mare nostrum*", (1998) 128 *Anais do Clube Militar Naval* 287-309; cf. supra at p.15.

324 *A Extensão da Plataforma Continental para Além das 200 Milhas*

possui uma dualidade de dimensões. Como escreveu Tullio Treves, actualmente Juíz do Tribunal Internacional para o Direito do Mar:

> *Les «zones maritimes» sont au coeur du droit de la mer. Il s'agit de zones à propos desquelles le droit international indique, d'une part, l'extension et, d'une autre part, quels sont les droits et les obligations des différents États.*[3]

Sem dúvida, um dos aspectos primordiais da CNUDM é o estabelecimento do 'mosaico' espaço-geográfico que serve de base à aplicação do Direito do Mar. Mas importa não esquecer que, em termos práticos, falar de espaços marítimos tem subjacente a delineação dos limites interiores e exteriores dos espaços sob jurisdição nacional, e a delimitação de fronteiras marítimas, em termos geodesicamente exactos[4]. Este aspecto emerge a um nível de 'implementação jurídico-técnica' da CNUDM, numa área de *interface* em que o direito e as geociências se entrecruzam.

Não temos contudo a intenção de tratar em todas as suas vertentes a questão da 'definição espacial' dos espaços marítimos. O objectivo a que nos propusemos é tão simplesmente descrever, *à vol d'oiseau*, o quadro jurídico-científico em que se baseia a determinação do limite exterior da plataforma continental, quando esse limite se situe além das 200 milhas náuticas.

Em termos sucintos, pode dizer-se que a titularidade de direitos sobre áreas do oceano é atribuída aos Estados costeiros por um conjunto de disposições em que a distância à costa assume um papel fundamental. Na CNUDM, os limites exteriores dos espaços marítimos são definidos com base numa fórmula baseada na distância à costa (e mais propriamente às linhas de base)[5]. A única excepção é o limite exterior da plataforma continental, quando este se situe além das 200 milhas náuticas, o qual se apresenta definido com base num entendimento juridicamente consagrado do que é o prolongamento natural do território do Estado costeiro (cf. Figura 1 abaixo). É esta questão que concentra as notas seguintes.

---

(3) Tullio Treves, "Codification du Droit International et Pratique des États dans le Droit de la Mer", (1990) 223 *Recueil des Cours* 9, à p.61.

(4) O Alto Mar e a Zona, que podem ser perspectivados como 'áreas internacionais' *lato sensu*, são definidos de forma residual como as áreas do oceano, e do seu leito e subsolo, além da jurisdição nacional. Cf. CNUDM, art.os 1.º, n.º 1, al.1, e 86.º.

(5) No que respeita aos limites exteriores dos espaços marítimos, cf. CNUDM, art.os 3.º, 4.º, 33.º, n.º 2, 57.º, e 76.º, n.º 1. Quanto à questão da definição das linhas de base , cf. CNUDM, art.os 5.º, 7.º, 9.º, 10.º, e 47.º.

Estudos em Direito Internacional Público

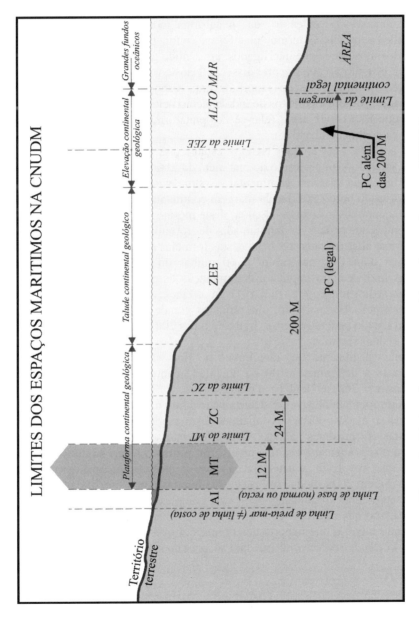

Figura 1 – Limites dos espaços marítimos de acordo com a CNUDM

(Adaptado de Martin Ira Glassner, *Neptune's Domain: A political geography of the sea*, Boston, Unwin Hyman, 1990, p.19)

'PLATAFORMA CONTINENTAL' ALÉM DAS 200 MILHAS NÁUTICAS

A análise da extensão da plataforma continental carece de um esclarecimento prévio. O termo 'plataforma continental' tem pelo menos dois sentidos distintos, ainda que interligados: um sentido geo-científico; e um sentido jurídico. É este último que importa dissecar. Não se trata, portanto, de uma mera análise geo-científica, mas do exame de uma disposição jurídica que, na sua formulação, incorpora elementos de índole técnico-científica. Daí que se possa, e mais do que isso talvez deva, falar-se de 'plataforma continental jurídica' (ou 'plataforma continental legal').

O art.º 76.º, n.º 1, da CNUDM estatui que um Estado costeiro pode reclamar áreas do leito e subsolo do mar além do limite das 200 milhas quando o bordo exterior da margem continental se situe para além daquele limite. A determinação do bordo exterior da margem continental deve então ser efectuada de acordo com o disposto no n.º 4, al. a) deste mesmo preceito – o qual apresenta duas fórmulas que podem ser denominadas de 'fórmulas positivas', às quais pode haver recurso alternativamente. Uma destas fórmulas requer a delineação de uma linha cujos pontos se encontrem a 60 milhas do pé do talude continental (*Hedberg line*). A outra implica a determinação de pontos em que a espessura das rochas sedimentares seja igual a 1% da distância ao pé do talude continental (*Gardiner line*)[6]. Há, portanto, um primeiro grande ponto que importa reter: nunca um Estado poderá reclamar áreas além das 200 milhas que não satisfaçam uma destas duas fórmulas.

Como facilmente se comprova, a aplicação destas fórmulas está condicionada à determinação do pé do talude continental, tendo em conta o disposto no art.º 76.º, n.º 4, al. b), o qual estabelece: "Salvo prova em contrário, o pé do talude continental deve ser determinado como o ponto de variação máxima do gradiente na sua base." A aparente clareza deste preceito esbarra nas complexidades inerentes à sua aplicação casos concretos, podendo as dificuldades ser ordenadas em três níveis. Em primeiro lugar, há que atender às questões que envolvem a determinação dos pontos de máxima variação do gradiente. Se em 2-D esta determinação está relativamente simplificada, em 3-D ela pode apresentar dificuldades bem mais complexas. Depois, no talude pode existir mais do que um local com igual (ou semelhante) variação de gradiente. Em segundo lugar, o que importa determinar é a máxima variação do gradiente *na base do talude continental*. Isto não só pressupõe que se possa identificar a

---

(6) A determinação da espessura de sedimentos deve ser entendida no contexto do 'princípio da continuidade' dos sedimentos, conforme exigido pelas *Scientific and Technical Guidelines* da *Commission on the Limits of the Continental Shelf*, Doc. CLCS/11, de 13 de Maio de 1999); cf., em particular, paras.8.2.21, 8.5.3.

Estudos em Direito Internacional Público 327

zona da base do talude, como suscita questões de elevada grau de dificuldade se as variações de gradiente relevantes ocorrerem em locais que não se situem na zona da base do talude. Em terceiro lugar, não pode deixar de considerar-se o impacto da expressão "salvo prova em contrário", cuja interpretação confere uma margem de discricionaridade que pode conduzir a resultados de todo inesperados à primeira vista.

As linhas determinadas de acordo com as 'fórmulas positivas' não podem no entanto ultrapassar determinados limites – os quais podemos denominar de 'fórmulas negativas'. De acordo com o preceituado no art.º 76.º, n.º 5, a extensão da plataforma continental além das 200 milhas não pode ultrapassar a mais exterior de uma de duas linhas: 350 milhas a contar das linhas de base, ou 100 milhas da isobatimétrica de 2500 metros (sendo que esta última não é aplicável aos casos de 'cristas submarinas', conforme estatui o n.º 6 do preceito em análise).

A COMMISSION ON THE LIMITS OF THE CONTINENTAL SHELF (CLCS)

A CLCS, definida pela CNUDM, é formada por 21 elementos, distribuídos equitativamente pelas diversas áreas do globo, e eleitos por períodos de 5 anos pelo plenário dos Estados-Partes da CNUDM. Os membros da CLCS devem ser peritos em Geologia, Geofísica ou Hidrografia e, embora a sua candidatura seja apresentada pelo respectivo Estado, após eleito cada membro da CLCS actua em nome individual.

A principal função da CLCS é executar a análise das propostas de extensão da Plataforma Continental apresentadas por Estados-Partes da CNUDM, elaborar as respectivas Recomendações e dar conhecimento destas ao Estado em questão e ao Secretário-Geral das Nações Unidas. Adicionalmente, a CLCS pode apoiar tecnicamente na elaboração das respectivas propostas de extensão os Estados que assim o desejem.

Para a análise de cada proposta de extensão da Plataforma Continental é formada um subcomissão, composta por sete elementos. Esta subcomissão faz a análise detalhada da proposta, de acordo com o estipulado na publicação *Scientific and Technical Guidelines of the CLCS* editada pelas Nações Unidas, e propõe as recomendações ao plenário da CLCS. Cada subcomissão não poderá ter como membro um nacional do Estado em causa, nem membros da CLCS que lhe tenham prestado apoio na elaboração da proposta.

328 *A Extensão da Plataforma Continental para Além das 200 Milhas*

ESTUDO INICIAL (DESKTOP STUDY)

A CLCS recomenda que cada Estado proceda à elaboração de um estudo inicial (*desktop study*), a fim de efectuar uma análise preliminar da possibilidade de extensão da sua plataforma continental para além das 200 milhas e dos meios necessários (humanos, materiais e financeiros), bem como uma estimativa da relação custo/benefício duma possível extensão. Durante as diversas fases do *desktop study* devem ser seguidas todas as indicações constantes na publicação *Scientific and Technical Guidelines of the CLCS* e em outras também editadas pelas Nações Unidas.

A primeira fase deste estudo deverá ser a identificação de todas as fontes de dados disponíveis (nacionais ou internacionais) com potencial relevância para a análise da possibilidade de extensão da Plataforma Continental. Depois de identificados, coligidos e devidamente georeferenciados, os dados disponíveis devem ser reunidos, de preferência em formato digital, e posteriormente integrados numa bases de dados de tipo relacional e com capacidades de análise espacial. Esta base de dados será então utilizada na análise da situação em face do Art.º 76 da CNUDM.

Do ponto de vista técnico, para proceder à análise da possibilidade de extensão torna-se necessário determinar geodesicamente as seguintes linhas, já anteriormente referidas:
a. linha do pé do talude (*foot of slope* ou FOS) – linha que marca a transição do talude continental para a elevação continental;
b. linha que une os pontos cuja distância ao FOS é igual a 60 milhas (linha de Hedberg);
c. linha que une os ponto onde a espessura dos sedimentos é igual a 1% da distância ao FOS (linha de Gardiner);
d. linha que une os pontos cuja distância à isobatimétrica de 2500 m é igual a 100 milhas;
e. linha que une os pontos cuja distância à linha de base é igual a 350 milhas.

Para a determinação das linhas anteriores é necessário considerar diversos tipos principais de dados: geodésicos, batimétricos, amostras geológicas e dados provenientes de métodos sísmicos. Adicionalmente, poderão ser utilizados dados auxiliares: gravimétricos, geomagnéticos e imagens de sonar lateral. De preferência, todos os dados devem estar em formato digital, por forma a poderem ser analisados posteriormente pela CLCS. No caso de dados que sejam resultado de filtragem, interpolação ou interpretação (isobatimétricas, isopacas, etc.), têm de ser fornecidos à CLCS os dados originais, bem como detalhes dos métodos usados.

Estudos em Direito Internacional Público	329

Antes de tudo o mais, é necessário definir o sistema geodésico a ser utilizado (de preferência o WGS-84), bem como o *Datum* vertical e as linhas de base (linhas de base normal e linhas de base rectas) utilizadas na delimitação de fronteiras e espaços marítimos. São também essenciais as definições do que se vai entender por "linhas rectas" (geodésicas, secções normais ou loxodrómias) e do método de cálculo de distâncias a utilizar na elaboração da proposta.

Quanto aos dados batimétricos, eles deverão ser obtidos através de sondadores acústicos de feixe simples ou, preferencialmente, multifeixe. Excepcionalmente, poderão ser considerados dados batimétricos provenientes de sonar lateral ou de métodos de sísmica de reflexão, bem como dados mais antigos ainda obtidos com métodos de prumagem.

O pé do talude pode ser determinado pela máxima variação do declive do talude continental na sua base (análise de dados batimétricos e, eventualmente, geológicos), o que só por si pode levantar problemas devido à possível existência de interpretações diversas quanto à localização da base e de situações de ocorrência de diversos máximos locais da segunda derivada da profundidade. Poderá ser necessário recorrer à chamada "prova em contrário", o que implica uma análise integrada de dados batimétricos, geológicos e geofísicos (sísmica, gravimetria e geomagnetismo).

Para a determinação da espessura da camada de sedimentos são fundamentais os métodos de sísmica de reflexão multicanal, visto permitirem a análise das velocidades de propagação nas diferentes camadas geológicas, tornando assim possível converter os diversos tempos de propagação em valores de espessura das camadas. Isto permitirá a elaboração de diagramas de distância ao pé do talude *versus* espessura da camada sedimentar, a fim de calcular a linha de Gardiner.

Face às várias áreas do conhecimento envolvidas, o *desktop study* implica a formação de uma equipa multidisciplinar, composta por hidrógrafos, geólogos, geofísicos, juristas (especialistas em Direito Internacional) e especialistas em informática e bases de dados.

O resultado principal do *desktop study* deverá ser um relatório circunstanciado, onde sejam definidas as áreas passíveis de extensão, a eventual necessidade de dados adicionais, uma quantificação dos meios necessários para o prosseguimento do projecto e uma análise de custo/benefício relativamente à possível extensão da Plataforma Continental. Após a consideração dos resultados deste estudo inicial pelo poder político, e caso seja decidido avançar na elaboração de uma proposta de extensão da Plataforma Continental, poder-se-á então passar ao planeamento detalhado do projecto. Este envolverá a eventual execução de levantamentos, para a aquisição e processamento de dados

330   *A Extensão da Plataforma Continental para Além das 200 Milhas*

adicionais, e a análise final conducente à preparação da proposta a apresentar à CLCS.

SITUAÇÃO NACIONAL (ABRIL DE 2003)

A Comissão Interministerial para a Delimitação da Plataforma Continental (CIDPC) foi criada em 1998, através de um despacho conjunto dos Ministros da Defesa Nacional, Negócios Estrangeiros, Economia e Ciência e Tecnologia. Esta comissão é constituída por representantes dos referidos ministérios, sendo seu Presidente o representante do Ministério da Defesa Nacional, ou seja, o Director-Geral do Instituto Hidrográfico.

A CIDPC elaborou um relatório intercalar em 1999, em face do qual foram adquiridos diversos equipamentos, incluindo um sistema sondador multifeixe de grandes fundos, para o NRP D. Carlos I durante os anos de 2000 e 2001, presentemente ainda em fase de instalação. Em 2002 a CIDPC elaborou um plano de acção para a realização de um *desktop study*, tendo sido constituído o Grupo de Trabalho para a Base de Dados da Plataforma Continental (GTBDPC), em 11 de Dezembro de 2002.

O GTBDPC reuniu pela primeira vez em 06JAN2003 a fim de definir tarefas específicas. Após ter definido a estrutura da base de dados este grupo de trabalho seleccionou e efectuou o carregamento de todos os dados relevantes disponíveis, quer a nível nacional, quer internacional. A tarefa seguinte será levada a cabo por um segundo grupo de trabalho, até 30 de Junho de 2003, consistindo na análise dos dados e consequente elaboração de uma proposta de relatório a apresentar pela CIDPC aos decisores políticos.

Refira-se ainda que o prazo limite para a entrega de uma proposta de extensão da Plataforma Continental para além das 200 milhas no caso de Portugal é Maio de 2009, ou seja, dez anos após a data de edição das *Scientific and Technical Guidelines of the CLCS*.

REFLECTING ON THE LEGAL-TECHNICAL INTERFACE OF ARTICLE 76 OF THE LOSC:

Tentative Thoughts on Practical Implementation

Artigo preparado para a
3.ª Conferência Bienal do *Advisory Board on the Law of the Sea*, da
Organização Hidrográfica Internacional
Mónaco, 28-30 de Outubro de 2003

Em co-autoria com capitão-de-fragata Fernando M. Pimentel, *MSc.*, membro
da Comissão de Limites da Plataforma Continental.

Reproduzido com a amável autorização do *Advisory Board on the Law of the
Sea*, da Organização Hidrográfica Internacional

Nuno Antunes is a member of the *Committee on the Legal Issues of the Outer Continental Shelf* (CLIOCS), of the *International Law Association* (ILA).

Fernando Pimentel is a member of the *Commission on the Limits of the Continental Shelf* (CLCS).

Both authors are Commanders in the Portuguese Navy, and are posted at the *Instituto Hidrográfico*.

The views expressed in this article are those of the authors and do not necessarily reflect either the views of the Government of Portugal and the Portuguese Navy, or those of CLIOCS or the CLCS.

Reflecting on the Legal-Technical Interface of Article 76 of the LOSC: Tentative Thoughts on Practical Implementation

1. INTRODUCTION

Amongst the issues that occupied the negotiators of the *United Nations Convention on the Law of the Sea – 1982* (LOSC)[1], the establishment of limits on the maritime jurisdiction of coastal states was one of the most important. Particular attention was devoted at the time to the definition of the outer limits of the continental shelf. The reference made in Article 1 of the 1958 Convention on the Continental Shelf to the 'exploitability criterion' opened the door to claims which, together, could place the whole of the deep seabed under national jurisdiction. As states had set out to establish a common heritage of mankind comprising the deep ocean floor, the resources of which would be exploited to the benefit of all, the 'exploitability criterion' had to be replaced in international law. Indeed, one of the key goals of the negotiation underway for 9-odd years was the limitation of the extension of the maritime zones of coastal states[2]. With respect to the continental shelf, this was achieved through Article 76, a provision whose relevance need therefore hardly be stressed.

One aspect of Article 76 that makes it so unique is the fact that the definition of the outer limit of the continental shelf beyond 200 M resorts heavily to scientific-technical terminology. Its substantive rules incorporate several terms 'imported' from the geo-sciences, giving rise to a number of important questions concerning interpretation. How are these terms to be read? Does the fact that they were 'imported' into a legal instrument change their typical scientific-technical content? If doubts remain as to how they are to be understood, how is

---

(1) The United Nations Convention on the Law of the Sea was signed in Montego Bay (Jamaica), on 10 December 1982, and entered into force on 16 November 1994. By 31 October 2003, 142 states (of which 17 are landlocked states) had ratified or acceded to the LOSC.

(2) For a brief overview of the historical evolution of the legal rules concerning the outer limits of the continental shelf, cf. Ulf-Dieter Klemm, "Continental Shelf, Outer Limits", in Rudolf Bernhardt *et al.* (eds.) *Encyclopedia of Public International Law*, Volume One (1992), p.804, at pp.804-805.

334   *Reflecting on the Legal-Technical Interface of Article 76 of the LOSC*

the issue to be dealt with? In order to assist states in the process of establishing such outer limits beyond 200 M, the LOSC created the *Commission on the Limits of the Continental Shelf* (CLCS)[3]. Although apparently a scientific-technical body, the fact is that the CLCS has to interpret Article 76 if it is to apply it *in concreto*. Does this mean that the CLCS is a body competent to undertake legal interpretations? The fact that the *Scientific and Technical Guidelines* (Guidelines) do embody an interpretation of Article 76 seems to answer this question in the affirmative[4]. What, then, is the legal status of these Guidelines as far as states are concerned?

The questions raised by Article 76 are innumerable and, most certainly they cannot be all addressed in an article of this kind. Whilst presenting an overall perspective on how Article 76 is viewed by the authors, the following notes cover four main issues that are deemed to be relevant for understanding it. The first of these issues concerns the legal nature of Article 76, and how a legal provision is to be interpreted. A second issue to be dealt with is that of the legal-scientific interface created by the utilisation of various scientific-technical terms. Of all the questions posed by Article 76 in respect of its implementation, two seem to have acquired great relevance: the determination of the foot of the continental slope (FOS), and the treatment to be given to ridges and ridge-like features. These are the third and fourth issues addressed in this article. No attempt was made here to examine specific settings. We sought to formulate some lines of thought that could be used as basis for implementing Article 76.

2. ARTICLE 76: ITS 'LEGAL NATURE' AND ITS INTERPRETATION

2.1. Interpretation of Treaty Provisions

The title of this section might raise some eyebrows. It is uncommon to refer to the 'legal nature' of a conventional provision; as if such a provision could have any nature other than legal. This reference, however, is justified by the fact that the legal nature of Article 76 appears to have been obscured (to

---

(3) The Commission on the Limits of the Continental Shelf, set up under Annex II of the LOSC, consists of 21 experts in the fields of geology, geophysics and hydrography. The second election of the members of the CLCS (who are to serve in their individual capacity) took place on 23 April 2002, during the Twelfth Meeting of the States Parties. The two-fold function of the CLCS is established in Article 3 of Annex II of the LOSC: (a) to consider the data and other material submitted by coastal states; (b) to provide scientific and technical advice to coastal states that require it.

(4) Cf. Document CLCS/11, 13 May 1999. In para.1.3., it is stated that, with the Guidelines, the Commission aimed to clarify its interpretation of scientific, technical and legal terms contained in the LOSC.

Estudos em Direito Internacional Público

335

some extent at least) by two issues. First, this provision incorporates technical-scientific elements (of a geological, geophysical, and geomorphological nature) that are essential to its application *in concreto*. Secondly, the CLCS – a body that has a central role to play in the process of delineation of the outer limits of the continental shelf beyond 200 M – is exclusively constituted by technical-scientific experts (geologists, geophysicists and hydrographers). One of our goals, therefore, is to emphasise that, as a legal provision, Article 76 must be interpreted in accordance with juridical hermeneutics, i.e. the canons of treaty interpretation.

Underlying the aforementioned point is a key question the answer to which is far from having been given conclusively: To what extent does the legal nature of Article 76 bear on the scientific-technical implementation of this provision? Or to put it in another way, to what degree – if any – is the interpretation of the scientific-technical terms incorporated in this provision 'shaped' by the fact that we are dealing with a legal provision? And if these terms are so 'shaped', given that the CLCS is a body of scientific-technical experts, how should this 'shaping' be achieved – especially in view of the fact that the wording of Article 76 represents a compromise between the many proposals advanced during the *Third United Nations Conference on the Law of the Sea* ("Third Conference")? Equally, inasmuch as it seems doubtless that the CLCS enjoys a margin of discretion in some scientific-technical assessments, how are such discretionary powers to be understood on the legal plane?

A detailed account of the theory of treaty interpretation is beyond the scope of this piece[5]. Notwithstanding this, some brief, contextualising notes are necessary.

Treaty interpretation has been theorised under three schools of thought. Objectivists place emphasis on the text. Subjectivists highlight the intention of the parties. And the teleological view relies on the object and purpose of a treaty. Elements of all three theories are present in the rules of interpretation contained in the *Vienna Convention on the Law of Treaties* (VCLT). According to Article 31(1), "treaties shall be interpreted in good faith in accordance with the ordinary meaning to be given to the terms of the treaty in their context and in the

---

(5) On treaty interpretation, cf. e.g. Anthony Aust, *Modern Treaty Law and Practice* (2000), pp.184-206; Nguyen Quoc Dinh, Patrick Daillier, and Alain Pellet, *Droit International Public* (1999), pp.250-263. It must be noted that the application of a legal provision must be preceded by the interpretation thereof, i.e. by the 'discovery' of the norm(s) embodied in the wording. In effect, the process of application of the law may be described as a decision-making process that consists of going back and forth between 'facts' and norms. Cf. Friedrich V. Kratochwil, *Rules, Norms, and Decisions: On the Conditions of Practical and Legal Reasoning in International Relations and Domestic Affairs* (1989), p.240.

light of its object and purpose". The textual element is not only the starting point for the interpretation, but also the best evidence of the intention of the parties. Interpreters are nevertheless entitled to seek the precise meaning of the wording by reference to not only the context, but also the object and purpose of the treaty. As for the intention of the parties as a means to 'overrule' the text (usually by recourse to *travaux préparatoires*), it is relevant only when the interpretation in accordance with Article 31 either "leaves the meaning ambiguous or obscure", or leads to a "manifestly absurd or unreasonable" result[6]. All in all, it appears that the objectivist approach has somewhat prevailed, the text being the fulcrum of treaty interpretation[7].

As in other instances in international law, the guidance provided by case law in respect of treaty interpretation cannot be neglected. For example, it is important to bear in mind what the International Court of Justice (ICJ) affirmed in the 1971 *Namibia* Advisory Opinion: "[A]n international instrument has to be interpreted and applied within *the framework of the entire legal system prevailing at the time of the interpretation*"[8]. This perspective was endorsed in the *Aegean Sea* Case some years later[9]. A restrictive approach to treaty interpretation might lead to question this *dictum*. This view, however, would refer only to bilateral treaties. In the case of quasi-universal, quasi-legislative instruments, this *dictum* must be endorsed, as it reflects the context in which their provisions evolve. In other words, the provisions of the LOSC must be interpreted in light of the whole of the *corpus juris*.

The interpretation of Article 76, whilst abiding by these rules, must also make allowances for other considerations. First, any interpretation thereof must deal with the scientific-technical concepts that it incorporates. All scientific developments that have occurred since the time of its drafting thus have to be weighed in its interpretation and application. Inescapably, the legal interpretation of the Article 76 involves a margin of discretion, the scope of which stems from legal factors (which are present in any legal interpretation) and from scientific-technical factors relating to the use of the concepts abovementioned. Secondly,

---

(6) VCLT, Art.32.

(7) The rules of interpretation contained in the VCLT may be taken as expression of customary international law; cf. ICJ, Case Concerning the Territorial Dispute (Libya v Chad), judgment of 3 February 1994, ICJ Rep. (1994) 4, at p.19.

(8) ICJ, *Legal Consequences for States of the Continued Presence of South Africa in Namibia (South West Africa) Notwith-standing Security Council Resolution 276 (1970)*, Advisory Opinion of 26 January 1971, ICJ Rep. (1971) 4, at p.31, emphasis added.

(9) ICJ, *Aegean Sea Continental Shelf Case* – Jurisdiction (Greece v Turkey), judgment of 19 December 1978, ICJ Rep. (1978) 4, at p.34.

Estudos em Direito Internacional Público 337

the LOSC is a quasi-universal treaty negotiated through a peculiar package-deal, 'consensual' process, in which the substantive discussion occurred often off the record. The reality is that, in many instances, the 'intention of the parties' (i.e. 'intention common to all parties') is difficult to ascertain (or even non-existent), as the compromise reached resorted to a wording sufficiently vague to accommodate virtually contradictory standpoints. Here, the interpretation must resort to other elements in order to determine the *ratio legis* of the norm. As there is little doubt that some provisions of Article 76 were deliberately left vague, this point has the utmost relevance for their interpretation.

With respect to treaty interpretation, no hard and fast rules exist. No rule of interpretation can, on its own, be applied satisfactorily to all cases. More often than not, the interpretation of treaty provisions is about weighing-up against each other the result of the application of various interpretative tools. The 'letter' of the law and its context, the 'spirit' of the law, the history behind the wording, the intentions of the drafters, as well as other factors (mostly of a methodological nature), all bear on the interpretation, which thus becomes a process of harmonisation of the various elements.

2.2. Interpretation of Article 76: Preliminary Aspects

Legal interpretation is essential to answer an important question concerning Article 76. Is there any prevalence between the different provisions? Can it be affirmed that some paragraphs prevail over other paragraphs, thus circumscribing its possible effect? This question is relevant insofar as it has been suggested that paragraphs 1 and 3 have prevalence over paragraphs 4 to 6; and that the interpretation of the latter is subject to the dictates of the former. Smith and Taft, for instance, argue that paragraphs 1 and 3 provide "the essence of the definition of the continental shelf", and that all considerations concerning the application of paragraph 6 "must be within the legal framework of Article 76, paragraphs 1 and 3"[10].

Inasmuch as the starting point of interpretation must be the text of the treaty, one ought to start by enquiring whether there are any textual elements that support such an understanding. The answer must be given in the negative. Nothing in Article 76 appears to point to the conclusion that paragraphs 1 and 3 have 'prevalence' over other paragraphs (notably paragraphs 4 to 6). On the contrary, there are reasons to suggest that all paragraphs are to be interpreted in

---

(10) Robert W. Smith and George Taft, "Legal Aspects of the Continental Shelf", in Peter J. Cook and Chris M. Carleton (eds.) *Continental Shelf Limits: The Scientific and Legal Interface* (2000), p.17, at pp.18, 20.

light of each other, as required by the principle of integration[11]. For example, paragraph 1 refers to the "outer edge of the continental margin" – a notion which is left undefined – as the limit for the natural prolongation of coastal states. How the outer edge of the continental margin is to be established is prescribed in paragraph 4(a). Implicitly, paragraph 1 makes a *renvoi* to paragraph 4. For all practical purposes, this means that the latter is 'incorporated' in the former. Significantly, when formulating the problem in Article 76, the CLCS Guidelines refer to paragraph 1, then to paragraph 4, and only after that to paragraph 3[12]. Equally significant is the fact that the CLCS, when describing the 'test of appurtenance' in the Guidelines, resorts to paragraph 4[13]. As the 'test of appurtenance' is applied before other considerations, there seems good reason to suggest that paragraph 4 cannot be, in absolute terms, subject to paragraph 3. The intertwined character of the paragraphs of Article 76 is further evidenced by the explicit *renvoi* made in paragraph 2 (which reinforces that of paragraph 1): the limits beyond which the continental shelf defined in paragraph 1 shall not extend are those fixed under paragraphs 4 to 6. These aspects amount to *prima facie* evidence that no 'prevalence' between paragraphs is stipulated – a standpoint in support of which further evidence will be offered below[14].

Another matter concerns the fact that, in Article 76, there are terms that are characterised by a 'legal-scientific dualism'. Some scientific-technical terms incorporated in this provision have acquired a meaning that departs from their geo-scientific, ordinary meaning. This is clearly acknowledged by the CLCS, which recognises that the LOSC "makes use of scientific terms in a legal context which at times departs significantly from accepted scientific definitions and terminology"[15]. Take the term 'continental shelf'. In paragraph 1, it signifies 'juridical continental shelf': i.e. a maritime zone beyond the territorial sea attributed to coastal states under international law. As for the term 'shelf' in paragraph 3, although it has a meaning similar to the one it would have in a geo-scientific context (for it refers to an area extending from the limit of the land territory to the isobath of 200 metres approximately), it includes not only 'continental shelves, but also 'insular shelves'. And the very same can be said of the term 'slope' in the same paragraph. Hedberg's view in this respect (which is illustrated in Figure 1) is conclusive: "the insular shelf and insular slope

---

(11) In broad general terms, it may be said that the principle of integration requires treaties to be interpreted as a whole.

(12) Doc. supra n.4, paras.2.1.1., 2.1.2., 2.1.3..

(13) *Ibid.*, para.2.2.6..

(14) Cf. infra, para.3.3..

(15) Doc. supra n.4, para.1.3..

Estudos em Direito Internacional Público   339

surrounding an island area are part of the island, *not of the ocean basin*", i.e., the ocean domain is constituted only of the *"parts of the ocean floor beyond continental or insular slopes*"[16].

The term 'continental margin' is equally not as straightforward as it might look at first glance. In paragraph 3, 'continental margin' is defined as consisting of the seabed and subsoil of the shelf, slope and rise, thus, appearing to be a geo-scientific concept. This term is understood differently in paragraph 4.a). The 'outer edge of the continental margin' as defined therein will coincide with the edge of the continental margin as defined in the previous paragraph only by chance. Geo-scientifically, the edge of the rise cannot be taken as the line that results from the maximisation of the 'Gardiner-Hedberg rule'. In addition, the application of Article 76 will result in two types of situations: first, the 'legal continental margin' might not reach the edge of the continental rise (i.e. part of what is geo-scientifically speaking continental margin falls beyond state jurisdiction); second, the 'legal continental margin' might extend beyond the edge of the continental rise (i.e. part of what is geo-scientifically speaking deep ocean floor becomes legal continental shelf). To reconcile these dual-meanings within the same legal provision, therefore, we must distinguish clearly between geo-scientific concepts and legal concepts.

Further illustration of the terminological hesitations, and the 'legal-scientific dualism' of some terms, appears in terms such as 'natural prolongation', 'FOS', 'oceanic ridge', 'deep ocean floor'. What is their precise scope and meaning? Arguably, they have a dual juridical-scientific meaning. The term 'natural prolongation' can be interpreted in a number of different ways. Even within the realm of law alone, its meaning is by no means straightforward. 'Deep ocean floor' in paragraph 3 cannot be seen as a geo-scientific term. For that would erode the operation of the formulae contained in paragraph 4. Similarly, in the case of the 'FOS', the application of sub-paragraph 4.(b) can lead to results different from those which would result if one were working in a geo-scientific context. In respect of the term 'oceanic ridge', its meaning within Article 76 differs arguably from that given to it in geo-scientific literature.

Knowing the answer to these questions in the abstract is, however, perhaps not the key issue. Much more relevant is establishing the meaning that is to be attributed to each of these terms in the interpretation and application of Article 76 to a concrete case.

By framing the problem in this fashion, the principles of legal interpretation are brought into the picture especially when the assessments to be

---

(16) Hollis D. Hedberg, *National-International Jurisdictional Boundary on the Ocean Floor*, Occasional Paper of the Law of the Sea Institute, No. 16 (1972), p.5, emphasis added.

made are intertwined with legal aspects. Account must be taken, most particularly, of the 'principle of effectiveness' ('practical effect'): *ut magis valeat quam pereat*. It is presumed that, if it does not involve doing violence to its terms, all treaty provisions are to be construed in a manner enabling them to have appropriate effects[17]. Broadly speaking, they should be interpreted so that they produce appropriate, practical effects. Interpretations that lead to the conclusion that one provision bears no practical meaning, or has no practical effect, are to be rejected in favour of equally valid interpretations which attribute to the provision in question a practical meaning or effect.

So far as Article 76 and the 'legal-scientific' terminological dualism that it embodies are concerned, we would advance two central propositions. First, terms derived from geo-sciences are to be viewed with caution, as they may have two distinct meanings: a geo-scientific meaning and a juridical meaning. The debate regarding the contents of Article 76 should take place in this light. Second, all these terms are to be given an interpretation that, whilst subsumable in the wording of Article 76, confers on all provisions thereof a practical and coherent effect[18].

3. THE INTERFACE BETWEEN LAW AND SCIENCE

3.1. Fundamental Canons

The implementation of Article 76 is an interdisciplinary exercise, which is neither strictly legal, nor strictly scientific-technical: it evolves within a legal-scientific interface. In probably most cases, the two types of questions – legal and scientific-technical – can be treated separately. But there are issues in which legal and scientific-technical aspects are so intertwined that a strict compartmentalisation between them becomes virtually impossible. Legal and scientific assessments have to be made in light of each other. Views restricted to either a legal perspective, or to a scientific-technical perspective, cannot fully

---

(17) ICJ, *Corfu Channel Case* – Merits (United Kingdom v Albania), judgment of 9 April 1949, ICJ Rep. (1949) 4, at p.24.

(18) The idea that the CLCS should only address scientific-technical matters is appealing only at first glance. For the sake of argument, let it be assumed that this was the case. Then, if a state would present a submission based on a certain (let it be assumed, unreasonable) legal argument, and put forward scientific data to be interpreted and applied in the light thereof, the CLCS would not be in a position to challenge and reject that legal argument – for that would be beyond the scope of its competence. This would leave the CLCS in the rather difficult position of having to choose between addressing the relevance of certain data in the light a legal argument with which it disagreed, or making no pronouncement on the issue (which appears far from reasonable).

Estudos em Direito Internacional Público 341

reflect the *ratio juris* of Article 76. These can be seen as 'hybrid' legal-scientific questions.

Hence, we would argue that, in Article 76, there are three types of issues to be addressed: legal, scientific-technical, and 'hybrid' legal-scientific[19]. The following examples illustrate each of these types of questions. To ascertain the meaning of the expression "final and binding" is a legal problem. To establish the width and location of the continent-ocean transition zone (COT) is a scientific problem. To determine whether a certain morphological feature is an oceanic ridge, a submarine ridge, or a submarine elevation is a 'hybrid' legal-scientific problem.

Legal and scientific considerations are arguably not to be seen on equal footing, however. Scientific-technical concepts and interpretations may not overrun the legal bounds imposed by Article 76. This fundamental canon places treaty interpretation at the heart of the implementation of this provision. The issue concerns the application of a legal provision to a concrete case. And the scientific-technical aspects must defer to the bounds established by law.

Practically speaking, what exactly does this mean? It is undisputed that the application of the scientific-technical concepts of Article 76 to a particular case entails a margin of scientific-technical discretion, but this discretion is limited by the legal interpretation of Article 76. Let it be assumed that a possible scientific-technical interpretation of one concept contradicts a legal prescription (regardless of whether this prescription is embodied in Article 76 or in the *corpus juris* as a whole). That scientific-technical interpretation would in principle have to be ruled out.

---

(19) Inasmuch as the CLCS is a body composed of scientific and technical experts, it may appear odd to refer to legal questions. In reality, however, the implementation of Article 76 cannot take place outside a certain legal interpretation of this article. Cf. infra, text with n.25. As to the 'legal powers' of the CLCS, we would argue – on the basis of the 'theory of implied powers' – that the sphere of competence of any organisation (as the CLCS) contains all those powers which are absolutely necessary for it to discharge fully its duties, including powers which are not explicitly mentioned but without which it would become inoperative (*implied powers*). To a certain extent, this theory is a tool for interpreting the norms that establish the competence of an organisation. On the 'theory of implied powers', cf. e.g. Malcolm N. Shaw, *International Law* (1997), pp.915-918; Nguyen *et al.*, supra n.5, at pp.596-598. Another point seems to reinforce the idea that there is no difficulty in accepting the view that the CLCS has some legal implied powers of interpretation. Theoretically speaking, even the International Tribunal for the Law of the Sea (ITLOS) – a body whose function involves typically the interpretation of provisions of the LOSC – could be composed of 21 judges having no formal background in law. Cf. LOSC, Annex VI, Article 2. This provision is worded rather differently from Article 2 of the Statute of the International Court of Justice (ICJ). A lengthier debate, which for reasons of brevity cannot be had in this article, concerns whether legal interpretations of the CLCS are binding upon states. We would tend to answer this question in the negative. On this issue, cf. infra, text with n.26.

Consider the following example. The tidal datum utilised for determining the low-water (LW) line can, technically speaking, be defined in different ways. There is room for scientific-technical discretion. On the basis of the recommendations of the International Hydrographic Organisation (IHO), the CLCS established, in the provisional Guidelines, that all interpretations of the LW line would be "regarded as equally valid in a submission", provided that none would "fall below the level of the lowest astronomical tide (LAT)"[20]. Whilst recognising that states could use different data, the CLCS nevertheless decided to limit the choice of LW datum to data above the LAT. This point was addressed in a workshop on the outer limits of the continental shelf, organised in March 1999 by the International Boundaries Research Unit (IBRU). In an exchange of views with the then Chairman of the CLCS, one of the authors argued that the CLCS was not in a position to set, through the Guidelines, a restriction on the freedom of choice of states as regards tidal data. Such a restriction, it was argued, did not find support either in the LOSC, or in general international law, which conferred on states a virtually absolute freedom of choice of tidal datum (a decision related only to considerations of safety of navigation and chart datum)[21]. The final version of the Guidelines does not refer to the LAT, and acknowledges that "there is a uniform and extended state practice which justifies multiple interpretations of the low water line" and accepting all data as equally valid in a submission[22].

This example illustrates three points, which form the basic canons of the implementation of Article 76. First, it provides support for the proposition that the exercise of scientific-technical discretion cannot overstep the bounds set down by the LOSC and/or by general international law. Secondly, as a corollary, it shows that the scientific-technical discretion with which the CLCS is endowed is legally circumscribed. The CLCS may neither lay down guidelines which are not in conformity with the LOSC and general international law, nor resort to standards that restrict the freedom of states in a way that is unwarranted by the LOSC and general international law. Thirdly, this exemplifies the relevance of the *corpus juris* as a whole, as the framework for interpreting and applying a treaty. Not specifically a part of Article 76, the question of the tidal datum and its legal context does nevertheless influence the content of this provision.

---

(20) Document CLCS/L.6, 4 September 1998, p.24.

(21) On this issue, cf. N. S. M. Antunes, *The Importance of the Tidal Datum on the Definition of Maritime Limits and Boundaries*, IBRU Maritime Briefing, Vol. 2(7) (2000); cf. supra, at pp.89-91 (also pp.77-78).

(22) Doc. supra n.4, para.3.3.5..

Estudos em Direito Internacional Público

These canons are essential for understanding the scientific-technical elements within their legal framework. Whilst the impact of these canons varies according to each specific issue, they form the wider bedrock upon which the implementation of Article 76 rests. The following notes reflect these canons, and set out an integrated approach to several issues.

3.2. The CLCS and Its Composition

Because of how Article 76 is viewed here (as a legal provision), and because of how we understand its implementation (by reference to certain fundamental canons), reference must be made to the institutional body created for assisting states in the implementation of Article 76 (the CLCS), in particular to its composition. In broad terms, the CLCS may be described as a body of experts in the field of geology, geophysics or hydrography. Its key functions with respect to the process of delineation of the outer continental shelf limit beyond 200 M are "to consider the data and other material submitted by the coastal states", and "to provide scientific and technical advice" during the preparation of the submission, at the request of these states[23]. Inherent in these functions, as rightly pointed out by Nelson[24], is nevertheless a much more relevant function: that of interpretation and application of the LOSC, namely Article 76 (of which the Guidelines are in essence an interpretation).

Insofar as the Guidelines form an interpretation of Article 76, their conformity with this provision (as well as with the LOSC and general international law) is a *conditio* of their validity. For this reason, we expressed above the view that the scientific-technical assessments cannot at any point overstep the bounds of the *corpus juris*. In truth, this is implicitly acknowledged by the CLCS, when stating that the Guidelines are aimed at clarifying "its interpretation of scientific, technical and legal terms contained in the Convention"[25]. Most importantly, these Guidelines are not, and cannot be taken as, an authoritative interpretation of Article 76. For the CLCS does not hold in its sphere of competence the necessary powers. As observed by Permanent Court of International Justice, "the right of giving an authoritative interpretation of a legal rule belongs solely to the person or body who has the power to modify or suppress it"[26]. In other words, in the absence of a norm explicitly allowing a

---

(23) LOSC, Annex II, Articles 2(1), and 3(1). On the implied powers of the CLCS, cf. supra n.19.

(24) L. D. M. Nelson, "The Continental Shelf: Interplay of Law and Science", in Nisuke Ando *et al.* (eds.) *Liber Amicorum Judge Shigeru Oda*, Vol. 2 (2002), p.1235, at p.1241.

(25) Doc. supra n.4, para.1.3..

(26) PCIJ, *Question of Jaworzina*, Advisory Opinion of 6 December 1923, *PCIJ Collection of Advisory Opinions*, Series B, No.8 (1923), p.6, at p.37. On the issue of 'authoritative

body to make authoritative interpretations of a legal rule, such interpretations can only be given by those bodies which have the power of *jus dare. Ejus est interpretari cujus est condere.*

Since there is no provision in the LOSC attributing such a competence to the CLCS, and since there is a well established presumption of international law that binding interpretations can only be made by those who have the power of *jus dare*, we must conclude that the CLCS cannot impose its interpretation of Article 76 on submitting states. This reinforces the idea that it is ultimately the state's prerogative to establish its outer continental shelf limits. These limits stem from a unilateral act of the state, the work of the CLCS amounting to somewhat of a 'technical homologation'[27], i.e. to a scientific-technical legitimisation of the work undertaken.

Indeed, the CLCS seems to have been set up as a mechanism which is half way between, on the one hand, a body with powers that virtually would supersede the state in the delineation of its outer continental shelf limits and, on the other hand, the procedure of simply giving publicity to such limits (as happens with the 200 M limit)[28]. Briefly put, 'technical homologation' amounts to a technical approval of the work carried out by a state with a view to implementing Article 76 and to establishing the outer limits of the continental shelf beyond 200 miles.

The power conferred on CLCS is that of issuing recommendations in accordance with Article 76[29]. From a strict legal perspective, such

---

interpretation' (*interpretation authetique*), which can only be given by the parties to a treaty, and the powers of international organisations as regards the interpretation of legal rules, cf. Nguyen *et al.*, supra n.5, at pp.251-257. 'Authoritative interpretations' must not be confused with the binding interpretations made by courts in specific cases. In this respect, it is interesting to draw a parallel with the position of ITLOS as regards the LOSC. According to its Statute, whenever the interpretation or application of the LOSC is in question, the Registrar shall notify all states parties. However, only when a party uses its right to intervene in the proceedings will the interpretation given by the judgment be binding upon it. Cf. LOSC, Annex VI, Article 32.

(27) Nuno Antunes, *Towards the Conceptualisation of Maritime Delimitation: Legal and Technical Aspects of a Political Process* (2003), p.328.

(28) J. F. Pulvenis, "The Continental Shelf Definition and Rules Applicable to Resources", in René-Jean Dupuy and Daniel Vignes (eds.) *A Handbook on the New Law of the Sea*, Vol. 1 (1991), p.315, at 359.

(29) LOSC, Article 76(8), and Annex II, Article 3(1)(a). It should be noted that several states spelt out their reservations as regards the fact that the delineation of the outer limits of the continental shelf beyond 200 M was to be made "on the basis of" recommendations to be made by the CLCS, and the impact of such procedure on the substantive sovereign rights of coastal states under Article 76. For example, Canada noted that the CLCS was primarily an instrument that would provide the international community with reassurances that coastal states established their continental shelf limits in accordance with the provisions of Article 76, and that it had been

Estudos em Direito Internacional Público 345

recommendations are binding neither upon the submitting state, nor upon third parties[30]. The question thus arises as to what happens if the CLCS and the submitting state have different interpretations of Article 76 (and the delineation process is stalled as a consequence). The answer to this question does not fall within the scope of this article. Too many alternatives on matters of fact would have to be considered to analyse this question comprehensively. Notwithstanding this, it may be said that such an answer is far from being straightforward. Even if the submitting state delineates its continental shelf limits beyond 200 M on the basis of the recommendations of the CLCS, third states may disagree with such limit (e.g. by holding a different interpretation of Article 76). Should this happen, a third state is perfectly entitled to protest the limit, or to reserve its position (if it deems the data provided to be insufficient for it to take a position on the limit).

It was mentioned above that, besides scientific-technical powers, the CLCS has other implied powers of a *legal* and of a *legal-scientific* nature. In this light, the composition of the CLCS (exclusively scientific-technical experts) raises various questions. The work of the CLCS evolves within a political-legal realm: that of maritime boundary-making. This is why, in spite of not endorsing all conclusions reached by McDorman, we understand a specific point that he makes: the CLCS "is a unique body constrained to speak a technical and scientific language yet involved in a process where the language that matters is that of politics"[31] (and law, we must add). Politics, and primarily law (because the CLCS must base its judgment on the LOSC), do mould the work of the CLCS, probably more than would be desirable for a body with no specific required expertise in these fields[32].

At any rate, what truly matters is to realise that the fundamental role of the CLCS is the interpretation of Article 76 (even if that is ensconced in a scientific-

---

assured that the formulation adopted could not be interpreted as giving the CLCS the function and power to determine the outer limits of the continental shelf of a coastal state; cf. Doc. A/CONF.62/WS/4, 13 Off. Rec. 101, at p.102, para.15. Similar reservations were raised by the representatives of, for example, the United Kingdom (13 Off. Rec. 25, para.15) and Australia (13 Off. Rec. 33, para.13).

(30) What will be "final and binding" are the limits established "on the basis of" the recommendations of the CLCS; cf. LOSC, Article 76(8), *in fine*. The meaning of "final and binding" may raise some controversy. As far as third states are concerned, we would argue that this limit will be no more binding than a 12-mile territorial sea limit or a 200-mile EEZ limit.

(31) Ted L. McDorman, "The Role of the Commission on the Limits of the Continental Shelf: A Technical Body in a Political World", 17(3) IJMCL (2002) 301, at p.307.

(32) This does not mean, however, that members of the CLCS do not have legal and/or political backgrounds. At least one of the present 21 members of the CLCS has a legal background, besides the required scientific background.

technical discourse, which results from the terminology used therein), with a view to implementing it. Notwithstanding this, there are legal beacons that bound the exercise of scientific-technical discretion by the CLCS. Given this, it is surprising that neither was the necessary legal expertise reflected upon the CLCS composition, nor was any specific mechanism to overcome this limitation set up in the LOSC. To put it in Brown's words, "[g]iven the fact that [the] principal task [of the CLCS] is to make recommendations on the basis of a complex legal instrument, [the fact that it does not include a lawyer or a specific mechanism to obtain legal advice] seems rather unfortunate". It is indeed "cause for concern"[33]. As will be shown below, the full legal impact of certain statements made by the CLCS may not have been fully grasped[34].

3.3. Definition of the Legal Continental Shelf

Discussion above in respect of the definition of the legal continental shelf has led us to question whether paragraphs 1 and 3 have any prevalence in Article 76. In evaluating evidence, we concluded provisionally that no such prevalence existed[35]. At this juncture, further evidence (related to the 'legal-scientific' interface) can be advanced in support of this argument.

Those authors who argue for the prevalence of paragraphs 1 and 3, within Article 76, in terms of the definition of continental shelf, take the view that paragraph 6 "does not purport to qualify the paragraphs 1 and 3", and that "[t]here is no indication in the *travaux préparatoires* that [paragraph 6] has any known and accepted applicability"[36].

This approach is, to say the least, highly debatable. The first argument against it concerns the practical concatenation of paragraphs 1, 3 and 4. Legally speaking, the continental shelf limit beyond 200 M is the outer edge of the

---

(33) E. D. Brown, *Sea-Bed Energy and Minerals: The International Legal Regime – The Continental Shelf* (1992), p.31. This approach is endorsed by Nelson, supra n.24, at pp.1238, 1242. The comments made by the United States of America (USA) on the Provisional Guidelines raise this issue when observing that whereas the scientific qualifications of the Commission are known, the basis for its legal interpretations requires further consideration; cf. CLCS/CRP.15, 28 April 1999, para.12.

(34) It cannot be overemphasised that the issues relating to the composition of the CLCS and to its functioning, especially the impact of not including legal experts amongst the members of the CLCS, cannot be imputed to the CLCS itself, or to its members. All that the CLCS can do is to function within the legal framework devised by states during the Third Conference. This, however, cannot be an obstacle to academics, who may always examine relevant issues as they stand, and seek to identify points of difficulty or debate.

(35) Cf. supra, para.2.2..

(36) Smith and Taft, supra n.10, at p.20.

Estudos em Direito Internacional Público 347

continental margin, which is established by recourse to the Gardiner and the Hedberg formulae (which form the basis of the prior 'test of appurtenance'). As aforesaid, the limit derived from these two formulae would follow the edge of the continental rise only by coincidence[37]. The 'Gardiner-Hedberg line' usually lies either beyond or inside the edge of the rise. Second, a restrictive interpretation of paragraph 3 would mean that the legal continental shelf is constituted exclusively by what is morphologically speaking shelf, slope and rise. Should this be the case, paragraph 4.(a) would become inoperative in the overwhelming majority of cases; for in virtually every situation it either attributes to states areas beyond the continental rise, or places within the Area parts of the morphological rise. Third, since 'oceanic islands' would be prevented from applying Article 76 in terms parallel to those applicable to 'continental territories', they would be discriminated *de facto*[38]. No 'oceanic island' has, strictly speaking, a continental shelf, slope and rise. Fourth, it must be remembered that the Gardiner and Hedberg formulae were adopted as basis for establishing the 'boundary' between areas under national jurisdiction and those beyond it *precisely because of the practical difficulties inherent in the geo-scientific determination of the limit of the natural prolongation of a state*[39].

The rules of treaty interpretation provide further arguments against the unqualified nature of paragraph 3. Taking into account the principle *ut magis valeat quam pereat*, it should be presumed that paragraph 6 has some practical application. The *onus probandi* impends on those who argue against this view. In principle, all provisions of a legal instrument are deemed to have the same 'hierarchical value'. It seems doubtless that merely stating that paragraph 3 cannot be qualified by paragraph 6, without further evidence, falls well short of meeting the said burden of proof. For nothing in the LOSC points to the prevalence of paragraph 3 over the other provisions in Article 76. As argued below, paragraph 6 appears indeed to have a practical, effective scope – therefore providing further evidence against the suggestion that paragraph 3 cannot be qualified.

---

(37) Cf. supra, text after n.16.

(38) The term 'oceanic islands' refers to islands whose landmass is composed by oceanic materials; and the term 'continental territories' refers to landmasses composed of continental materials.

(39) The legal-scientific dualism of the term 'natural prolongation' has been emphasised above. Its legal definition through the provisions of Article 76 forms simultaneously the basis and the bounds for the legal implementation of the concept. Geo-scientific interpretations of the concept, therefore, cannot depart from it. On possible ways in which 'natural prolongation' may be understood, cf. Philip A. Symonds *et al.*, "Characteristics of Continental Margins", in Cook and Carleton (eds.), supra n.10, p.25, at p.55.

348   *Reflecting on the Legal-Technical Interface of Article 76 of the LOSC*

To summarise, as the wording of Article 76 is characterised by a degree of ambiguity and obscurity that stems from its compromisory nature, the determination of its legal content requires a holistic interpretation. Consideration must be given not only to the text, and to the object and purpose of the LOSC, but also to all aspects of the preparatory work and the conclusion of the LOSC, the interrelationships between the different paragraphs, the methodological rules of treaty interpretation, logics and hermeneutics. This leads us to argue that paragraph 3 must be read *cum grano salis*. Its content merely refers to what is the typical case. By no means should it be seen as an absolute prescription. Weight is lent to this proposition by the *travaux préparatoires*, in which China, for example, proposed that the word "generally" would be inserted in order to clarify that some situations around the world did not conform strictly to the description in paragraph 3[40]. A draft proposal by Australia equally evidences that the definition of continental margin in paragraph 3 could not mean, either legally, or morphologically, that the continental shelf was restricted to "shelf, slope and rise" in the strictest of senses; it added that the margin included all submarine elevations which are parts thereof[41]. The idea that paragraph 3 cannot be read too strictly appears to be endorsed also by the position taken by Denmark, whose representative stated that "the three geomorphological features mentioned in paragraph 3 as the elements of the continental margin, namely, the shelf, the slope and the rise, were to be considered as surface features of an underlying fundamental unity of the geological structure throughout the whole submarine area, which a coastal state could claim as its continental shelf, based on the concept of natural prolongation"[42].

All things considered, it may be said that, as recognised in the study carried out under the auspices of the United Nations, the typical margin morphology to which paragraph 3 refers "is rarely found in practice owing to the variety of geomorphological forms of the continental margin resulting from the different tectonic settings"[43]. This approach is taken also in the CLCS Guidelines, which state that the "[s]imple subdivision of margins into shelf, slope and rise may not always exist owing to the variety of geological and

---

(40) Doc. NG6/18, 20 August 1979, in Renate Platzöder (ed.) *Third United Nations Conference on the Law of the Sea: Documents*, Vol. IX (1983), p.384.

(41) *Ibid.*, Vol. IV, p.524. This reference to "submarine elevations" was eventually included in paragraph 6 of Article 76.

(42) Cf. 138th meeting, 14 Off. Rec. 61, para.149.

(43) United Nations, *The Law of the Sea: Definition of the Continental Shelf* (1993), p.11.

Estudos em Direito Internacional Público   349

geomorphological continental margin types resulting from different tectonic and geological settings"[44].

3.4. *'Crustal Neutrality' and the Continental Shelf Entitlement of Islands*

An important aspect of the legal definition of continental shelf is 'crustal neutrality'. The characterisation of the crust as continental or oceanic is, legally speaking, irrelevant for defining the natural prolongation of a state (i.e. the submerged prolongation of its landmass). During the Third Conference, some proposals made reference to the nature of the crust as the criterion for establishing the division between areas within and beyond national jurisdiction. Japan proposed, for example, the use of "the boundary between continental and oceanic crustal structures" for fixing the outer edge of the continental margin[45]. This crust-oriented approach to the definition of continental shelf did not find its way into the LOSC, which does not allude to it. The explanation resides in the fact that the boundary between the oceanic crust and the continental crust may not be clearly defined, thus creating delineating problems in those cases.

Nevertheless, it has to be recognised that areas of oceanic crust correspond tendentially to the concept of 'deep ocean floor'. With this said, two explanations should be given. The first explanation relates to the adverb 'tendentially'. It seeks to reflect the idea that, legally speaking, the deep ocean floor (i.e. the areas beyond national jurisdiction as defined by Article 76) may in specific areas include parts of continental crust. In other words, whilst constituted mostly by areas of oceanic crust, the legal concept of deep ocean floor may also include seabed and subsoil areas that are composed of continental crust.

The second explanation concerns a question that may be immediately prompted: Could it be said, conversely, that the continental shelf of a state is tendentially composed of continental crust? The answer would have to be given in the negative. If it were answered in the affirmative, it would entail that, in principle, only those states whose territory have a landmass composed of continental crust would benefit from the extension of the legal continental shelf under Article 76. In the absence of clear evidence demonstrating that this was the parties' intention, this view must be rejected.

The issue revolves mainly around the maritime entitlement of islands, and the treatment given to islands, in the LOSC and general international law. In effect, as the landmass of many islands is composed of oceanic material (mostly basaltic rocks), to state that the legal continental shelf 'is tendentially composed

---

(44) Doc. supra n.4, para.5.1.3..

(45) Cf. Platzöder, supra n.40, Vol. IV, p.468. Cf. also, infra, n.74, as regards the proposal advanced by Japan.

of continental crust' amounts to treat states whose territorial landmass includes islands of oceanic nature differently from states whose territorial landmass is of continental nature.

Three arguments lead us to argue that this is a far-fetched proposition. The first argument stems from the text of the LOSC. At no point can we find in Article 76 a reference to the origin or nature of either the landmass, or the submerged prolongation thereof. Inasmuch as the text is always the starting point of any interpretation, this amounts to *prima facie* evidence against the proposition in hand. The second argument to reject it flows from the principle of sovereign equality of states[46]. Restricting the scope of Article 76 on the basis of the nature of the landmass would counter this principle; unless there was a clear manifestation of consent to that effect. So far as we are aware, no such consent was ever given. The third argument that can be put forward relates to the interpretation of legal norms: *ubi lex non distinguit, nec interpres distinguere debet*. Where the law makes no distinction, the interpreter should not distinguish either. Interpretations of norms that make distinctions that are unclear in the text should not be adopted without strong evidence of some other nature to support it. As nothing in Article 76 indicates that the natural prolongation of landmasses of continental nature is to be treated distinctively from the natural prolongation of landmasses of oceanic nature, there is a presumption in favour of treating both on equal footing. This presumption is reinforced by Article 121(2), which states that (with the exceptions provided for in paragraph 3) the maritime zones of islands are to be determined in accordance with the provisions of the LOSC *applicable to other land territory*. Besides the lack of elements to support the abovementioned distinction, there are in fact textual elements in the LOSC that declare the equality of treatment between islands and continental territories.

In short, 'crustal neutrality' is central to the interpretation of Article 76. The application of the scientific-technical concepts, therefore, must not overlook this point – which is part of the relevant legal framework. Corroborating this viewpoint, the CLCS recognises in the Guidelines that the "terms 'land mass' and 'land territory' are both neutral terms with regard to crustal types in the geological sense"[47]. Read in conjunction with the international legal regime of islands, this concept of 'crustal neutrality' entails the conclusion reached by Hedberg some 30-odd years ago: insular shelves and slopes are not part of the

---

(46) This principle is one of the foundations of the United Nations; cf. United Nations Charter, Article 2(1).

(47) Doc. supra n.4, para.7.2.9..

Estudos em Direito Internacional Público 351

deep ocean floor, legally speaking[48]. Throughout his paper Hedberg retains this equivalence between continental slope and insular slope, which is paramount for understanding the *ratio legis* of Article 76[49].

The treatment given to islands in the CLCS Guidelines is precisely one of the less than satisfactory points. Without prejudice of returning to this point at a later juncture, we most draw attention to the awkwardness of not finding in the Guidelines general references to the specific issues raised by islands, which Hedberg so clearly recognised[50]. His references to an *insular shelf* and an *insular slope* convey the peculiar position in which islands are, which needs to be taken into account if the continental shelf entitlement of islands is to be properly implemented[51].

4. THE FOOT OF THE CONTINENTAL SLOPE (FOS)

4.1. Interpretation of Paragraph 4.(b) of Article 76

The location of the FOS is a major consideration within the implementation of Article 76. The establishment of the outer edge of the continental margin under both the Gardiner and the Hedberg formulae relies thereon. Once more, we are before a term of art of geo-sciences which has been imported into the conventional text. In this context, thus, the FOS is no longer a geo-scientific concept. It is a concept that evolves in the legal-scientific realm, and that is embedded in the wording of sub-paragraph 4.(b) of Article 76: "In the absence of evidence to the contrary, the foot of the continental slope shall be determined as the point of maximum change in the gradient at its base". This is the legal provision to be interpreted.

In the Guidelines, the CLCS understands the determination of the foot of the continental slope by means of the point of maximum change in the gradient

---

(48) Cf. Hedberg, supra n.16, at p.5, emphasis added. Cf. also the citation in the text attached to n.16.

(49) See Figure 1 (at the end of the article), which is used by Hedberg to illustrate his perspective in this respect. It should be emphasised that, for purposes of Article 76, Hedberg can be taken as one of the "most highly qualified publicists" in the sense of Article 38(1)(c) of the Statute of the ICJ (being the said Article 38 "the most authoritative statement as to the sources of international law" – cf. Shaw, supra n.19, p.55). His paper may thus be seen as a subsidiary means for determining the rules within Article 76.

(50) The only specific references to islands appear in the context of the treatment of the problems involving ridges and submarine elevations; cf. Doc. supra n.4, paras.7.2 and 7.3..

(51) There are specific references to islands in the context of the problem of ridges (e.g. *ibid.*, paras.7.2.8.-7.2.9.), but they seem to be far from exhausting the scientific-technical challenges that islands may pose as far as the implementation of Article 76 is concerned.

352 *Reflecting on the Legal-Technical Interface of Article 76 of the LOSC*

at its base as a provision with the character of a general rule, posing two fundamental requirements: (a) the identification of the region defined as the base of the continental slope; and (b) the determination of the location of the point of maximum change in the gradient at the base of the continental slope[52]. Conversely, the CLCS affirms that the determination of the foot of the continental slope, when evidence to the contrary to the general rule is invoked, is a provision with the character of an exception to the rule[53]. These statements must be flagged and discussed, for they raise critical legal questions.

It was suggested above that the fact that the CLCS has no members with legal expertise could lead to difficulties. This is one of the instances in which that may be relevant. By framing the issue of the FOS in terms of a 'general rule – exception' relationship, the CLCS brought into the picture a key maxim of treaty interpretation: *exceptiones sunt strictissimae interpretationis*; *exceptiones non sunt extendenda*. Exceptions are interpreted restrictively; exceptions cannot be extended. Whether the CLCS was aware of the fact that, legally speaking, to classify something as an exception to the rule may have significant implications can only be speculated. But taking into account that no member of the CLCS is a legal expert, it is possible that this interpretative issue may have passed inadvertently unnoticed.

Does the interpretation of paragraph 4.(b) of Article 76 lead to the conclusion that the use of 'evidence to the contrary' amounts to an exception to a general rule of 'maximum change in the gradient' (which forms a higher legal principle)? We would have to answer this question in the negative.

Let us start by the text of paragraph 4.(b). Although it can be read as encompassing a 'general rule – exception' type of relationship, this is by no means the only possible reading. In a recent conference, one of the speakers compared the said provision with a statement similar to the following[54]: In the absence of mortgage payment, the bank will prosecute the householder. He went on to ask whether the 'general rule' foreseen here was really 'prosecution by the bank'. In the ensuing debate, one of the authors took the view that the rule of 'maximum change in the gradient' (which places emphasis upon geomorphology) is one extremity of a *continuum* that has in the other extremity 'evidence to the contrary' (which relies primarily upon geology and geophysics).

---

(52) *Ibid.*, para.6.2.4..

(53) *Ibid.*.

(54) *Conference on Legal and Scientific Aspects on Continental Shelf Limits*, organised by the Law of the Sea Institute of Iceland, and held in Reykjavik, on 25-27 July 2003. Richard Haworth, Assistant Deputy Minister, Natural Resources Canada – paper entitled "Determination of the Foot of the Continental Slope by Means of Evidence to the Contrary to the General Rule".

Estudos em Direito Internacional Público   353

Depending upon how the case is prepared, a state can resort to either of them, or adopt an approach in which the two are mixed. In line with this viewpoint, another participant said that the so-called rule 'maximum change in the gradient' is presented as a "default rule"[55]. Hence, as far as the textual element is concerned, there seems to be good reason to suggest that the determination of the FOS in Article 76 does not consecrate a 'general rule – exception' type of relationship.

Against seeing 'evidence to the contrary' as an exception is yet another maxim of legal interpretation: *exceptio firmat regulam in casibus non exceptis*. The exception affirms the rule in cases not excepted. In principle, the content of the general rule can be determined through the exception, since the latter amounts to a ruling whose *ratio legis* is opposite to that of the former. If there were a true legal exception in the case of 'evidence to the contrary', it would be likely that we could derive from it the contents of the general rule. This, however, is not the case, since 'evidence to the contrary' remains undefined as a class-situation. It comprises a bundle of different situations handled together for reasons of convenience, as is clear in the references in the Guidelines to the different scenarios that warrant the use of 'evidence to the contrary'[56].

Further, exceptions cannot form a basis for reasoning by analogy (for exceptions cannot be extended). This would mean that, if a state were successful in justifying its choice of FOS on the basis of evidence to the contrary, another state would not be able to resort to an analogy with that case to justify its own choice of FOS. In practical terms, such a perspective would place on states a heavy *onus probandi* as regards the location of the FOS outside the general rule. Is this approach acceptable in light of the terms of Article 76? Insofar as it represents a restriction to the powers of states as regards the means whereby states may found their case, it should be accepted only if, implicitly at least, states have consented thereto. This does not appear to have happened. Suffice it to say that one of the most debated issues nowadays concerns exactly the possibility of using precedents in a submission to the CLCS.

All things considered, the suggestion that the 'maximum change in the gradient' is a general tenor of the law, in relation to which 'evidence to the

---

(55) Constance Johnson, Legal Specialist, Australian Department of Foreign Affairs and Trade.

(56) Doc. supra n.4, Section 6. What may be seen as a true legal exception (and even then with some caution) is the case of the southern Bay of Bengal, which is dealt with in Annex II of the Final Act, entitled "Statement of Understanding Concerning a Specific Method to be Used in Establishing the Outer Edge of the Continental Margin". The rule is recourse to the parameters of Article 76; the exception is the non-use of such parameters in the case of the Bay of Bengal, due to equitable considerations. Whether this case could be used in reasoning by analogy can be heatedly debated.

contrary' is a legal deviation, finds little objective support. As will be shown below through a series of hypothetical situations[57], the approach that best reflects the *ratio legis* of paragraph 4.(b) is to see the 'maximum change in the gradient' and 'evidence to the contrary' as two equally valid alternatives. Notwithstanding the 'default nature' of the former, it is possible to resort to the latter without having to demonstrate the existence of exceptional circumstances. Further, between the two choices explicitly identified in Article 76 exists a *continuum* of possible analyses based on either or both of them. States only need to present reasonable evidence of the facts that warrant the use of alternative or combined means for determining the FOS[58].

Attention must now be drawn to a key corollary of this approach. If 'maximum change in the gradient' and 'evidence to the contrary' are two equally valid alternatives for fixing the FOS, it is hard to understand why it should be necessary that the evidence that supports a FOS founded on the latter be *accompanied by the results of applying the rule of maximum change in the gradient*[59]. This approach lends undue weight to the 'maximum change in the gradient', indeed unwarranted under Article 76. The examples given in the Guidelines for cases where 'evidence to the contrary' may be used demonstrate that the 'maximum change in the gradient' is often inconclusive for the determination of the FOS[60]. Why is it then necessary to provide information on the 'maximum change in the gradient' in such instances? Arguably, besides irrelevant, this information might blur, and unnecessarily complicate, the process of choice of the FOS under 'evidence to the contrary'[61].

4.2. Scientific-Technical Considerations

The analyses necessary for the determination of the FOS rely on evidence of a different nature: morphological, geological and geophysical. Whereas the determination of the 'maximum change of gradient' is primarily a morphological analysis, recourse to 'evidence to the contrary' consists primarily of an exercise

---

(57) Cf. infra, para.4.4..

(58) "The phrase 'in the absence of evidence to the contrary' implies that there may be special circumstances [not exceptional circumstances] requiring the application of alternative means for determining the foot of the slope"; cf. Myron H. Nordquist *et al.* (eds.) *United Nations Convention on the Law of the Sea 1982: A Commentary* (hereinafter *Virginia Commentary*), Vol. II (1993), p.876.

(59) Doc. supra n.4, para.6.4.1.(iv), emphasis added.

(60) *Ibid.*, paras.6.3.2.-6.3.3..

(61) For an illustration of how the interpretation adopted here as regards the determination of the FOS operates in practice, cf. infra, para.4.4..

Estudos em Direito Internacional Público 355

in geology and geophysics. This proposition is widely accepted and raises no major difficulties. With this said, however, attention must be drawn to three words that appear at the end of paragraph 4.(b): "at its base". The importance of this expression is often unacknowledged. Most commentators recognise that the computation of the maximum change in the gradient along the slope leads to ambiguities in the positioning of the FOS. This, we would argue, is often due to the fact that the base of the slope is not defined beforehand.

Before the computation of the derivative of the gradient is carried out, its spatial domain of application must be defined. This means that the base of the slope has to be previously found, and that only the local maxima of the gradient derivative that lie within the base of the slope have to be analysed. As far as the definition of the physical region that corresponds to the legal concept of 'base of the slope' is concerned, morphological analysis may not be sufficient, and geological and geophysical analyses may become essential. These analyses can include studies on the geological composition of the relevant area, based on direct sampling or seismic methods, and on geomagnetic and gravimetric data.

In effect, there are a significant number of instances in which continental margins show saddles, terraces (or plateaus) and even mount-like features or ridge-like features that complicate the definition of the FOS. A careful analysis has therefore to be done, in order to define the base of the slope, i.e. the region where the continental slope meets the continental rise (or the deep ocean floor in cases in which the rise does not exist). The FOS will be determined within the area defined as the base of the slope.

Another point on the FOS-related issues concerns the presumptive idea that the FOS lies "near the place where the crust changes from continental to oceanic"[62]. Without seeking in any way to question this point, we wish to emphasise, first, that this is no more than a 'rule of thumb' and, second, that this 'roughly correct but not scientifically accurate rule' must be framed within the legal bounds established by Article 76. What relevance is given in this provision to the notion of COT? Although none is directly attributed thereto, it seems undoubted that the notion of COT underlies paragraph 3 (in effect reinforcing the suggestion that this provision cannot be read too literally[63]).

In extremely complex situations, a clear perspective of the geological constitution of the whole area under analysis may be needed. The definition of the areas of oceanic crust and of continental crust may be required in such cases, including, where necessary, the definition of the COT. Should the results of the application of the rule of maximum change in the gradient in the area of the base

---

(62) Doc. supra n.4, para.6.2.3., *in fine*.

(63) Cf. supra, para.3.3..

of the slope remain inconclusive, 'evidence to the contrary' will have to be used. The determination of the FOS in areas involving ridges and ridge-like features differs in no substantive way from the points made here.

Equally important is to know how the COT can be used in practical terms for purposes of implementation of Article 76. The Guidelines state, for example, in relation to 'rifted (non-volcanic) and sheared continental margins', that because the COT can extend over several tens of kilometres, the CLCS "may consider the landward limit of the transitional zone as an equivalent of the foot of the continental slope in the context of paragraph 4"[64]. From a legal perspective, it is not totally clear why, generally speaking, preference should be given to the landward limit of the COT. The issue is particularly significant in that the result may be an undue restriction of the natural prolongation of the landmass. In extremely complex margins, the determination of the limit 'continental crust – COT' may be scientifically impossible (or be possible only if recourse is had to a very wide margin of discretion). As predictability and consistency are from a legal standpoint critical, in the absence of conclusive evidence as regards the location of the landward limit of the COT, two options may then be available to states. One option is to establish the FOS at the point of maximum change in gradient within the COT. The other option (which may be the only option if the previous approach leads to no clear result) is to use the seaward limit of the COT. No doubt, this will mean that part of the scientific deep ocean floor will be included in the legal continental margin. But if the opposite approach is adopted, then the situation is that parts of the natural prolongation of the state may be included in the legal deep ocean floor. In such a situation, perhaps the benefit should be given to the state. The inclusion of areas of the scientific deep ocean floor into the legal continental margin happens in any event in other instances (e.g. where there is no rise, or where the 60 M belt measured from the proxy-FOS based upon the landward limit of the COT is wider than the COT).

An open question concerns islands of oceanic origin; for there will be no COT involved. In geological and geophysical terms, as the island and the deep ocean floor around it are formed by the same (or similar) materials, there will be no transition between two regions of a different nature. In the case of oceanic islands located on a larger plateau well above the deep ocean floor, this plateau should be considered as a natural prolongation of the land territory. Therefore, the FOS should be located where the slope starting from this plateau meets the deep ocean floor (or the rise if it exists). In both these cases, the problem of determination of the FOS will consist, almost exclusively, of a morphological analysis.

---

(64) Doc. supra n.4, para.6.3.10., *in fine*.

Estudos em Direito Internacional Público

4.3. Brief Mathematical Points

It should be noted that Article 76 does not specify the mathematical method to be used. Nor does it establish any preference between two-dimensional or three-dimensional analyses. If a three-dimensional approach is chosen, several types of bathymetric models can be utilised, such as triangular irregular networks (TIN), regular grids (obtained from a TIN or from weighted averages, including Kriging), cubic bi-dimensional splines, and least squares interpolating surfaces. If we consider a three-dimensional model, $z = f(x,y)$, the gradient of the depth (m) is given by ∇z and its absolute value by

$$m = |\nabla z|.$$

The directional derivative of "m", along the direction of the gradient of the depth, is

$$m' = \nabla z \bullet \nabla m / m.$$

This derivative can be used in the definition of FOS points. But we can equally consider, instead, the derivative as the absolute value of the gradient of "m":

$$m' = |\nabla m|.$$

Hence, a choice must be made in respect of the bathymetric model and the mathematical method to compute the change in the gradient. Different combinations of bathymetric models and mathematical methods can lead to significantly different results.

The recourse to two-dimensional profiles to examine the location of the FOS points is also not free from difficulties. First, the profiles must be approximately perpendicular to the general direction of the isobaths. In many cases this is quite difficult to achieve, as the isobaths may be very irregular. Secondly, we must choose a method to smooth the original data, in order to prevent highly noisy values of the second derivative of the depth. Amongst the methods that can be utilised, we can identify linear filters based on spatial Fourier analysis, cubic splines, least squares or piecewise linear interpolation, and the Douglas-Peucker filter. Once more, different methods can lead to significantly different results.

Finally, whatever the data model and the mathematical method, it should be remembered that the final results depend on the subjective appraisal of the person that performs the analysis. A 'discretion-free process' of determination of the FOS is therefore virtually unattainable. This is a crucial point in terms of the relationship between the submitting state and the CLCS. In the 'ping-pong process' that may emerge in case of disagreement as regards the location of the

358 *Reflecting on the Legal-Technical Interface of Article 76 of the LOSC*

FOS, both should be expected to proceed on the basis of good faith and reasonableness. These are key tenets in the implementation of legal provisions[65].

4.4. Some Hypothetical Scenarios

The following hypothetical scenarios attempt to illustrate the interpretation adopted here in terms of the determination of the FOS, notably as regards the recourse to 'maximum change in the gradient' and 'evidence to the contrary' as equally valid alternatives, and the use of combined means of determination of the FOS. In other words, the determination of the FOS does not seem to consist of a mere application of a rule, to which there are some exceptions. We would argue that it consists of an integrated assessment of all data available (morphological, geological and geophysical) in light of the broad guidelines laid down in Article 76(4)(b).

The example of Figure 2 is widely known, as it represents the traditional profile on which most of the work in the Third Conference relied[66]. It is the simplest of all possible examples, and it is less common in reality than it may be initially thought. The application of the provision of the FOS is relatively easy. Morphologically, the maximum change in the gradient occurs in the area that may be identified as the base of the slope. In addition, it is unlikely that evidence to the contrary supporting the identification of the FOS elsewhere can be found in such circumstances.

The case in Figure 3 is a variation of the previous profile, in which the maximum change in the gradient occurs well before the slope reaches its base. Since what matters in terms of paragraph 4.(b) is the maximum change in the gradient at the base of the slope, the FOS should be located at the point of maximum change in the gradient in the area in which the slope meets the rise. It should be noted that this decision was reached on the basis of morphological analysis alone, and that there was no recourse to evidence to the contrary.

Further difficulties emerge with the example in Figure 4, in which there is a 'double-dip' in the profile. Neither the maximum change in the gradient, nor the second (local) maximum change in the gradient occurs at the base of the

---

(65) The principle of good faith is explicitly mentioned in the LOSC, Art. 300. Also, it can be suggested that the *ratio* of reasonableness embodied in Art. 59 – the resolution of conflicts regarding the attribution of rights and jurisdiction in the EEZ, in cases not explicitly dealt with in the LOSC, are to be resolved "on the basis of equity and in the light of all the relevant circumstances" – could be applied to this case by analogy.

(66) The examples offered for consideration are roughly based on actual profiles that can be found in several offshore areas around the world. It cannot be overemphasised that these examples are stylised drawings in which the vertical scale has been clearly exaggerated. The horizontal scale is approximately 60 times smaller than the vertical scale.

Estudos em Direito Internacional Público 359

slope. To further complicate the choice of the FOS, in the area where the slope seems to meet the rise (after the second dip) there is no clear maximum of change in the gradient. Here, help may be sought in geological and geophysical data, to identify the COT, with a view to narrowing down the possible choices of FOS. However, no straightforward answer appears to exist in this situation. Once more, this is not a case in which evidence to the contrary is being used to determine the FOS. The recourse to geological and geophysical data is meant to provide support to a choice of FOS based primarily upon morphological analysis.

As shown in Figure 5, in the case of oceanic islands, morphological analysis may equally give rise to difficult issues. In this situation, the insular slope has three local maxima of change in the gradient, and there seems to be no area identifiable as rise. The area of the base of the slope is also not distinct, which makes the choice of FOS that more complex. Further, since there is no major geological separation between the natural prolongation of the island and the deep ocean floor, geological and geophysical data are likely to be unhelpful. The international legal principles of reasonableness may become an important ingredient in the decision-making process concerning the determination of the FOS.

Although probably a rare occurrence, the profile represented in Figure 6 is by no means a merely theoretical situation. If the base of the slope is deemed to be located at the first maximum of change in the gradient, the choice of FOS would be relatively easy. If, on the other hand, we take into account the fact that this approach would mean that there would be a rather long rise, much steeper than usual, the determination of the FOS would become less simple. Part of what appears to be the rise may in effect be 'slope'. In situations such as this, it could be advantageous to look deeper into the geological and geophysical data, in search for the COT. Should the COT be located significantly seawards of what was, at first glance, deemed to be the slope, i.e. closer to the end of what appeared to be the rise, perhaps the location of the FOS would have to be rethought (especially because the maximum change in the gradient occurs at the end of what may in fact be in fact a 'two-segment' slope). If this profile were associated with an oceanic island, the difficulties would become greater, as geological and geophysical data would offer little or no guidance.

The examples given in Figures 7 and 8 will be dealt with in conjunction. They are cases that illustrate some of the more complex situations that may be found. In both occurrences, the determination of the FOS is unlikely to be influenced in any measure by the maxima of change in the gradient that appear along the profile. None of these maxima has any relation with the base of the slope or the COT. The suggested FOS (even then with question marks) stem mainly from arguments of evidence to the contrary. Morphological data on its

360   *Reflecting on the Legal-Technical Interface of Article 76 of the LOSC*

own offer little or no guidance. In terms of location of the FOS, the COT determined on the basis of geological and geophysical data points to a certain area at the bottom of the slope.

As for Figure 7, the suggested FOS was determined as the point of maximum change in the gradient within the COT. This rationale is not explicitly mentioned either in Article 76, or in the Guidelines. But it seems to be that which, *in concreto*, reflects the *ratio legis* of Article 76. Most interesting in this example is the fact that it appears to depart from two points in the Guidelines. First, the suggested FOS is much closer to the seaward limit of the COT, rather than the landward limit thereof[67]. Second, it questions the significance and utility of having to provide the results of applying the rule of maximum change in the gradient (especially as the base of the slope is difficult to identify)[68].

Figure 8 also leads to question the relevance of providing information on the application of the rule of maximum change in the gradient. Unlike Figure 7, however, it offers support to the idea of using the landward limit of the COT as FOS. By analogy to the decision taken in respect of Figure 7, one could have recourse to the maximum change in the gradient that is closer to the landward limit of the COT. Notwithstanding this, it may be asked whether it is reasonable to choose as FOS the maximum change in the gradient located nearer to the seaward limit of the COT. Much would probably depend on the details *in concreto*, as both options seem to be equally valid in light of what is stated in paragraph 4.(b) of Article 76.

5. RIDGES AND RIDGE-LIKE FEATURES

5.1. The Emergence of Paragraph 6

Turning to the conventional provisions on ridges and ridge-like features, the first point to remember concerns the 'wider picture' behind these provisions. The development of Article 76 was, at the time, orientated to ensure that the continental shelf entitlement of coastal states would not encroach upon the concept of common heritage of mankind (which refers to the deep ocean floor). As noted at the outset, one essential goal of the process initiated with the Pardo

---

(67) Doc. supra n.4, para.6.3.10., *in fine*, in which the CLCS states that "[s]ince the transitional zone can extend over several tens of kilometres, [it] may consider the landward limit of the transitional zone as an equivalent of the foot of the continental slope in the context of paragraph 4, provided that the submitted geophysical and geological data conclusively demonstrate that the submerged land mass of the coastal State extends to this point".

(68) *Ibid.*, para.6.4.1.(iv), in which the CLCS states that "[i]f evidence to the contrary is presented as part of a submission, [it] will request that it be also accompanied by the results of applying the rule of maximum change in the gradient".

Estudos em Direito Internacional Público   361

speech in the United Nations was indubitably the replacement, in conventional law, of the 'exploitability criterion' as means for defining the jurisdiction of states over the continental shelf. The whole of Article 76, therefore, forms a compromise between two sets of interests: those of coastal states; and those relating to the common heritage of mankind.

The issue of 'submarine ridges' was intertwined with the issue of 'the outer limit of the continental shelf', two of the outstanding points with which Negotiating Group 6 (NG6) had to deal. In effect, paragraph 6 (the key provision on ridges and ridge-like features) emerged from the negotiations in NG6 and was worded in terms of a compromise drawn up in parallel with an addition to paragraph 3 (i.e. its second sentence). The compromisory wording of paragraph 6, in particular, is explicit not only in the Report of Chairman of the Second Committee, but also in some of the statements made by states during the Third Conference[69].

To understand the compromise that was reached, it is necessary to look into some of the developments that took place in the 1979 session[70]. Early in 1979, the draft Article 76 contained no references to oceanic ridges, submarine ridges or submarine elevations[71]. Most substantive proposals in this respect were put forward subsequently in NG6. The Soviet Union proposed the following addition to the text to draft paragraph 5: "However, the limit of shelf containing *submarine oceanic ridges* shall not extend farther than the aforementioned 350-mile distance"[72]. The group of 'margineers', similarly, suggested that draft paragraph 5 should read: "However, this paragraph shall apply to *submarine oceanic ridges*, which are [...] long narrow *submarine elevations formed of oceanic crust*, in such a manner that the outer limit of the continental shelf in the areas of such ridges does not exceed the above 350 mile distance"[73]. Taking the

---

(69) The compromise wording appears in the "Report of the Chairman of the Second Committee". It includes the addition of a second sentence in paragraph 3, and a new paragraph 5 *bis* (which eventually became paragraph 6); cf. Doc. A/CONF.62/L.51, 13 Off. Rec. 82. In relation to the statements made by states, cf. e.g. Argentina (13 Off. Rec. 17, para.89), Australia (13 Off. Rec. 33, para.13), Denmark (14 Off. Rec. 61, para.149), New Zealand (13 Off. Rec. 16, para.79), Norway (13 Off. Rec. 47, para.212), United Kingdom (13 Off. Rec. 25, para.15).

(70) A detailed account of the drafting history of Art. 76 is beyond the scope of this article. On this point, cf. Nordquist, supra n.58, p.837 *et seq.*.

(71) Cf. Doc. A/CONF.62/L.37, 29 April 1979, 11 Off. Rec. 100-101. The paragraphs of draft Art. 76 in the said document were sequentially renumbered, and incorporated as draft Art. 76 in the ICNT/Rev.1; cf. Nordquist, supra n.58, pp.865-866.

(72) Cf. Doc. NG6/9, Platzöder, supra n.40, Vol. IX, p.379, emphasis added.

(73) Cf. Doc. NG6/11, Platzöder, supra n.40, Vol. IX, p.380, emphasis added. As it may become crucial for assessing key juridical questions, it is worth emphasising which the states were

362   *Reflecting on the Legal-Technical Interface of Article 76 of the LOSC*

opposite view, Bulgaria proposed an addition to paragraph 5 aimed at clarifying that the continental shelf would not be extended to *submarine oceanic ridges*; and Japan proposed the exclusion of *ridges formed of ocean crust* from the 'claimable areas' as defined in paragraph 3[74]. In view of these proposals, it can be argued that the compromise eventually reached on the wording of paragraphs 3 and 6 (which refers to submarine ridges, and does not refer to the nature of the crust) endorsed the proposals made by the Soviet Union and the group of 'margineers'[75].

In the 1980 session, some states expressed their views in relation to the contents of the provision that became paragraph 6. Whilst drawing attention to the difficulty in assessing the full implications of the different geological concepts used in this paragraph, Denmark stated that it interpreted the concept of submarine elevations as meaning "submarine elevations that belong to fundamentally the same geological structure as the land territory of the coastal state"[76]. The stance taken by Iceland was that "the new provision regarding submarine ridges meant that the 350-mile limit criterion would apply to ridges which were a prolongation of the land mass of the coastal state concerned"[77]. The position taken by the United States, when stating that "features such as the Chukchi plateau [...] could not be considered a ridge and were covered by the last sentence of [paragraph 6]"[78], reinforce also the substantive distinction (between oceanic ridges, submarine ridges and submarine elevations) embodied in the said provision.

These statements, we would contend, are patent evidence that states had a concrete idea of how the compromise text could affect the spatial extension of their sovereign rights. It is thus rather difficult to accept the proposition that paragraph 6 has no practical application[79].

---

    behind this proposal: Argentina, Australia, Canada, India, Ireland, New Zealand, Norway, United Kingdom, United States, and Uruguay

(74) Cf., respectively, Doc. NG6/14 and Doc. NG6/16, Platzöder, supra n.40, Vol. IX, pp.382-383, emphasis added.

(75) The wording of the second sentence of paragraph 3 stems verbatim from a draft proposal of the 'Group of Margineers', whose contents were supported by proposals put forward by other states (e.g. Australia, Soviet Union); cf. Platzöder, supra n.40, Vol. IV, pp.524. In this respect, cf. also the proposal advanced by the Soviet Union, and an anonymous proposal; cf. *ibid.*, at pp.524-525.

(76) Cf. 126th meeting, 13 Off. Rec. 17, at para.96.

(77) Cf. 128th meeting, 13 Off. Rec. 36, at para.58.

(78) Cf. 128th meeting, 13 Off. Rec. 43, at para.156.

(79) Cf. supra, text with n.36.

Estudos em Direito Internacional Público   363

5.2. The Interpretation of Paragraph 6: The Guidelines

The question arises then as to how paragraph 6 should be interpreted. Following the rules of interpretation set out in the VCLT, the textual element must be taken as the starting point for the interpretation. Because the context of the terms used must also be considered, and because of the compromise which lies at its root, paragraph 6 must be considered together with the second sentence of paragraph 3. Objectively speaking, therefore, it seems indisputable that, in terms of seabed relief, Article 76 identifies explicitly three *nomen juris* – 'oceanic ridges', 'submarine ridges' and 'submarine elevations' – to which it attributes distinct legal consequences. Oceanic ridges may not be part of the legal continental shelf. Submarine ridges may be included within the legal continental shelf provided that the outer continental shelf limit does not extend beyond 350 M. Submarine elevations are features which may be legally treated as any other part of the geo-scientific continental margin.

With this in mind, there seems to be little doubt that the problem does not concern the identification of the rules in paragraphs 3 and 6. It concerns the identification, *in concreto*, of the seabed features that are subsumable in each of the three aforementioned class-situations. This could, and perhaps should, have been the object of the Guidelines issued by the CLCS, even if in the form of a very broad, yet practical, outline of the approach to be adopted. This, however, has not been the path eventually followed in the Guidelines (which offer no more than general pointers). The CLCS has ultimately decided to retain to itself a wide margin of discretion. It concluded that, due to the difficulties involved, it was "appropriate that the issue of ridges *be examined on a case-by-case basis*"[80].

Whether this is the approach that best serves international law remains to be seen. It is once more interesting, nevertheless, to compare the differences between the provisional version and the final version of the Guidelines. The provisional version recognised the existence of two categories of ridges, to each of which corresponded a different legal regime. The term 'oceanic ridge' was viewed as including "all ridges located on the deep ocean floor which do not have any connection with the continental margin as defined in accordance with Article 76"; and the term 'submarine ridge' was interpreted as including "the ridges which coalesce with the continental margin as defined in accordance with paragraph 3 or extend from that continental margin towards the deep ocean floor". Particularly notable was the stance taken with respect to islands located on ridges. It was stated that, in cases of ridges (including spreading ridges) with islands on them, "it would be impossible to consider that part of the ridge to

---

(80) Doc. supra n.4, para.7.2.11..

364 Reflecting on the Legal-Technical Interface of Article 76 of the LOSC

belong to the deep ocean floor, and to fall under the category of oceanic ridges under Article 76". It was further added that an island located on a ridge "should be considered as a land mass with the ridge in question being its submerged prolongation irrespective of the composition and the origin of the ridge". The conclusion was that "[i]n this case the ridge [would fall] under the category of submarine ridges in accordance with paragraph 6 of Article 76"[81].

The final version of the Guidelines, however, has not incorporated these considerations. While recognising the tripartite legal categorisation concerning seabed relief, the Guidelines stop short of trying to provide any definition. It is simply stated that the distinction between 'oceanic ridges' and 'submarine ridges' is unclear, that 'submarine elevations' and 'submarine ridges' seem to be also legally distinct, and that the distinction between these terms cannot be based on the denominations used in cartographic material and other relevant literature[82]. The fact that the term 'oceanic ridge' is used in scientific literature with different meanings is acknowledged, and it is noted that "the provisions of paragraphs 3 and 6 may create difficulties in defining ridges for which the criterion of 350 M in paragraph 6 may apply on the basis of the origin of the ridges and their composition"[83]. On the question of islands on ridges, the final version exercises again great restraint. It states that "it would be difficult to consider that those parts of the ridge belong to the deep ocean floor", and that "[t]he terms 'land mass' and 'land territory' are both neutral terms with regard to crustal types in the geological sense"[84].

5.3. The Interpretation of Paragraph 6: A Proposal

How, then, should paragraph 6 (and the intimately related paragraph 3) of Article 76 be interpreted? A first point that stems from the *travaux préparatoires* is that the term 'submarine ridges' seems to refer to ridges that are *composed of oceanic crust*. Evidence in this respect may be found in documents NG6/9 and NG6/11, which were draft proposals put forward by many of the states with direct interest in this matter[85]. Further, the term 'submarine (*oceanic*) ridge' was thought out as distinct from the term 'oceanic ridge', which can be inferred from

---

(81) Doc. supra n.20, pp.48-49.

(82) Doc. supra n.4, paras.7.1.3.-7.1.8..

(83) *Ibid.*, paras.7.2.3.-7.2.6..

(84) *Ibid.*, paras.7.2.8.-7.2.9.. The changes introduced by the CLCS in the provisional version of the Guidelines appear to have been the result of comments made by states. The comments of the USA were particularly critical of the approach adopted in the provisional Guidelines. Cf. CLCS/CRP.15, supra n.33, at paras.34-39.

(85) Cf. supra, text relating to n.72 and n.73.

Estudos em Direito Internacional Público 365

the fact that the states behind the draft proposals that eventually led to paragraph 6 also advanced draft proposals for additions to paragraph 3 (which formed the basis for its final version[86]).

Authority for this interpretation can also be obtained in the textual element and in logics. As is known, the natural prolongation of a state may be formed of oceanic crust (e.g. the case of states whose territory includes oceanic islands)[87]. This explains why the LOSC has embodied a principle of crustal neutrality. In this light, it is possible to interpret the term 'submarine ridge' as a ridge, composed of oceanic crust, which forms the submerged natural prolongation of a state as defined in Article 76 (in particular as regards appurtenance, which is to be seen by reference to paragraph 4.(a)). Another type of submarine ridge encompasses ridges (again not continental in origin) that have merged with the continental margin, and now coalesce therewith. In both cases, there is a 'continuity' (or 'quasi-continuity') in the seabed relief that can be identified. Insofar as the relevant link is morphological, the geological origin of the seabed relief is less significant. The distinction between submarine ridges and oceanic ridges, therefore, is arguably not a matter of crustal type. It concerns the question of whether the seabed relief in question constitutes the submerged natural prolongation of a state on geomorphic grounds.

In contradistinction, submarine ridges and submarine elevations are to be differentiated, typically, by reference to crustal type. The seabed relief features (plateaux, rises, caps, banks and spurs of the continental margin) that "are *natural components* of the continental margin" are, in typical cases, composed of continental materials. Notwithstanding this, it should be taken into account that, according to paragraph 6, what seems to be required is that the seabed relief be part of the geological continental margin[88]; and that it is possible to conceive that a feature composed of oceanic materials (brought into the margin e.g. by accretion, lava flows, uplift of mantle) be part of the geological continental margin. To put it in another way, it may happen that the geological link between certain oceanic features and the continental margin is of such relevance that it justifies that such features be treated under the category of submarine elevations. The context provided by Article 76 appears to offer further evidence to support this view. The term 'natural prolongation' implies a geomorphic requirement.

---

(86) Cf. supra, text relating to n.75.

(87) It should be noted that not all islands are oceanic in nature.

(88) The term 'continental margin' seems to be used there it its geo-scientific context, a suggestion that is reinforced by the fact that the LOSC explicitly refers to such features as parts of the continental margin when using the adjective "its". Indeed, it would be somewhat odd to speak of certain features as 'natural components' of the legal continental margin.

Hence, if the reference to 'natural component' is to have a substantive meaning distinct from that of 'natural prolongation', it must be translated into a geological requirement. Otherwise, 'natural component' would appear as somewhat of a hollow, tautological expression[89].

The proposed interpretation appears to underlie the statements made by Denmark and Iceland during the Third Conference[90]. Further, this perspective was explicitly adopted in the provisional Guidelines, which stated that the terms used in Article 76 for ridges had to be considered in their legal sense and for the purpose of Article 76 had to be treated separately on the basis of provisions of that article rather than on the basis of scientific considerations. In effect, 'oceanic ridge', 'submarine ridge' and 'submarine elevation' are legal categories, created specifically for the purpose of a legal instrument: the LOSC. They cannot be read as strict scientific terminology. And although the final version of the Guidelines is not quite as explicit, it appears to follow implicitly this perspective[91].

This interpretation is equally supported in literature. Saura Estapà endorses explicitly a distinction based on the nature of the crust[92]. Weight is also lent to the standpoint adopted here by the *Virginia Commentary* to the LOSC, which states that submarine ridges "can be described as ridges that are part of the natural prolongation of the land territory of a coastal state but are not natural components of the [geo-scientific] continental margin". And it adds that "[s]uch ridges fall into two general categories: (i) ridges which, having their origin in the continental margin, project out into the area of the deep sea bed; and (ii) submarine ridges which are not linked to the continents, but which support chains of islands"[93]. Authority for this view may also be found in Verlaan's conclusion that "claims on certain submarine ridges that are not continental submarine elevations" can be made[94]. Similarly, Pulvenis observes that "it may occur that the natural prolongation of the coastal State is composed wholly or partly not of a continental shelf but of an ocean ridge, the exposed part of which may correspond to the territory of the state", and that "[i]t would have been

---

(89) In hermeneutical terms, if two different terms are utilised in a legal instrument, it is presumed that the drafters intended to express distinct notions.

(90) Cf. supra, text relating to n.76 and n.77.

(91) On the question of the distinction between legal and scientific terms, cf. supra, text between n.14 and n.18.

(92) Jaume Saura Estapà, *Delimitación Jurídica Internacional de la Plataforma Continental* (1996), p.52-54.

(93) Nordquist, supra n.58, at p.880.

(94) Philomène Verlaan, "New Seafloor Mapping Technology and Article 76 of the 1982 United Nations Convention on the Law of the Sea", 21(5) (1997) *Marine Policy* 425, at p.428.

Estudos em Direito Internacional Público 367

unfair not to allow such states to extend their legal continental shelf to beyond 200 miles"[95]. This view on the question of islands seems to be also supported by previous studies undertaken by Hedberg, who illustrates his notion of insular shelf and insular slope in the schematic Figure 1[96], which excludes such areas from the deep ocean floor.

Further weight is lent to the proposed interpretation by documents published under the auspices of the IHO. The 'deep ocean floor' is defined therein as the surface lying at the bottom of the deep ocean. As for the distinction between 'oceanic ridges' and 'submarine ridges', these publications present the following definitions:

- 'Oceanic ridge' – a long elevation of the ocean floor with either irregular or smooth topography and steep sides; and
- 'Submarine ridge' – an elongated elevation of the sea floor, with either irregular or relatively smooth topography and steep sides which constitutes a natural prolongation of land territory.[97]

Amongst the arguments raised against this interpretation two deserve a closer look. The first argument, for example, was advanced by McKelvey. He argues "that no geologist or marine hydrographer would be likely to agree that the margin beyond 200 M could consist of an oceanic ridge merely because it is a natural prolongation of an island or land mass [as Article 76(3)] specifically excludes the deep ocean floor with its oceanic ridges"[98]. The second argument refers to the question of islands, and appears in the form of a question: "How can an island on an oceanic ridge of the deep ocean floor change the character of the ridge from either a legal or a scientific perspective?"[99]

Both arguments are insufficient to reject the interpretation adopted here. The first of them could only be relevant if one assumed that the problem evolved strictly in a scientific realm. This is clearly not the case. Further, the said

---

(95) Pulvenis, supra n.28, at p.354.

(96) In order to facilitate the reading, all figures are presented in numerical order at the end of the article.

(97) IHO, *A Manual on Technical Aspects on the United Nations Convention on Law of the Sea* (1993), pp.12, 21, 26; IHO, *Hydrographic Dictionary* (1994), pp.61, 161, 234. Cf. also United Nations, supra n.43, pp.42-45. The definitions presented in these publications vary slightly. The definitions offered above contain the aspects of those definitions that were deemed to be relevant for the purposes of this article.

(98) V. E. McKelvey, "Interpretation of UNCLOS III Definition of the Continental Shelf", in D. M. Johnston and N. G. Letalik (eds.) *The Law of the Sea and Ocean Industry: New Opportunities and Restraints* (1982), p.465, at p. 469, cited in Philip A. Symonds *et al.*, "Ridge Issues", in Cook and Carleton (eds.), supra n.10, p.285, at 303, and in Verlaan, supra n.94, at p.427.

(99) Symonds et al., supra n.98, at p.303 (cf. pp.300-303).

368   *Reflecting on the Legal-Technical Interface of Article 76 of the LOSC*

argument takes for granted that all parts of the 'geo-scientific deep ocean floor' are parts of the 'legal deep ocean floor'. Again, this is not so under the LOSC. Intertwined here is the terminological dualism that characterises Article 76[100]. As said, the implementation of Article 76 may end up attributing to states jurisdiction over areas of the 'geo-scientific deep ocean floor', thus excluding them from the 'legal deep ocean floor'[101]. With respect to the second argument, the difficulties are similar. It is assumed at the outset that the ridge in question is part of the deep ocean floor. The crux of the matter, however, is that, for centuries, the law of the sea has been governed by one paramount principle: the land dominates the sea, referred elsewhere as the principle of maritime zoning[102]. Which areas of the ocean fall under state jurisdiction is a matter for the law to establish, by reference to the land territory of a state. Whether, legally speaking, a feature that is (geologically speaking) an oceanic ridge can be part of the natural prolongation of a state is a legal question the analysis of which must thus start from the land territory of that state[103]; not the other way around. Scientifically, it may be hard to conceive how a ridge can be a submarine ridge up to 350 M from the coast, and an oceanic ridge beyond that point. Legally however, this is perfectly possible, and raises no difficulties. There is therefore no question of changing the character of a ridge. A ridge, irrespective of its crustal type, will have the legal character that is attributed to it in accordance with the principle of maritime zoning. For the land dominates the sea.

The fact that some commentators may reject this interpretation is not enough to sideline it. A legal text that results from a negotiated compromise, which could only be achieved through recourse to polysemic expressions and terms, will always leave some room for opinions against any specific interpretation. In truth, the compromisory nature of Article 76 provisions on ridges is by no means unique. This is also true with other provisions of the LOSC. In a recent decision on maritime delimitation, a tribunal has observed that "there has to be room for differences of opinion about the interpretation of articles which, in a last minute endeavour at the Third United Nations Conference on the Law of the Sea to get agreement on a very controversial

---

(100) Cf. supra, text between n.14 and n.18.

(101) Cf. supra, text between n.36 and n.42, in which we conclude that Article 76(3) must be read *cum grano salis*.

(102) Cf. Antunes, supra n.27, at pp.195 *et seq.*.

(103) The attribution of maritime jurisdiction is a legal question, and cannot be turned into a strict scientific question. As to what constitutes the natural prolongation of the land territory of a state, cf. supra, para.3.4..

Estudos em Direito Internacional Público 369

matter, were consciously designed to decide as little as possible"[104]. Although this was noted in respect of the provisions on maritime delimitation, one would argue that, by analogy, this view is valid for all cases in which it is clear that the text resulted from a compromise.

The proposed interpretation is in the modest opinion of the authors that which best conforms to all elements that have to be taken into account in this respect. What ultimately matters is not so much the fact that Article 76 resorts to scientific-technical terms, as it is the fact that such terms were 'imported' into a legal instrument which, in many cases, conferred upon them a meaning and a context distinct from that which exists in geo-sciences.

5.4. Practical Considerations in the Implementation of Paragraph 6

The title 'practical considerations in the implementation of paragraph 6' requires a word of caution. There is no question of describing (as to characteristics, origin, composition, etc.) the different types of ridges around the world, or of applying the interpretation proposed to any specific geographical setting. The goal of this section is rather modest. We simply seek to offer very brief, broad pointers and guidelines on how the interpretation proposed above may be put into practice. The parameters that in our view are decisive in the implementation of paragraph 6 will also be outlined. No attempt is made to interpret actual scientific-technical data in light of Article 76(6). The systematisation of practical criteria to be utilised in the implementation of paragraph 6 is here the ultimate objective.

From the outset, it should be remembered that the difficulties in this respect stem from the fact that the three types of features in hand – oceanic ridges, submarine ridges and submarine elevations – have a common denominator: they are all elevations of the seafloor. To differentiate between these concepts, it is necessary to resort to paragraphs 1, 3 and 6 of Article 76. Taking this provision into account, the following definitions can be put forward:

- A 'submarine elevation' is a natural component of a continental margin, being thus necessarily a part of the submerged natural prolongation of the land territory.
- A 'submarine ridge' is not a natural component of a continental margin, but it is a part of the submerged natural prolongation of a land territory.

---

(104) *Eritrea/Yemen* Arbitration, Second Stage: Maritime Delimitation, Award of the Arbitral Tribunal of 17 December 1999, para.116.

- An 'oceanic ridge' is neither a natural component of a continental margin, nor a part of the submerged natural prolongation of a land territory.

This distinction resorts to a language that is typically legal, i.e. it reflects the contents of the relevant legal provisions. Bearing in mind that the implementation of Article 76 entails the recourse to scientific-technical data, an attempt can be made to translate such definitions into a more scientific language. The above three-fold categorisation could then be rephrased along the following lines:

- 'Submarine elevations' are features typically composed of continental crust, and they are part of the geomorphic continental margin. Intrinsic to this definition is, therefore, a two-fold requirement: geological continuity with (or linkage to) the geological continental margin; and geomorphic continuity[105].

- 'Submarine ridges' may be distinguished from 'submarine elevations' in that they are in principle composed of oceanic crust (although they may also be partly formed by an amalgam of materials, which reflects their complex origin). In this category, there is only one relevant requirement: geomorphic continuity[106].

- 'Oceanic ridges' are elevations of the seafloor that can in no way be considered as the submerged natural prolongation of a territory. They are, both in geomorphic and in geological terms, completely detached from any landmasses.

With these definitions in mind, an important clarification concerning oceanic islands must be made. Under this categorisation, the natural prolongation of oceanic islands can never encompass submarine elevations. At first glance, this view may appear to discriminate against islands. This is not the case, however. As mentioned before, the term 'natural component of the continental margin', utilised in the second sentence of paragraph 6, evinces a geological link between certain features and the geological *continental* margin. And, strictly speaking, as far as geology is concerned, the margin of islands is not continental.

---

(105) The question of 'morphological continuity', which is relevant for both submarine elevations and submarine ridges, is inextricably related to the definition of the FOS. The crux of the matter is the continuity of a 'seabed shape', which is linked with no 'breaks' to the landmass of a territory, forming thus its morphological submerged prolongation. It should be noted that, despite the central role of morphological data, geological and geophysical data might be relevant to demonstrate that the ridge is indeed the 'natural prolongation' of the land territory.

(106) No doubt, there will be cases in which geological continuity will exist (e.g. oceanic islands); but this continuity will not be relevant for purposes of classifying an underwater relief feature as submarine ridge.

Estudos em Direito Internacional Público   371

For the sake of argument, let it nevertheless be assumed that it would be possible to conceive the existence of submarine elevations off an insular margin. If this were possible, the first sentence of paragraph 6 would have no application in the case of oceanic islands. Since the requirement of a geological link between the feature and the insular margin would always be verified, all features would fall under the category of submarine elevations. To the extent that one of the reasons behind the first sentence of paragraph 6 was exactly the situation of certain oceanic islands[107], this interpretation would be somewhat absurd. Hence, as far as oceanic islands are concerned, it may be argued that the definitions above reflect correctly what seems to have been a compromise reconciling the non-existence of a 'continental prolongation', with the existence of a 'submerged prolongation'; a compromise, we may add, to which all states involved appear to have adhered.

Cases involving oceanic islands should, as any other, be assessed on their own merits. No doubt, the setting within which oceanic islands are to be considered is peculiar, indeed distinct from those involving continental territories. Typically, these islands have a small shelf (depths of 100 to 500 m) with sediments from wave erosion and rain or small rivers runoff, and a wider plateau (depths of 2000 to 3000 m) possibly with sediments due to downslope fallen materials. The deep ocean bottom around them lies at depths of 4000 to 5000 m. The slopes between the shelf and the plateau, and between the plateau and the deep ocean bottom, are usually very steep, and most of the times, it is not possible to identify a rise.

Another point relevant for this debate concerns 'mid-ocean ridges'. The term is utilised in literature to refer to very large features, usually associated with global plate tectonics. It is important to note that mid-ocean ridges are not continuous features. They are complex geologic entities, which show strong discontinuities and include differentiated spreading ridges and other ridge-like features, such as plateaus, seamounts, micro-plates, islands and even micro-continents. The term mid-ocean ridge is sometimes equated to the term oceanic ridge. This, however, should not be done in the context of Article 76. The former belongs to the geo-scientific realm, whereas the latter belongs to the legal realm. Whether part of a mid-ocean ridge can be incorporated in the legal continental shelf of a state is a matter to be decided by reference to the legal-scientific

---

(107) It is noteworthy that Pulvenis refers to the case of Iceland as the typical example of the type of situations to which this provision was meant to apply; cf. Pulvenis, supra n.28, at p.354. Besides the case of Iceland, Verlaan mentions also that of the Chilean islands of Easter and Sala y Gomes; cf. Verlaan, supra n.94, at p.427. Referring also to Iceland, cf. Saura Estapà, supra n.92, at p.53.

parameters set down in Article 76, and not on the basis of strict scientific reasoning.

The nature of islands located in mid-ocean areas is of course oceanic. Nevertheless, as a result of the formation processes, they often have a distinct geo-chemical signature. Oceanic crust is generally formed by tholeiitic basalts ("mid-ocean ridges basalts", or MORB), which are originated in spreading ridges and then 'transported' by plate tectonic motions. Many oceanic islands (and their plateaus), on the other hand, are formed by alkaline basalts ("oceanic islands basalts", or OIB). This type of basalts has a well-defined, distinct composition. The difference is explicable by the fact that these islands are formed by specific local or regional phenomena, involving lower mantle materials (e.g. plumes and hot spots). It may be said, therefore, that the geological composition or signature of many oceanic islands differs from that of oceanic crust. This distinction may become relevant in terms of the 'identification' of the natural prolongation of such islands.

In terms of ridge-like features located off continental landmasses, the crucial distinction to be made is between submarine elevations and submarine ridges. Only ridge-like features that are continental in origin can qualify as submarine elevations. All other ridge-like features have to be dealt with under the category submarine ridges. A requirement to be verified in both cases is that of geomorphic continuity between the margin and the feature in question. Features that are not part of the geomorphic margin cannot be part of the natural prolongation of a territory.

One should not forget that some continental margins include geological materials whose geo-chemical composition is similar to that of oceanic crust. Rifted volcanic margins are a clear example of such cases (in which ancient lava flows, pillows or dikes are mixed with continental materials). In these cases it may become necessary to define a considerably wide zone to make the transition from the continental crust to oceanic crust. Even in rifted non-volcanic margins, the initial rifting may be followed by up-lift of the mantle (e.g. gabbros and peridotites), creating a rather wide transition zone between pure continental crust and pure oceanic crust. Similarly, in some convergent margins, terranes with oceanic origin may be accreted to the continental margin and may become a part thereof. In short, although it is possible to identify some pointers, there is no doubt that the implementation of the legal provisions will always have to rely upon a detailed analysis of the relevant scientific-technical data. The problem is far from subsumable to a simple delimitation of 'continental crust' *versus* 'oceanic crust'.

A final word concerns plate tectonics. In themselves, assessments concerning tectonics are not absolute for purposes of the legal categorisations in

Estudos em Direito Internacional Público 373

question. The tectonic discontinuity in active trenches, for example, corresponds not only to a morphological discontinuity, but also to a geological discontinuity. It marks a boundary between two different geologic plates. In contradistinction, a fault may separate two tectonic plates with the same geological composition, and be morphologically imperceptible. Further, it should be remembered that the same tectonic plate might contain simultaneously areas of continental crust and areas of oceanic crust. In conclusion, tectonic analysis may be relevant; but it should be resorted to in conjunction with geological and morphological analyses. One aspect in which tectonic theory may offer help concerns the interpretation of features whose origin is related to stress and compression effects at plate boundaries. For instance, certain transform faults may create an undersea relief, which may project out to the continental margin and even inland, following the path of the fault. Sometimes, this relief may be the trailing edge of the land plate motion, showing a linkage between undersea and inland relief.

The few stylised drawings that follow seek to illustrate in practice the implementation of the provisions on ridges and ridge-like features. Consider the example of Figure 9, in which the feature identified as "plateau" (which could be equally a cap, bank, rise or spur) is continental in origin. As shown in the profile, this feature is somewhat detached from the margin. However, there is no break in the geomorphic continuity of the margin. The significant change in gradient landwards of the plateau occurs at a depth that is far from being at the base of the slope. The FOS appears seawards of the plateau (where it is also possible to identify a rise). This example could be seen as a typical case of a submarine elevation. Let it be assumed instead that the plateau was located further seawards, and that the geomorphic FOS lay landwards thereof. This would be evidence of a break in the geomorphic continuity of the margin. In this situation, the location of the COT could become a relevant aspect of the problem. If it were demonstrated, for instance, that the COT were located seawards of the plateau, this could be taken as evidence to suggest that the plateau was part of the natural prolongation of the state.

The example in Figure 10 is very similar to the previous case, the difference being that the feature in question is a ridge of oceanic origin. This ridge is encroached into the margin, and has accreted to it in a way that makes it a morphological part of the margin. Again, the change in gradient that can be observed in the profile landwards of the ridge is far from occurring at the depth of the base of the slope. This signifies that the FOS is not located landwards of the ridge, which is clear evidence that there is no break in the geomorphic continuity of the margin. As the feature in question is oceanic in origin, it should be classified as a submarine ridge. *A fortiori*, a ridge encroaching further into the margin will also have to be considered as part of the natural prolongation. The

374   *Reflecting on the Legal-Technical Interface of Article 76 of the LOSC*

question may arise then as to what happens if the feature in question is neither strictly continental nor strictly oceanic in origin, being instead originated by a complex process. The answer would have to be given *in casu*, by reference to the evidence presented. Particular attention would probably have to be devoted to the tectonic, geological and geophysical context.

Figure 11 is also an example involving a ridge of oceanic origin. In contradistinction with Figure 10, the ridge is located further offshore, and the continental slope reaches its base before the ridge comes into play. Practically speaking, this means that the FOS is situated landwards of the ridge, evidencing a break in the geomorphic continuity of the margin. Hence, in principle, the ridge could not be viewed as part of the natural prolongation of the state. No doubt, the state in question could still attempt to rebut what would be a very strong presumption against the ridge being assumed as part of the natural prolongation.

All in all, as far as ridges and ridge-like features are concerned, the fundamental aspects appear to be two-fold: geomorphic continuity, and geological continuity. For any ridge or ridge-like feature to be taken as part of the natural prolongation of a territory, a negative requirement has in principle to be verified: *there can be no break in the geomorphic continuity of the margin.* How to assess the geomorphic continuity is thus a key point. In our view, this question should perhaps be delved into primarily by reference to the location of the FOS. A feature will be part of the natural prolongation of a territory if it is possible to determine a FOS line that encompasses the feature in question within its perimeter. The point just made is illustrated in Figure 12, in which the cases of Figures 10 and 11 are compared. Whereas in the case of a submarine ridge it is possible to delineate a continuous FOS line around the feature in hand, that is not possible in the case of an oceanic ridge[108]. In the latter case, the FOS points that could possibly be defined at the base of the slope of the ridge are detached from those at the base of the continental slope. A different situation could be that of a state seeking to determine the FOS by recourse to evidence to the contrary. Here, the continuity of the FOS would not be related to geomorphic continuity. The requirement would still be that the FOS line be continuous around the feature in hand. Once the feature is known to be part of the natural prolongation of a state, it must then be established whether it is a submarine elevation or a submarine ridge. Geological continuity becomes again relevant. For a feature to be classified as submarine elevation, it must be continental in origin. Oceanic

---

(108) The FOS points indicated in Figure 12 are merely exemplificative. There is no suggestion that, in the case illustrated, those should be the FOS points chosen for the purpose of applying the combined 'Gardiner-Hedberg rule'. The objective of the chosen points was to illustrate the question of 'continuity-discontinuity' of the FOS line.

Estudos em Direito Internacional Público

islands are object of differentiated treatment, which appears to have resulted from a compromise. Geological continuity is used only for the purposes of demonstrating the existence of natural prolongation. It cannot be utilised as argument to suggest that a feature off an oceanic island is a submarine elevation.

6. CONCLUDING REMARKS

The ideas put forward in this article are no more than a contribution, however modest it may be, for the debate surrounding the implementation of one of the most difficult provisions of the LOSC: Article 76. With it, we have sought to tie together some of the two types of strands on which its implementation depends: legal aspects and scientific-technical aspects. It is important to note that, throughout this exercise, we were never under the impression that we would arrive at definitive answers. With the 'product' finalised, this impression remains. The problem is that there seems to be no real alternative to debate, if we are ever to reach a wide consensus on the application of Article 76.

An outline of the key points advanced here is perhaps better undertaken if the issues are grouped under two headings. On the one hand, we have issues concerning the nature of Article 76, its context in the legal realm and the impact of these issues upon its practical implementation. On the other hand, we have more substantive matters, which regard the practical implementation of Article 76, i.e. the issues that directly involve the interpretation and utilisation of scientific and technical data.

With respect to the first of these two groups of questions, the following thoughts may be offered for consideration. First, we take the view that Article 76 is above all a legal provision, the interpretation of which must be made in light of the relevant legal tenets. *Inter alia*, we argue that Article 76 must be delved into through the rules of interpretation laid down in international law. This entails a holistic interpretation of Article 76; i.e. an interpretation that weighs the text, the object and purpose of the LOSC, the preparatory work, the interrelationships between the different paragraphs, the methodological rules of treaty interpretation, logics and hermeneutics. In keeping with this approach, we have concluded that there is no relationship of prevalence between the different paragraphs of Article 76, which should in effect be interpreted as a whole, in light of the legal context provided to it by the LOSC and by the international *corpus juris*. Secondly, we have suggested that a crucial point concerns terminology and the recourse had in Article 76 to some scientific-technical concepts. Just as the term 'continental shelf' has acquired an autonomous juridical meaning, distinct from that given to it in geo-sciences, the same appears to have occurred with other terms imported into the LOSC: e.g. continental margin, deep ocean floor, foot of the continental slope, oceanic ridge. As a result, it became necessary to distinguish between the legal meaning and the scientific-technical meaning of these terms, which are not exactly correspondent. Further, we have contended that any scientific-technical interpretation of the data utilised may not overrun the bounds that are derived from the legal interpretation of Article 76. A final point relates to the CLCS and its powers of interpretation and implementation of Article 76. The competence of the CLCS under the LOSC seems to be that of technical homologation of the work carried out by states with a view to delineating their continental shelf limits beyond 200 M. Implied here are indubitably all discretionary powers that correspond to the scientific-technical assessments necessary to evaluate the data provided. To the extent that an implementation of the Article 76 requires that some interpretation of this provision be used as reference, the CLCS is also empowered to interpret this provision. In effect, besides referring to the scientific-technical parameters by reference to which the submissions will be considered, the Guidelines incorporate also an interpretation of Article 76. As this interpretation is not authoritative, the question arises then as to what happens if the submitting state holds a different interpretation of Article 76. We would argue that, unless the interpretation adopted by the state in its submission is unreasonable, the CLCS should assess the data provided in light of that interpretation[109]. Disputes over whether the interpretation adopted is legally acceptable should be resolved through the dispute settlement mechanisms set down in the LOSC, and in international law in general[110].

Turning now to the second group of issues, we would start by emphasising that in some part they intertwine with the perspective endorsed here as to the legal nature of Article 76. First, the way in which we interpret Article 76 has led us to conclude that it embodies a principle of 'crustal neutrality', which is particularly relevant for the case of oceanic islands. It means in practice that the implementation of Article 76 is subject to Article 121, as regards the entitlement of islands, in the sense that the application of the relevant formulae should not make any strict distinction on the basis of the nature of the crust. Secondly, in contrast to the Guidelines, we would suggest that the FOS problem should not be examined by reference to a 'rule-exception' approach. Our interpretation of

---

(109) We recognise that this may be a very contentious point, and it is not without trepidation that we reach this conclusion. However, taking into account what are the rules of international law in this matter, and the powers that are attributed to the CLCS under the LOSC, there appears to be no other logical conclusion.

(110) No evidence was found to suggest that Article 76 is excluded from the dispute settlement mechanisms of the LOSC.

Estudos em Direito Internacional Público

paragraph 4.(b) is that there is only one rule, under which the different type of data (geomorphological, geological, and geophysical) is to be assessed. Thirdly, we have the issue of ridges and ridge-like features. There appears to be good reason to argue that, legally speaking, Article 76 makes reference to three types of categories, and that the legal regime applicable to each of these categories is not contested. The difficulties seem essentially practical, as they refer to the classification of a specific feature under any of these categories. The pointers advanced above in this respect are a contribution to a debate that is far from over, and rely undoubtedly heavily on what is our interpretation of Article 76. In short, for a feature to be considered as part of the natural prolongation (either a submarine elevation or a submarine ridge) of a state, it is necessary to demonstrate that it is part of the geomorphic margin. The distinction between the two types of features that may be part of the natural prolongation of a state relies on the nature and origin of the crust. Submarine elevations must be entities that are part of the geological continental margin.

Finally, a more general point should be emphasised. The principle of good faith, which is explicitly mentioned in Article 300, is paramount to the implementation of the LOSC. States are under the express obligation of not abusing their rights. As far as the implementation of Article 76 is concerned, this has a two-fold impact. On the one hand, states are under the obligation not to interpret Article 76 in any artificial way that unduly exploits the lacunae and/or vagueness of its terms[111]. On the other hand, the CLCS should, as a matter or principle, assume that the interpretation of a state is made in good faith. Reasonableness may become then a fundamental legal point of reference for the implementation of Article 76. This, however, is hardly surprising. As the ICJ affirmed, in the *Barcelona Traction* case, "in all fields of international law, it is necessary that *the law be applied reasonably*"[112]. Thus, just as the state has to take account of this principle when making its submission, so must the CLCS retain it when assessing the scientific-technical data provided in light of the interpretation adopted by the submitting state. By analogy to Article 59, which

---

(111) If at all possible, i.e. if it does not conflict with other obligations (e.g. the need to resolve ambiguities by examination of text, context and object and purpose of the treaty, and the need to comply with treaty provisions in good faith), the principle *in dubio mitius* may also have to be considered. In broad general terms, this principle establishes that, given multiple possible interpretations, the meaning that is less onerous to the party assuming an obligation is to be preferred. This principle may thus have an impact upon the amount of data that is required from a state in order to make its case.

(112) ICJ, *Case Concerning the Barcelona Traction, Light and Power Company – Limited* (Belgium v Spain), judgment of 5 February 1970, ICJ Rep. (1970) 4, at p.49, para.93, emphasis added.

refers to conflicts involving rights or jurisdiction not attributed to states, we would argue that outstanding divergences should be resolved on the basis of equity and in the light of all relevant circumstances; in other words, on the basis of reasonableness.

FIGURE 1

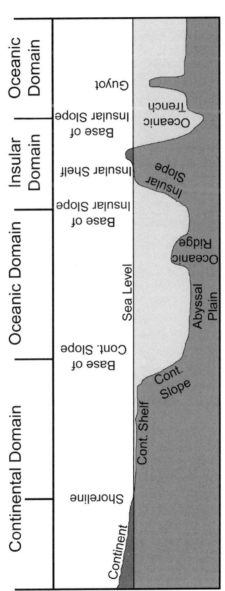

(after Hedberg, 1972, Fig.1a)

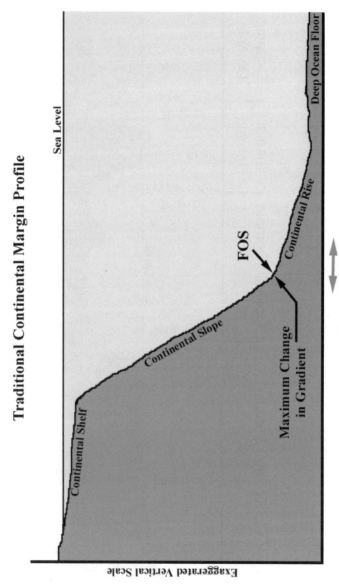

FIGURE 2

Estudos em Direito Internacional Público 381

FIGURE 3

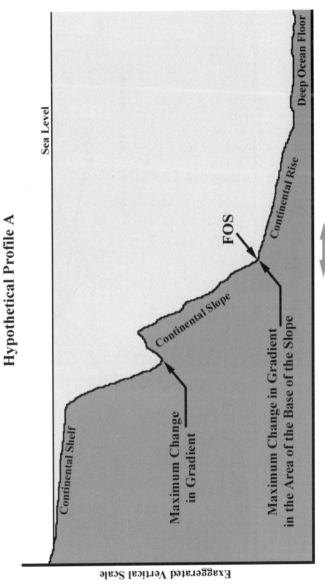

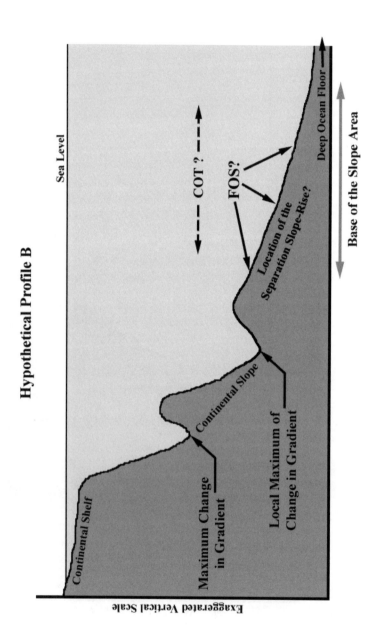

FIGURE 4

Hypothetical Profile B

Estudos em Direito Internacional Público 383

FIGURE 5

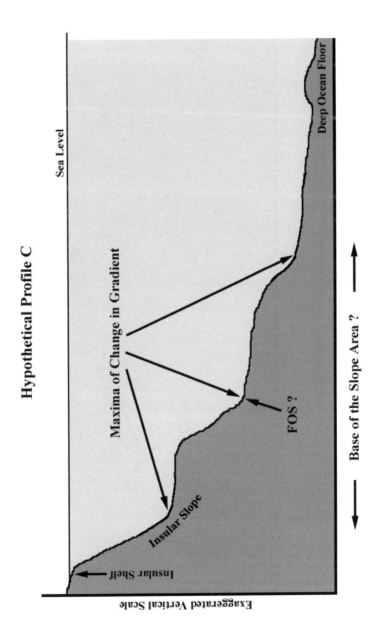

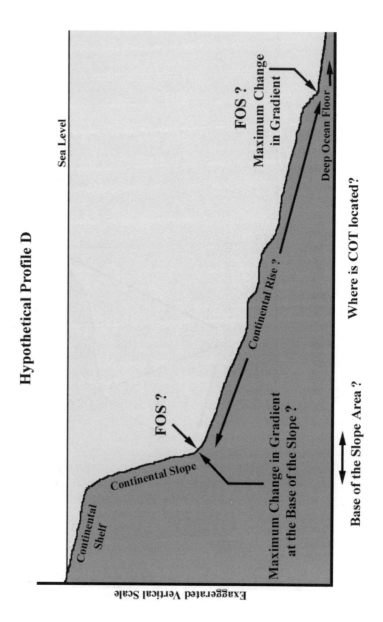

FIGURE 6

Hypothetical Profile D

Estudos em Direito Internacional Público 385

FIGURE 7

Hypothetical Profile E

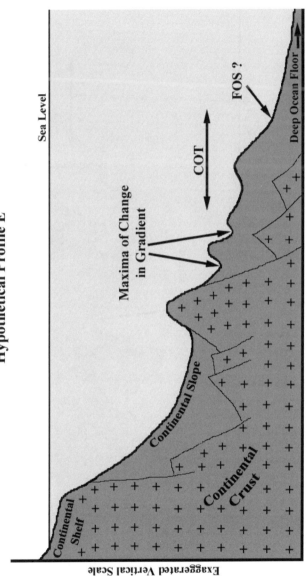

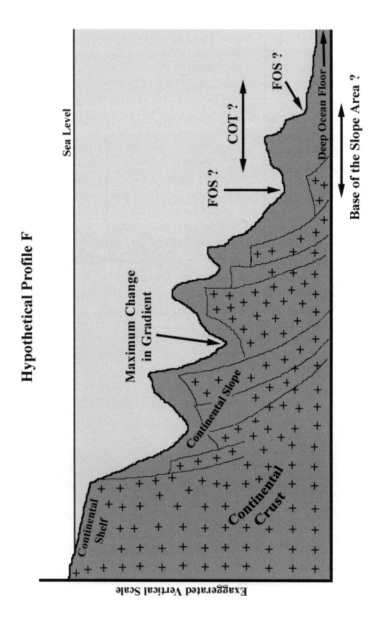

FIGURE 8

Estudos em Direito Internacional Público   387

FIGURE 9

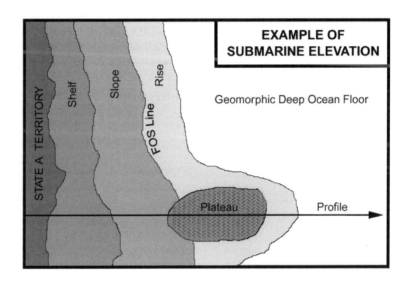

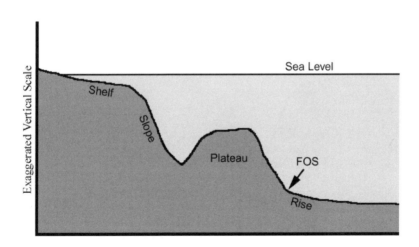

FIGURE 10

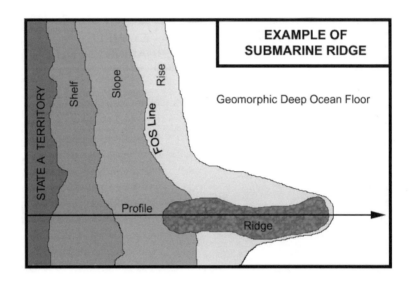

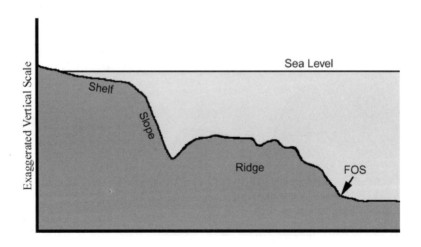

Estudos em Direito Internacional Público 389

FIGURE 11

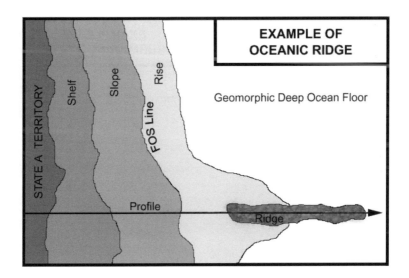

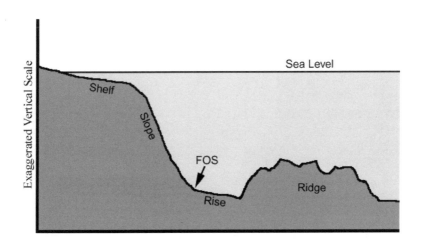

FIGURE 12

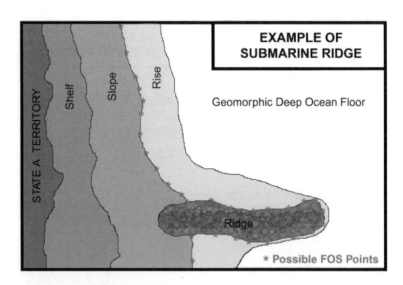

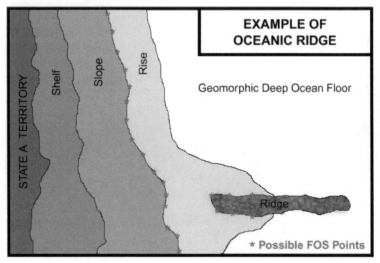

Índice

Prefácio	5
Nota Introdutória do Autor	13
O Novo Regime Jus-Internacional do Mar: A consagração *ex vi pacti* de um *mare nostrum*	15
Aspectos Jurídicos da Guerra no Mar e das Operações Navais: Brevíssimas Notas sobre o Manual de São Remo	39
Porque Não Existe Direito de Passagem Inofensiva para Dentro das Linhas de Fecho nas Embocaduras dos Tejo e do Sado	59
The Importance of the Tidal Datum in the Definition of Maritime Limits and Boundaries	69
Estoppel, Acquiescence and Recognition in Territorial and Boundary Disputes ...	117
The Pending Maritime Delimitation in the *Cameroon* v. *Nigeria* Case: A Piece in the Jigsaw Puzzle of the Gulf of Guinea	161
The *Eritrea-Yemen* Arbitration: First Stage – The Law of Title to Territory Re-Averred	195
The 1999 *Eritrea-Yemen* Maritime Delimitation Award and the Development of International Law	223
Spatial Allocation of Continental Shelf Rights in the Timor Sea: Reflections on Maritime Delimitation and Joint Development	271
A Extensão da Plataforma Continental para Além das 200 Milhas	321
Reflecting on the Legal-Technical Interface of Article 76 of the LOSC: Tentative Thoughts on Practical Implementation	331